精密管道内表面视觉测量

周富强　谭海曙　郭占社　著

電子工業出版社
Publishing House of Electronics Industry
北京 · BEIJING

内 容 简 介

精密管道多几何参数的精确测量对于管道结构件的优化设计、加工制造和工程作业等具有重要意义。本书系统地介绍了精密管道内表面视觉测量任务的基础理论、实用算法和关键技术，并详细阐述了多种不同类型的集成化、小型化视觉传感器的设计原理、标定方法和测量模型。

本书从绪论开始，逐步深入地介绍利用管道机器人搭载视觉传感器进行管道内表面三维测量过程中的关键技术。各章节涵盖了该领域的主要研究内容，包括视觉测量典型图像特征提取、管道机器人设计、全景成像视觉传感器设计和各种集成多镜像视觉传感器的设计与标定等。

本书主要面向从事精密视觉测量技术研究的科研人员、高等院校相关专业师生，以及致力于管道精密测量系统设计的从业人员。

图书在版编目（CIP）数据

精密管道内表面视觉测量 / 周富强，谭海曙，郭占社著. -- 北京 : 电子工业出版社，2025.6. -- ISBN 978-7-121-50418-1

Ⅰ. U178

中国国家版本馆 CIP 数据核字第 2025F9Z027 号

责任编辑：陈韦凯　　文字编辑：杜　强
印　　刷：天津嘉恒印务有限公司
装　　订：天津嘉恒印务有限公司
出版发行：电子工业出版社
　　　　　北京市海淀区万寿路 173 信箱　　邮编：100036
开　　本：787×1092　1/16　印张：14　　字数：358.4 千字
版　　次：2025 年 6 月第 1 版
印　　次：2025 年 6 月第 1 次印刷
定　　价：89.00 元

凡所购买电子工业出版社图书有缺损问题，请向购买书店调换。若书店售缺，请与本社发行部联系，联系及邮购电话：（010）88254888，88258888。

质量投诉请发邮件至 zlts@phei.com.cn，盗版侵权举报请发邮件至 dbqq@phei.com.cn。

本书咨询联系方式：（010）88254441，chenwk@phei.com.cn。

前　言

精密管道（或深孔）作为轻量化关键结构件，在以减重、高性能为目标的航空航天、汽车、高铁等先进制造领域，以及石油勘探等国民经济支柱产业领域应用十分广泛。以发动机、减速箱、石油钻铤等为代表的管道类部件，其设计精度要求皆在微米级，加工制造工艺复杂，需要在制造加工过程中实时监测管道类部件的多几何参数，以实现加工的闭环控制，同时在设计阶段需要借助各种可靠性试验获取的结构参数进行优化改进。此外，精密管道常用于高温、高压工作环境，各种气液体对管道内表面的侵蚀及管道与轴承或承载载荷间的摩擦，都会造成精密管道内表面损坏，导致精密管道的内径、同轴度、过渡区域因变形而超出设计公差要求，影响系统的精准控制，甚至威胁到系统的安全运行。因此，精密管道多几何参数的精密测量，对于结构件的优化设计、加工制造，以及工程作业都具有重要意义。

传统精密管道检测主要采用接触式测量仪器或者光学非接触式测量仪器，逐点测量管道内表面采样点，通过数据处理获得测量结果，测量过程要求具备复杂苛刻的保障条件，效率低下。受限的测量空间也对测量设备小型化提出了严格要求，因此，目前的测量手段难以满足大批量精密管道多参数的高精度检测，这成为精密管道的优化设计、高精度制造加工，以及工程中精密管道由“定期修”转变为“状态修”等方面的重大瓶颈。视觉测量是最具潜力的现代工业检测手段，研究精密管道视觉测量是先进制造业的重大需求之一。

管道内表面视觉测量技术是一种具有广泛应用前景的技术，涉及传感器设计、测量模型标定、测量系统构建，以及搭载传感器的机器人设计。本书归纳总结了作者所在研究团队近年来在管道内表面视觉测量研究方面的研究成果，是研究团队多年来从事相关工作的总结和提炼。

本书从绪论开始，逐步深入地介绍利用管道检测机器人搭载视觉传感器进行管道内表面三维测量的关键技术。各章节覆盖了该领域的主要研究内容，包括视觉测量典型图像特征提取、管道机器人设计、全景成像视觉传感器设计、各种集成多镜像视觉传感器的设计与标定等，旨在帮助读者全面了解该领域的基础理论和工程实践，进而开展更加前沿的科研和工程应用研究。全书共 7 章，第 1 章重点从传统管道内表面检测方法和基于视觉测量的管道内表面检测方法两个方面综述了管道检测技术的发展现状，分析了管道检测任务所面临的关键问题及发展趋势；第 2 章着重介绍了视觉测量典型图像特征提取的相关理论和算法，该内容也是后续章节各类型视觉传感器标定和测量的基础；第 3 章结合管道机器人面临的现实作业环境，分析了一种具有自调节功能的六足管道机器人系统的设计与实现，该机器人系统在管道内能够提供一个稳定且可使三维视觉检测仪平移和旋转的平台，同时具有灵活性强、牵引力大、越障能力突出等特点，此外，在爬行过程中，该机器人还能够保证搭载平台与管道之间保持一定的同轴度；第 4 章设计了一种全景成像视觉传感器——圆锥镜全景成像系统，实现了管道内表面全景图像的采集，并介绍了一种基于投影模型的图像展开方法，同时基于展开图像和相关神经网络实现了管道内表面缺陷的检测与识别；第 5 章到第 7 章依次介绍了单相机镜像双目视觉传感器、多镜像双目传感器、曲面镜折反射全向阵列点结构光传感器等多种不同类型的集成化、小型化立体视觉传感器的设计原理、标定方法和测量模型。

多年来，作者所在研究团队在管道内表面视觉测量研究工作中获得了季华实验室科研项目（No.X200051UZ200）、国家自然科学基金项目等多项研究基金资助，作者在此对为作者研究团队给予支持和资助的季华实验室、国家自然科学基金委员会等有关部门表示感谢。

作者十分感谢研究组的王晔昕博士、陈昕博士、李小松博士、程晓琦博士、崔毅博士、张可欣、赵丛杨、张沛然、杨琤、李伟、曹恩妮、王烁、王星翰等同学，本书介绍的许多工作是由他们具体完成的，同时特别感谢刘洋、杨乐淼、张莞宁、王胜剑、国文韬、扈婷旖、张澜蓝、邢瑞丹、宋志鹏、陈远泽、王琳、孙鹏飞、钟云浩、贺雪倩等同学在本书写作期间承担校对工作。本书参考和引用的参考文献与研究成果已在文中列出或说明，对相关内容感兴趣的读者可直接查阅。

本书主要章节的撰写工作如下：第 1 章由谭海曙和李小松等完成；第 2 章由谭海曙、程晓琦和赵丛杨共同完成；第 3 章由郭占社完成；第 4 章由周富强和张沛然共同完成；第 5 章由周富强和王晔昕共同完成；第 6 章由周富强和张可欣共同完成；第 7 章由周富强和陈昕共同完成。全书的统稿工作由周富强负责。

本书的出版，旨在为广大从事精密视觉测量技术研究的科研人员和工程技术人员提供一个全面、系统的管道内表面视觉测量技术的理论和实践参考。通过阅读本书，读者能够对管道内表面视觉测量技术有一个深入的了解，从而在实际工作中更好地应用这一技术，推动我国精密测量技术的发展。

最后，作者要感谢所有参与本书编写和出版的人员，是他们的努力和支持，使得本书能够顺利面世。管道内表面视觉测量内容较新，涉及诸多学科领域，由于作者水平有限，经验不足，书中不妥之处在所难免，敬请广大读者与专家批评指正。

作　者

2024 年 8 月

目　录

第 1 章　绪　　论

1.1　引言

随着图像处理与识别、目标检测、计算机视觉与人工智能技术的快速发展及广泛应用，融合图像定性探测与定量测量的三维视觉检测技术在很多领域广受青睐。精密管道作为传感器载体及走向约束设备，被广泛应用于国民经济的支柱产业及国防安全等领域，作为重型装备的关键部件，例如用于石油勘探的钻铤钻杆（如图 1.1 所示）、核反应堆蒸汽管道、武器装备的炮管、船舶水油气输送动力管路等。这类关键部件口径较小，而长度在数米之上，内部空间受限，且其内表面的参数包括内径、同轴度、阶梯孔的过渡区域形貌及内表面缺陷都有严格的高精度设计要求，但加工初期缺乏有效手段对其进行精密检测。此外，长期高热、高压的恶劣工作环境导致这些管道内表面容易发生严重破坏，口径和同轴度出现偏差，内表面可能会出现凹陷、裂缝、分层、气孔等缺陷，从而降低了导向的精准性，并形成重大的潜在安全隐患，甚至危及工作人员的生命安全。

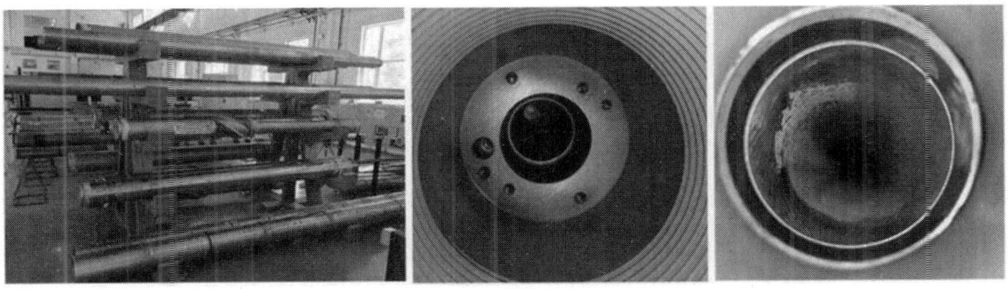

（a）精密管道示例（石油钻铤）　（b）管道内壁　（c）内表面腐蚀磨损

图 1.1　精密管道（石油钻铤）示例

由此可见，管道内壁三维形貌的全局测量和内径变化检测是管道质量评价、损伤定位及维修的必要前提，实时传输管道内壁形貌情况以供专业技术人员分析，是整个管道内壁形貌在线检测的关键。然而，管道存在长度较长、内部空间受限、光强较弱、内表面形貌复杂且光学特性不确定等诸多问题，这些问题给其内表面检测增加了难度。因此，研究管道机器人系统、复杂条件下的精密管道内表面全向成像技术、精密管道内表面三维测量技术及小型化传感器，实现管道内表面的缺陷自动检测、管道内表面三维形貌重构、管道内径及同轴度等多参数的精密测量对延长其生命周期、保证原料输送效率和提升相关工业制造及运输场景操作安全性具有重要意义。

传统的管道内表面检测传感器体积较大，通常基于管道本身的物理性质进行分析，无法精确复原管道内表面细节形貌特征或精准定位形变位置，且检测精度较低。近年来，机器视觉、数字图像处理、机器人控制、人工智能等技术的飞速发展，为实现管道内表面缺陷的原位检测提供了新思路。然而，由于管道空间受限，检测传感器尺寸受到严格限制，再加上其内表面形貌复杂和光学特性不稳定的影响，视觉传感器往往难以有效获取管道内表面结构特征，这使得管道内表面全向特征的检测能力急剧下降，很难满足复杂环境下的特征定量检测和目标重建需求，严重制约了管道应用的推广和相关产业的发展，这推动着相关研究者对新方法、新技术、新设备的研究。针对上述问题，本书将重点围绕管道内表面精密视觉测量任务中的典型图像特征提取、管道机器人设计、视觉传感器设计、测量模型与标定、测量系统构建等关键问题进行阐述。

1.2 背景意义

管道作为一种重要的物料运输手段及走向约束设备，其应用范围极为广泛。管道内壁检测对于确定管道设备的磨损状况、使用寿命、更替维修要求等意义重大。由于管道内部的空间局限性，目前大部分管道探伤、检测、维修等工作，无法用人力来完成。随着机器人控制、计算机视觉、数字图像处理等学科的发展，复杂纹理特征检测算法和管道机器人的产生对实现管道内在线检测提供了新思路，成为目前管道检测技术研究中的热点。但是，受管道内壁复杂形貌特征和光照环境的影响，管道内壁形貌特征的检测性能急剧下降，不能满足复杂环境下的特征定量检测和重建需求，严重制约了管道复杂内壁形貌检测的进步、技术推广和产业发展，而且在管道种类、材料、功能、尺寸等方面，单一的测量方式很难兼顾所有，上述问题进一步推动了人们对新方法、新技术、新设备的针对性研究。

随着三维物体表面形貌测量技术在医学诊断、工程设计、刑事侦查现场痕迹分析、自动在线检测、质量控制等生产过程中越来越广泛地应用，对三维形貌测量技术的要求越来越高，其应用领域也在不断扩大。炮管作为常规重型装备关键部件，是一种典型的金属管道结构，受多次发射炮弹的高温灼烧、磨损，其内表面及膛线容易发生严重损坏，影响发射精度及使用寿命。炮管具有局部强反光、坑洼、裂痕等多种特征，对基于视觉的测量方式要求极为苛刻，因此，研究延长其使用寿命或满足更加精确的导向能力又对管道内表面的精密测量提出了迫切需求。管道内壁三维形貌测量是损伤定位及维修的必要前提，实时传输管道内壁形貌情况以供专业技术人员分析管道内部损伤及缺陷，是整个管道内壁在线检测的关键。目前最有效的方法之一就是利用管道检测机器人搭载传感器来实现管道内的在线检测、探伤和维修。现有管道机器人检测装置仅限于管道内壁图像的采集和监控，无法对管道内壁缺陷特征的位置、深度、形貌等方面做出精密的定量测量，所以在管道内壁检测领域中，对三维形貌测量技术的需求日益增加。管道内壁三维形貌特征的重建不仅可以定量分析管道内壁缺陷的具体位置，还可以精确获取管道内壁的损坏程度，是管道内壁缺陷检测、精密测量的关键。

1.3 管道检测技术发展现状

目前针对管道内表面检测的方法主要分为两大类：传统管道内表面检测方法和基于视觉测量的管道内表面检测方法。下面将分别围绕这两类管道内表面检测方法的研究现状和发展趋势进行进一步阐述。

1.3.1 传统管道内表面检测

传统管道内表面检测方法多采用漏磁检测法、金属磁记忆检测法、超声波检测法、基于 PZT 传感器的管道检测法等。这些传统的管道内表面检测方法可以对管道内壁缺陷进行无损检测，仍然广泛地应用于实际检测过程中。

1. 漏磁检测法

20 世纪 60 年代以来，漏磁检测法作为应用最广泛的管道内壁检测方法，利用金属材料的高磁导率特性对管道的轴向和横向方向的三维形貌进行测量。由腐蚀或使用不当而产生的腐蚀凹坑或裂缝处磁导率会产生明显变化，光滑的金属管道内部的磁导线不会产生剧烈波动而平行穿过管道内部，所以当管道内壁存在明显裂缝或凹坑的区域，磁力线会产生明显弯曲，并有一部分磁力线漏出管道表面，建立磁力线变化与管道内壁形貌之间的映射关系，可大致确定管道内壁三维几何形貌特征，具体的检测原理如图 1.2 所示。

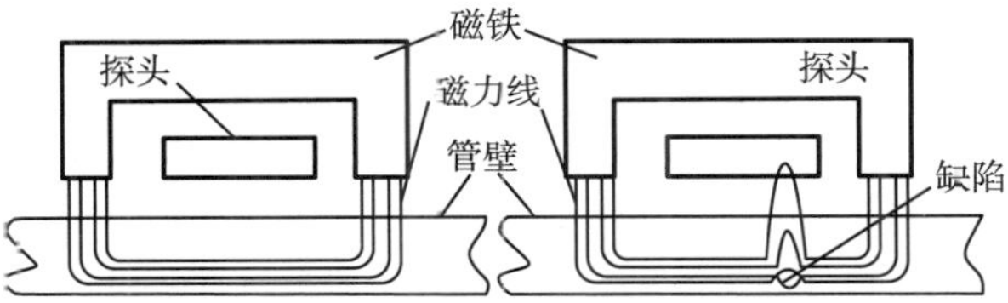

图 1.2 漏磁检测原理

利用漏磁检测法对管道内表面进行缺陷检测具有操作简单、实时性强等优势，因此被广泛应用于工业领域。但是此方法中检测信号的产生与管道缺陷的几何尺寸、磁力线信号的波动幅度、管道内壁缺陷区域的边缘变换等诸多因素有关，对管道内壁中边缘变换较为平缓的缺陷信息不敏感，且检测装置结构一般较为复杂，体积也相对较大。因此，现阶段的漏磁检测法主要应用于大口径、距离短、检测精度要求不高的管道内壁检测任务。

2. 金属磁记忆检测法

金属磁记忆检测法是利用铁磁材料本身在磁场中的磁力学效应，分析应力对磁性性能的影响，对铁磁材料管道进行形貌测量的检测方法。在测量过程中，需要将金属管道放置在磁场范围内，管道内壁金属材料结构不均匀的区域会引起局部磁异常现象，检测原理示意图如图 1.3 所示。

目前研究的金属磁记忆检测法通常依据 RMF（Residual Magnetic Field）的值来分析和评估金属管道的磨损程度，得到金属管道最容易发生不连续性断裂的区域。该方法无须使用专业设备对金属管道进行磁化处理，因此具备检测效率高、操作简便等优点，然而其检测灵敏度较高是以牺牲误检率为基础实现的。在不同的测量条件下，使用该方法的企业或专家通常依据自身经验对管道缺陷进行评估，没有统一的评价标准，不适于需要定量分析长管道内表面三维形貌信息的全局测量或高精度内径测量的应用场合。

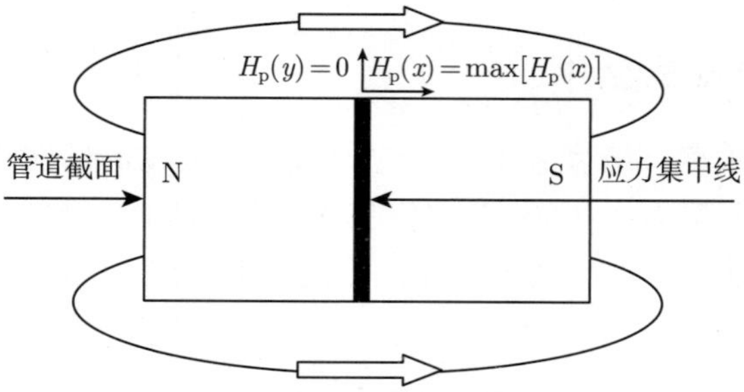

图 1.3　金属磁记忆检测原理

3. 超声波检测法

超声波检测法基于超声波反射原理，从多模式测量、多路径反射及对环境的敏感性三个方面分析超声波信号，达到管道内壁形貌测量的目的。如图 1.4 所示，在管道缺陷检测过程中，利用超声波发射器以垂直于管道内表面方向上发射一定速度的脉冲信号，当脉冲波遇到管道内壁时产生反射脉冲，比较原始脉冲信号与反射脉冲信号之间的时间差，得到管道内壁的厚度信息，从而明确管道内壁尺寸的整体变化趋势，判断管道内表面是否存在缺陷。

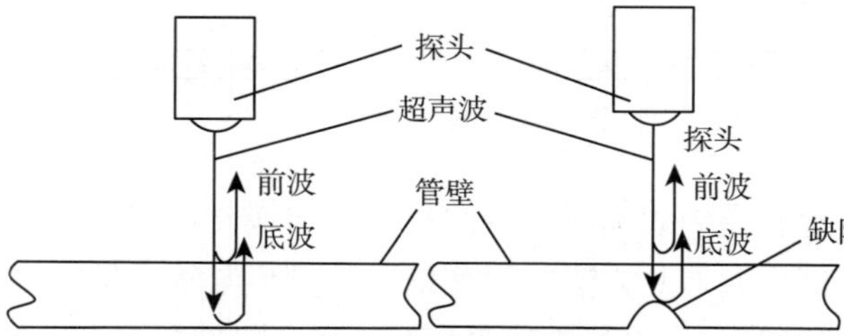

图 1.4　超声波检测原理

超声波检测法精度较低，需要一定的耦合剂使超声波脉冲信号能够更好地在被测物体中传播，而且逐点检测导致检测效率较低，无法确定缺陷存在于管道内表面还是管道外表面，还需要考虑整体测量环境中的流量、温度以及压力的变化情况。因此，该方法一般适用于开展短距离管道的定点测量，或者无缺陷管道的内径测量等场合。

4. 基于 PZT 传感器的管道检测法

基于 PZT 传感器的管道检测法利用压电材料的机电耦合特性，依据结构阻抗的变化对管道内壁形貌进行测量。管道内壁裂纹处结构阻抗变换与测量的机电导纳相关，通过比较监控管道的导纳与无缺陷管道的导纳，可以定性地确定管道内壁中是否存在裂纹。图 1.5 展示了 Ai D 等人[1] 提出的一种基于 PZT 的管道探伤技术，该技术建立了 PZT 结构阻抗模型，通过可量化的信号指数实现了对钢筋混凝土梁的裂纹发生位置和严重程度的检测。

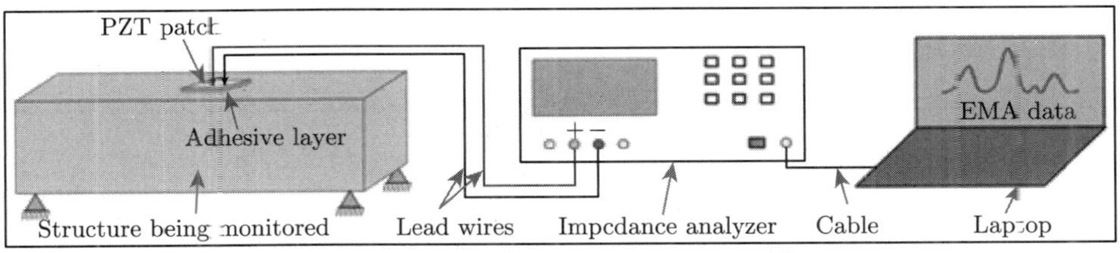

图 1.5 基于 PZT 的混凝土梁探伤[1]

基于压电阻抗传感的管道探伤技术对管道内壁小损伤同样敏感，适用于分析管道内壁是否存在缺陷、使用寿命长短等信息，但无法直观地获取管道内壁缺陷的三维形貌以及缺陷的精确位置。此技术多应用于混凝土管道探测任务，在金属管道探测中的应用较少。

通过以上分析可以看出，传统的管道内壁检测技术主要用于确定常规管道内壁缺陷的损伤程度，检测功能单一，仅适用于短距离、大口径管道内壁检测及判断管道内壁是否存在缺陷的应用场合，无法精确完成管道内壁全局三维形貌的定量测量，因此在实际应用中具有很强的局限性。

1.3.2 基于视觉测量的管道内表面检测

随着数字图像处理技术、光电测试技术以及计算机视觉技术的发展，基于计算机视觉的三维形貌测量技术能够根据数字图像中的二维特征得到管道内壁三维形貌，可以很好地解决管道内壁形貌特征的非接触式无损检测。目前，主要有以下几种比较成熟的基于视觉测量的管道内表面检测方法。

1. 结构光视觉检测法

基于结构光的管道内壁形貌检测技术将具有固定几何特征的结构光投射在测量管道内壁，在黑暗环境中重建管道内壁复杂特征信息，通过摄像机采集管道内表面重构特征并读取其二维特征数据，依据结构光视觉检测原理，得到投射在管道内壁上结构光斑的三维数据信息，图 1.6 展示了 Durai M 等人[2] 设计的一种基于圆形结构光的三维内表面检测系统，该装置依托于机器人移动平台、锥形反射器和结构光投射器来提供管道内壁局部三维信息，重构管道内壁的三维轮廓特征，直观展示在管道内壁中存在异常缺陷区域的三维形貌信息；图 1.7 展示了 Montoya M 等人[3] 设计的用于管道内表面检测的自由曲面激光轮廓仪，基于理论激光传播模型，Montoya M 等人建立了一个功能齐全的光学系统，并在此系统中集成了圆锥镜和检索位移信息所需的元件．该系统具有高分辨率、高精度和高采集速度等优点。

基于结构光的管道内壁形貌检测通常需要结合机器人定位和导航技术获取管道机器人在管道中的行进位置，一般情况下，采用旋转云台或多摄像机组合模式，或者曲面镜加相机的折反射模式对投射在管道内壁的激光光斑进行采集，利用计算机视觉测量原理，恢复管道内壁的三维几何信息。结合机器人导航技术的结构光视觉测量方法不仅可以恢复管道内壁的全局三维形貌特征，还可以分析管道内径变化趋势，与传统测量方法相比具有明显优势。

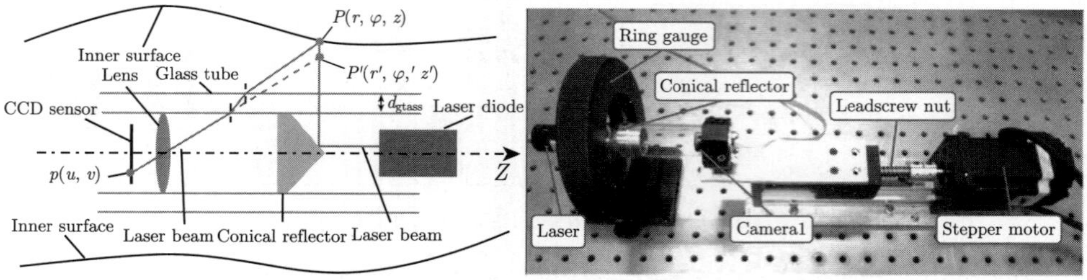

图 1.6　基于结构光视觉的管道内壁探伤装置[2]

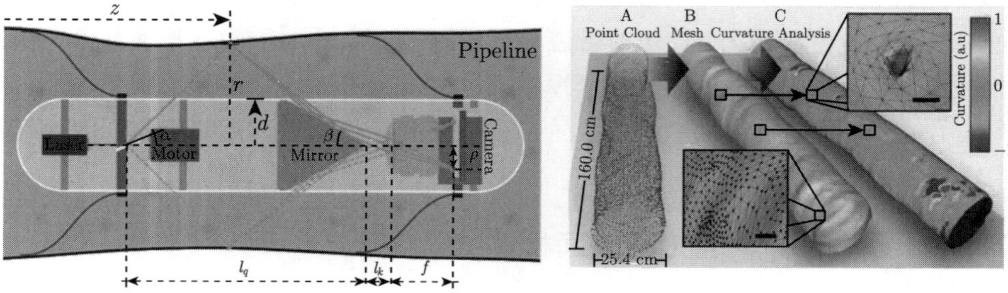

图 1.7　管道检测激光轮廓仪原理样机[3]

2. 基于 X 射线断层摄影技术的管道内壁探伤技术

基于 X 射线断层摄影技术的管道内壁探伤技术的探测原理是利用 X 射线的可穿透性，通过摄像机记录 X 射线投射到被测管道上形成的光学图像，结合图像处理算法，对不同物体的成像特征进行分类检测，确定管道中存在的缺陷类型。例如，Li H 等人[4] 提出一种 X 射线背散射成像模型并进行了仿真，可检测 4mm 以上的壁厚缺陷和 1mm 以上的宽度裂缝变化；Liu M 等人[5] 提出了一种基于卷积神经网络（CNN）的管道焊缝缺陷检测方法，设计了一种增强多尺度特征（RMF）模块，用于实现基于参数和无参数的多尺度信息提取操作，提高了在检测形状和尺度差异较大的缺陷时的鲁棒性。

一般情况下，基于 X 射线断层摄影技术的管道内壁探伤方法对管道内存在的孔洞缺陷检测的灵敏度较高，而对管道内平滑曲面缺陷检测的灵敏度则较低，因此此方法常用于管道本身的结构缺陷的定性检测，如焊缝是否存在孔洞和缝隙，而无法对管道内表面的全局三维形貌进行定量测量。

3. 红外成像管道内壁探测技术

红外成像管道内壁检测技术主要是利用红外热成像原理对管道隐蔽腐蚀区域进行实时探测的方法。例如，Li X 等人[6] 将超声波作为热源，利用红外热像仪记录测试件表面的温度变化，通过热图像序列处理揭示缺陷，图 1.8 展示了实验样品、实验装置和测量结果；图 1.9 展示了 Morelli D 等人[7] 提出的红外热成像测量模型。该模型探究了不同热源配置模式，提出了一种自动分割方法，用于以热源不变方式通过锁相热成像检测复合材料中的缺陷。

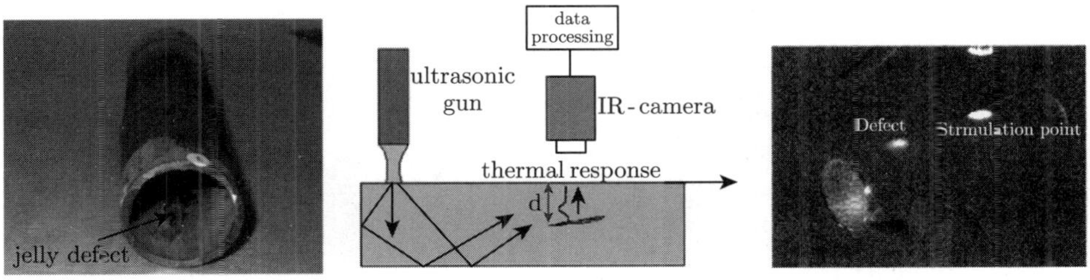

（a）实验样品　　（b）实验装置　　（c）测量结果

图 1.8　红外热成像测量模型及实验[6]

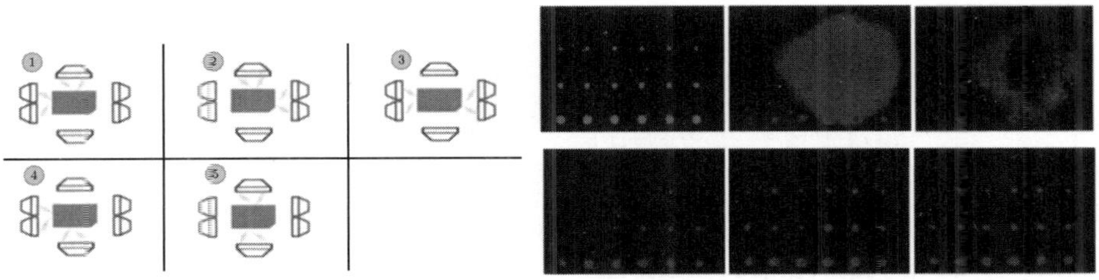

（a）热源配置模式　　（b）真实情况及不同热源配置模式下的分割结果

图 1.9　红外热成像测量模型[7]

基于红外热成像技术的管道内壁检测方法可以对测量管道周围温度场进行可视化分析，并对缺陷进行定位检测，将具有明显温差的位置判定为管道泄漏区域[8]。然而基于红外热成像技术的测量方法通常需要结合不同形式的测量传感器进行测量，无法精确测量细长管道内径，整体测量范围有限，不适用于长距离管道内表面三维形貌的全局测量，在热成像图像中，被测物体成像边缘模糊，定位精度不高。

1.3.3　管道机器人发展现状

对于管道内壁三维形貌测量任务而言，管道机器人作为检测设备的载体，是必不可少的一部分。基于管道结构约束、执行任务类型、操作环境条件、适应性运动等需求，管道机器人的运动控制装置需要满足大牵引力、高运动速度、紧凑结构布局等要求。现有管道机器人的运动控制技术主要包括轮式、履带式、压壁式、螺杆式等辅助控制方式，以及管道检测仪式、行走式、尺蠖式等主动控制方式[9]。

轮式控制方式结构简单，是管道机器人中最常见的运动控制方式，通过电机与车轮的连接精确改变移动速度，易于操作控制，具有较强的移动性和稳定性，载荷能力强，适用于平坦表面快速移动。但该控制方式在崎岖地形环境中工作能力有限，无法工作于狭窄空间。Waleed 等人[10] 设计了一种六边形横截面结构的机器人，六个轮子确保机器人与管道内表面充分接触，保持机器人的平稳运动且避免碰撞损坏管道。Tang 等人[11] 开发了一种具有六个驱动轮、六个辅助支撑轮的机器人，为爬升转向提供足够牵引力，用于斜坡和弯道导航，如图 1.10 所示。

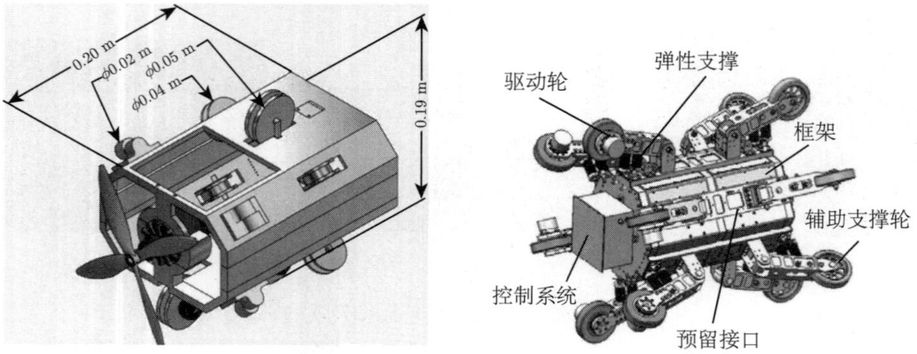

（a）六边形横截面结构机器人[10]　（b）六驱动轮支撑轮机器人[11]

图 1.10　轮式控制方式

履带式控制方式与使用履带轮的轮式结构相似，易于操作控制，具有较好的稳定性和载荷能力，由于管道和履带间存在摩擦力，该控制方式具有较高牵引力，适用于穿越崎岖地形。但履带结构限制了其移动速度，不适用于高速检测场景，且控制过程受工作场景影响大，在狭小空间中的机动性有限。Cui 等人[12] 开发了一种具有双摇臂和差速机构的四履带机器人，机器人主体由直流电机和电磁制动器驱动移动，具有越障性能，并通过建立爬坡高度与机器人结构参数的关系得到了最大高度的理论值。Cai 等人[13] 设计了一种驱动模块可调节的两履带机器人，通过改变驱动模块的位置姿态，实现不同直径管道的自适应测量。为提高机动性、实现机器人管道内表面倾斜段和垂直带的穿越，Bogdan 等人[14] 构造了弧度轨道模块，用于复杂环境管道导航，如图 1.11 所示。

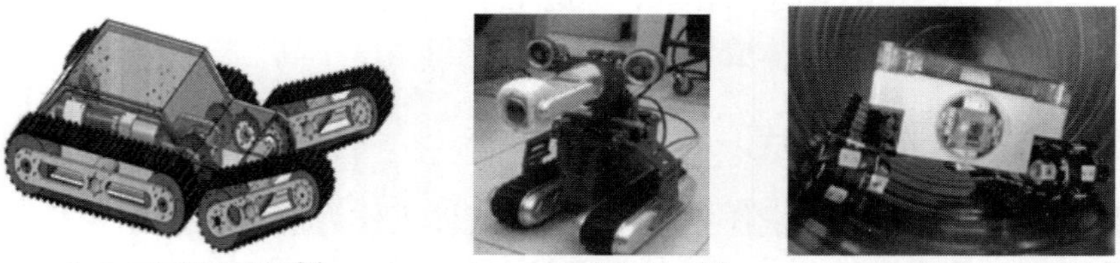

（a）四履带机器人[12]　（b）两履带机器人[13]　（c）弧度轨道模块机器人[14]

图 1.11　履带式控制方式

压壁式控制方式具有多个支撑模块，均匀安装于机器人对应位置，使机器人主体位于管道中心，工作过程中各支撑模块协调运行，根据所处环境调节爬坡能力，由于各模块的收缩量和伸展量相同，机器人具有很高的稳定性，适用于各种管道尺寸，易与轮式和履带式配对使用，构成轮压壁式或履带压壁式。但支撑模块的存在使其结构复杂，载荷能力有限，转向能力相对性较差，难以工作于崎岖表面。Jahangir A M 等人[15] 设计了一种带有六个车轮的压壁式机器人，支撑模块根据不同管道直径进行调整，实现场景自适应测量；Wu 等人[16] 开发了一种带有三个履带的压壁式机器人，支撑模块用于适应不同的管径和垂直管道，履带作为行走模块用于实现机器人在管道中移动，如图 1.12 所示。

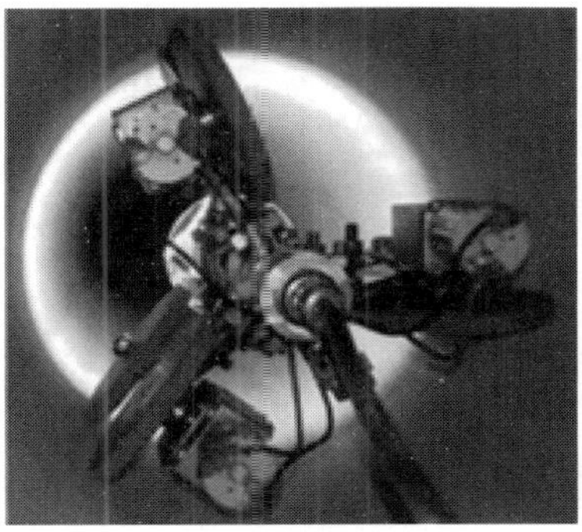

（a）轮压壁式机器人[15]

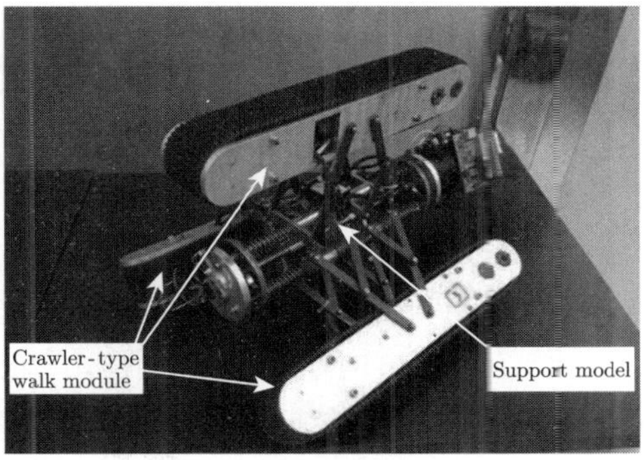

（b）履带压壁式机器人[16]

图 1.12　压壁式控制方式

螺杆式控制方式包括转子和主体两部分，通过转子的旋转运动实现机器人的前后移动。由于转子的存在，该方式具有较高的牵引力和转向能力，适用于狭长管道中的导航和高速检查。但与其他辅助控制方式相比结构复杂，主体与转子连接为车轮提供运动的移动方式使其无法应用于非圆形管道，在非平坦表面性能不佳，不适用于大型管道，且工作过程中对管道有损坏风险。Jie 等人[17] 基于弯道技术要求和机器人运动状态设计了一种自适应螺杆式管道机器人，实现了无干扰通过弯道，具有较强的管道直径自适应能力和越障能力。Tu 等人[18] 基于螺杆式机器人的结构组成和驱动方式，建立了主动和被动螺杆式机器人的越障模型，并通过实验验证了黏附系数的增加和驱动轮横向滑移的减小可以提高牵引效率，如图 1.13 所示。

（a）自适应螺杆式管道机器人[17]

（b）螺杆式机器人[18]

图 1.13　螺杆式控制方式

1.4 管道测量的关键问题及发展趋势

1.4.1 管道测量的关键问题分析

通过对上述管道检测技术发展现状的分析可见，传统的管道内壁测量方法得到的三维形貌信息或管道内径信息仍然存在以下问题。

（1）传统的管道测量方法通常使用测量传感器对金属管道的物理特性进行分析，只可对波动信号进行检测，无法直观地、定量地分析管道内壁的全局三维形貌信息。

（2）传统的管道测量方法通常需要对管道进行预处理，或在金属管道内壁安装一定数量的测量传感器，传感器的安装位置及安装数目通常基于经验，严重限制了传统的管道测量方法的实际应用。

（3）原理不同的测量传感器灵敏度不同，测量灵敏度提高是以牺牲误检率为前提的，因此，传统的管道内壁内径的检测精度较低。

（4）传统的测量形式往往需要在管道外壁安装一系列测量传感器，管道较长时，多基于经验分析对管道的故障或缺陷多发区进行定期检测，无法对整个管道内壁的全局形貌进行定量分析。

反观基于视觉测量的管道内表面检测技术，由于其超强的可视化特点，能够直观地展示管道内壁三维形貌信息，广泛应用于管道内壁三维形貌检测。但是，目前基于视觉测量的管道内壁三维形貌测量方法同样存在以下几个关键问题。

（1）传统的视觉测量方法由于测量视场受限，需要多摄像机组合测量模式以实现宽视场全局测量信息的获取，使得视觉测量传感系统的整体结构复杂、体积较大，难以实现小口径长管道的实时测量。

（2）基于传统摄像机构建的管道内壁三维形貌测量装置仅适用于开放空间测量，与管道受限空间测量相矛盾，获取的管道内壁图像具有缺失、不完整的特点，只能从不同角度、不同位置进行多次测量，严重限制了整体测量速度，难以满足现实应用需求。

（3）多传感器组合式测量成本较高、灵活性差、体积较大且布局安装困难，整体数据的同步采集和融合难度较大，仅适用于管道内壁图像的采集，并且需要配置可见光源进行辅助测量。在金属管道内壁检测，强反光场景下应用具有一定的难度。

综上所述，根据实际应用需求，在充分考虑管道空间受限特性和管道内壁形貌复杂性的基础上，研究新的测量方法和测量传感器以克服细长管道内壁三维形貌全局定量测量瓶颈问题，在实际生产过程中具有十分重要的意义。

1.4.2 管道测量的发展趋势

随着计算机和机器视觉技术的不断发展，移动视觉机器人已广泛应用于军事侦察、民用装备、科学研究等领域，工作环境也从开放环境转变为各种复杂的、人类无法进入的受限空间或危险空间中。而针对管道内壁三维形貌测量任务而言，检测机器人的研制将涉及管道检测机器人运动控制技术、全向视觉成像技术和结构光视觉测量技术三个方面。

1. 管道检测机器人运动控制技术

目前，搭载视觉传感器的管道检测机器人在导航定位和环境感知中的应用越来越广泛，机器人通过自身携带的视觉传感器装置获取环境和自身位姿信息，同时完成空间目标的检测。现有管道机器人普遍采用了轮式驱动、履带式驱动或多级串联驱动的运动控制方式，不同类型的运动控制方式可保证管道检测机器人能够适应不同管径、形状、工况的管道检测任务。但管道机器人仅可作为辅助测量工具，协助测量传感器完成管道内表面全局三维形貌图像的采集，即便携带视觉测量传感器也仅可实现管道内表面三维形貌的局部三维测量，无法实时定位测量传感器在管道内部的实际测量位置，无法完成管道内表面的全局三维形貌测量。

2. 全向视觉成像技术

双目视觉系统是目前应用最广泛的三维测量手段之一，可用于解决物体形貌测量、空间位置测量、场景感知和三维运动信息获取等在线测量任务，但考虑到双目视觉系统需要具有较大基线距，因此并不适用于管道内受限空间的视觉测量任务。因此，需要结合全向视觉成像技术实现立体视觉传感器的集成化、小型化。目前，全向视觉成像技术主要有三种。

（1）借助鱼眼镜头的全向视场成像技术，该技术利用短焦、视场角接近 180° 的鱼眼摄像机进行光学成像，但是由于其镜头畸变校正模型复杂，较少应用于三维形貌测量。

（2）单摄像机配合旋转云台的全向视场成像技术，该技术利用旋转云台拍摄多张序列图像进行拼接，从而获取高分辨率全向图像，但成像效率较低。

（3）摄像机与曲面镜相结合的全向折反射视觉测量模式，通过曲面镜折反射与摄像机测量景深、视场相互配合，获取 360° 全向视场图像，由曲面镜结构特性可知，采集的全向图像具备特殊几何特性，此方法成本适中，结构简单，适用于各种测量场合。

3. 结构光视觉测量技术

考虑到一般管道内部可见光弱，基于被动光源的立体视觉传感器难以在此类环境下实现高分辨率光学成像，而照明光源的加入则会导致管道内表面局部强反光，依然难以获取高动态的管道内表面图像信息。结构光视觉测量技术作为一种基于主动光源的三维测量手段，其采用激光投射器或投影仪构造强度可调的结构光，并利用摄像机拍摄结构光图像，最后依据光学三角形原理测量得到物体表面三维形貌信息。该技术具有非接触、动态响应快、系统柔性好等特点，而且结构光具有投射强度可控，对环境照明无特殊要求等特点，对未知环境具有较高的主动适应能力，特别适合管道内表面形貌三维测量的应用场合。

4. 整体发展趋势

综上所述，从管道机器人的发展趋势和长管道复杂内壁三维形貌测量所面临的技术瓶颈来看，研制一种融合管道检测机器人、全向视觉成像、结构光视觉测量等技术的小型全向视觉测量机器人有望成为解决管道内壁形貌三维测量的有效手段。该方案的先进性和有效性主要体现在以下五个方面。

（1）全向视觉成像技术与光学传感器的结合，通过优化设计结构光投射器、成像传感器和移动机器人，减小测量系统体积，为解决受限非开放空间物体形貌测量提供有效手段。

（2）结构光视觉测量与全向成像技术的结合，保证管道检测机器人具有 360° 全方位场景图像的拍摄能力和三维测量能力。

（3）从单一固定测量模式向智能化机器人驱动方向发展，结合全向视觉定位导航技术，对环境变化做出相应判断，增强信息感知水平及精度。

（4）研究受限空间的全向视觉三维测量机器人与被测物体之间的相对位置问题，对智能机器人运动轨迹进行实时记录，依据全向视觉传感器获取的数据对运动轨迹自动做出修正，解决受限空间内部定点测量问题。

（5）从复杂受限约束的独立测量单元向现场自由组建的多视觉测量单元发展，从静态环境离线低速测量向未知的动态环境高速测量发展。

1.5　本书内容安排

本书从绪论开始，逐步深入地介绍了利用检测机器人进行管道内表面三维测量的研究过程。各章节覆盖了该领域的主要研究内容，包括典型图像特征提取、管道机器人设计、全向成像视觉传感器设计、各种集成化立体视觉传感器的设计与标定等，旨在帮助读者全面掌握该领域的基础理论和工程实践，进而开展更加前沿的科研和工程应用研究。

第 1 章重点从传统管道内表面检测方法、基于视觉测量的管道内表面检测方法和管道机器人发展现状三个方面综述了管道检测技术的发展现状，分析了管道测量任务所面临的关键问题及发展趋势。

第 2 章着重介绍了视觉测量典型图像特征提取的相关理论和算法，包括边缘特征、圆点特征、角点特征和光条特征，本章也是后续章节各类型视觉传感器标定和测量的基础。

第 3 章结合管道机器人面临的现实作业环境，分析了一种具有自调节功能的六足管道机器人系统的设计与实现，该机器人系统在管道内能够提供一个稳定且可使三维视觉检测仪平移和旋转的平台，同时具有灵活性强、牵引力大、越障能力显著等特点。在爬行过程中，该机器人还能够保证其搭载平台与管道之间保持一定的同轴度。

第 4 章设计了一种全向成像视觉传感器——圆锥镜全景成像系统，实现了管道内表面全景图像的采集，并介绍了一种基于投影模型的图像展开方法，同时基于展开图像和相关神经网络实现了管道内表面缺陷的检测与识别。

第 5 章、第 6 章、第 7 章依次介绍了单相机镜像双目传感器、多镜像双目传感器，以及曲面镜折反射全向阵列点结构光视觉传感器等多种不同类型的集成化、小型化立体视觉传感器的设计原理、标定方法和测量模型。

小结

全向视觉测量技术在现代军事侦察、自动探测、机器人视觉导航等领域应用广泛，具备高效率、非接触、信息量丰富等突出优势，是一种重要的机器视觉测量手段。将全向视觉测量系统和移动机器人技术结合而形成的移动视觉测量技术能够应用于受限空间的三维形貌观测、形态参数测量和运动轨迹跟踪等方面，该技术在实际工业应用中发挥着重要作用。管道是受限空间形貌测量中最典型的应用场景，管道内表面三维形貌的测量是实现管道内缺陷精确检测最为关键的环节。针对细长管道内表面三维测量的若干关键技术，分别从理论、方法、系统三个方面进行深入研究和讨论。本章介绍了管道内表面三维形貌测量的意义和当前技术的发展概况，综述了传统的管道内壁检测技术和基于视觉测量的管道内壁检测方法，详细阐述了管道内表面测量技术的具体发展趋势和研究进展。

第 2 章　视觉测量典型图像特征提取

2.1　引言

对于人类而言，视觉信息首先由眼睛接收，然后由大脑综合依据颜色特征、纹理特征、形状特征、空间关系特征等完成有效信息提取。对于计算机而言，虽然摄像机能够提供类似人眼接收的视觉信息的数字图像信息，但是要完成复杂背景下的有效信息提取并非易事。对于视觉传感器标定、管道尺寸测量等工业应用而言，稳定、精确提取图像特征显得尤为重要。在实际应用中，通常以场景中天然存在的几何特征或人为制造的标记物作为数字图像特征信息提取的主要目标。根据图像特征信息几何属性的不同，可将其分为：边缘特征、圆点特征、角点特征和光条特征。如何快速、准确地提取这些图像特征信息，成为影响视觉测量中的关键问题。本章将对常见的图像特征信息提取方法进行逐一介绍。

2.2　边缘特征提取算法

边缘特征通常位于图像中灰度或颜色剧烈变化的区域，一般是由于环境光照、场景结构、表面纹理等因素的变化而造成的，图像的边缘特征往往反映了物体的外观轮廓特征，是图像处理、模式识别、视觉测量等领域的重要特征。例如，在一般的管道图像中，存在由管道投影形成的边缘轮廓曲线，如图 2.1 所示，该边缘轮廓曲线是实现管道视觉三维重建的重要特征依据。本节将重点介绍两种边缘检测算法：Canny 边缘检测算法和基于局部效应的边缘检测算法，前者是一种像素级的边缘检测算法，后者是一种亚像素级的边缘检测算法。

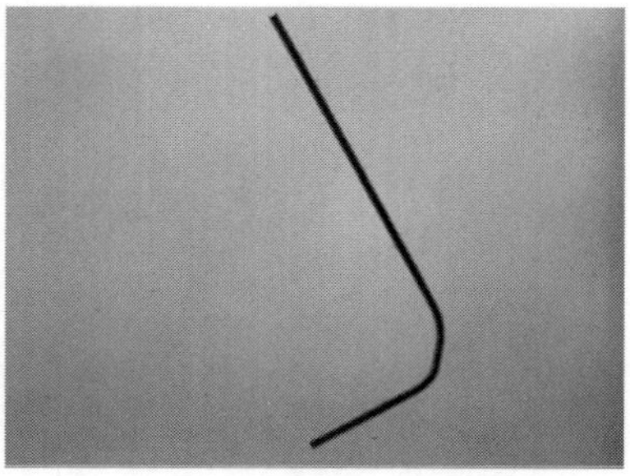

图 2.1　管道图像中的边缘轮廓曲线

2.2.1 Canny 边缘检测算法

John Canny 于 1986 年提出了一种多级边缘检测算法，截至 2022 年 8 月，提出该算法的论文已被引用 4 万余次，此算法可谓是最为经典的边缘检测算法之一，也被称为 Canny 边缘检测算法[19]。Canny 边缘检测算法的实现包含以下四个步骤。

1. 高斯滤波

在实际应用中，图像中存在一定程度的噪声信号，而且一般表现为高频信号，若不对噪声信号进行任何处理就直接进行边缘检测，则将检测出大量由噪声引起的假边缘点。基于上述考虑，Canny 边缘检测算法的第一步就是采用高斯滤波器对图像进行滤波操作，该过程将在使图像变得平滑的基础上，增大边缘的宽度。高斯滤波的具体实现方式为，将图像中的每个像素点及其邻域与一个高斯矩阵相乘，并取其加权平均值作为最终的灰度值。设位置 (x,y) 处像素点的灰度值为 $f(x,y)$，高斯平滑滤波器为 $h(x,y)$，经过高斯滤波后的图像可表示为

$$g(x,y) = f(x,y) \otimes h(x,y) \tag{2.1}$$

2. 计算梯度幅值和梯度方向

边缘的本质为图像中灰度值变化较大的像素点的集合，如黑色区域和白色区域的交接处即为理想的边缘，且边缘处的灰度值变化最大。在图像中，可利用梯度来表示灰度值变化的程度和方向。Canny 边缘检测算法即在图像平滑滤波的基础上，分别使用水平和垂直方向的 Sobel 算子对图像进行卷积操作，并得到两个方向上的一阶偏导 g_x，g_y。此时，像素点 (x,y) 处的梯度幅值 $G(x,y)$ 和梯度方向 $\theta(x,y)$ 可分别表示为

$$\begin{cases} G(x,y) = \sqrt{\mathrm{g}_x^2 + \mathrm{g}_y^2} \\ \theta(x,y) = \arctan(\mathrm{g}_x/\mathrm{g}_y) \end{cases} \tag{2.2}$$

3. 非极大值抑制

考虑到步骤 1 的滤波操作放大了边缘宽度，因此，基于步骤 2 获得的边缘具有一定宽度。为了获得更加“精细”的边缘位置信息，Canny 边缘检测算法进一步采用非极大值抑制（Non-Maximum Suppression，NMS）算法实现宽边缘的细化。该算法原理是：在每个像素点上，将其梯度幅值与沿着对应梯度方向的邻域像素点进行比较，若该像素点梯度幅值为最大值，则保留，否则置 0。该操作仅保留邻域中局部梯度最大的点，从而达到边缘细化的目的。

4. 双阈值算法

由于复杂背景和噪声的干扰，步骤 3 处理后的边缘检测结果中仍然包含许多离散的细小假边缘，Canny 边缘检测算法进一步采用双阈值算法实现假边缘的去除。其具体过程是首先设置上下两个阈值：T_1 和 T_2，一般情况下 $T_2 \approx 2T_1$，然后利用双阈值算法

对步骤 3 处理后的结果进行二值化操作，并得到 $G_1(x,y)$ 和 $G_2(x,y)$ 两幅边缘图像。其中，图像 $G_2(x,y)$ 由高阈值 T_2 处理后得到，因此它含有较少的假边缘，但同时可能存在轮廓上的断续；而 $G_1(x,y)$ 的连续性虽然较好，但是存在较多假边缘。因此，双阈值算法即在 $G_2(x,y)$ 上对边缘进行逐一检索，当检索至边缘的末端时，即跳转至 $G_1(x,y)$ 继续在邻域内寻找可以继续延伸的轮廓边缘。重复上述过程，就可不断地将 $G_1(x,y)$ 中的有效边缘补充至 $G_2(x,y)$ 中，直到将 $G_2(x,y)$ 中的边缘尽可能连接起来，从而获得相对完整的边缘。图 2.2 为 Canny 边缘检测算法对图 2.1 所示边缘轮廓曲线处理后得到的边缘特征。

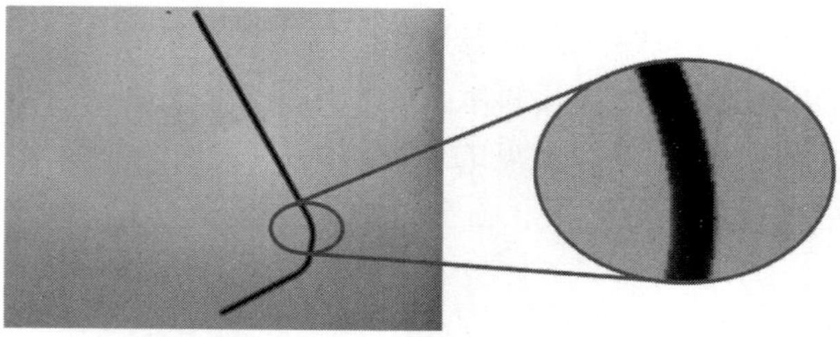

图 2.2　Canny 边缘检测算法处理效果图

2.2.2　基于局部区域效应的亚像素边缘检测算法

一般情况下，为了实现边缘特征的亚像素精确定位，需要将数字图像视为一个连续且可微的灰度函数 $f(x,y)$ 在每一个像素点处的采样结果，然后再对其进行精确建模以实现轮廓的亚像素定位。但由于噪声影响，这种定义方法对于每个像素点的梯度向量计算通常是不准确的，因而边缘提取结果也是不准确的。本节将介绍一种基于局部区域效应的亚像素边缘检测算法[20]，该算法根据边缘拟合曲线两侧的灰度分布重新定义每一个像素点的灰度值。如图 2.3 所示，如果边界跨过某一像素点 (i,j)，该点处的灰度值可以根据两侧灰度值在像素点内的占比定义为

$$F_{i,j} = \frac{AS_A + BS_B}{h^2} \tag{2.3}$$

式中，A 和 B 分别为边界两侧的灰度值；S_A 和 S_B 则分别对应灰度值 A 和 B 所覆盖的区域面积；h 为单个像素边界长度。

式 (2.3) 体现边缘两侧不同灰度值对于整个像素点的灰度影响，可表示为

$$F_{i,j} = B + \frac{A-B}{h^2} P_{i,j} \tag{2.4}$$

式中，$P_{i,j}$ 为像素点 (i,j) 中边界下方所包围的面积 $(0 \leqslant P_{i,j} \leqslant h^2)$。

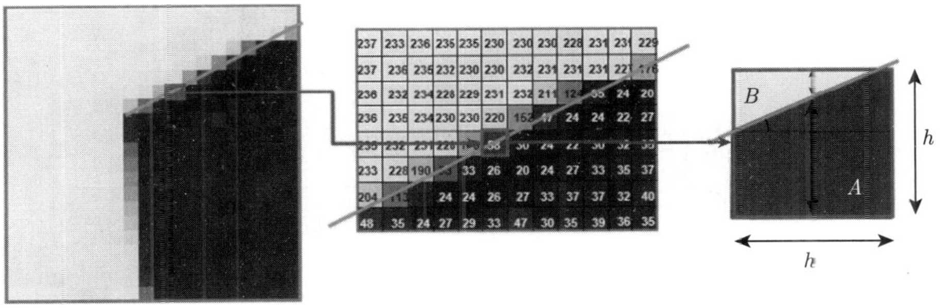

图 2.3　像素定义示意图

在许多情况下，对于管道图像而言，其局部区域内的轮廓特征可使用二次曲线近似表示。因此，对于图像中边缘曲线所跨过的像素点，设定一个固定大小的窗口，当窗口在边缘曲线上划过时，对于窗口内所包含的部分边缘特征，采用二次方程 $y=a+bx+cx^2$ 拟合边缘曲线。如图 2.4 所示，该窗口大小设为 5×3，定义 S_L、S_M、S_R 分别为滑窗上最左一列，中间一列和最右一列上所有像素点的灰度和，L、M、R 分别代表左、中、右三列中曲线与窗口边界围成的区域面积，则有

$$\begin{cases} S_L=\displaystyle\sum_{n=j-2}^{j+2}F_{i-1,n}=5B+\frac{A-B}{h^2}L \\ S_M=\displaystyle\sum_{n=j-2}^{j+2}F_{i,n}=5B+\frac{A-B}{h^2}M \\ S_R=\displaystyle\sum_{n=j-2}^{j+2}F_{i+1,n}=5B+\frac{A-B}{h^2}R \end{cases} \tag{2.5}$$

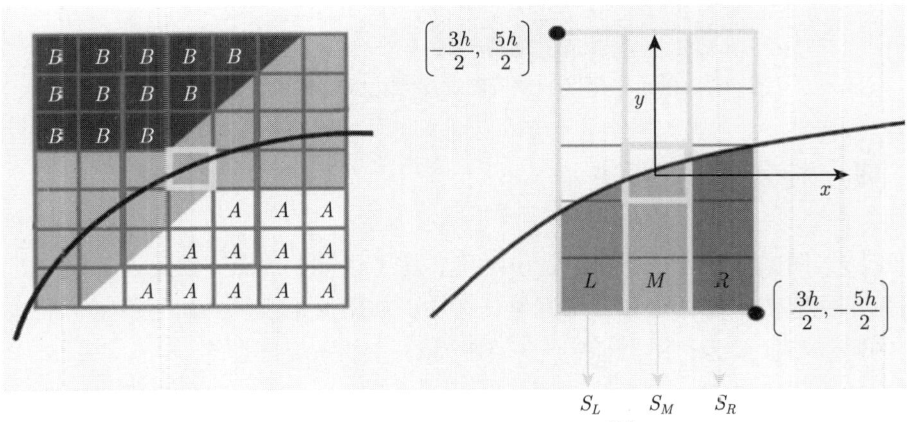

图 2.4　亚像素边缘检测示意图[20]

根据曲线拟合表达式，可得

$$
\begin{cases}
L = \int_{-3h/2}^{-h/2} \left(a + bx + cx^2 + \dfrac{5}{2}h\right) \mathrm{d}x = ah - bh^2 + \dfrac{13}{12}ch^3 + \dfrac{5}{2}h^2 \\
M = \int_{-h/2}^{h/2} \left(a + bx + cx^2 + \dfrac{5}{2}h\right) \mathrm{d}x = ah + \dfrac{1}{12}ch^3 + \dfrac{5}{2}h^2 \\
R = \int_{h/2}^{3h/2} \left(a + bx + cx^2 + \dfrac{5}{2}h\right) \mathrm{d}x = ah + bh^2 + \dfrac{13}{12}ch^3 + \dfrac{5}{2}h^2
\end{cases}
\tag{2.6}
$$

根据式 (2.5) 和式 (2.6)，得到三个未知量的表达式为

$$
\begin{cases}
a = \dfrac{2S_M - 5(A+B)}{2(A-B)} - \dfrac{1}{12}c \\
b = \dfrac{S_R - S_L}{2(A-B)} \\
c = \dfrac{S_L + S_R - 2S_M}{2(A-B)}
\end{cases}
\tag{2.7}
$$

由此可见，通过计算滑窗中每一列的灰度值，就可以完成二次曲线系数 a, b, c 的求解，即完成局部边缘特征的拟合和亚像素定位。之后，通过在图像上划窗扫描，就可以完成整条边缘特征的亚像素定位。图 2.5 为基于局部区域效应的亚像素边缘检测算法对图 2.1 所示边缘轮廓曲线进行处理后得到的边缘特征。

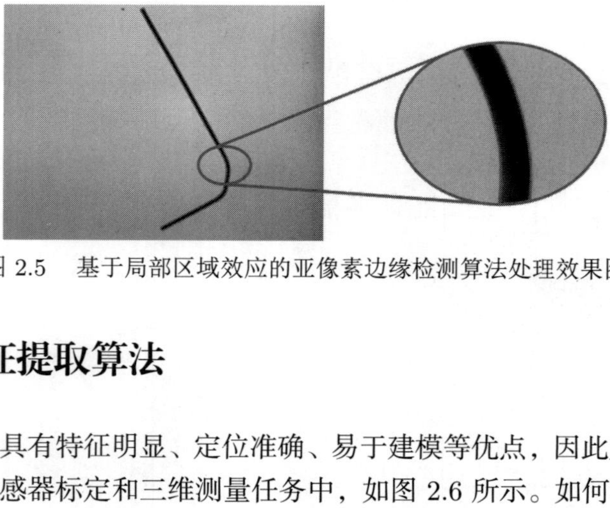

图 2.5　基于局部区域效应的亚像素边缘检测算法处理效果图

2.3　圆点特征提取算法

由于圆形图案具有特征明显、定位准确、易于建模等优点，因此人工设计的圆形标记点常用于视觉传感器标定和三维测量任务中，如图 2.6 所示。如何稳定、准确地提取图像中的圆点特征成为传感器标定（三维测量）中的重要问题之一。

根据透视投影模型的固有特性，二次曲线（主要包括抛物线、椭圆和双曲线）在摄像机像平面上的投影在非退化的情况下仍然是二次曲线，而圆形标记点的投影则一般呈现为椭圆。当圆形标记点在图像中的有效像素占比较小时，椭圆中心可近似视为标记点圆心的真实投影位置，下面将介绍几种视觉测量领域常见的圆点特征提取算法。

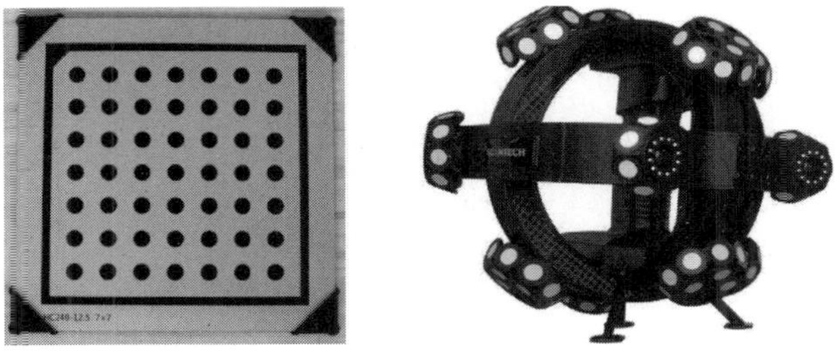

（a）圆点靶标　　　　（b）圆形标记点

图 2.6　圆形标记点应用

2.3.1 重心法

当圆形标记点在摄像机像平面所呈现的图像比较小时，重心法是圆点特征提取的有效方法。该方法首先对图像中圆形标志点所处区域的感兴趣区（Begion of Interest，ROI）进行裁剪，设裁剪后的区域尺寸为 $M \times N$，位置 (x, y) 处像素点的灰度值为 $f(x, y)$，然后采用预设值 T 对图像中的每个像素进行阈值化处理，该过程可表示为

$$F(x,y) = \begin{cases} f(x,y), & f(x,y) \geqslant T \\ 0, & f(x,y) < T \end{cases} \quad x = 1, 2, \cdots, M; y = 1, 2, \cdots, N \tag{2.8}$$

最后计算图像 $F(x, y)$ 的一阶矩，即可实现椭圆中心的精确定位，即

$$x_0 = \frac{\sum\limits_{x=1}^{M}\sum\limits_{y=1}^{N} F(x,y)x}{\sum\limits_{x=1}^{M}\sum\limits_{y=1}^{N} F(x,y)}, \qquad y_0 = \frac{\sum\limits_{x=1}^{M}\sum\limits_{y=1}^{N} F(x,y)y}{\sum\limits_{x=1}^{M}\sum\limits_{y=1}^{N} F(x,y)} \tag{2.9}$$

需要注意的是椭圆中心 (x_0, y_0) 还需要进一步恢复到原始图像坐标系下才能作为圆点特征的圆心坐标。图 2.7 为重心法对图 2.6（a）所示圆点靶标处理后得到的圆点特征。

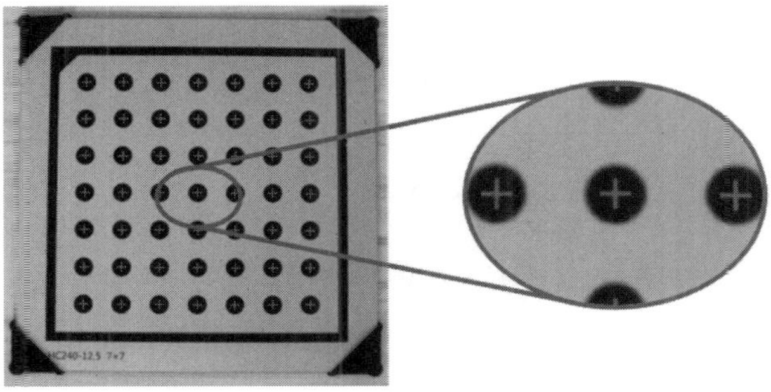

图 2.7　重心法圆点特征提取效果图

上述重心法并未考虑区域亮度系统变换、噪声等因素对圆点特征提取精度的影响，因此定位精度并不高，下面将进一步介绍几种重心法的改进形式。

1. 带阈值的重心法

该方法的计算过程可表示为

$$x_0 = \frac{\sum_{x=1}^{M}\sum_{y=1}^{N}[F(x,y)-T]\,x}{\sum_{x=1}^{M}\sum_{y=1}^{N}F(x,y)}, \quad y_0 = \frac{\sum_{x=1}^{M}\sum_{y=1}^{N}[F(x,y)-T]\,y}{\sum_{x=1}^{M}\sum_{y=1}^{N}F(x,y)} \tag{2.10}$$

相较于式 (2.9) 所示的重心法，带阈值的重心法相当于将原 ROI 区域图像与阈值 T 先进行差值操作，然后再基于差值计算椭圆的中心。考虑到一般图像可视为背景与目标图案的叠加，因此，式 (2.10) 中的阈值 T 可采用背景阈值。该方法在理论上比式 (2.9) 所示的普通重心法具有更高的定位精度，当灰度分布 $f(x,y)$ 与像素点坐标值无关时，二者的计算结果是等价的。

2. 平方加权重心法

平方加权重心法的计算过程可表示为

$$x_0 = \frac{\sum_{x=1}^{M}\sum_{y=1}^{N}F(x,y)^2x}{\sum_{x=1}^{M}\sum_{y=1}^{N}F(x,y)^2}, \quad y_0 = \frac{\sum_{x=1}^{M}\sum_{y=1}^{N}F(x,y)^2y}{\sum_{x=1}^{M}\sum_{y=1}^{N}F(x,y)^2} \tag{2.11}$$

该算法将每个像素点的计算权重替换为其灰度值的平方，因此定位结果中重点突出了离椭圆中心较近且具有较大灰度值像素点对结果的影响，进而避免标志点边缘处灰度值不稳定对检测结果造成的不利影响。

3. 高斯加权重心法

一般情况下，视觉图像中必然存在不同程度的噪声，标记点图案的尺寸越小，噪声对椭圆重心定位精度的影响越大。高斯加权重心法进行圆点特征提取具有更强的抗噪能力，该方法可表示为

$$x_0 = \frac{\sum_{x=1}^{M}\sum_{y=1}^{N}I(x,y)x}{\sum_{x=1}^{M}\sum_{y=1}^{N}I(x,y)}, \quad y_0 = \frac{\sum_{x=1}^{M}\sum_{y=1}^{N}I(x,y)y}{\sum_{x=1}^{M}\sum_{y=1}^{N}I(x,y)} \tag{2.12}$$

式中，$I(x,y)$ 为位置 (x,y) 处像素点经过高斯滤波后的灰度值，可表示为

$$I(x,y) = \sum_{i=-k}^{k}\sum_{j=-k}^{k}F(x+i,y+i)g(i,j) \tag{2.13}$$

式中，$g(x,y)$ 表示高斯卷积核，其核尺寸为 $2k+1$。

高斯加权重心法采用高斯滤波后的灰度值作为圆点特征的定位依据。

2.3.2　椭圆拟合法

在经典欧氏几何理论中，二次曲线可视为圆锥面与不同方向平面的交线，此类曲线因此也可称为圆锥曲线。在二维平面中的二次曲线可使用一个二次多项式进行描述，即二次曲线的一般方程表示法为

$$f\left(\boldsymbol{a},\boldsymbol{x}\right)=ax^2+bxy+cy^2+dx+ey+f=0 \tag{2.14}$$

式中，$\boldsymbol{a}=[a\quad b\quad c\quad d\quad e\quad f]$；$\boldsymbol{x}=[x^2\quad xy\quad y^2\quad x\quad y\quad 1]$。

对于圆形标志点透视投影形成的椭圆，式 (2.14) 同样适用。引入约束 $\|\boldsymbol{a}\|=1$，建立目标函数为

$$F\left(\boldsymbol{a}\right)=\sum_{i=1}^{N}f\left(\boldsymbol{a},\boldsymbol{x}_i\right)^2+M\left(\|\boldsymbol{a}\|^2-1\right)^2 \tag{2.15}$$

式中，M 为罚因子。

经过上述操作，椭圆曲线的拟合问题被转化为最小化 $F\left(\boldsymbol{a}\right)$ 的问题。可利用高斯–牛顿（Gauss-Newton）或列文伯格–马夸尔特（Levenberg-Marquardt，LM）等非线性优化算法完成系数 $\boldsymbol{a}$ 的求解。最终，人工标记点圆点特征的定位结果可表示为

$$\begin{cases} X_{\mathrm{C}}=\dfrac{2cd-be}{b^2-4ac} \\ Y_{\mathrm{C}}=\dfrac{2ae-bd}{b^2-4ac} \end{cases} \tag{2.16}$$

式中，$b^2-4ac\neq 0$。

该方法的顺利实施需要先解决标记点投影边缘轮廓的精确定位，可利用 2.2 节所述边缘特征的提取算法完成。图 2.8 为椭圆拟合法对图 2.6（a）所示圆点靶标处理后得到的圆点特征。

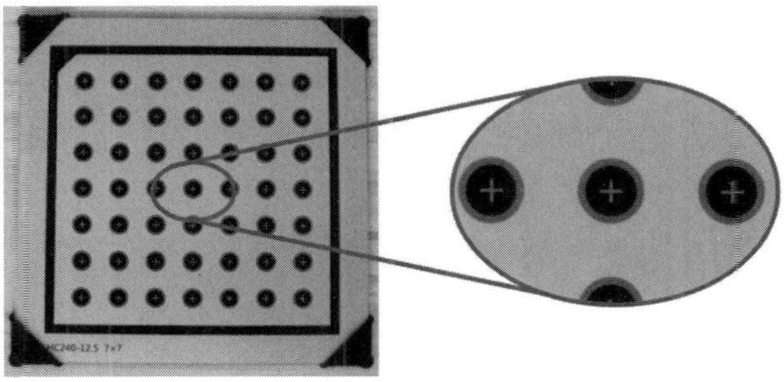

图 2.8　椭圆拟合法圆点特征提取效果图

2.3.3　EDCircles 圆/椭圆检测算法

EDCircles 圆/椭圆检测算法是 Cuneyt Akinlar 等人[21] 于 2013 年提出的一种实时的、无参数的圆/椭圆检测算法，该算法具有较高的检出率，同时能够有效控制错误特

征的数量。下面将重点介绍该算法的步骤。

1. 基于 EDPF 的边缘检测算法

EDPF 是 Cuneyt Akinlar 等人[22] 于 2012 年提出的一种无参数边缘检测算法，该算法首先确定图像中的一组边缘点，称为锚点，然后通过智能路由过程连接这些锚点，输出一组连续的边缘段。为了保证上述过程仅依赖一组预设的内部参数即可完成，而无需用户进行参数调优，该算法同时引入了基于亥姆霍兹定理（Helmholtz Principle）[23] 的反向边缘验证机制，该机制能够有效消除错误的检测结果而仅保留有意义的边缘段。图 2.9（b）即为图 2.9（a）所示样本图像经 EDPF 算法处理后得到的边缘段结果。

2. 边缘段到线段的转换

考虑到圆形形状一般都可以用连续的线段近似表示，因此在步骤 1 完成边缘段检测后，该算法将首先筛选出那些可被视为圆形或椭圆形的封闭线段，然后将剩余边缘段转换为线段，这些线段是后续圆/椭圆检测的重要特征依据。其中，边缘段转换为线段的基本思路是：从满足某一直线度量标准的短线段开始，然后在均方根误差小于一定阈值（如 1 个像素误差）的情况下扩展该线段。图 2.9（c）为图 2.9（b）所示边缘段转换后得到的线段图像。

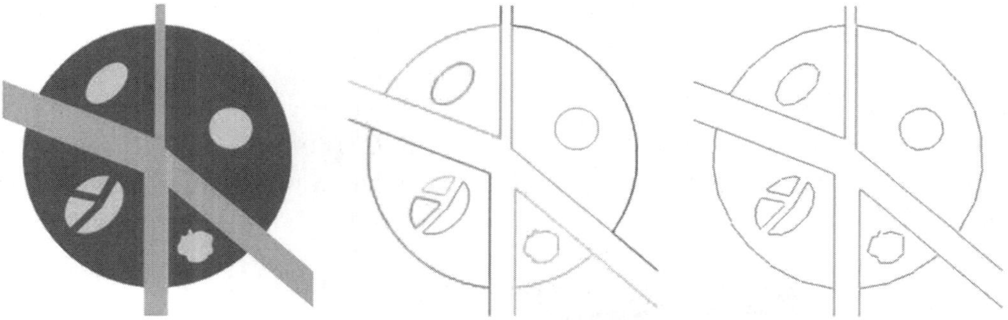

（a） 样本图像

（b）基于EDPF 检测得到的边缘段图像，每一种颜色对应一条边缘段

（c）直线段对边缘段的近似表达

图 2.9　EDPF 算法效果图

3. 弧线检测

EDCircles 算法将弧线定义为至少包含 3 条沿同一方向转动的连续直线段的集合。基于该定义，弧线检测的思路如下：首先给定一个组成边缘的线段列表，然后简单走过这些线，并计算连续线之间的角度以及从一条线到下一条线的转动方向，如果至少有 3 条线在同一方向上转动，且线与线之间的角度处于某一阈值之间，那么这些线段就可能会形成一条弧线。图 2.10（a）为对图 2.9（c）所示线段进行计算后得到的弧线，图 2.10（b）为对图 2.10（a）所示弧线进行弧线检测后得到的候选圆/椭圆。

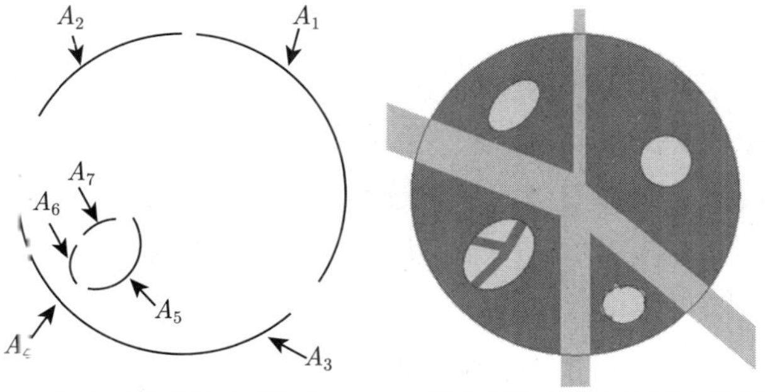

（a）线段计算得到的弧线　（b）弧线检测得到的候选圆/椭圆

图 2.10　弧线检测效果图

4. 弧线段组合检测候选圆

在计算完弧线后，下一步是将弧线加入候选圆。为实现该目的，EDCircles 算法对所有弧线依长度进行降序排列，考虑到最长的弧线最有可能接近一个完整的圆，因此该算法优先选择长度最长的弧线开始进行组合扩展。在弧线组合过程中，算法采用了两个基本准则作为扩展依据：① 半径差异约束，即 2 条弧线段拟合出的圆半径差异在阈值内，如弧线段差异不能超过 A_1 半径的 25%；② 圆心距离约束，即 2 条弧线段拟合出的圆心距离在阈值内，如圆心距离不能超过 A_1 半径的 25%。在图 2.11（a）和图 2.11（b）所示图例中，弧线 A_2、A_3 和 A_4 是 A_1 的潜在的扩展对象。但图 2.11（a）中 3 条弧线虽然都满足圆心距离约束，但 A_2 不满足半径差异约束，因此只能选取 A_3 和 A_4 作为 A_1 的扩展对象；图 2.11（b）中 3 条弧线都满足半径差异约束，但 A_3 不满足圆心距离约束，因此只能选取 A_2 和 A_4 作为 A_1 的扩展对象。

当完成弧线段的组合后，该算法认为组合弧线的总跨度至少是其大圆周长的 50%，才会认定该弧线是一个圆，否则，该弧线将被留下做椭圆检测。图 2.11（a）和图 2.11（b）组合弧线的跨度大于 50%，因此可视为候选圆，而图 2.11（c）所示图例中 $\theta_1+\theta_2+\theta_3<\pi$，因此该组合弧线不能作为候选圆。

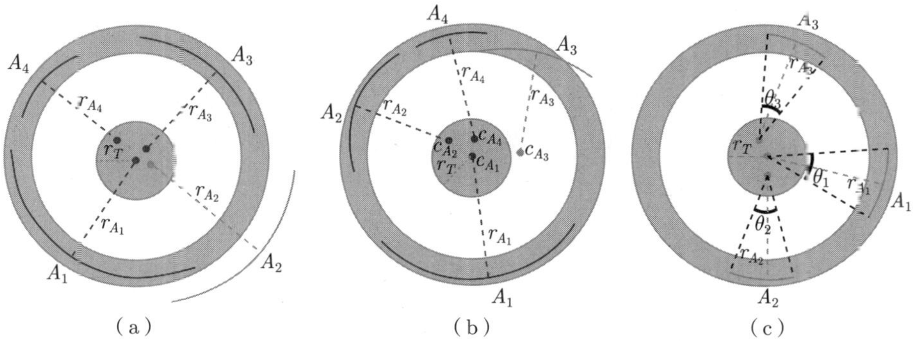

（a）　（b）　（c）

图 2.11　弧线段组合检测候选圆示例

5. 弧线段组合检测候选椭圆

步骤 4 的处理过程可实现完美圆形边缘的检测，但尚无法检测出近似圆形的椭圆边缘。为实现椭圆检测，EDCircles 算法采用了与候选圆检测相同的准则，但是阈值条件有所放宽，典型情况下半径差异约束和圆心距离约束均放宽至 50%。与圆检测类似，在完成弧线段的组合后，该算法认为组合弧线的总跨度至少是其大椭圆周长的 50%，才会认定该弧线是一个椭圆。

6. 基于亥姆霍兹定理的候选圆/椭圆验证

EDCircles 算法将 Desolneux 等人[24] 提出的线段验证框架引入到了圆/椭圆的验证任务中。在上述线段验证框架中，一组相邻像素点在其水平线角度 (梯度的垂直方向) 与线段方向对齐的情况下即可构成线段。类似地，一组相邻像素在其水平线角度与圆对齐的情况下即可构成圆/椭圆。图 2.12（a）所示为某图像的水平线方向场，其中构成圆的对齐像素被标记在两个圆内。为了明确像素点和圆的对齐方法，EDCircles 算法中给出了如下定义：如果在圆的边界上像素点 P 与对应圆的切向方向对齐，则称 P 与圆对齐。图 2.12（b）中显示了圆边界上几个点的梯度方向，其中灰色三角形表示理想梯度方向与观测梯度方向之间的差异，如果观测梯度方向在圆锥内部（圆锥角度：$\pm 22.5°$），则认为该点与圆对齐，否则认定该点与圆不对齐。

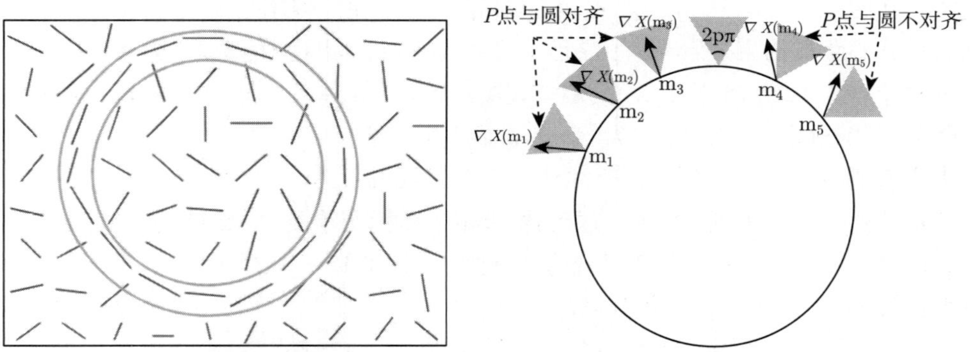

（a）水平线方向场　　（b）像素点与圆对齐判断方法说明

图 2.12　基于 EDCircles 的算法的候选圆/椭圆验证

由于圆本质上也是长、短轴长度相等的椭圆，因此在 EDCircles 算法的候选圆/椭圆验证过程中，没有将圆和椭圆进行区别对待。设 E 为一个圆周上有 n 个点的圆/椭圆，且在 $N \times N$ 的图像中有至少 k 个点的方向与 E 对齐，则定义 E 的虚警数（Number of False Alarms，NFA）为

$$\mathrm{NFA}(n,k) = N^5 \sum_{i=k}^{n} \binom{n}{i} p^i (1-p)^{n-i} \tag{2.17}$$

式中，N^5 表示 $N \times N$ 的图像中潜在的圆/椭圆个数；概率 p 表示像素点的水平线角度与圆/椭圆对齐的精度。

给定这个 NFA 定义，验证一个圆/椭圆的过程如下：对于一个长度为 n 的圆/椭圆，首先计算每个像素沿圆/椭圆的水平线角度和对齐像素的数量 k，然后基于式 (2.17) 计算 $\mathrm{NFA}(n,k)$，最后判断如果 $\mathrm{NFA}(n,k) \leqslant \epsilon$，则认为该圆/椭圆有效，否则无效，其中 ϵ 的典型值为 1。

图 2.13 给出了基于 EDCircles 算法得到的圆/椭圆检测效果。由此可见，该算法不仅能够实现完整圆/椭圆的有效检测，同时能够在存在部分遮挡的情况下完成圆/椭圆的鲁棒提取。

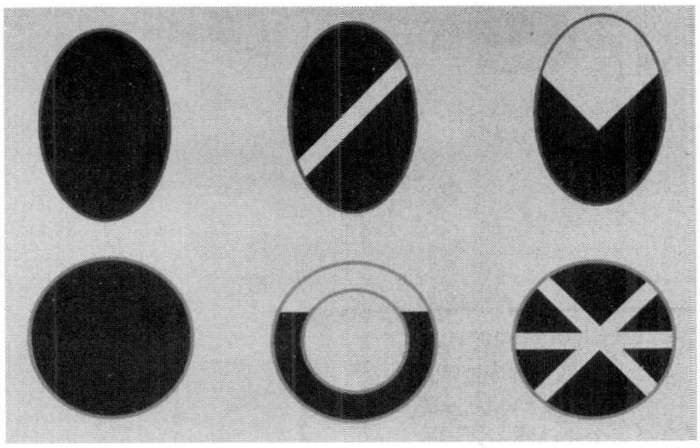

图 2.13　基于 EDCircles 算法的圆/椭圆检测效果

2.3.4　具有偏心矫正的圆点特征检测算法

考虑到相机透视畸变的影响，一般情况下，基于重心法或者椭圆拟合法得到的椭圆中心特征与圆形标记点圆心在图像中的实际投影位置并不重合，二者存在一定偏差，该偏差称为圆投影的离心偏差，且该偏差与圆的半径、相机的内参、圆心的空间坐标、圆所在支撑平面法向等诸多因素有关。因此，本节将重点介绍由 Chen 等人提出的一种离心偏差矫正算法[25]，理论上该算法能够实现更加精确的圆点特征提取结果。该算法首先将圆形标记点投影得到的椭圆二次曲线以二次型矩阵表示为

$$[x_e \quad y_e \quad 1]\begin{bmatrix} A & B & D \\ B & C & E \\ D & E & F \end{bmatrix}\begin{bmatrix} x_e \\ y_e \\ 1 \end{bmatrix} = 0 \tag{2.18}$$

式中，$[x_e \quad y_e \quad 1]^{\mathrm{T}}$ 表示椭圆上任意点毫米坐标的齐次表达。

设相机的镜头焦距为 f，那么存在如下形式的二次型矩阵，即

$$\boldsymbol{Q} = \begin{bmatrix} A & B & -D/f \\ B & C & -E/f \\ -D/f & -E/f & F/f^2 \end{bmatrix} \tag{2.19}$$

该二次型矩阵满足

$$\boldsymbol{P}^{\mathrm{T}}\boldsymbol{Q}\boldsymbol{P} = 0 \tag{2.20}$$

式中，$\boldsymbol{P}=[x_e \quad y_e \quad -f]^{\mathrm{T}}$ 表示像平面上投影椭圆上任一点在毫米坐标系下的三维坐标。

对矩阵 $\boldsymbol{Q}$ 进行谱分解，即得到

$$\boldsymbol{Q}=\boldsymbol{V}\boldsymbol{\Lambda}\boldsymbol{V}^{\mathrm{T}} \tag{2.21}$$

式中，$\boldsymbol{\Lambda}=\operatorname{diag}\{\lambda_1,\lambda_2,\lambda_3\}$ 为特征值组成的对角矩阵，$\boldsymbol{V}$ 为特征值对应单位特征向量组成的矩阵。

在 Chen 的论文[25] 中，最终推导得到

$$\begin{cases} \boldsymbol{C}=z_0\boldsymbol{V}\begin{pmatrix} S_2\dfrac{\lambda_3}{\lambda_2}\sqrt{\dfrac{\lambda_1-\lambda_2}{\lambda_1-\lambda_3}} \\ 0 \\ -S_1\dfrac{\lambda_1}{\lambda_2}\sqrt{\dfrac{\lambda_2-\lambda_3}{\lambda_1-\lambda_3}} \end{pmatrix} \\ \boldsymbol{N}=\boldsymbol{V}\begin{pmatrix} S_2\sqrt{\dfrac{\lambda_1-\lambda_2}{\lambda_1-\lambda_3}} \\ 0 \\ -S_1\sqrt{\dfrac{\lambda_2-\lambda_3}{\lambda_1-\lambda_3}} \end{pmatrix} \end{cases} \tag{2.22}$$

式中，($z_0=S_3\lambda_2 r/\sqrt{-\lambda_1\lambda_3}$；$\boldsymbol{C}$ 表示圆形标志点圆心在以毫米为单位的相机坐标系下的三维坐标；$\boldsymbol{N}$ 表示圆形标志点的法向；S_1、S_2、S_3 均为未确定的符号。

最终，考虑到现实中圆心在相机坐标系 z 轴上的坐标应该为负值，而法向在 z 轴上的分量应该为正值，即

$$\begin{cases} \boldsymbol{C}\cdot[0 \quad 0 \quad 1]^{\mathrm{T}}<0 \\ \boldsymbol{N}\cdot[0 \quad 0 \quad 1]^{\mathrm{T}}>0 \end{cases} \tag{2.23}$$

以式 (2.23) 所示结论为约束对式 (2.22) 中所述计算的可能结果进行筛选，最终可得到两个可能的圆心真实投影位置提取结果。这两个提取结果都是合理的，且依赖单个圆投影是难以消除的，因此在实际应用中，往往需要依赖多个共面圆来消除上述二义性。

2.4 角点特征提取算法

图像中的角点一般是指大曲率点或曲率无穷大点，它是由场景中物体的边缘曲率较大的地方或多条边缘特征的交点所形成的。显然，以图像中的角点作为特征提取的目标具有重要意义，角点特征提取在视觉传感器标定、运动检测、图像匹配、视觉跟踪、三维重建等领域有着广泛的应用。本节将首先介绍 Harris 角点特征提取算法，这是一种典型的直接利用图像灰度信息完成角点特征提取的算法[26]，然后再介绍一种针对 X 型角点特征的精确提取算法[27]。

2.4.1　Harris 角点提取算法

一般而言，人类对角点的识别是在一个小的图像窗口或者一个小的局部区域内完成的，如图 2.14 所示。如果在某个像素点的各个方向上进行划窗，图像窗口内的灰度信息都没有发生太大变化，那么可认为当前像素点位于平坦区域，即非角点特征；若只在某个方向上进行划窗时，图像窗口内的灰度信息发生较大变化，而在其他方向上变化不大，那么当前像素点可能属于边缘特征；若在任意方向进行划窗时，图像窗口内的灰度信息都发生了较大变化，那么当前像素点可认定为角点特征。

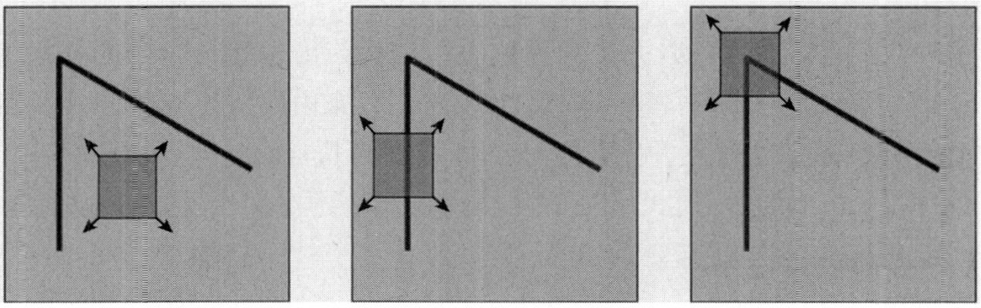

（a）在所有方向没有明显梯度变化（非角点特征）　（b）在某个方向有明显梯度变化（边缘特征）　（c）在各个方向梯度值有明显变化（角点特征）

图 2.14　Harris 角点提取算法原理

对于上述现象，可以进一步描述为：像素点为角点的可能性与其自相关函数有关。式中，像素点 (u,v) 的自相关函数 $E(x,y)$ 描述了其相邻局部区域内图像灰度变化的程度，可表示为

$$E(x,y)=\sum_{u,v} w_{u,v}\left|I_{x+u,y+v}-I_{u,v}\right|^2 \tag{2.24}$$

式中，$w_{u,v}$ 表示以 (u,v) 为中心的图像窗口；I 表示图像窗口内某个像素点的灰度值；$E(x,y)$ 表示由当前图像窗口偏移了 (x,y) 而产生的图像灰度变化。

若 (u,v) 确实为角点特征，那么无论图像窗口朝哪个方向偏移，$E(x,y)$ 的值都应该很大。

将式 (2.24) 在像素点 (u,v) 处进行一阶泰勒展开，可得到图像局部区域自相关函数 $E(x,y)$ 的近似表达形式为

$$E(x,y)\approx Ax^2+By^2+2C_{xy} \tag{2.25}$$

式中，二阶方向微分的近似系数 A、B、C 可分别表示为

$$\begin{cases} A=X^2\otimes h(x,y), B=Y^2\otimes h(x,y), C=XY\otimes h(x,y) \\ X=I\otimes[1\quad 0\quad -1]\approx \dfrac{\partial I}{\partial x}, Y=I\otimes[1\quad 0\quad -1]^{\mathrm{T}}\approx \dfrac{\partial I}{\partial y} \end{cases} \tag{2.26}$$

式中，$h(x,y)$ 是一个高斯平滑滤波函数；X 和 Y 是一阶方向微分，可分别用图像灰度与 x 向差分算子 $[1\quad 0\quad -1]$ 和 y 向差分算子 $[1\quad 0\quad -1]^{\mathrm{T}}$ 表示。

至此，式 (2.25) 可表示为

$$E(x,y) = [x \quad y]\ \boldsymbol{H} \begin{bmatrix} x \\ y \end{bmatrix} \tag{2.27}$$

式中，矩阵 $\boldsymbol{H}$ 是自相关函数 $E(x,y)$ 的近似 Hessian 矩阵，即

$$\boldsymbol{H}(x,y) = \begin{bmatrix} A(x,y) & C(x,y) \\ C(x,y) & B(x,y) \end{bmatrix} \tag{2.28}$$

利用矩阵 $\boldsymbol{H}$ 的特征值可以方便地近似求解图像灰度自相关函数曲率极值点。当图像中某一点矩阵 $\boldsymbol{H}$ 的两个特征值同时都比较大，那么说明该点灰度自相关函数在两个正交方向上的极值曲率均较大，因此可认为该点即为角点。

考虑到 Hessian 矩阵行列式 $\det(\boldsymbol{H})$ 的值正比于两个正交方向上极值曲率的乘积，因此，Harris 角点探测器可定义为

$$R(x,y) = \det[\boldsymbol{H}(x,y)] - k \cdot tr^2[\boldsymbol{H}(x,y)] \tag{2.29}$$

式中，$\det(\boldsymbol{H}) = AB - C^2$；矩阵 $\boldsymbol{H}$ 的迹 $tr(\boldsymbol{H}) = A + B$。

只要图像中某一点计算的 $R(x,y)$ 超过阈值，即可认为该点为角点。另外，k 设定为 0.04 一般可获得较好的角点提取结果。如图 2.15 所示为基于 Harris 角点探测器完成的角点提取结果，即 Harris 角点提取结果。

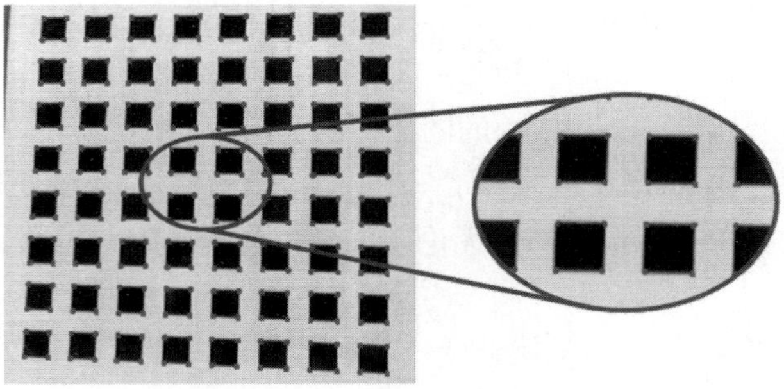

图 2.15　Harris 角点提取结果

2.4.2　X 型角点提取算法

在许多视觉传感器标定和精密视觉测量任务中，经常会采用一种由黑白方格组成的棋盘格图案。在该图案中，每相邻四个黑白方块就可以组成一个 X 型角点，这些角点的定位精度是影响视觉测量系统标定和测量精度的重要因素之一，其定位速度也关系到视觉测量算法的实时性。上节介绍的 Harris 角点提取算法虽然也能够实现此类 X 型角点的提取，但是其仅能完成角点的像素级定位，这对于视觉传感器标定、精密视觉测量任务而言是远远不够的。因此本节将介绍另外一种 X 型角点提取算法，该算法首先基

于 Hessian 矩阵的形状算子初步确定 X 型角点的像素位置；其次，利用二阶泰勒展开式描述角点邻域的灰度分布曲面；最后，通过计算曲面鞍点以完成 X 型角点的亚像素级精确定位。

在特征精确提取任务中，一般需要先根据某种约束条件完成特征的像素级预定位，以提高运算速度。Hessian 矩阵同样可以用来作为 X 型角点局部特征的分析依据，即用来完成 X 型角点的像素级定位。设图像中任意像素点的 Hessian 矩阵表达式为

$$\boldsymbol{H}(x,y)=\begin{bmatrix} r_{xx} & r_{xy} \\ r_{xy} & r_{yy} \end{bmatrix} \tag{2.30}$$

式中，r_{xx}、r_{xy} 和 r_{yy} 可以利用具有相应微分形式的高斯核 (g_{xx}、g_{xy} 和 g_{yy}) 与原始灰度图像 $I(x,y)$ 进行卷积后得到，即

$$\begin{cases} r_{xx}=g_{xx}(x,y)\bigotimes I(x,y) \\ r_{xy}=g_{xy}(x,y)\bigotimes I(x,y) \\ r_{yy}=g_{yy}(x,y)\bigotimes I(x,y) \end{cases} \tag{2.31}$$

矩阵 $\boldsymbol{H}(x,y)$ 的两个特征值可表示为

$$\lambda_1=\frac{1}{2}(r_{xx}+r_{yy}+D),\quad \lambda_2=\frac{1}{2}(r_{xx}+r_{yy}-D) \tag{2.32}$$

对应的单位特征向量为

$$\boldsymbol{n}_1=\begin{bmatrix} \sqrt{\dfrac{1}{2}\left(1-\dfrac{r_{yy}-r_{xx}}{D}\right)} \\ \sqrt{\dfrac{1}{2}\left(1+\dfrac{r_{yy}-r_{xx}}{D}\right)} \end{bmatrix},\quad \boldsymbol{n}_2=\begin{bmatrix} \sqrt{\dfrac{1}{2}\left(1+\dfrac{r_{yy}-r_{xx}}{D}\right)} \\ -\sqrt{\dfrac{1}{2}\left(1-\dfrac{r_{yy}-r_{xx}}{D}\right)} \end{bmatrix} \tag{2.33}$$

式中，$D=\sqrt{(r_{xx}-r_{yy})^2+4r_{xy}^2}$。

由 Hessian 矩阵的性质可知，特征值 λ_1 和 λ_2 分别对应图像灰度函数的两个二阶方向导数的极值，即最大和最小二阶方向导数，对应的特征向量 $\boldsymbol{n}_1$ 和 $\boldsymbol{n}_2$ 则为相互正交的两个极值方向。根据 X 型角点灰度图像和其在 $\boldsymbol{n}_1$、$\boldsymbol{n}_2$ 两个方向上二阶导数的分布特征可见，X 型角点处沿 $\boldsymbol{n}_1$、$\boldsymbol{n}_2$ 方向上的图像灰度二阶导数分别为图像灰度二阶导数的正、负极值。由此可得到基于 Hessian 矩阵特征值判断像素点是否为 X 型角点的方法为

$$S=\lambda_1\cdot\lambda_2=r_{xx}r_{yy}-r_{xy}^2 \tag{2.34}$$

当某个像素点计算得到 $\lambda_1>0$、$\lambda_2<0$，且 S 为局部极小值点的情况下，该点即可判定为 X 型角点的像素级位置。设 (x_0,y_0) 为 X 型角点的像素级定位结果，(x_0+s,y_0+t)

为角点的亚像素级精确坐标，式中 $(s,t) \in [-0.5, 0.5] \times [-0.5, 0.5]$。对 (x_0+s, y_0+t) 的邻域灰度分布进行二阶泰勒展开后得到

$$r(x_0+s, y_0+t) = r_0 + \begin{pmatrix} s & t \end{pmatrix}\begin{pmatrix} r_x \\ r_y \end{pmatrix} + \frac{1}{2}\begin{pmatrix} s & t \end{pmatrix}\begin{pmatrix} r_{xx} & r_{xy} \\ r_{xy} & r_{yy} \end{pmatrix}\begin{pmatrix} s \\ t \end{pmatrix} \tag{2.35}$$

式中，r_0 为像素点 (x_0, y_0) 处的灰度值；r_x、r_y 分别为图像灰度函数 $r(x,y)$ 在像素点 (x_0, y_0) 处的一阶偏导数；r_{xx}、r_{xy}、r_{yy} 则分别为 $r(x,y)$ 在像素点 (x_0, y_0) 处的二阶偏导数。

考虑到 X 型角点邻域的灰度分布为平滑鞍面，且 X 型角点的亚像素级精确坐标 (x_0+s, y_0+t) 应当位于鞍点。根据鞍点的性质可知，展开式 (2.35) 在鞍点处相对于 s 和 t 的一阶导数为零，即

$$\begin{cases} r_{xx}s + r_{xy}t + r_x = 0 \\ r_{xy}s + r_{yy}t + r_y = 0 \end{cases} \tag{2.36}$$

由此可得

$$s = \frac{r_y r_{xy} - r_x r_{yy}}{r_{xx} r_{yy} - r_{xy}^2}, \quad t = \frac{r_x r_{xy} - r_y r_{xx}}{r_{xx} r_{yy} - r_{xy}^2} \tag{2.37}$$

根据式 (2.36) 即可确定 X 型角点的亚像素级精确坐标。图 2.16 所示即为基于 X 型角点提取算法获得棋盘格靶标角点信息。

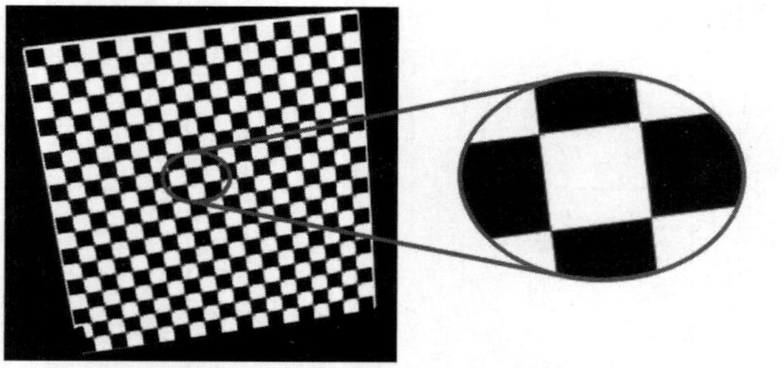

图 2.16　基于 X 型角点提取算法获得棋盘格靶标角点信息

2.5　光条特征提取 Steger 算法

光条特征是主动视觉测量技术中常见的一种特征，如基于三角测量原理的结构光视觉传感器中，常常使用线激光器来产生亮度高、稳定性好且具有单色性的光条特征。该特征是实现截面轮廓三维重建的重要依据，而光条中心的定位精度也将直接影响到截面轮廓的三维重建精度。在第 2.2节所述的 NMS 算法同样适用于此类光条特征的细化和中心定位，但是考虑到 NMS 的细化结果只能达到像素级的精度，本节介绍德国 Steger 博士提出的一种利用 Hessian 矩阵实现的光条特征提取 Steger 算法[28]。

图像中的光条特征通常表现为亮度从一个灰度突然变化到另一个灰度，然后又很快变回到原来的灰度值，而光条的中心位置一般位于灰度值由减小到增大 (或从增大到减小) 过程的转折点。在实际应用中，由于相机动态范围有限，光条特征通常会变为屋顶形光条。由于图像的光条特征与高斯函数的图形特征类似，因此可采用高斯函数来模拟光条特征，如图 2.17（a）所示。对于该光条模型，其中心点的典型数学特征即为：一阶导数过零点处，二阶导数过极小值处，如图 2.17（b）所示。因此，以此典型数学特征为约束，可完成光条特征亚像素中心点的提取。

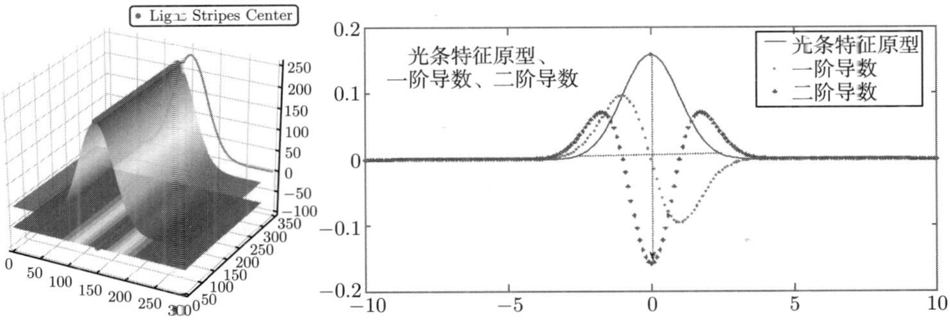

（a）高斯函数模拟光条特征　　（b）光条特征的原型及其导数

图 2.17　光条特征的数学模型

光条特征提取 Steger 算法的基本思路是在图像任意一点进行泰勒级数展开，再在展开式上进行中心点求解，以获得精确的光条中心位置。首先，设二维图像任意像素点的邻域与下列高斯核卷积后得到偏导数 g_x、g_y、g_{xx}、g_{xy}、g_{yy}。

$$\begin{cases} h_{x,\sigma}(x,y) = h_\sigma'(x)h_\sigma(y) \\ h_{y,\sigma}(x,y) = h_\sigma(x)h_\sigma'(y) \\ h_{xx,\sigma}(x,y) = h_\sigma''(x)h_\sigma(y) \\ h_{xy,\sigma}(x,y) = h_\sigma'(x)h_\sigma'(y) \\ h_{yy,\sigma}(x,y) = h_\sigma(x)h_\sigma''(y) \end{cases} \tag{2.38}$$

则图像的二次泰勒展开式可表示为

$$\begin{aligned} f(x,y) = g(x_0,y_0) + [(x-x_0)\,(y-y_0)] \begin{bmatrix} g_x(x_0,y_0) \\ g_y(x_0,y_0) \end{bmatrix} + \\ \frac{1}{2}[(x-x_0)\,(y-y_0)] \begin{bmatrix} g_{xx}(x_0,y_0) & g_{xy}(x_0,y_0) \\ g_{xy}(x_0,y_0) & g_{yy}(x_0,y_0) \end{bmatrix} \begin{pmatrix} x-x_0 \\ y-y_0 \end{pmatrix} \end{aligned} \tag{2.39}$$

对于二维图像 $f(x,y)$，光条中线位置的一阶导数为零，即在光条走向 $\boldsymbol{n}(x,y)$ 上的一阶方向导数为零，且二阶方向倒数绝对值为局部极大值的点就是光条中心所在位置。设 (n_x,n_y) 表示光条中心法向 $\boldsymbol{n}(x,y)$，且满足 $\|(n_x,n_y)\|=1$。若已知光条法线方向，

则式 (2.39) 就可沿光条法线方向用 (n_x, n_y) 表示为

$$f\left[(tn_x+x_0),(tn_y+y_0)\right]=g(x_0,y_0)+tn_xg_x(x_0,y_0)+tn_yg_y(x_0,y_0)+\frac{1}{2}t^2n_x^2g_{xx}(x_0,y_0)+t^2n_xn_yg_{xy}(x_0,y_0)+\frac{1}{2}t^2n_y^2g_{yy}(x_0,y_0) \tag{2.40}$$

针对光条中心位置，令 $\frac{\partial}{\partial t}f\left[(tn_x+x_0),(tn_y+y_0)\right]=0$，可得

$$t=-\frac{n_xg_x+n_yg_y}{n_x^2g_{xx}+2n_xn_yg_{xy}+n_y^2g_{yy}} \tag{2.41}$$

若 $(tn_x, tn_y)\in\left[-\frac{1}{2},\frac{1}{2}\right]\times\left[-\frac{1}{2},\frac{1}{2}\right]$，则说明当前像素点内包含一阶导数为零的点，且 n_x 和 n_y 两方向上的二阶导数大于指定阈值，因此当前像素点为光条中心。

为了方便求解光条法向 (n_x, n_y) 和该方向的二阶导数，Steger 算法中引入了 Hessian 矩阵。对于二维图像中的任意像素点 (x, y)，其 Hessian 矩阵可表示为

$$\boldsymbol{H}(x,y)=\begin{bmatrix} g_{xx} & g_{xy} \\ g_{xy} & g_{yy} \end{bmatrix} \tag{2.42}$$

上述 Hessian 矩阵存在两个特征值和两个相互正交的特征向量。由于两个特征值对应于图像灰度函数二阶导数的极大值和极小值，而特征值对应的特征向量分别表示对应极值的方向，因此，对于光条特征而言，其中心位置的法向 $\boldsymbol{n}(x, y)$ 即为 Hessian 矩阵绝对值最大的特征值对应的特征向量，而图像灰度函数在 (n_x, n_y) 方向上的二阶导数对应于 Hessian 矩阵绝对值最大的特征值。综上所述，通过求解图像中每个像素点的 Hessian 矩阵绝对值最大的特征值和其对应的特征向量，并设置合适的阈值进行筛选，即可完成光条法向 (n_x, n_y) 和该方向二阶导数的快速求解。Steger 算法是针对光条特征提取任务设计的，但是在实际应用中，该算法对 2.2 节所述阶跃边缘特征提取任务同样有效，仅需在处理前对原始图像进行一阶求导，使阶跃型边缘变为光条特征，然后再使用上述方法进行边缘特征提取。图 2.18 所示为基于 Steger 算法完成的光条特征中心定位结果。

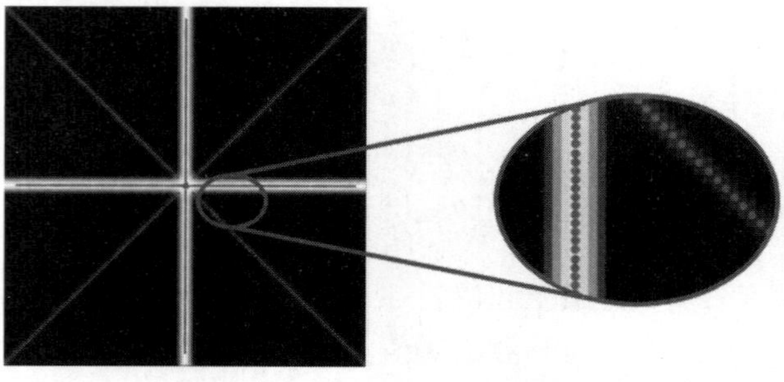

图 2.18　基于 Steger 算法完成的光条特征中心定位结果

2.6 基于语义分割的光条区域定位技术

在一些复杂场景中，激光器将光条投射到环境中后，由于反射和散射等原因，环境中会形成大量的伪光条，如图 2.19 所示。此时，通过 NMS、Steger 等传统算法很难将这些伪光条滤除，而且传统方法较难兼容多数图片，因此可以使用深度学习中的语义分割技术实现光条区域的鲁棒定位。本节采用深度学习的方式进行光条区域的提取，把提取光条转换成一个语义分割任务，对每一个像素进行分类，根据每个像素的类别筛选出属于真正光条位置的像素。

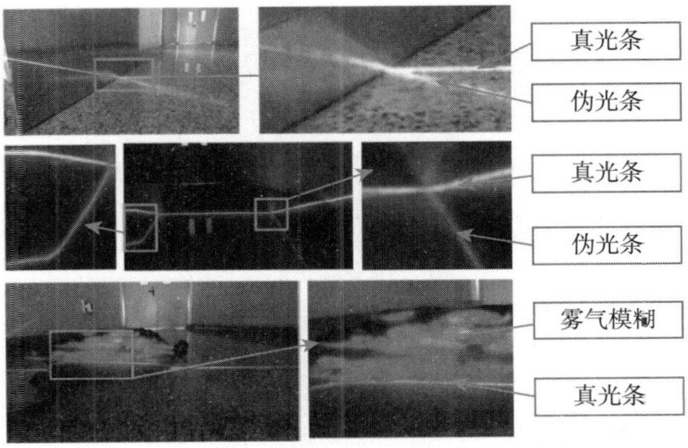

图 2.19 复杂环境光条图像示意图[29]

图像的语义分割本质上是完成一个像素级的分类任务，使用语义分割技术进行光条区域的定位相当于对每个像素进行分类，即输入一张相机拍摄的图片，输出每个像素的类别，真正光条和伪光条会被神经网络分成不同的类别，分类的结果可以区分出真正光条与伪光条。定位光条区域就是在分类后保留真光条的像素并滤除其他像素，得到一个光条的“模板”，至此完成光条区域的定位。

2.6.1 语义分割网络设计

1. 网络的组成部分

实现光条区域定位的神经网络采用卷积神经网络。网络的参数部分都是由卷积操作实现的。编码层和解码层组成了定位光条区域的神经网络。编码部分由残差网络组成，图片输入残差网络，经过不断的卷积操作得到特征图，最后会输出不同分辨率的特征金字塔（四种分辨率）。解码部分主要由上采样、卷积、拼接等操作组成，得到的最后一层特征图和较浅的特征图会进入解码层，然后进行拼接、卷积和上采样，最后输出图片和原始图片长宽相同，通道数等于类别数的输出张量，根据这个张量可得到每个像素的类别。图 2.20 展示了网络组成部分。从左至右分别是输入光条图像、语义分割网络的编码层、特征金字塔（特征图）、语义分割网络的解码层和每个像素的类别以及光条区域掩膜。

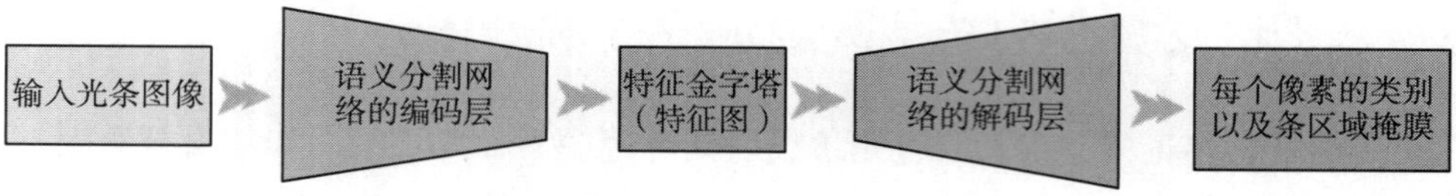

图 2.20　网络组成部分

2. 算法架构与网络结构参数

Zhao 等人[29] 提出的基于语义分割光条区域定位网络简称为 LSDNN（Laser-Stripe-Detection Neural Network），该网络整体框架如图 2.21 所示。光条图像首先经过残差网络抽取出高维度的特征图，然后进入降采样模块进行多尺度的降采样，得到提纯后的特征图，接下来将不同尺度降采样的特征图拼接起来，输入一个注意力模块实现全局信息的融合，注意力模块的输出会通过解码层，不断卷积和上采样得到输出的结果（每个像素的分类结果）。在得到光条区域定位结果后，该方法还进一步采用传统光条中心定位算法来获取光条精确位置，以保证后续的三维测量精度。

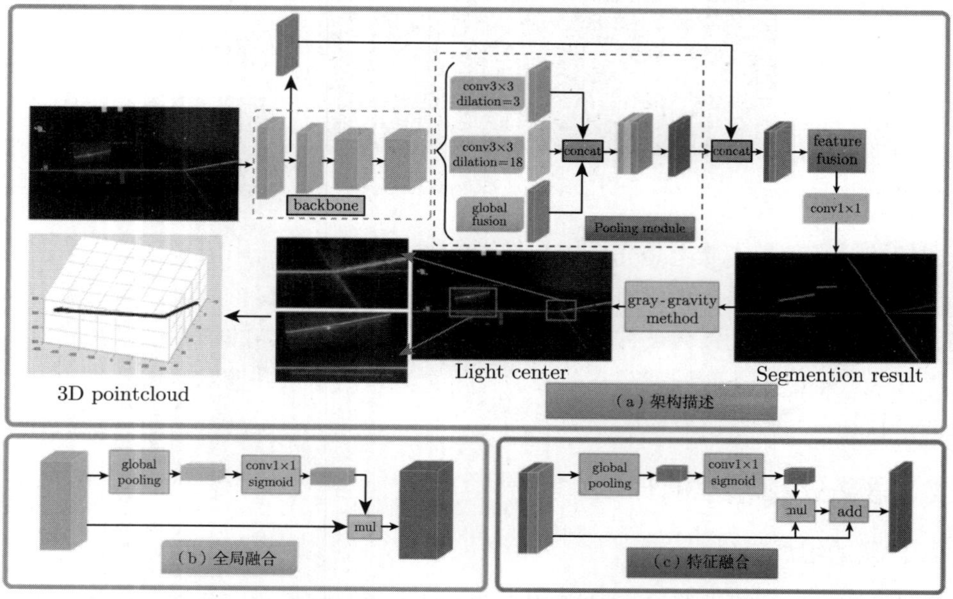

图 2.21　基于语义分割光条区域定位网络整体框架

由图 2.21（a）所示的算法框架可看出 LSDNN 网络的整体结构参考了 DeepLabv3+ 模型[30]，并在原网络的多尺度降采样部分进行了一些改进。多尺度降采样过程使用了多个尺寸的卷积核进行降采样，以保证网络能够适应不同尺寸目标的检测任务，但是，光条特征比较特殊，属于“细长”目标。对于“长”类型特征而言，需要的是大尺度卷积核的降采样，用大尺寸卷积核保留较大感受野的信息；对于“细”类型特征而言，需要的是小尺度卷积核的降采样，用小尺寸的卷积核保留一些细节信息来区分是光条内部还是光条外部。因此，相较于原版 DeepLabv3+ 模型，LSDNN 只保留了小尺度（小卷积核）

的降采样和大尺度（大卷积核）的降采样，同时加入了一个全局信息融合模块。其中，全局信息融合模块的细节如图 2.21（b）所示，特征图先经过全局平均采样，然后经过一个卷积核大小为 1 的卷积，再经过一个激活函数，最后和原始的特征图进行相乘实现融合。该模块的作用是进行更好的全局特征图融合，因为真正的光条和伪光条需要全局信息才能可靠分辨，仅仅看一部分是不够的。融合全局的特征信息，才可以取得较好的分割效果。改进的降采样模块和原版对比如图 2.22 所示，图 2.22（a）表示原版的降采样模块，该模块包含多种尺度卷积核的降采样，这些信息在光条区域定位任务中很多是多余的，图 2.22（b）表示改进后的降采样模块。

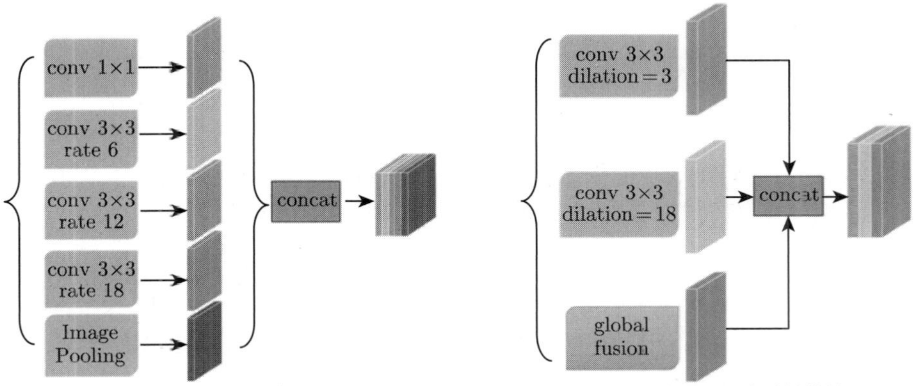

（a）原版的降采样模块　　（b）改进后的降采样模块

图 2.22　改进的降采样模块和原版对比

多尺度降采样后，将三种方式采样得到的特征图进行拼接，拼接后输入后边的解码层。解码层主要是对特征图进行上采样和卷积，特征图的尺寸不断变大、通道数不断减少，深层次特征和浅层次特征拼接后会输入特征融合模块，进行深层次信息和浅层次信息的融合，特征融合模块细节如图 2.21（c）所示。特征图先进行了全局降采样，再经过 1×1 的卷积和激活函数，得到 1×1 的特征图，然后将这个特征图和输入的拼接好的特征图相乘，相乘后的结果再和输入的相加，到此特征融合模块完成。该过程实现了深层次特征信息和浅层次特征信息的充分融合，融合后再通过一个 1×1 卷积及上采样得到分割网络的输出。原版的网络中没有信息融合模块，直接使用上采样完成特征图尺寸的调整，这种做法相对粗糙，使用信息融合模块可以让信息融合得更加充分，得到更好的效果。

LSDNN 模型的网络层结构细节如表 2.1 所示，该模型整体可分为编码部分和解码部分。编码部分主要由残差网络（ResNet）构成，首先，通过残差网络可以得到深层次编码的特征图，不同尺度的特征图会形成特征金字塔；随后，对残差网络的输出进行多尺度降采样，降采样后的三块特征图进行拼接再卷积得到高级编码的深层次信息；最后，将通过残差网络前几层的浅层特征图引到后方与深层次的特征图拼接并输入解码层，解码部分主要是上采样和卷积操作以及特征融合模块，特征图逐渐变大、通道数也逐渐变少，最后得到光条区域定位结果张量。

表 2.1　LSDNN 模型的网络层结构细节

层名称	输出尺寸	结构
Input	$513 \times 513 \times 3$	/
ResNet-layer1	$128 \times 128 \times 64$	7×7 convolution
ResNet-layer2	$128 \times 128 \times 64$	3×3 convolution
ResNet-layer3	$64 \times 64 \times 128$	3×3 convolution
ResNet-layer4	$32 \times 32 \times 256$	3×3 convolution
ResNet-layer5	$32 \times 32 \times 512$	3×3 convolution
pooling-module-layer1	$32 \times 32 \times 256$	3×3 convolution dilation=3
pooling-module-layer2	$32 \times 32 \times 256$	3×3 convolution dilation=18
global fusion	$32 \times 32 \times 256$	global pooling & 1×1 convolution
feature fusion	$512 \times 512 \times 5$	global pooling & 1×1 convolution & sigmoid
output	$512 \times 512 \times 3$	/

3. 不同结构探索与消融实验

表 2.2 对比了 LSDNN 的不同网络结构，可以看出只保留大尺度空洞卷积降采样和小尺度的降采样可以使网络获得更好的效果，这种采样方式提炼出了最有效的特征图，其他尺度降采样的结果是多余的信息，保留多个尺度的降采样获得了更多冗余的信息，这些信息不会对结果有正反馈，反而会导致语义分割的效果下降。加入全局信息融合模块（详细结构分析见上一节）可以更好地实现全局信息的融合，对分割结果产生正反馈，以此可以证明提出的网络改进的有效性。

表 2.2　LSDNN 不同网络结构对比（数据集是小车导航应用数据集）

Conv1×1 Dilation=1	Conv3×3 Dilation=1	Conv3×3 Dilation=3	Conv3×3 Dilation=6	Conv3×3 Dilation=12	Conv3×3 Dilation=18	Global fusion	mIoU
/	/	/	✓	/	✓	✓	73.86%
/	/	/	/	✓	✓	✓	73.10%
✓	/	/	P	/	/	✓	74.23%
✓	/	✓	/	/	/	✓	73.29%
/	✓	/	/	/	✓	✓	74.08%
/	/	✓	/	/	✓	✓	74.31%
✓	/	/	/	/	✓	✓	72.77%
✓	/	✓	✓	✓	✓	/	72.78%

以上所述的网络除了在多尺度降采样部分进行改进，还引入了全局融合模块，如图 2.21（b）所示，该操作可以更好地融合全局信息。浅层次和深层次信息融合后，又经过了一个特征融合模块，网络结构如图 2.21（c）所示，该模块在原版的网络中没有，模块先对拼接好的特征图进行平均值降采样，再和原始的特征图相乘再相加，最后得到结果。该模块作用时更方便地融合全局信息，便于语义分割。表 2.2 也证明了这两个模块的作用。

在未经过改进的语义分割网络中分割的结果平均交并比只能达到 72.78%，改进后的平均交并比可以达到 74.31%，其他网络结构分割的结果也没有 LSDNN 效果好。以此可以证明本节提出的光条区域定位技术有较好的结果。

LSDNN 的编码部分是基础网络（backbone），图片先输入到基础网络中进行特征抽取，得到的特征图继续输入到后续网络中进行降采样和解码。本文对不同的基础网络的效果进行探索，分别使用了 ResNet、MobileNet、Xception 作为语义分割网络的基础网络，一共进行 300 轮训练实验，完成一轮的训练就测试一下训练的结果，并绘制出曲线，指标主要包括交并比和分割精度，具体计算公式在第 2 章详细介绍过。图 2.23 展示了使用三种基础网络分割效果的曲线图，图中一共三个小图，图 2.23（a）是使用 ResNet 作为基础网络的结果，图 2.23（b）是使用 MobileNet 作为基础网络的结果，图 2.23（c）是使用 Xception 作为基础网络的结果。主要关注的是交并比结果，交并比越高代表分割的效果越好。通过对比结果可以看出在训练刚开始的时候分割的精度快速提升，在训练几十轮后网络趋于稳定，最终稳定在 70% 左右（Xception 在 60% 左右）。综上可以看出 ResNet 作为基础网络的分割效果最好，在指标上优于其他两种网络，残差网络抽取图像特征图的能力更强，在本文的任务中使用残差网络可以获得更好的结果。

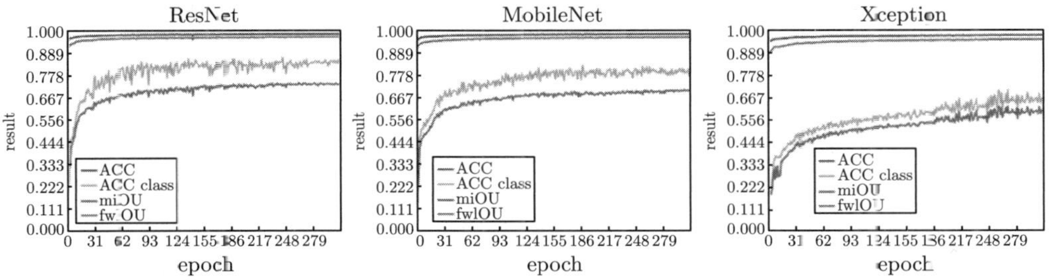

（a）ResNet as backbone　（b）MobileNet as backbone　（c）Xception as backbone

图 2.23　不同基础网络的对比实验

通过对比各种形式的网络结构，找出分割效果最优的神经网络结构，使用这种语义分割的神经网络，可以实现有效光条区域的高鲁棒性提取，滤除伪光条等环境噪声，为后续的测量提供支持。

2.6.2　实验结果及分析

使用基于深度学习的神经网络模型可以实现高鲁棒性的定位，图 2.24 展示了基于深度学习的光条分割方法与传统方法的对比，图中选取了两个典型的效果图进行对比，图中第一行表示原始图片，方框中是对比的部分。第二行是光条定位的结果对比，可以发现深度学习的方式能更准确地定位出光条，第三行是光条中心提取结果，第四行是结果的局部放大图。通过对比可以明显看出存在雾气噪声的环境中光条会发生散射，传统方法无法获得较好的定位结果，中间会有大量的中断，同时单一设定的阈值也不能较好地兼容多图片。用基于深度学习的方法可以更加准确地区分出噪声区域和光条区域，较好地定位出真正光条的区域，提取出的光条区域也是连续的，在拐角和雾气覆盖等部分都可以较好地区分，由此可见，使用深度学习的方法得到的效果更好，可以用于后续的中心提取以及重建等处理。

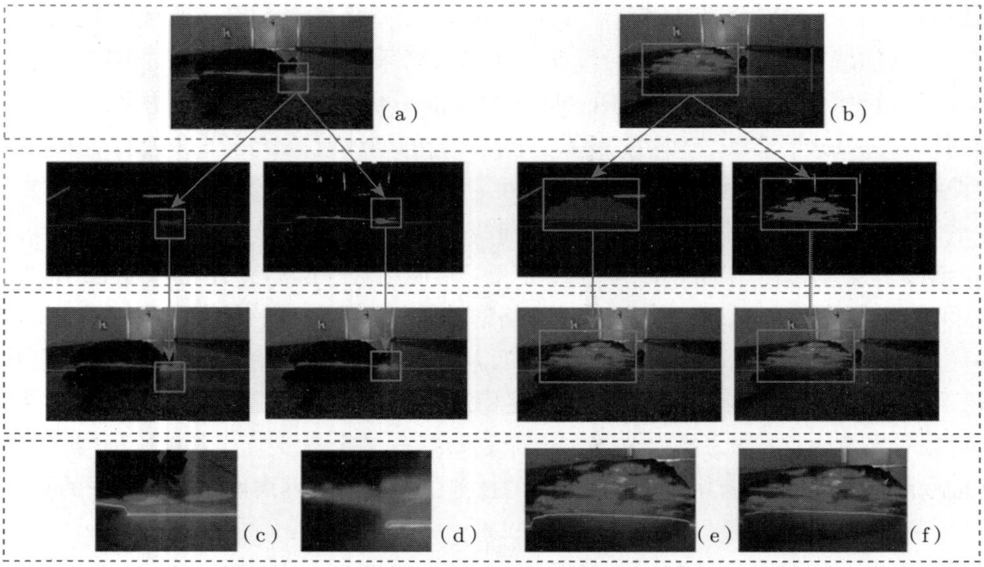

图 2.24　基于深度学习的光条分割方法与传统方法的对比

光条区域定位传统方法和深度学习方法的对比如图 2.25 所示。图 2.25 一共分为三行，第一行是相机采集的原图，在小车导航场景下的图片，图片中有投射的光条以及反射产生伪光条和其他噪声。第二行是使用传统算法定位出的光条区域，第三行是使用深度学习算法定位出的光条区域，通过对比第二行和第三行可以明显看出使用传统算法分割出的光条区域存在大量的噪声，得到的结果噪声很多，无法进行后续的重建。相比之

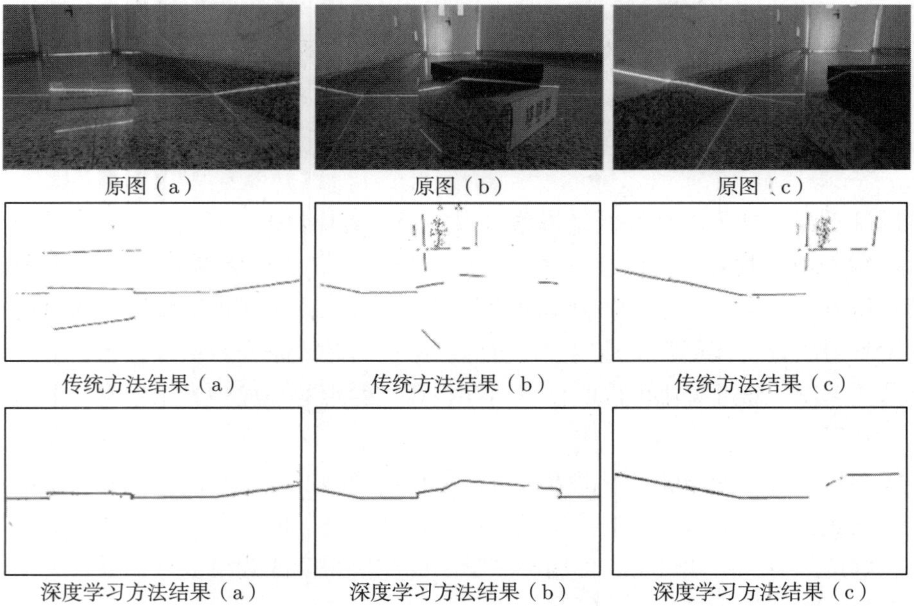

图 2.25　光条区域定位传统方法和深度学习方法结果对比

下使用深度学习的方法可以较好地定位出真正光条的区域，基于通过神经网络定位出准确的光条区域后可以进行后续的重建操作，实现结构光的三维测量。

基于语义分割的光条区域定位和线特征的提取实验结果（无人小车寻航数据集）如图 2.26 所示。图 2.26 一共分为四列，第一列是原始图片，是光条投射到场景中的图，存在需要定位的光条和反射产生的“伪光条”。通过观察可以看出有效光条和“伪光条”特征非常相似，传统算法很难建模区分。第二列是语义分割定位光条的结果，其中红色部分（第二列图中横线光条，分割出的第一类）是有效光条的区域，其他部分是伪光条、噪声和背景，算法只保留红色部分的像素，其他部分像素都滤除（置零）就可以准确地保留下有效光条的区域，实现光条区域的定位。第三列是光条中心提取的结果，逐列使用灰度重心算法提取出光条区域的中心，其中绿色的横线为提取出的光条中心线。第四列是第三列框选部分局部放大之后的结果，通过局部放大可以更清楚地看出定位和提取的结果。

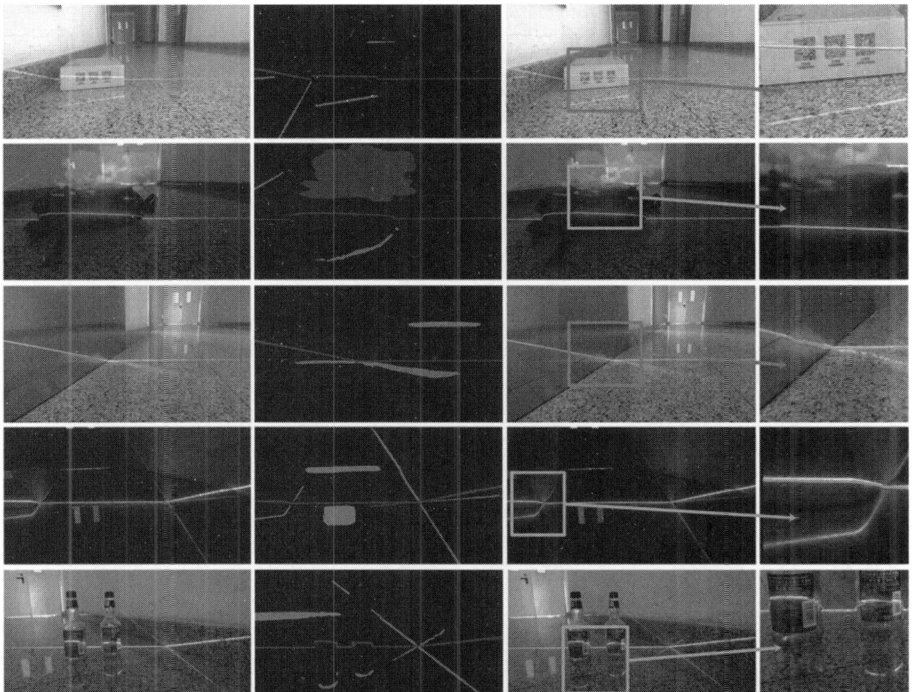

原始图片　　语义分别定位光条结果　　光条中心提取结果　　局部放大结果

图 2.26　语义分割定位光条及中心提取的实验结果

以图中第一行为例，蓝色框标注出的区域在光条下方存在反射产生的伪光条，会对光条定位产生影响，本文提出的算法可以准确地分割出有效光条的区域和为光条的区域，并滤除这种伪光条。第四行和第五行的蓝色框都标记了一些伪光条，第四行的伪光条和有效光条连接在一起，这些噪声传统算法无法滤除，但是本文提出的神经网络可以高鲁棒性的滤除并定位出有效光条区域。第二行和第三行主要是由环境中的雾气和金属产生的模糊伪光条，本文的网络在这种场景下也可以高鲁棒性的定位有效光条的区域。通过可视化的结果图可以明显看出，使用语义分割的方式可以高鲁棒性的滤除复杂环境产生的噪声，同时准确的定位光条位置并提取出光条线特征（中心），为后续任务提供保障。

小结

本章介绍了视觉测量中常用的特征提取方法，包括边缘（亚像素边缘）提取、角点提取、光条提取 Steger 算法等，阐述了一种基于语义分割的光条区域定位方法。这些特征提取方法对于视觉系统的标定以及测量应用具有重要意义。

第 3 章　管道机器人设计

3.1　引言

由于视觉传感器的单次测量范围有限，要实现长管道内表面的三维测量，需要传感器在管道内部多个位置进行测量。因此需要设计管道机器人，在测量阶段，管道机器人搭载视觉传感器移动到管道内不同的测量位置，机器人停留在测量点并与管道内壁保持相对静止，为视觉传感器的测量提供定位，并提供局部的移动与旋转功能。本章讨论一种具有自调节功能的六足管道机器人的设计，管道机器人可为视觉传感器提供一个稳定的搭载平台，该平台不但要具有精密的位移和旋转功能，还要依据测试的实际需求，实现精确的控制。该平台还应满足视觉传感器对管道内表面局部测量的定位需求及管道内表面全局测量的移动需求。

3.2　管道机器人的功能与设计要求

管道机器人运行的基础是合理的机械结构，简洁、稳定及可更换的机械结构可保证管道机器人对管道环境的适应性。本设计以一种具有搭载平台的管道机器人为目标，其上配备独立的搭载平台且该平台可提供三维视觉检测仪旋转和平移功能，同时，平台与管道具有一定的同轴度，保证搭载设备对管道内壁的检测结果正常。管道机器人具有一定的管径自适应能力，具有充足的驱动力，具有爬坡和越障能力，停止状态下管道机器人处于静止状态，不会因管道振动等情况产生滑动或旋转。同时管道机器人具有无线通信功能，可通过 PC 端上位机控制管道机器人并接收、显示来自管道机器人的数据。结合本设计对管道机器人的要求，确定机械结构设计要求及设计参数如下：

（1）管道机器人变径范围 115～125mm。

（2）驱动轮总推力 $F_{\mathrm{T}} \geqslant 30\mathrm{N}$。

（3）机器人管内最大行进速度 $v \geqslant 5\mathrm{m/min}$。

（4）可实现自适应变径。

（5）可越过 120mm 管径的管道内 3mm 高度的环形障碍物。

（6）能够在其内部搭载图像传感器，要求搭载平台具有轴向平移功能和旋转功能，实现传感器对管道内壁的周向检测。旋转功能需实现角度控制使图像传感器旋转，旋转范围为 0°～±180°，旋转精度为 1°；平移功能需实现位移距离控制，控制图像传感器平移并测量其位移，位移范围为 0～15mm。

（7）要求管道的中心轴线与搭载平台的中心线尽量重合，具有良好的同轴度。

管道机器人的主要功能模块如图 3.1 所示。管道机器人主要包括搭载平台、驱动模块和变径模块三部分。其中搭载平台主要用于搭载图像传感器，以实现对管道内部图像的采集。

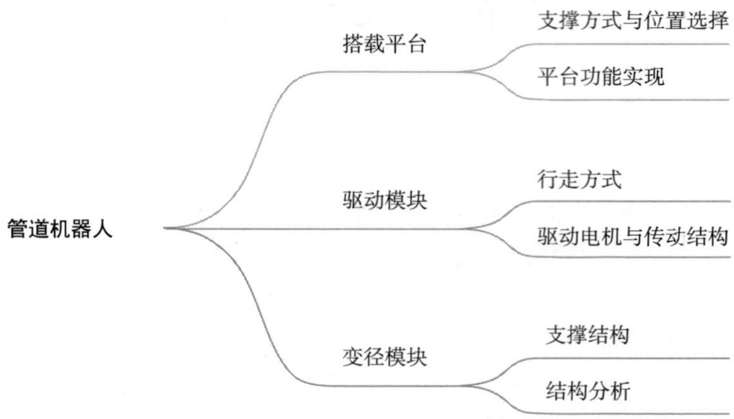

图 3.1 管道机器人的主要功能模块

驱动模块主要为管道机器人在管道内的运动提供足够的驱动力。设计中需综合分析驱动轮转速及驱动力等因素，进而确定驱动电机选型。同时，基于管道的工作环境和要实现管道机器人的结构灵活性、体积及驱动结构位置等方面的要求，考虑选择合适的驱动方式与驱动结构。

变径模块用于实现管道机器人在管道内壁的自适应支撑。变径模块分为同步变径和异步变径两种类型。变径模块的设计应该综合考虑管道机器人在同轴度及稳定性方面的要求。同时，变径模块在设计中要和管道内部保持一定的预紧力，以便消除重力影响并使管道机器人与管道的紧密接触，防止管道机器人在运行过程中出现“打滑现象”。

3.3 管道机器人结构设计

根据本设计要求，将管道机器人的结构设计分为四部分，分别为驱动结构设计、支撑行走结构设计、变径结构设计，以及搭载平台设计，如图 3.2 所示。

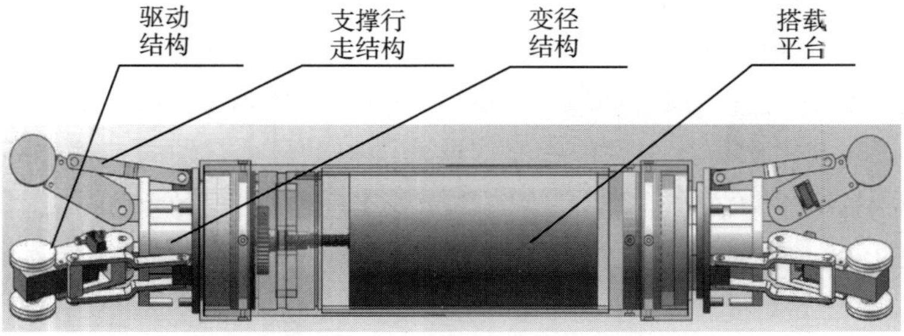

图 3.2 管道机器人结构示意图

支撑行走结构由 6 臂支撑结构构成，前后各 3 个，6 臂支撑结构呈 120° 均匀分布。120° 分布结构保证了运动中机器人系统的轴心能够与管道中心良好重合。在每个支撑臂的末端，装有两个支撑轮，与单轮支撑结构相比，稳定性大大提高。

驱动结构主要由固定在支撑臂上的驱动电机和变速齿轮组成。为保证管道机器人在运动过程中具有充足的驱动力，在 6 个支撑臂上，安装了 6 个驱动电机及 6 对驱动轮，彼此间隔 120°，呈三角结构。驱动电机输出轴与驱动轮的主轴连接，当电机通电工作时，电机驱动 6 对驱动轮转动。驱动轮与管壁的摩擦力作用，带动整个系统沿管道运行。当到达固定位置后，电机停止运转并开启自锁功能，锁死驱动轮。6 对驱动轮与管道之间的摩擦力作用使其能稳定地固定在管道内壁，为图像传感器提供了一个稳定的工作平台。

变径结构采用了被动变径的设计，是以弹簧为主的变径方式。采用一个弹簧同时驱动三个支撑臂，3 对驱动轮通过支撑臂与同一移动环铰接，当 1 对驱动轮变径时，通过弹簧带动移动环前后滑动，进而带动与移动环相连的另外 2 对驱动轮，从而实现同步变径。

搭载平台是管道机器人的主体结构，用于搭载图像传感器，要求提供旋转、平移两种自由度，并为图像传感器提供稳定的检测环境。综合上述设计要求，搭载平台整体结构如图 3.3 所示。

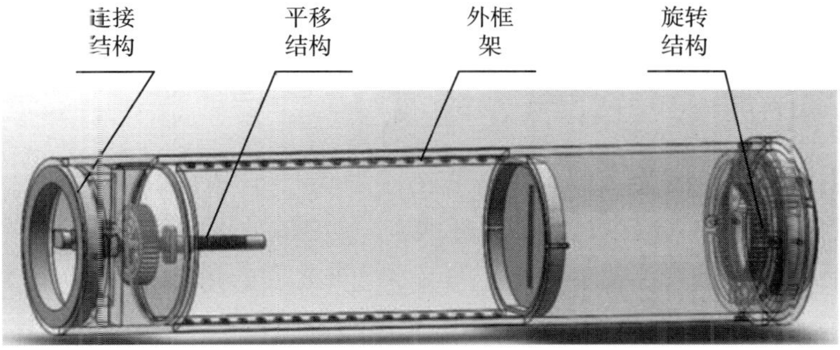

图 3.3　搭载平台整体结构

由于视觉传感器外观为圆柱体设计，且对于圆形管道，圆柱体设计能够最大程度利用空间、避免空间浪费，因此搭载平台也采用圆柱形设计，便于图像传感器的搭载及装配，增加机体的内部空间。图像传感器安装于管道机器人机体中央，以避免放置于端部造成的压力不均和形变情况。在平台内装有轴向激光测距传感器，实时测量测距传感器与图像传感器间的距离，从而得到图像传感器的相对位移距离。

3.3.1　驱动结构的设计与驱动电机的选型

管道机器人的驱动方式主要包括气动驱动式、压电驱动式、磁致伸缩式和电机驱动式等。本设计采用了电机驱动的方式，利用驱动电机实现电能向动能的转换。电机驱动式结构又分为履带式、轮式、行走式等多种结构。考虑管道机器人的负载以及管道内的阻力等情况，需对驱动电机的驱动力以及转速进行甄别，选择合适的驱动电机非常重要。

设管道机器人的质量为 M，取重力加速度 $g = 10\text{m/s}^2$（以下均取 $g = 10\text{m/s}^2$），则所受重力为

$$G = Mg \tag{3.1}$$

由于管道机器人的运行环境为直筒式管道，且管道内环境较好，因此外部行驶阻力主要表现为驱动轮与管道内壁之间的滚动阻力和爬坡阻力，其中驱动轮的外层包覆硬质橡胶，硬质橡胶与铸铁管道之间的滚动阻力系数约为 0.014。当管道机器人运行管道与水平地面的夹角为 α 时，该管道机器人在管道内运行时的外部阻力 F_{f} 约为

$$F_{\text{f}} = (0.014\cos\alpha + \sin\alpha)G \tag{3.2}$$

管道机器人工作时，其上所搭载的传感器或其他设备可能需要与驱动电缆或通信电缆连接，而这些线缆与管路内壁间有一定的摩擦力，如果摩擦力很大会影响管道机器人的正常工作，管道机器人的工作距离在 10m 左右，该距离内由拖拽电缆产生的阻力 F_{L} 为

$$F_{\text{L}} = \int_0^l \mu\rho g\,\text{d}l + \int_0^l \rho g\sin\alpha\,\text{d}l \tag{3.3}$$

式中，ρ 为线缆密度，单位为 kg/m；μ 为线缆与管道内壁之间的摩擦系数；g 为重力加速度；l 为当前拖拽线缆长度。

若拖拽电缆的总长度为 10m，摩擦系数 μ 为 0.2，g 为 10m/s^2，ρ 为 0.2kg/m，管道机器人在水平状态的管道中运行，则拖拽电缆所需的驱动力为 4N。

考虑运行环境的最大坡度（管道平面与水平面之间的角度）为 30°，管道机器人的重量约为 2.5kg（以下均取 2.5kg），取最大重量时总阻力大小约为 26.85N，本设计中对管道机器人的驱动力要求为 $F_{\text{T}} \geqslant 30\text{N}$，符合要求。

由于采用双端驱动，故单侧驱动力达到 $F_{\text{T}}/2$ 即可。又因为驱动部分采用三个驱动电机进行同步驱动，所以单个驱动电机经减速齿轮组传动后所能提供的驱动力达到 $F_{\text{T}}/6$ 即可。

由于采用多驱动电机驱动的方式进行驱动，为提高管道机器人在管道内的稳定性，将单侧的驱动设计为双驱动轮的形式，不仅增加了驱动轮与管道内壁的接触面积，同时双驱动轮可实现管道机器人在平面上正常运动。

驱动电机的输出力矩经过减速齿轮组传导至驱动轮，由于驱动电机的转速较快且输出力矩较小，因此采用减速齿轮组进行减速以及力矩放大。所选用驱动电机的参数如表 3.1 所示。

表 3.1　驱动电机的参数

参数名称	数据
额定电压	6V
额定电流	150mA
额定转速	20000rpm
额定扭矩	1.5kgf.cm
输出轴转速	167rpm
工作电压	3~7.4V
堵转电流	1.5A
堵转扭矩	2.5kgf.cm

3.3.2　变径结构的设计与分析

管道机器人的变径结构主要有三种，分别为弹簧支撑式、蜗轮蜗杆支撑式、丝杠螺母支撑式。

1. 弹簧支撑式结构

弹簧支撑式结构简图如图 3.4 所示，该结构最常见的形式有两种。弹簧支撑式结构具有结构简单实用，且无需外部提供动力源的优点。弹簧可根据管道管径的变化进行压缩和拉伸，随着管径的缩小，弹簧压缩量增大，车轮与管道之间的作用力越大，当到达一定程度时会减弱管道机器人的越障能力；反之随着管径增大，弹簧的压缩量变小，当到一定程度时会减弱管道机器人的驱动能力，因此此结构一般应用于小范围变径的管道机器人。一般采用添加弹簧预紧力的方式去消除重力对管道机器人的影响。

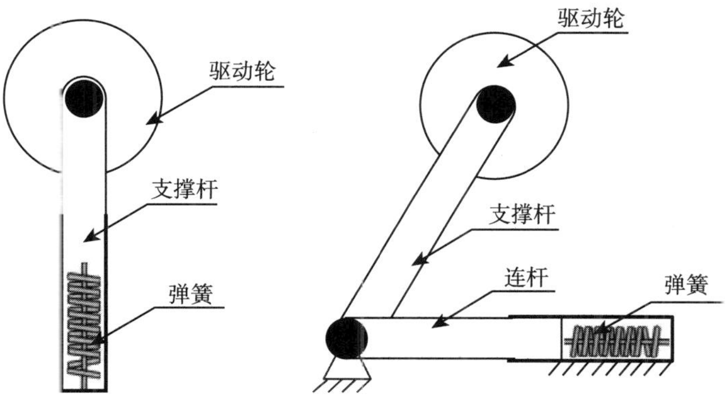

图 3.4　弹簧支撑式结构简图

2. 蜗轮蜗杆支撑式结构

蜗轮蜗杆支撑式结构简图如图 3.5 所示。该结构由电机驱动蜗杆转动，进而使蜗轮带动支撑杆按以蜗轮为中心点进行转动。该结构中支撑杆的调节角度较大，主要应用于管径变化大的环境中。同时为防止蜗轮蜗杆的不可控转动，一般需要配备减速齿轮组和具有自锁功能的蜗轮蜗杆组件。

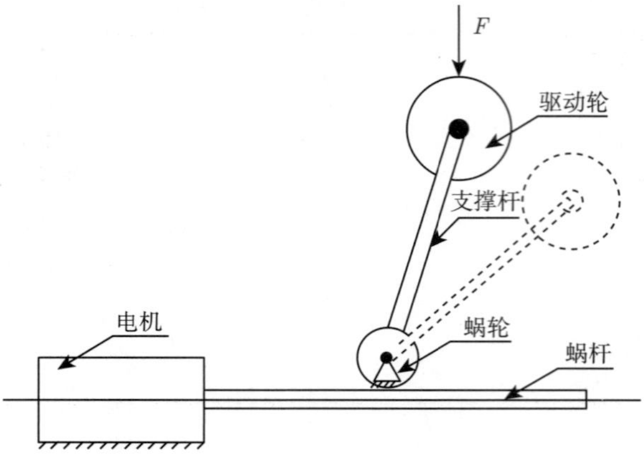

图 3.5　蜗轮蜗杆支撑式结构简图

3. 丝杠螺母支撑式结构

丝杠螺母式与蜗轮蜗杆式的结构类似，不同之处在于其通过螺母和连杆的移动带动支撑杆张开或收缩。丝杠螺母支撑式结构简图如图 3.6 所示，其主要组成部分为电机、丝杠、螺母及套筒、连杆、支撑杆以及驱动轮等。驱动电机驱动丝杠转动，随转向的不同螺母左移或右移带动连杆使驱动轮支撑杆的角度产生变化。

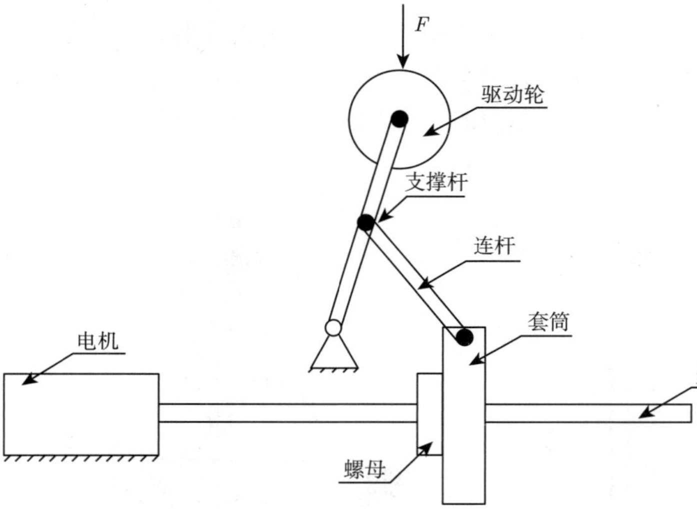

图 3.6　丝杠螺母支撑式结构简图

对比以上结构的特点，综合考虑其优缺点和应用环境，结合本设计对管道机器人的要求，确定在弹簧支撑式结构的基础上进行部分修改。从稳定的三角形结构和伞状结构的收缩和扩展中获得灵感，设计实现了管道机器人的变径结构，如图 3.7 所示。

设计中变径部分采用伞状结构，伞状结构的连杆与移动套筒的三个相隔 120° 的凸起处相连，同时变径结构的三足与管道之间的接触点连接为一个等边三角形，实现了结构的稳定性。采用的变径结构由 6 个连杆、3 个驱动支架、1 个移动套筒以及 3 个压缩弹簧组成，在自然状态下，弹性元件会产生弹力，从而对连杆产生作用力，使伞形结构在自然松弛状态下处于最大膨胀状态。当管径变小时，管道内壁对管道机器人的驱动轮施加压力，使连杆运动，此时弹性元件提供的弹性力与压力方向相反，达到一个新的平衡状态。最初的设计采用的是驱动电机调节变径结构，但是此方式会使管道机器人的总体质量和体积变大，不利于小型化设计。采用弹簧支撑式结构可降低管道机器人的功耗。因此，经过多次调研，决定采用弹性支撑结构。移动套筒与连杆连接处的向内凸起与支撑部件的凹槽配合实现限制移动套筒的转动，保证其只有左右移动 1 个自由度。3 个压缩弹簧呈 120° 均匀分布，利用三个弹簧提供弹力，避免因作用力集中导致部件变形严重。

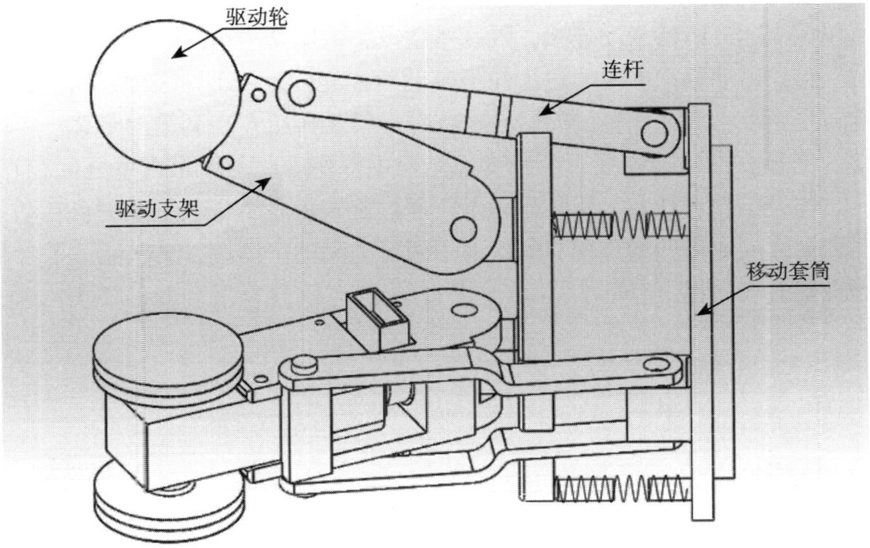

图 3.7　管道机器人的变径结构

3.3.3　搭载平台设计

本设计中要求管道机器人为三维视觉检测仪提供一个稳定的搭载平台，该平台不但能够实现三维视觉检测仪的搭载，还需要具有良好的平移和旋转功能。

1. 支撑方式与位置选择

在管道机器人的设计中，一般将搭载平台置于管道机器人的两端或者顶部，同时，为了保证搭载平台与管道的同轴度，并综合考虑双端支撑结构的稳定性高于单端支撑的特点，经反复调研、比较，决定采用双端支撑的方式实现搭载平台的固定，两侧支撑部分为变径支撑结构，可保证搭载平台与管道的同轴度不会发生变化。同时，为了满足搭载平台容量最大化的要求，将搭载平台设计为圆筒形结构，以保证其与管道同心。

2. 平台功能

搭载平台所搭载的设备为三维视觉检测仪，该设备的主要功能是拍摄管道内壁图像，因此平台不能遮挡设备的视野。为满足这一要求，设计中对平台的两端进行观测，进行切割处理，可观测到管道的部分内壁状况，对于被遮挡的部分，通过平台旋转的方式带动设备旋转进行观测，进而实现管道内壁全貌的拍摄与记录。同时，为了实现三维视觉检测仪的位置微调，设计了具有平移功能的移动平台，保证管道机器人在静止状态时，可通过调节设备对其所在位置进行调节。

搭载平台提供的旋转功能是通过平台与设备共同旋转的方式实现的，利用轴承等结构来减小平台与两端结构连接处的旋转阻力。同时，利用驱动电机以及传动结构实现搭载设备在平台上的移动，使用凹槽等方式限制搭载设备与平台的自由度，使搭载设备相对于平台只保留平移的自由度。搭载平台的结构如图 3.8 所示。图中的搭载平台由旋转齿轮、移动齿轮、丝杠、旋转轴承、压力轴承、旋转驱动电机等组成，搭载设备被搭载平台套筒包覆，通过凹槽滑动连接，限制搭载设备的旋转自由度，使搭载设备在平台中只能左右平移。移动驱动电机通过齿轮组带动丝杠旋转，由于丝杠位置固定，因此它只有一个旋转自由度。随着丝杠的旋转，丝杠螺母带动传感器在套筒内平移。旋转驱动电机与一端的变径支撑结构连接，变径支撑结构中，驱动轮与管道内壁之间存在摩擦力，可使变径结构处于静止状态。旋转驱动电机通过旋转齿轮组带动整个平台转动。传感器与传感器套筒之间通过凹槽连接，既保证了两者之间的一体性，又保证了平台在移动过程中具有良好的导向性。

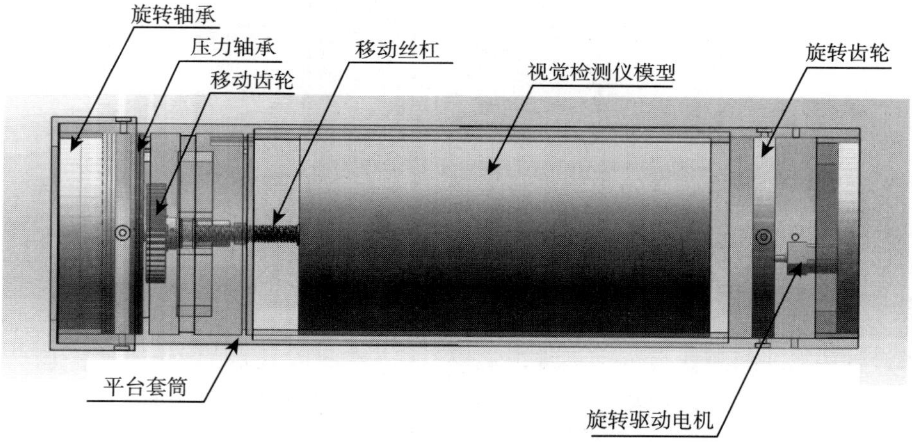

图 3.8　搭载平台的结构

搭载设备随整个搭载平台旋转。设计中要尽量减小平台两端的压力轴承和旋转轴承间的摩擦力。移动驱动电机与旋转驱动电机使用相同型号的驱动电机，电机参数如表 3.2 所示。

搭载平台中移动部分由 1 模 15 齿的标准圆柱齿轮、1 模 45 齿的标准圆柱齿轮，直径为 8mm、导程为 8mm 的丝杠（T8×8）和配套法兰螺母组成，驱动电机的输出端与 1 模 15 齿的圆柱齿轮连接，1 模 45 齿的圆柱齿轮与 T8×8 丝杠固定，齿轮之间的减速比为

$$i = r_1/r_2 = 3 \tag{3.4}$$

式中，r_1 为 1 模 45 齿的圆柱齿轮的分度圆半径；r_2 为 1 模 15 齿的圆柱齿轮的分度圆半径。

表 3.2　电机参数

参数名称	数据
额定电压	6V
额定电流	⩽0.17A
额定扭矩	245.1 N.mm
堵转电流	0.6 A
堵转扭矩	4.0 kg.cm
额定转速	24rpm
功率	0.45W

T8×8 丝杠旋转一周法兰螺母移动 8mm，故电机减速齿轮组输出轴旋转一周搭载设备的移动距离为

$$d = 8/i \approx 2.67mm \tag{3.5}$$

丝杠推力计算公式为

$$T_{\mathrm{M}} = \frac{F p_{\mathrm{h}}}{2\pi\eta} \tag{3.6}$$

式中，F 为丝杠的轴向推力；p_{h} 为丝杠导程；η 为进给丝杠的正效率；T 为电机的额定扭矩。

由于存在齿轮传动环节，齿轮的传动效率 η_1 一般为 0.9，丝杠的传动效率 η_2 一般为 0.4。可知丝杠的轴向推力 F_{s} 为

$$F_{\mathrm{s}} = \frac{2\pi\eta_1\eta_2 T_M}{p_h} \approx 69\mathrm{N} \tag{3.7}$$

搭载设备平移的阻力主要来源于设备与套筒之间的摩擦力，假设设备的质量 m 为 1kg，与套筒之间的综合摩擦系数 μ 为 0.2，则阻力为

$$F_{\mathrm{f}} = \mu m g \approx 2\mathrm{N} \tag{3.8}$$

阻力远小于丝杠的轴向推力，故平移功能正常。

旋转部分采用 1 模 15 齿的圆柱齿轮以及 1 模 55 齿的圆柱齿轮，齿轮之间的减速比为

$$i = r_3/r_2 \approx 3.67 \tag{3.9}$$

电机减速齿轮组输出轴旋转一圈，搭载平台的转动角度 α 为

$$\alpha = 360°/i \approx 98.2° \tag{3.10}$$

经齿轮组件作用在传感器套筒的推力 F 为

$$F = T_{\mathrm{M}}/r_3 \approx 8.9\mathrm{N} \tag{3.11}$$

式中，r_3 为 1 模 55 齿的圆柱齿轮的半径。

由于采用压力轴承等措施减小旋转时的摩擦力，故在实验中进行旋转功能测试。

3.3.4 管道机器人整体建模

根据以上各部分的分析，采用 Solidworks 软件，对管道机器人进行三维建模，得到所设计管道机器人的三维模型如图 3.9 所示。

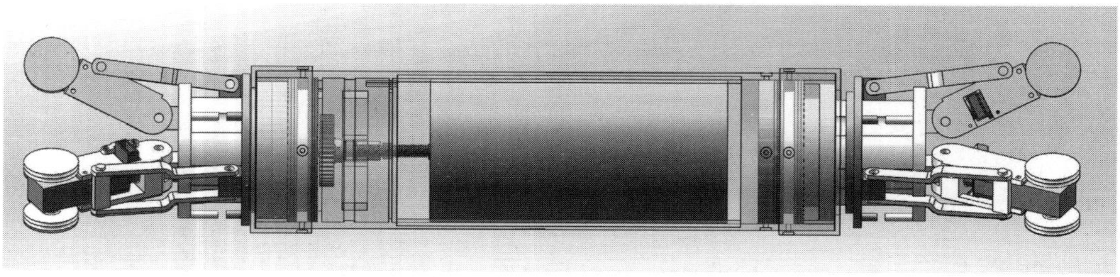

图 3.9 管道机器人的三维模型

3.4 管道机器人的运动特性与仿真分析

将 SolidWorks 中建立的三维模型进行简化后，生成 *.asm 文件并导入至 ADAMS 中进行仿真分析，确定管道机器人的变径范围、弹性元件弹簧的预紧力大小并选择合适的弹簧，从而确定管道机器人的越障能力是否符合要求。在力学仿真的基础上进行管道机器人受力较大部件的 ANSYS 变形仿真，由此确定加工材料，最后在 Simulation 中进行静应力分析，确定零部件变形情况对管道机器人与管道之间同轴度的影响。

3.4.1 管道机器人的变径结构仿真

在 SolidWorks 中将变径部分三维模型进行简化，省略不必要的部件，并开启 SolidWorks Motion 插件，对变径结构整体进行 Motion 分析后将生成的结果输出到 ADAMS 中，即生成 *.asm 文件并导入 ADAMS，导入结果如图 3.10 所示。

对其中的移动套筒添加驱动，使其在 Z 方向上平行移动，通过连杆带动驱动轮实现其在 Y 方向的移动，实现变径范围的仿真，变径仿真输出结果如图 3.11 所示。

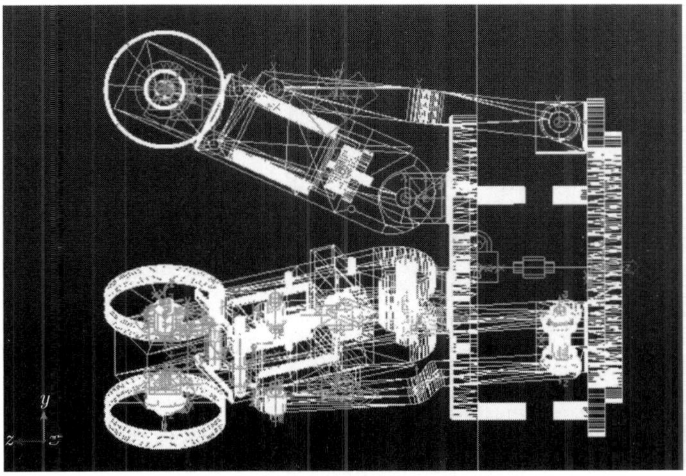

图 3.10　变径结构导入 ADAMS

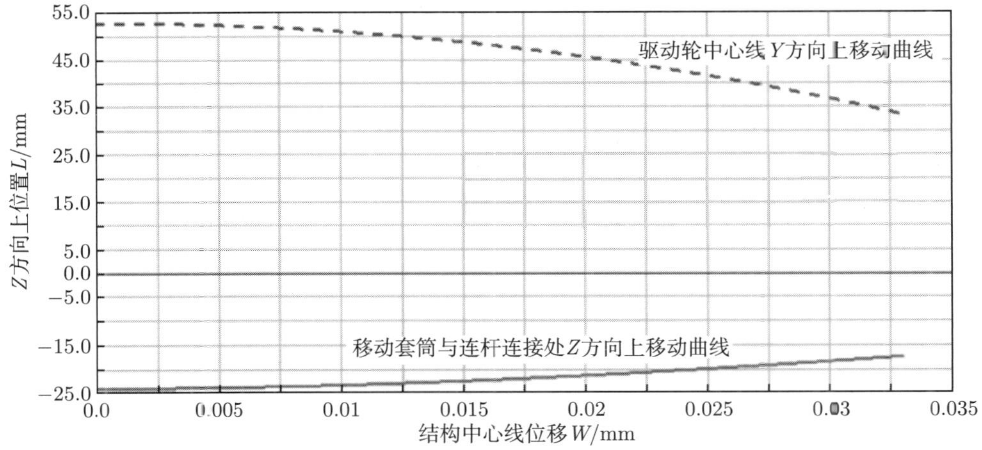

图 3.11　变径仿真输出结果

为便于观察，将结果转换成数据，在 Z 方向上将套筒的位置 L 由 −24.00mm 移至 −17.40mm，位移大小约为 6.60mm，驱动轮中心线在 Y 方向上的位置由 52.74mm 移至 33.26mm，位移大小约为 19.48mm，即驱动轮顶端位置由 72.00mm 移至 52.52mm，该区间覆盖了 62.50mm 至 57.50mm 的设计要求范围，符合变径范围要求。同时，由仿真结果可以看出，结构中心线位移 W 可以忽略不计，表明移动过程中结构中心线保持了良好的对心功能。

3.4.2　弹簧预紧力的仿真

1. 弹力分析

为方便进行弹簧预紧力的仿真分析，将结构模型进行简化，简化结构模型图如图 3.12 所示。

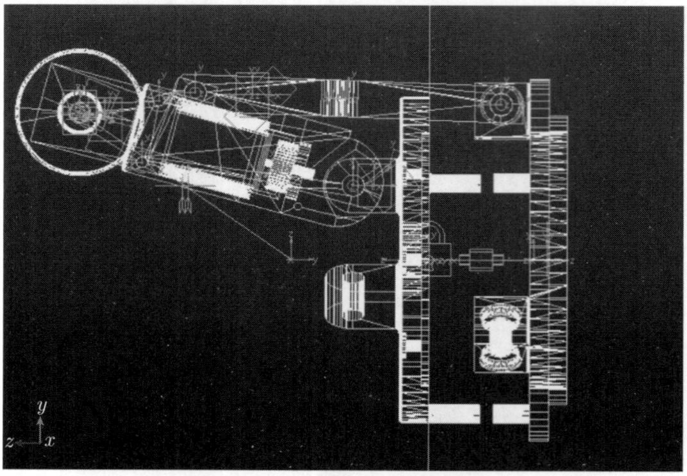

图 3.12　简化结构模型图

三个驱动支架受力合力的 Z 方向作用力与单个支架承受合力所产生的 Z 方向作用力结果一致，为简化分析过程，故将合力作用于单个驱动轮支架进行仿真分析，受力仿真后处理输出结果如图 3.13 所示。由仿真结果可知，运动过程中，支撑架在 Z 方向上的受力 F 略大于 97N，且中心线中心位移 W 非常小，说明了设计的合理性。

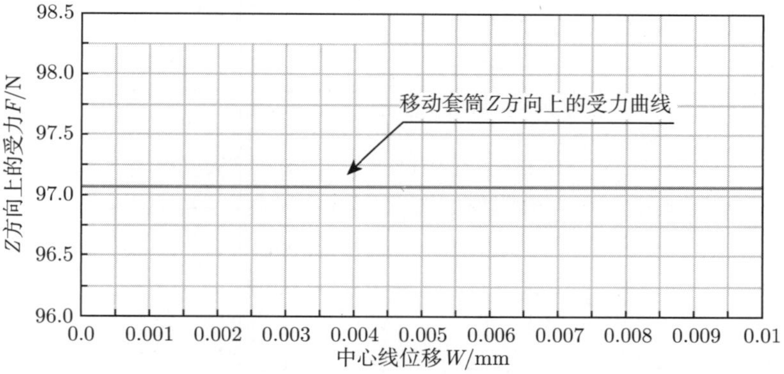

图 3.13　受力仿真结果图

2. 越障分析

管道机器人越障性能分析主要为了对其运动过程中跨越障碍物的能力进行研究。管道中主要障碍物为环形的焊接痕迹，假设其大小为 3mm。分析中假设管道机器人的一端受到障碍物的阻碍，另一端不受影响，则另一端仍可提供驱动力，得到简化的受力模型如图 3.14 所示。

由管径适应仿真分析的数据可知，管径从 120mm 至 114mm 时，弹簧的压缩范围仅约 1mm，弹力变化小于 4.34N，故将其视为恒值，越障过程中弹力的变化情况近似认为是恒定的 97.073N，即三部分驱动轮与管道内壁之间的作用力 F_{N1}、F_{N2}、F_{N3} 保持不变。此时单端的三部分驱动轮均被环形障碍物阻挡，取驱动支架与重力夹角为 60° 的极限情况进行分析，由受力分析图 3.11以及式 (3.1)、式 (3.2) 可知越过障碍物的条件为

$$\begin{cases} (F_{\mathrm{T1}}+F_{\mathrm{T2}}+F_{\mathrm{T2}})\,cos\alpha+F_{推}-(F_{\mathrm{N1}}+F_{\mathrm{N2}}+F_{\mathrm{N3}})\,sin\alpha \geqslant 0 \\ F_{\mathrm{N1}}=\dfrac{F_{\mathrm{n}}/2}{\cos\alpha} \\ F_{\mathrm{N2}}=\dfrac{F_{\mathrm{n}}/2}{\cos\alpha} \\ F_{\mathrm{N3}}=\dfrac{G_{\mathrm{g}}+F_{\mathrm{n}}}{\cos\alpha} \\ F_{\mathrm{T1}}+F_{\mathrm{T2}}+F_{\mathrm{T3}}=F_{推} \\ F_{\mathrm{T1}}=F_{\mathrm{T2}}=F_{\mathrm{t}}/2 \end{cases} \tag{3.12}$$

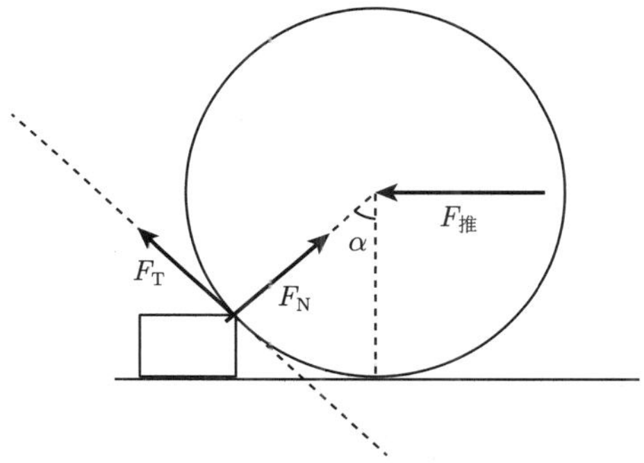

图 3.14　越障受力分析

障碍物的高度为 3mm，驱动轮半径为 19.5mm，则角度 α 约为 32.20°，结合式 (3.12)，可知符合条件，故可以越过高度为 3mm 的环形障碍物，符合本课题对管道机器人的要求。

3.4.3　受力部件的变形仿真与材料确定

管道机器人中移动套筒部件需要承受弹簧弹力以及连杆的拉力，所以该零件为整机结构的薄弱环节，故对其进行 ANSYS 有限元仿真，分析其受力变形情况，并判断其在多种材料下的变形情况。将在三维建模软件 SolidWorks 中所建立的模型转化为 *.x_t 文件并导入 ANSYS 中进行有限元仿真。ANSYS 导入结构图如图 3.15 所示。

由前述力学分析以及仿真结果可知，滑动套筒受力较大，因此在 ANSYS 中对其变形情况进行仿真。在不考虑加工公差的条件下，滑动套筒只有滑动的自由度，首先对其添加固定约束，限制其变形部分，驱动支架的固定板是固定的，对其添加固定约束，使其不能移动。添加约束后，导入管道机器人部件的材料参数，然后在驱动轮各部分施加作用力用于模拟真实的驱动轮与管道之间的作用力。

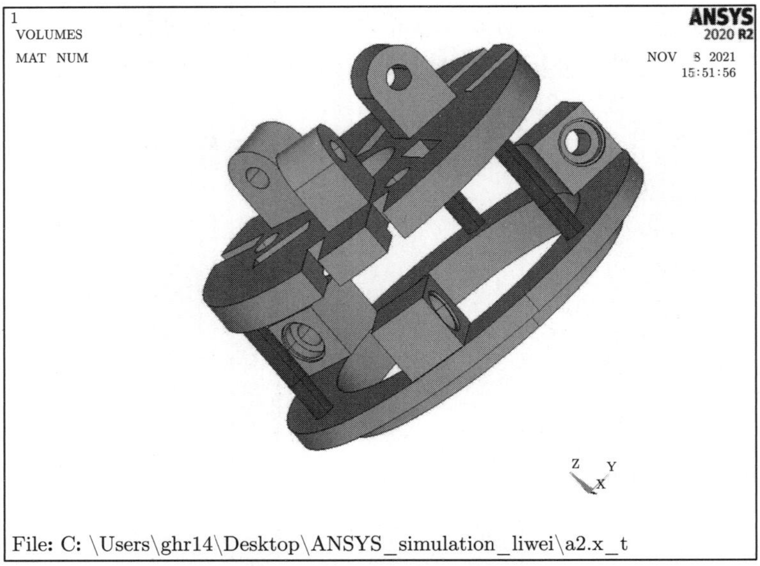

图 3.15　ANSYS 导入结构图

分析过程中，为对构件材料进行优化选型，构件材料分别选取了钢、铝合金、塑料三种材料进行仿真分析，仿真结果图如图 3.16 所示，仿真后滑动套筒与连杆连接处水平方向位置数据如表 3.3 所示。

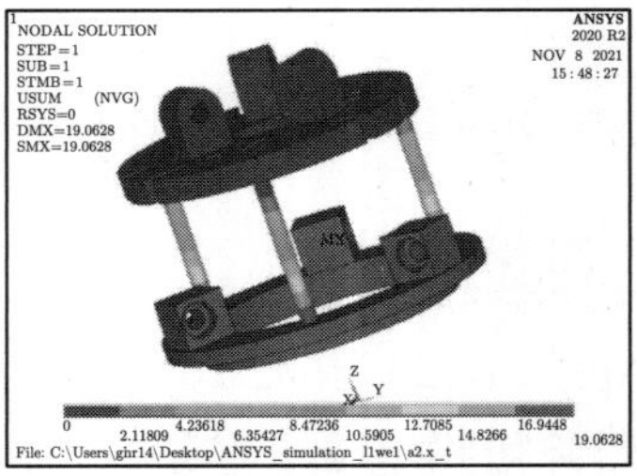

（a）塑料材料

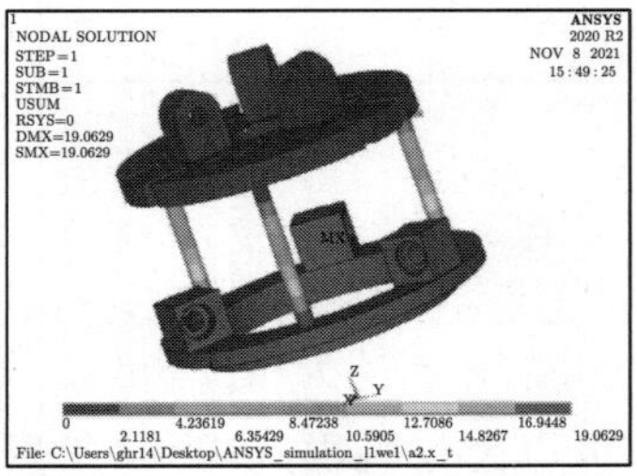

（b）钢铁材料

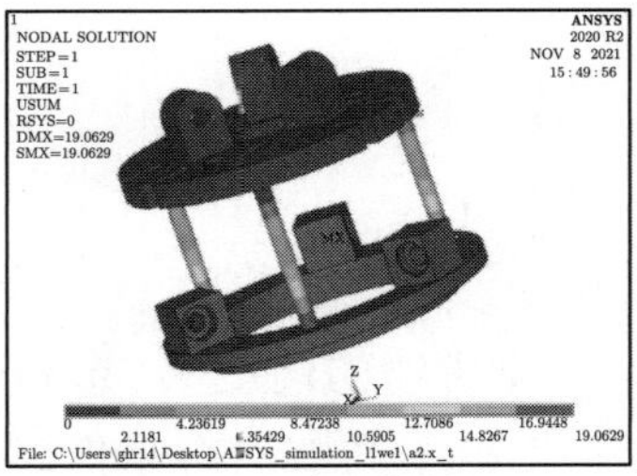

（c）铝合金材料

图 3.16　仿真结果图

表 3.3　变形仿真数据　　单位：mm

材料	3 个连接处水平方向位置
塑料	19.053
	19.100
	19.101
钢	19.062
	19.063
	19.063
铝合金	19.062
	19.063
	19.063

由以上分析可以看出，加载后塑料的变形较大，三个受力点处的水平位置相差在 0.05mm 内。对于钢和铝合金两种材料来说，位置差值在 0.001mm 左右，该变形可忽略不计。因此，该部分不宜选取塑料作为构件材料。钢材和铝材比较适合。在该两种材料中，铝合金的质量密度约为 $2700kg/m^2$，钢的质量密度约为 $7200kg/m^2$，故同等体积下铝合金材料较轻，因此选用铝合金材料加工制作管道机器人受力较大部件，不但可以大大减轻整体重量，其力学特性也符合设计要求。

3.4.4　基于静力学仿真的零部件变形分析

1. 单端结构变形仿真

单端结构变形仿真三维结构模型图如图 3.17 所示，将单端变径支撑结构导入 simulation 插件中。添加相应的接触面组后，为防止倒角、圆角等特征对网格划分产生影响，将倒角、圆角特征删除；并假设驱动轮为刚体，即不会产生变形，相当于作用于驱动轮上的作用力相当于直接作用于减速齿轮组的输出轴上，将作用力直接添加在减速齿轮组输出轴上；同时使用夹具工具将驱动支架的支撑板进行固定处理。

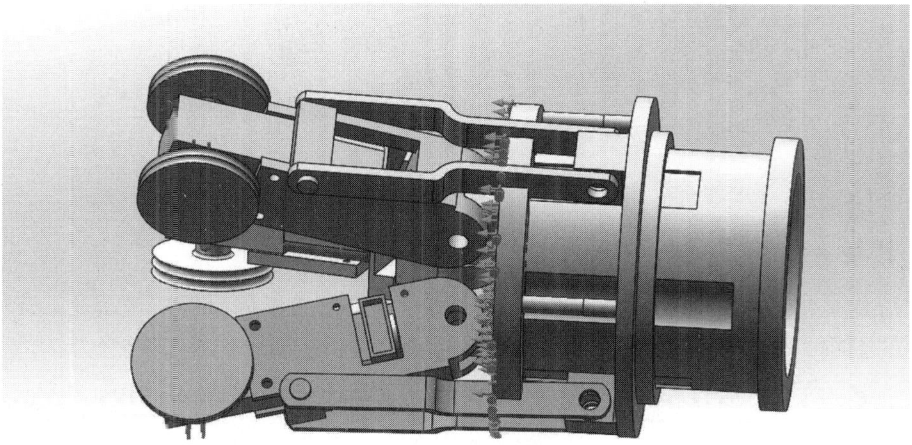

图 3.17　单端结构变形仿真三维结构模型图

在完成上述操作的基础上，导入铝合金的材料参数。然后进行网格划分，网格划分如图 3.18 所示。其中网格节点总数为 253396 个，单元总数为 152981 个。分析过程中关心的一个重要问题为外界作用力对管道机器人与管道之间的同轴度的影响程度。

考虑作用力条件下管道机器人与管道之间的同轴度影响，故导出静力学分析的零部件位移图，如图 3.19 所示，图中零部件位置相对于原位置的最小位移为 0mm，最大位移为 2.712×10^{-2}mm 在作用力的影响下，最大位移的数量级在 0.01mm，因此可认定为对管道与管道机器人之间同轴度的影响可忽略不计。

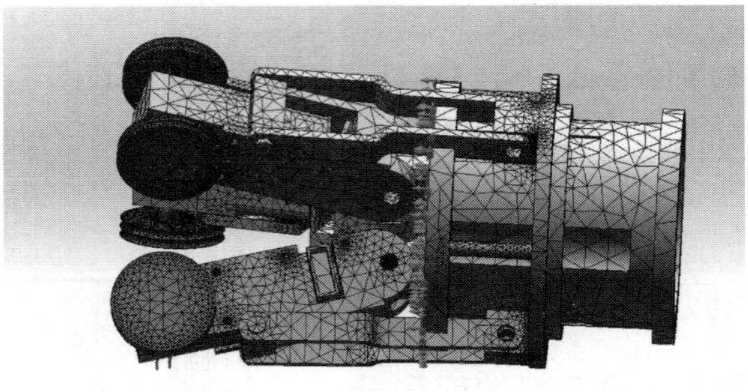

图 3.18　实体网格图

图 3.19　静应力分析位移图

2. 搭载平台变形仿真

对搭载平台变形的仿真主要是考虑到搭载平台是由于套筒支撑的情况下，变形对其同轴度的影响。分析中假设所搭载的设备质量为 1kg，故对该结构进行静力学仿真分析其变形情况。与上文进行类似的操作，将作用力添加在传感器模型上，作用力方向为垂直于上视基准面（X 方向），仿真结果如图 3.20 所示，由图可知相较于最初位置的最大位移为 4.439×10^{-3}mm。同理，将方向修改为与上视基准面平行（Y 方向）后，仿真结果如图 3.21 所示，由图可知在该方向上最大位移为 5.261×10^{-3}mm。该两个方向上位移的数量级都在 0.001mm，因此认为重力对管道与管道机器人之间同轴度的影响可忽略不计。

图 3.20　X 方向受力仿真图

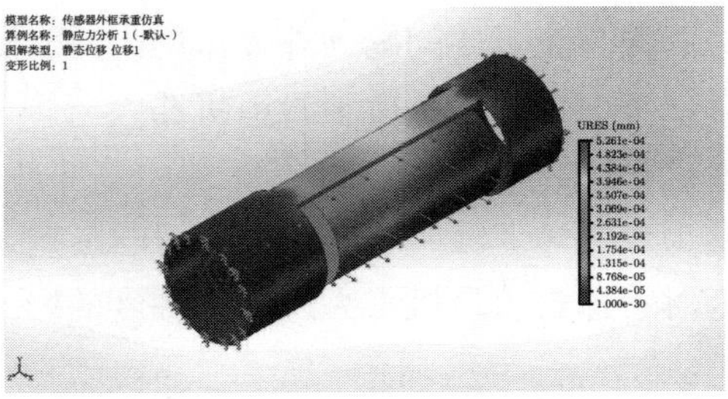

图 3.21　Y 方向受力仿真图

3.4.5　管道机器人硬件电路设计

1. 电源模块

电源模块主要是为驱动电机、MCU 以及 NFR24L01+ 提供稳定的工作电压，其中驱动电机需要的额定电压为 6V，MCU 以及 NFR24L01+ 需要的工作电压为 3.3 伏。

由于管道机器人采用无缆供电方式，故采用额定电压为 6V 的电池进行供电，经过以 ME1117A33 芯片为核心的转换电路转换后，也可输出 3.3V 电压的稳定电压，实现对 NRF24L01+ 通信模块以及处理芯片的电压供应。ME1117A33 是一款低压线性稳压器（LDO），其标准输出电压为 3.3V，ME1117A33 芯片的特点如下：

（1）输出电流超过 1.0A。

（2）压降：1.4V@1A。

（3）工作电压范围：4.8~15V。

（4）输出电压（固定）：3.3V。

（5）高准确度：± 2%。

（6）维持电流：3mA。

（7）纹波抑制：65~60dB（1KHz）。

输入电压范围在 4.8~15V 内时均可输出基本稳定的 3.3V 电压，为驱动额定电压更高的电机提供了前提条件，因此也扩大了驱动电机的选型范围。图 3.22 为由 ME1117A33 低压线性稳压器组成的电压转换模块。

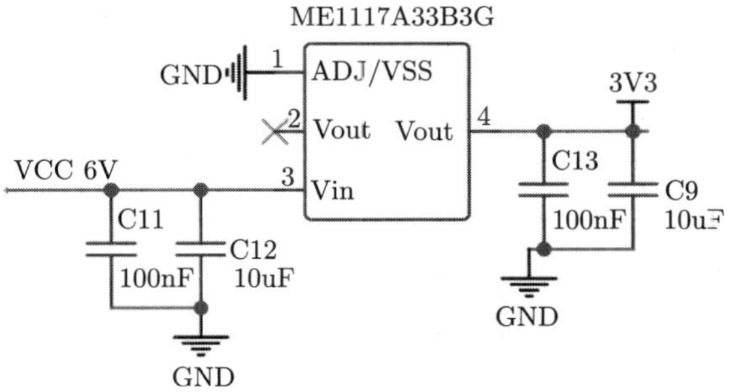

图 3.22　电压转换模块

2. 电机驱动模块

电机驱动模块在设计中采用了以 TB6612FNG 为核心的芯片，该芯片为一款直流电机驱动芯片。其两个输入信号 IN1 和 IN2 可以选择四种模式中的一种，如 CW、CCW、短时制动和停止模式。在工作过程中可通过输入引脚 IN1 和 IN2 的输入进行四种工作模式的选择。通过调节 PWM 脉冲占空比，可实现对驱动电压的调节，进而实现对电机转速的控制。由于该驱动芯片具有 2 路 PWM 输入，故可独立驱动 2 个驱动电机，由设计结构可知，管道机器人的一端有 4 个驱动电机需独立控制运转，故需要 2 块 TB6612FNG 电机驱动芯片。该驱动芯片最大输入电压为 15V，一般用于驱动额定电压在 12V 以下的直流电机，并且每个通道连续输出电流可达 1A，因此可驱动的直流电机范围较大，为之后驱动电机的更换提供了便利条件。表 3.4 描述了电机驱动芯片控制功能，根据各引脚输入电平变化实现不同驱动模式。

表 3.4　控制功能

Input				Output		
IN1	IN2	PWM	STBY	OUT1	OUT2	MODE
H	H	H/L	H	L	L	Short brake
L	H	H	H	L	H	CCW
		L	H	L	L	Short brake
H	L	H	H	H	L	CW
		L	H	L	L	Short brake
L	L	H	H	OFF（High impedance）		Stop
H/L	H/L	H/L	L	OFF（High impedance）		Standby

根据控制功能表设计电机驱动芯片与处理芯片之间的连接，实现对驱动电机的控制，1 块电机驱动芯片需要 MCU 的 4 个 I/O 接口以及 2 个 PWM 输出接口。

利用处理芯片中的高精度定时器实现 I/O 引脚的 PWM 信号输出，完成该要求需要 MCU 完成以下工作：

（1）设置提供调制方波的片上定时器的周期。

（2）在 PWM 控制寄存器上设置接通时间。

（3）设置 PWM 输出的方向，选择合适的 I/O 引脚。

（4）启动定时器。

（5）使能 PWM 控制器，设置占空比。

图 3.23 为电机驱动模块的电路设计图。在该电路图中，电机测速编码器采用的是 AB 相增量式霍尔编码器，编码器线数为 13 线（电机转一圈产生 13 个脉冲）。该编码器输出的信号为正交编码信号，即 2 个输出端输出相位差为 90° 的信号，因此可根据 2 个信号高电平到达的先后顺序判断驱动电机的转向，根据单位时间内采集到的信号脉冲数、编码器的线数以及驱动电机配备的减速齿轮组判断出车轮的转速。

对于编码器信号的采集，本文中所采用的 MCU 所提供的定时器包含编码器测量功能，故只需配置寄存器即可，配置过程如下：

（1）定时器初始化并设置编码器模式。

（2）选择合适的 I/O 复用为编码器信号输入引脚以及设置采集分频系数。

（3）设置计时定时器的计时时间。

（4）使能定时器。

驱动电机连接接口电路如图 3.24 所示。

3. 无线通信模块

设计中采用 NRF24L01+ 模块实现无线通信，该模块通信频段为 2.4~2.525GHz，共有 125 个频道，通信距离大于 10m，具有自动应答和自动重发功能，该芯片驱动电压为 1.9~3.6V，通过 SPI 总线与处理芯片进行全双工通信，可设置多个通信通道实现一对多通信或者一对一通信。

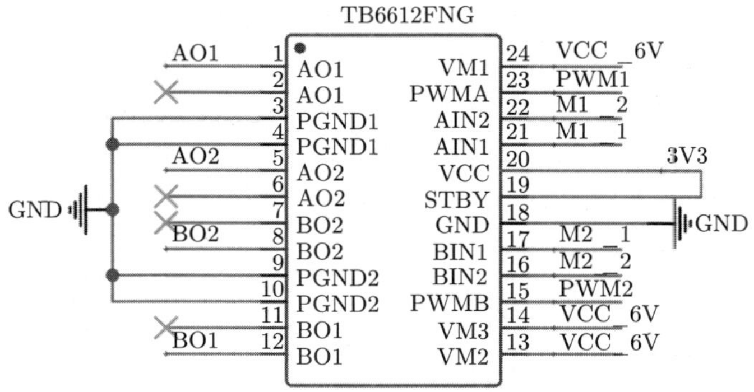

图 3.23　电机驱动模块的电路设计图

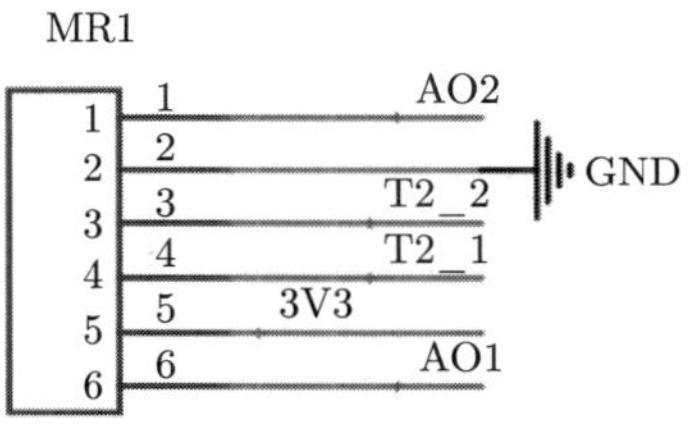

图 3.24　驱动电机连接接口电路

SPI 是串行全双工外设接口，与 MCU 连接时仅占用 4 个 I/O 接口，分别为片选线 CSN，通信数据线 2 根，MISO（外设输出，主设备输入）、MOSI（主设备输出，外设输入）以及一条同步时钟线 SCK。SPI 接线方式如图 3.25 所示。

图 3.25　SPI 接线方式

SPI 传输中，主机和从机都有一个串行移位寄存器，主机发送端通过给它的 SPI 串行寄存器中写入一个字节来进行下一次传递，利用 MOSI 信号线把字节传递给从机，类似地，从机也将自己的移位寄存器中的内容通过 MISO 信号线返回给主机，这样两个移位寄存器中的内容就被交换了。SPI 主从通信示意图如图 3.26 所示。

设计中将 MCU 设为主设备，NRF24L01+ 模块设为从设备，通过 SPI 总线通信。无线传输模块电路图如图 3.27 所示，电路中最右侧部分为发送/接收探头。

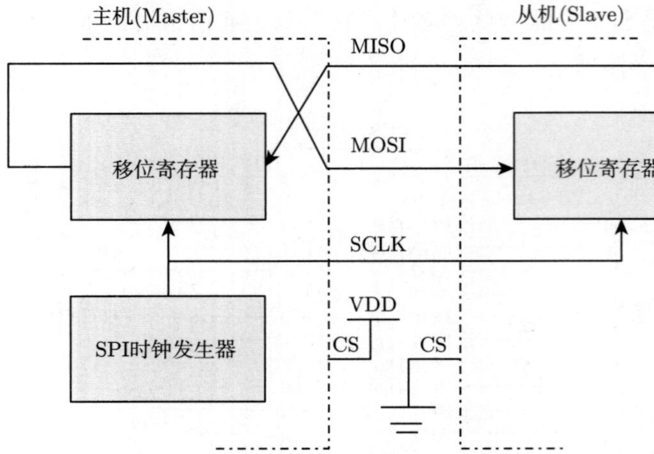

图 3.26　SPI 主从通信示意图

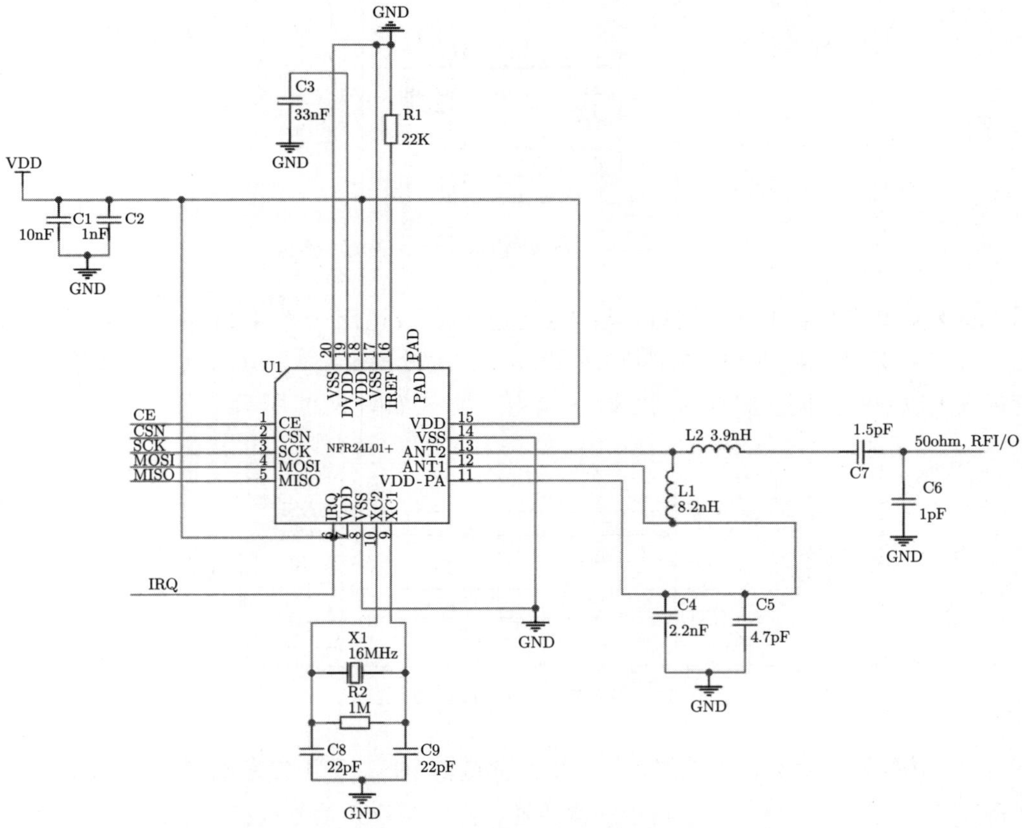

图 3.27　无线传输模块电路图

处理芯片通过 SPI3 总线与无线通信模块连接，并通过 3 个 I/O 接口实现对模块的控制以及接收模块中断信号，连接电路如图 3.28 所示。

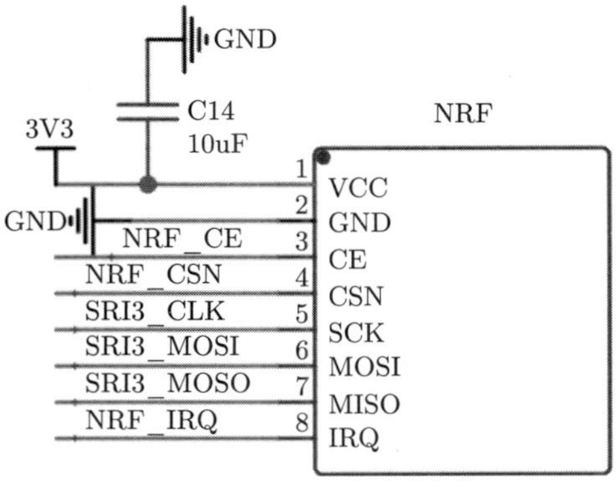

图 3.28 无线通信模块连接电路

4. MCU 模块

MCU 模块的控制电路采用 STM32F407VET6 作为处理芯片，该芯片为 32 位微控制器（MCU），采用 Cortex-M4 架构，拥有 192KB 的 RAM，512KB 的 Flash，处理器的工作频率为 168MHz，同时具有丰富的外设资源：

（1）具备 6 个 USART、3 个 SPI、3 个 I²C、2 个 CAN 和 1 个 SDIO 接口。

（2）具备 2 个 12 位 DAC、3 个 12 位 ADC。

（3）定时器多达 17 个。

可以看出，MCU 性能满足设计要求。MCU 及其附属电路设计如图 3.29 所示。

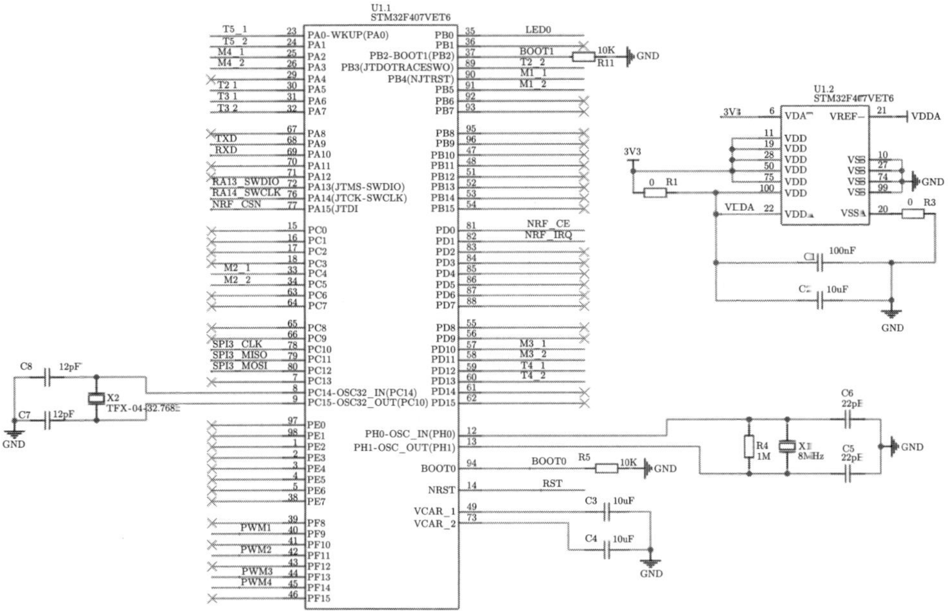

图 3.29 MCU 及其附属电路设计

由于芯片内部提供的时钟源稳定性较差，故采用外部晶振作为时钟源，电源电压采用 3.3V。程序在 PC 端编译完毕后，通过预留的 SW 接口将程序写至 Flash 中，SW 接口只需两根线就可实现 PC 端与处理器的连接，分别为 SWDIO 与 SWCLK 两根线，同时可通过 DAP-Link 实现程序在线仿真调试。

3.4.6 采集电路设计

采集电路主要是实现对管道内部信息以及管道机器人状态的采集，包含温度、湿度、光照强度等。温（湿）度的采集通过 DHT22 单总线数字温（湿）度传感器进行采集，光照强度采用光敏电阻的阻值变化表示，另预留了 IIC 接口，以便后续进行姿态检测。

1. 温、湿度采集

系统中温、湿度采集是通过 DHT22 单总线数字温、湿度传感器采集管道内的温、湿度，该传感器采用单总线通信，故只需为 MCU 提供一个 I/O 接口，同时采用 3.3V 电压供电。单总线协议传输数据定义如图 3.30 所示。

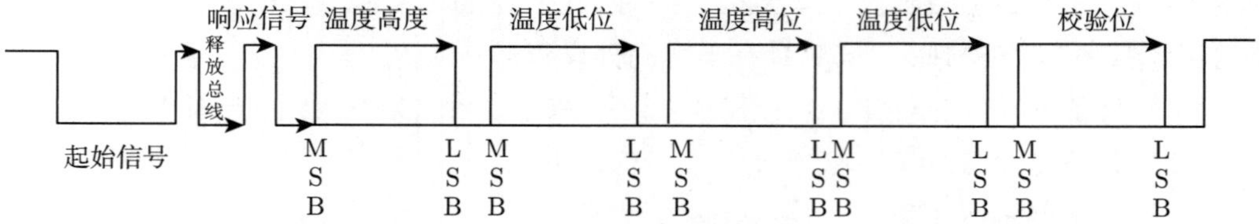

图 3.30　单总线协议传输数据定义

系统在读取温、湿度数据时，DHT22 返回一个 40 位的数据：16bit 温度数据，16bit 湿度数据，8bit 校验数据。按数据格式解析后可得到温度、湿度的具体数值。该传感器的最小读取间隔时间为 2s，为保证读取准确度，将检测时间设定为 3s。

单总线通信时典型的应用电路中采用 5.1K 上拉电阻，温、湿度传感器接口如图 3.31 所示。

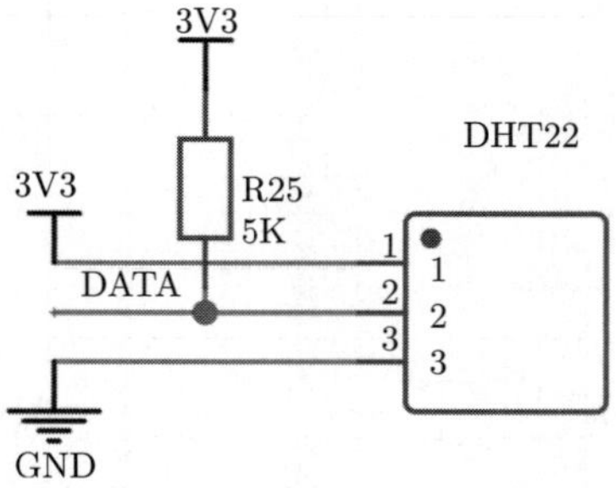

图 3.31　温、湿度传感器接口

2. 光强采集

设计中环境光强的采集是利用光敏电阻实现的。该设计利用了光敏电阻的电导率随光照强度变化而变化的特点。环境光照越强，阻值就越低，随着光照强度的升高迅速降低亮电阻阻值，并且在无光照时呈高阻态，暗电阻一般可达 1.5MΩ。光敏电阻设计电路如图 3.32 所示，控制和采集电路板实物图如图 3.33 所示，实验结果证明该电路能够良好的工作。采集数据显示如图 3.34 所示。

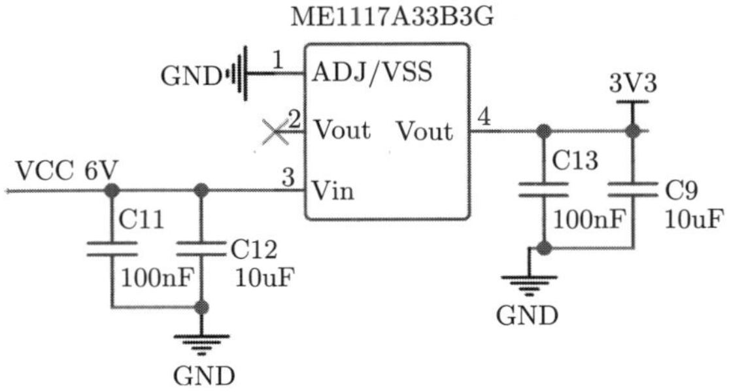

图 3.32　光敏电阻设计电路

（a）控制电路板　　（b）采集电路板

图 3.33　控制和采集电路板实物图

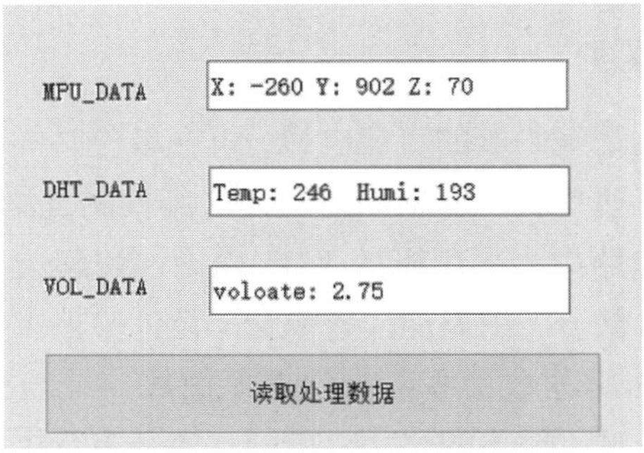

图 3.34　采集数据显示

3.5　管道机器人软件设计

3.5.1　控制部分软件设计

管道机器人的控制程序主要由主程序和定时器中断服务程序组成。主程序接收上位机数据，判断所接收到的数据并解析指令。定时中断程序读取当前编码器数据统计

100ms 内驱动电机所转圈数并更新相应 PWM 参数使驱动电机稳定在指令设定的转速，其设计流程图如图 3.35 所示。

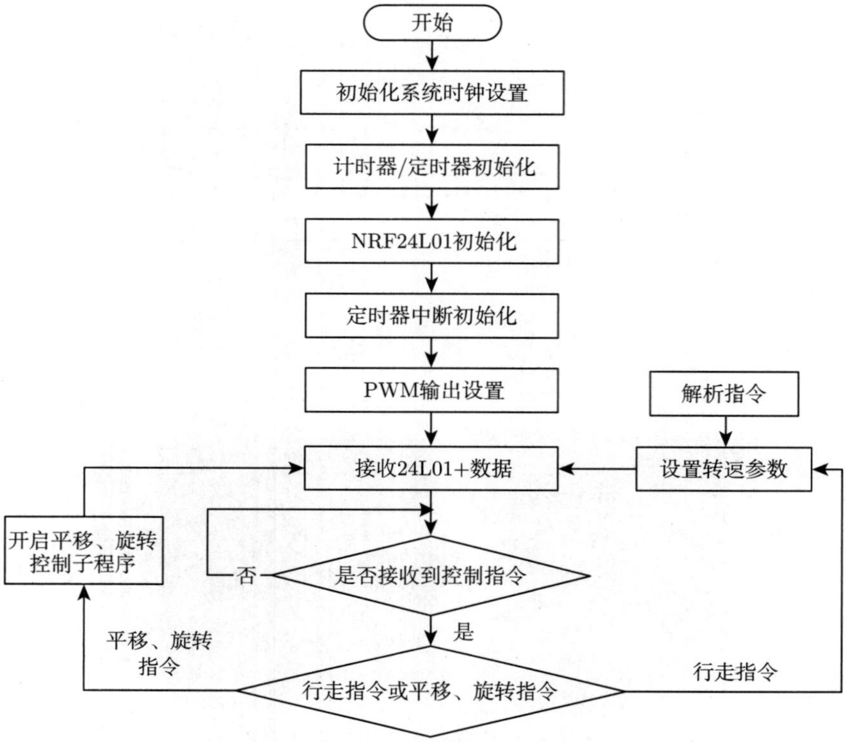

图 3.35　控制部分程序设计流程图

1. 行走电机控制子程序

设计中行走电机采用带编码器的直流电机，可在单位时间内统计编码器输出的脉冲数量以及减速齿轮组的减速比获得输出轴的转速，其控制方法采用了 PID 控制。

在对其控制的数字电路中，采用离散 PID 理论，该理论在假设采样时间很短的前提下用一阶差分代替一阶微分，用累加代替积分。设计中所采用的速度闭环控制是根据固定时间内获取的编码器脉冲数计算电机的速度信息，并与指令所设定的目标值进行对比求取差值，然后通过对比偏差的比例、积分、微分进行控制，使偏差趋向于 0 的过程。以上过程可表示为：

$$\text{PWM+} = K_p\left[e(k) - e(k-1)\right] + K_i e(k) + K_d\left[e(k) - 2e(k-1) + e(k-2)\right] \tag{3.13}$$

式中，$e(k)$ 为本次偏差；$e(k-1)$ 为上一次偏差；$e(k-2)$ 为上上次偏差；PWM+ 代表增量输出。

速度闭环控制系统使用了 PI 控制，将 K_d 设为 0，因此式 (3.13) 可简化为：

$$\text{PWM+} = K_p\left[e(k) - e(k-1)\right] + K_i e(k) \tag{3.14}$$

控制流程如图 3.36 所示，图中设置周期为 100ms。

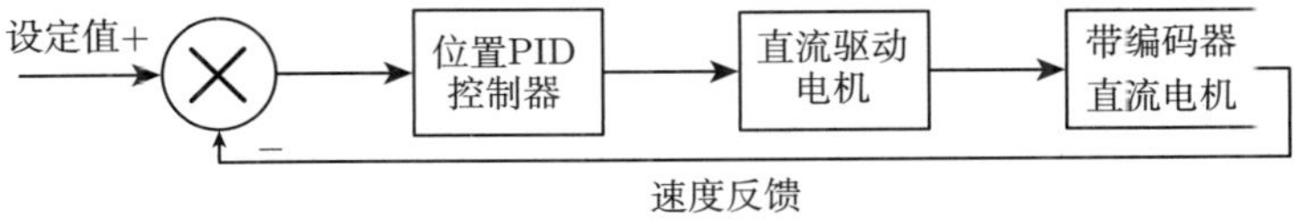

图 3.36　控制流程

基于以上理论，行走电机控制子程序的流程图如图 3.37 所示。行走电机控制子程序首先设定定时器参数设定，每 100ms 执行一次速度校正流程，将目标值与当前值进行对比，经 PI 运算后更新 PWM 波形。

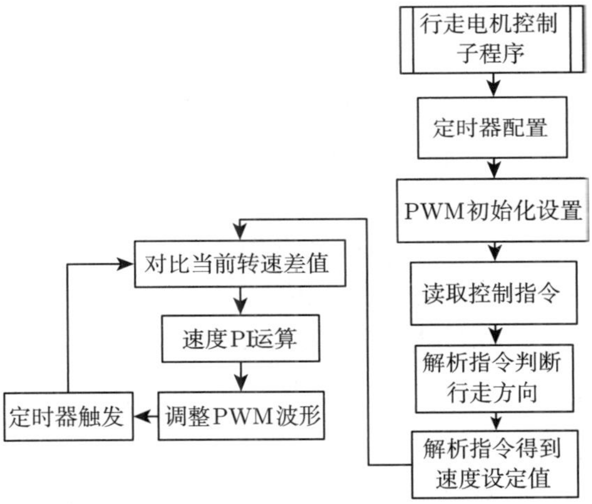

图 3.37　行走电机控制子程序的流程图

2. 平移、旋转控制子程序

平移与旋转控制子程序是通过读取指令中设定的平移距离或者旋转角度，并将其转化为所要接收到的编码器脉冲个数目标值，根据指令中设定的方向调整电机的转向，开始读取编码器脉冲，在读取编码器脉冲的数量与目标值一致时，停止电机转动。平移、旋转控制子程序如图 3.38 所示。

3. 平移、旋转的控制精度

平移、旋转的驱动电机配备 14 对极的编码器，即电机每转一圈产生 7 个脉冲，同时采用的减速器的减速比为 1∶380，故减速齿轮组输出轴每转一圈，编码器共输出 2660 个脉冲信号，通过计算可以得到减速齿轮组输出轴每转一圈，平移 2.67mm，旋转 98.2°，故在不丢失脉冲信号的前提下，理论上平移和旋转的精度分别为 0.001mm、0.037°。

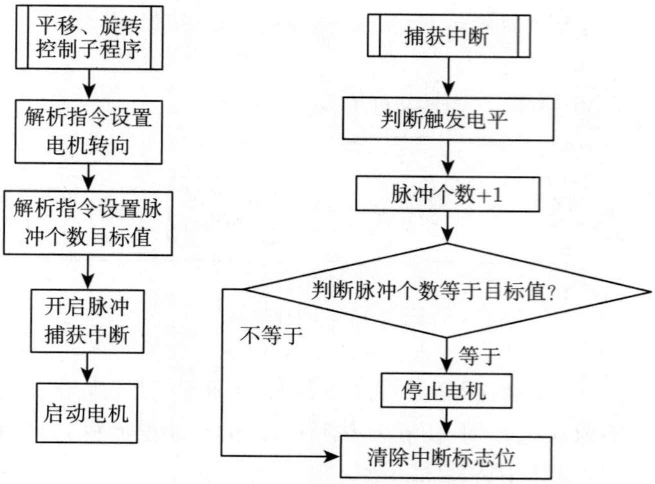

图 3.38　平移、旋转控制子程序

3.5.2　信号采集软件设计

采集部分需要读取多个传感器数据，由于多个传感器的采集频率不一致，通过延时函数去实现会极大地浪费处理器的资源，故采用实时操作系统（Real-Time Operate System，RTOS）对每个传感器进行分线程采集数据。

本设计中采用 RT-Thread 嵌入式实时操作系统，与使用传统的裸机方式进行程序编写相比，RTOS 可为每个任务分配独立的系统资源并创建线程进行多线程处理任务，并可提供较好的任务响应以及调度方式。RTOS 的主要优势如下。

1. 系统性能最大化

针对复杂的或大型的嵌入式程序，使用一个事件驱动的 RTOS 替代传统逻辑的大循环结构，可以生成一个占用内存更小、获得处理器时间更长的更有效的程序设计。

2. 降低复杂度

RTOS 可以将整体程序划分为多个线程模块，每个线程执行自己的任务。降低了系统执行过程中的复杂度。

3. 硬实时响应

基于优先级抢占的 RTOS，根据任务的实时需求执行线程调度，按照严格的时序限制执行线程任务，提高对关键事件的响应速度。

4. 跨芯片平台

RT-Thread 几乎支持市面上常见的所有主流芯片架构，当采用的处理器资源不足以支撑整个程序时，可更换性能更佳的处理器。

采集部分软件设计流程如图 3.39 所示，整体程序共分为 5 个线程，分别为呼吸灯线程，每隔 500ms，LED 灯闪烁，表示程序运行正常；无线收发线程，将读取到的传感器数据发送至 PC 端上位机；温、湿度传感器读取线程，读取当前管道内的温、湿度；光敏电阻检测线程，采集节点处的电压，根据电路设计情况计算出当前光敏电阻的阻值，近似计算出管道内的光照强度；姿态检测线程，采集 MPU6050 传感器的数据并解析为所需要的加速度等数据，进而得到当前机器人的姿态。

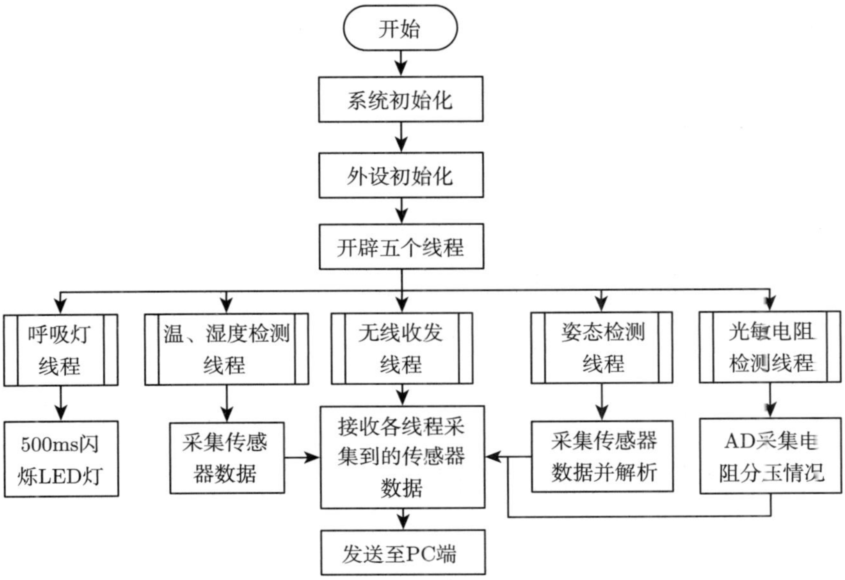

图 3.39　采集部分软件设计流程

控制程序在读取完传感器数据后，把结果发送给 NRF24L01+ 收发程序，并由该线程将数据发送至 PC 端上位机，最终实现了线程之间的交互通信。程序设计中采用邮箱邮件的方式进行线程间的通信，由传感器线程发送邮件至收发线程的邮箱中，收发线程检测邮箱中是否有邮件，假如邮箱非空则读取邮件信息，并将信息发送至 PC 端上位机。

3.5.3　图像采集软件设计

图像采集功能主要对管道内部环境进行初步判断，避免有大障碍物或者发生其他突发情况。设计中图像采集部分采用 ESP32-CAM 实现，所采用的摄像头为 OV2640，其图像数据格式有 2 种输出方式：RGB565 和 JPEG。其中 JPEG 格式输出的数据是压缩后的，大大地减少了图像的数据量，使其在网络摄像头、无线视频传输等方面具有很大优势。设计中设置 OV2640 的输出方式为 JPEG 格式，输出的数据为压缩后的 JPEG 数据，其输出格式为 0XFF，0XD8 开头，以 0XFF，0XD9 结尾。将得到的 0XFF、0XD8、0XFF、0XD9 之间的数据保存为.jpg/.jpeg 文件，在 PC 端就可以得到采集到的实时图像。

由于 UDP 通信方式没有 TCP 通信方式的慢启动、拥塞控制、窗口控制、超时重传以及丢包重传机制等问题，可最大限度地提高发送速率，并且，由于设计中对图像精度要求不高，故采用 UDP 通信方式。图像传输采用局域网环境下的 UDP 通信方式将图像数据发送至 PC 端，因图像数据采用分包并添加关键头部信息的方式进行数据包通信，故在 PC 端需进行数据解析并拼接图像信息显示。图像发送的程序流程图如图 3.40 所示。

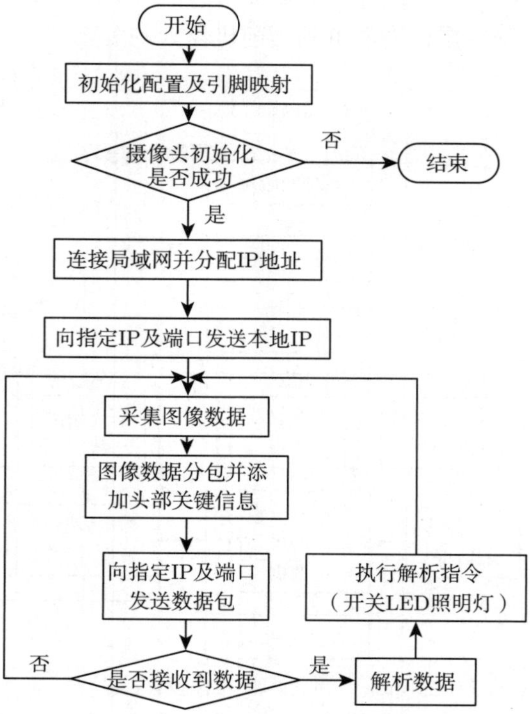

图 3.40　图像发送程序流程图

在程序运行的基础上通过对比传输不同尺寸图片的传输速度以及图像质量，发现当图像尺寸为 800×600 时，平均每帧图像大小为 12000 字节，传输速度约为 6.333 帧/秒，图 3.41 为 PC 端显示图像（800×600）；当图像尺寸为 400×296 时，平均每帧图像大小为 4200 字节，传输速率为 13.167 帧/秒，图 3.42 为 PC 端显示图像（400×296）。

图 3.41　PC 端显示图像（800×600）

对比发现两种条件下的图像质量差别较小，仅图像尺寸不同，且当选择图像尺寸为 FRAMESIZE_CIF（400×296）时图像的传输速率较快，故采用该尺寸图像进行传输。

图 3.42　PC 端显示图像（400×296）

3.5.4　测距部分软件设计

测距部分采用激光测距传感器进行，其核心处理芯片为 ESP8266 处理器，二者之间通过串口进行通信，设置波特率为 9600、数据位 8bit、停止位 1bit、无奇偶校验，将 ESP8266 通过串口读取到的传感器数据通过 Socket 发送至 PC 端。当开启传感器时，距离数据不断地通过串口发送至 ESP8266 处理器，采用 UDP 传输的方式即可将距离数据发送至 PC 端。

综上所述，在 Windows10 操作系统、Arduino1.8.15 环境下完成该部分的编写，测距部分软件流程如图 3.43 所示。

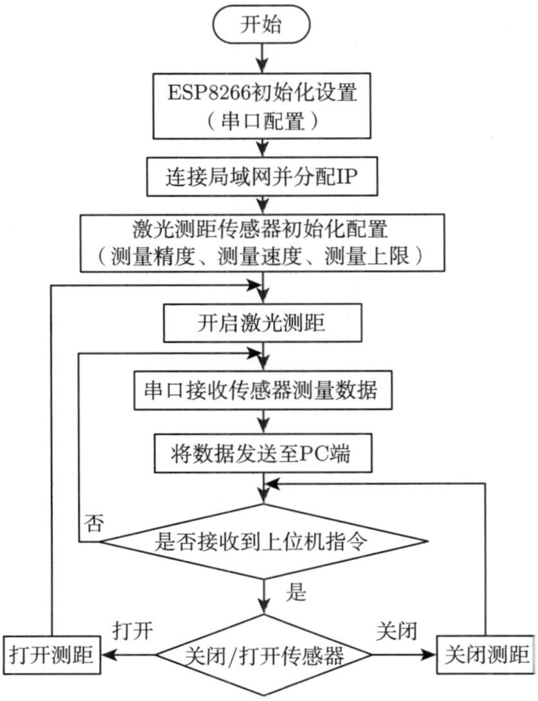

图 3.43　测距部分软件流程

3.5.5 上位机软件设计

1. 上位机的编程实现

上位机软件的设计是依据接收与发送的数据类型以及通信方式进行设计的，程序流程图如图 3.44 所示。上位机软件主要包括三部分，分别为图像显示部分，距离数据接收部分，传感器数据接收以及发送指令部分。上位机软件的特点如下。

（1）系统初始化过程中会创建 UDP 通信线程以及图像显示进程，为防止图像传输阶段被干扰，将图像接收、显示程序预先打包成.exe 可执行程序进行调用。并且初始化串口配置，在打开串口后可进行相应的数据收发。

（2）UDP 通信中会接收到下位机所发送的本地 IP 地址，保存此 IP 地址便于之后的数据收发，并将所收到的测距数据解析后以 connect 连接的方式传递给主线程，由主线程将距离数据进行 UI 界面显示。

（3）对串口收到的传感器数据进行分类处理，并针对不同类型的数据分开显示并部分绘图，便于观察。

（4）控制指令与接收传感器数据的收发由串口转 NRF24L01+ 进行发送，且所采用信号通道不一致，故可保证传感器数据与发送指令之间互不干扰，有效保证了数据准确性。

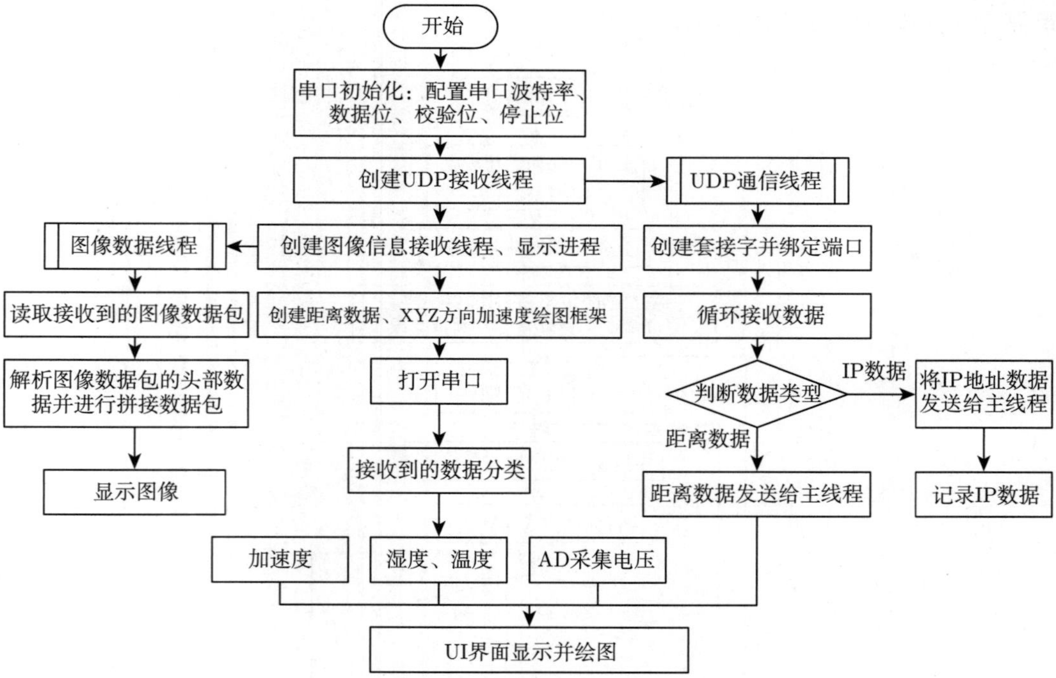

图 3.44　上位机程序流程图

2. 上位机 UI 界面

Qt 是一个可跨平台移植的 UI 界面开发软件，基于上位机的移植灵活性考虑，本课题中的上位机采用 Qt5.12.2 进行开发。上位机 UI 界面布局如图 3.45 所示。

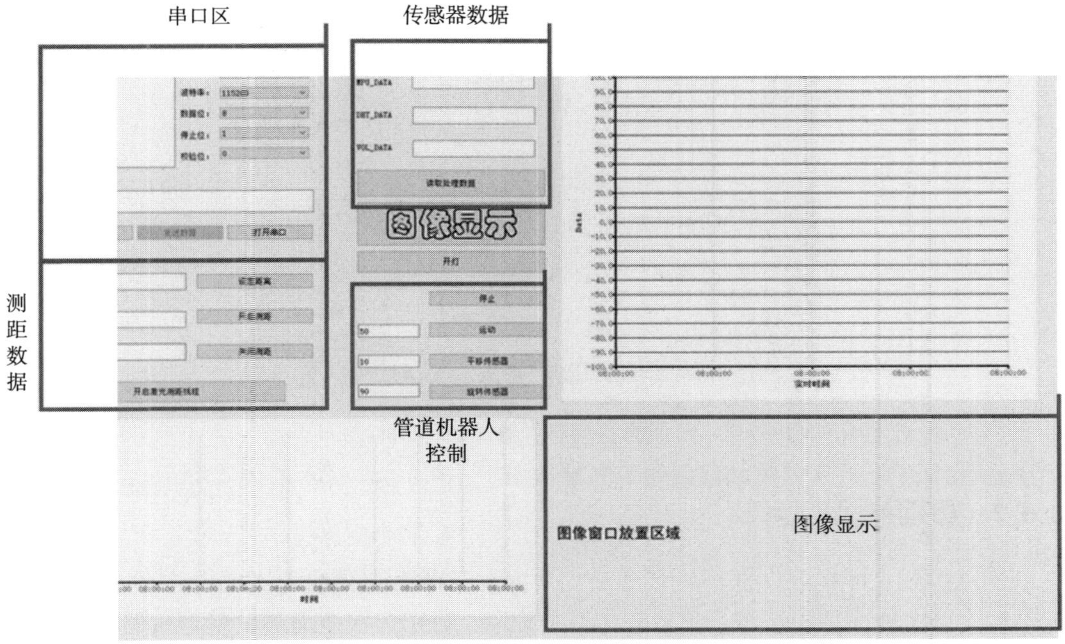

图 3.45 上位机 UI 界面布局

3.6 管道机器人原理样机与实验

3.6.1 原理样机装配

为测试管道机器人的可行性，以及节省加工时间，采用 3D 打印与机械加工相结合的方式实现零件的加工制作。其余常见部件如螺丝、螺母、轴承、电源、驱动电机等采用市场常见产品，硬件电路的制作过程为 PCB 定制以及手工焊接处理芯片以及电路元器件，在 PCB 电路完成的基础上烧写程序进入处理器的 Flash 中并完成程序的调试。管道机器人原理样机如图 3.46 所示。

搭建的管道机器人样机采用双端驱动结构，两端分别采用 3 个驱动电机，驱动电机之间的夹角为 120°，中间部分为视觉传感器运动平台且平台的两端分别为平移结构和旋转结构，旋转和平移的驱动由两个驱动电机实现，可提供视觉传感器平移和旋转功能，测试管道为管径 120mm 的直筒管道。

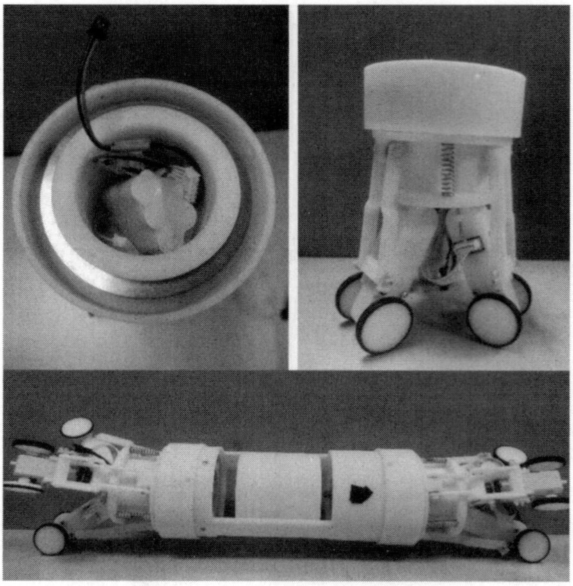

图 3.46　管道机器人原理样机

3.6.2　原理样机实验

管道机器人样机在外部环境张开最大角度时，截面直径约为 135mm，采用双驱动轮结构，可在地面平稳运行。实验分为两个阶段，分别为在地面测试管道机器人的运行情况、调速功能、控制功能、传感器数据采集功能等，单独测试图像传输功能、测距功能以及测试所搭载视觉传感器模型的旋转以及平移功能，测距功能测试如图 3.47 所示，管道内图像测试如图 3.48 所示；第二阶段将管道机器人置于 120mm 管径的管道中模拟测试器在实际管道中的运行情况以及控制功能、传感器采集数据功能、LED 照明开关等。

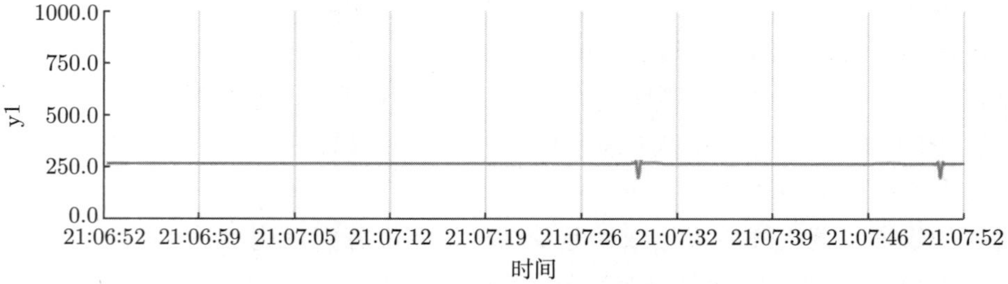

图 3.47　测距功能测试

测距传感器运行一段时间进行不间断测距，发现采集过程中存在一定的距离数据波动，距离数据的采集频率为 10Hz，结合图中所显示的测距事件发现误差率约为 1%，在误差允许范围内，故测距功能正常。将管道内实拍图像传输至上位机进行显示，完成图像传输测试，由测试图像可以看出，图像较清晰。本部分的图像显示主要为了观测管道内的大概情况，如明显的障碍物，管道内明显的破损等情况，因此图像传输部分符合要求。

管道内部环境信息的采集是管道机器人探测的一个重要方面，设计中管道机器人采集的信息主要包括温度、湿度、管道内的光照强度等，并将采集到的数据发送至上位机进行处理和显示，如图 3.49 所示。

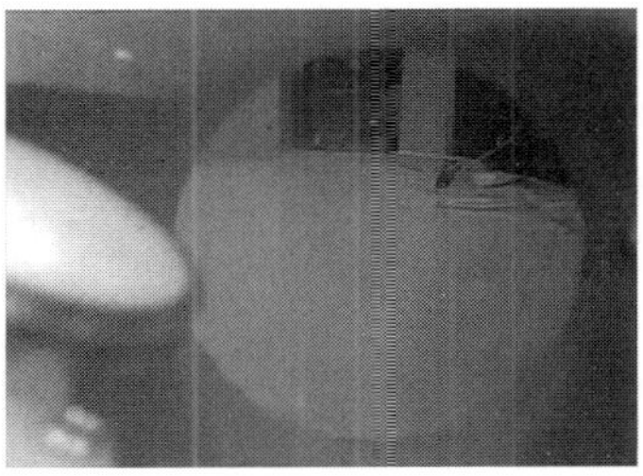

图 3.48　管道内图像测试

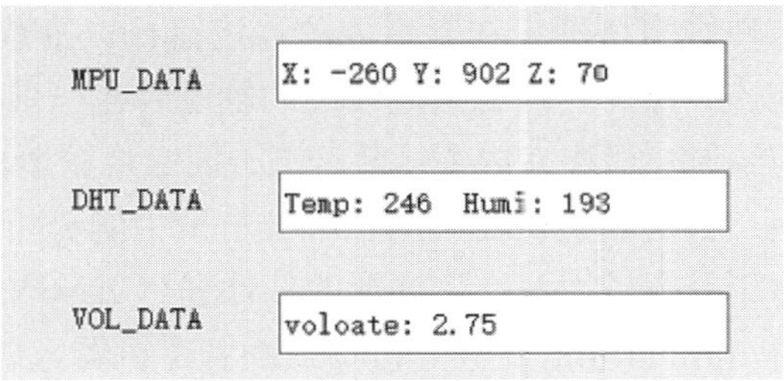

图 3.49　采集数据显示

原理样机管道内实测如图 3.50 所示，结果表明该管道机器人在管道中运行时具有良好的稳定性，没有明显的旋转发生。

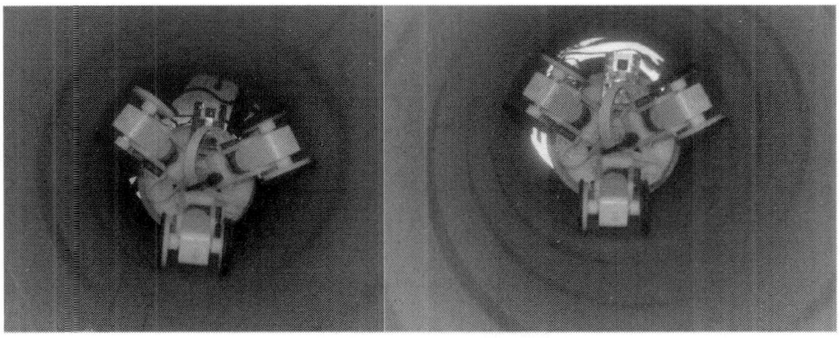

图 3.50　原理样机管道内实测

为便于进一步观察该管道机器人的特性，对其在管道外进行原理样机搭载平台的平移测试和旋转测试，如图 3.51 和图 3.52 所示。

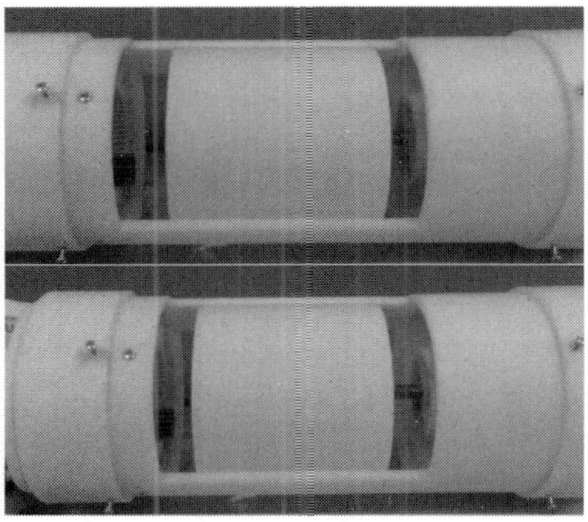

图 3.51　平移测试

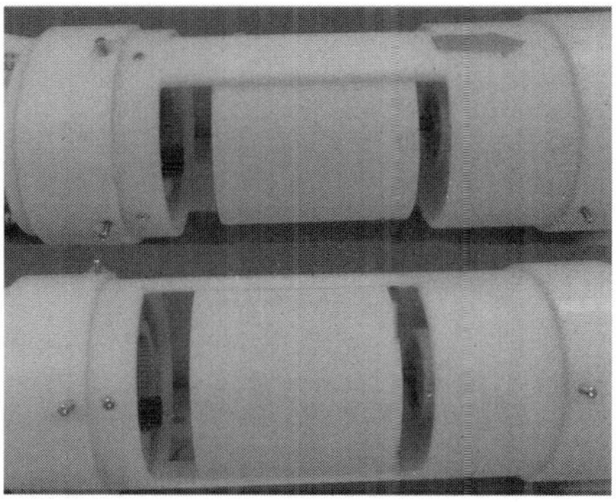

图 3.52　旋转测试

小结

本章结合对管道机器人的功能及设计要求，最终确定管道机器人包括三部分：变径部分、驱动部分、搭载传感器运动平台。从稳定的三角形结构和伞状结构的收缩和扩展中获得灵感，设计实现了管道机器人的变径结构；驱动结构中将减速齿轮组直接与驱动轮相连、采用双驱动轮结构在保证轮式结构灵活性的同时增加与管道的接触面积以及实现管道机器人在管道内的稳定运行；搭载平台采用双端支撑结构并与两侧变径结构相连，保证其与管道之间的同轴度。在三维建模软件 SolidWorks 中进行零部件的设计与绘制，最终完成整体装配图，同时将管道机器人的结构尽量简化，保证易于拆卸和更换，并对管道机器人的三部分进行力学分析以及仿真验证变径范围和确定弹簧预紧力。对于受力较大易产生变形的部件进行 ANSYS 仿真验证，并在确定加工材料的基础上进行 Simulation 静应力仿真判断管道机器人的变形情况。最终在机械结构设计合理的基础上，设计一套完整的管道机器人控制系统。

第 4 章　圆锥镜全景成像系统及投影模型

4.1　引言

视觉成像技术是图像理解的基本前提，广泛应用于视觉测量、缺陷检测等领域。全景成像技术是视觉成像技术的一个分支，它不仅具有传统视觉传感器的普遍优势，而且解决了视场范围有限的问题。常见的全景成像技术有图像拼接全景成像技术、广角镜头全景成像技术和折反射全景成像技术。图像拼接全景成像技术一般是基于单相机旋转扫描，或多相机同时扫描，将采集的多幅图像拼接得到全景图像，基于该技术设计的全景成像传感器体积大、成本高、效率低，无法应用于受限空间中；广角镜头全景成像技术是基于广角镜头（如鱼眼镜头等）实现的，通过特殊设计的透镜组，扩大系统的视场范围，基于该技术设计的全景成像传感器体积小、效率高，且能应用于受限空间中，但仍然具有系统成本高、图像畸变大的不足；折反射全景成像技术是基于折反射成像机理实现的，基于该技术设计的全景成像传感器具有体积小、成本低、效率高的优点，而且图像畸变校正原理较为简单，能实现受限空间中的全景成像，目前被广泛应用。本章以管道内表面缺陷检测为最终目的，基于折反射成像机理，设计圆锥镜全景成像系统，采集管道内部的全景图像，同时研究全景图像展开技术，将圆形畸变图像校正为矩形展开图像，用于后续的缺陷检测与识别。

4.2　圆锥镜全景成像系统分析与设计

4.2.1　圆锥镜全景成像系统的设计方案

针对管道内表面成像，本节提出基于单摄像机和圆锥镜的全景成像系统的设计方案。管道内表面形貌经过圆锥镜反射后入射到摄像机内，成像于摄像机探测器上，将管道内表面 360° 空间信息压缩到圆形或环形区域内，从而获得管道内表面的全景图像。

管道一般具有亮度低、口径小等特点，因此圆锥镜全景成像系统的设计需适应亮度低、口径小的实际条件。为满足管道内表面光学成像要求，设计圆锥镜全景成像系统成像模块和固定模块，在保证系统成像几何约束的条件下，满足成像光路条件；针对管道内亮度低的特点，设计圆锥镜全景成像系统照明模块，提供成像所必需的光照条件；针对管道口径小的特点，设计小型化圆锥镜全景成像系统，满足管道内表面成像所要求的机械尺寸。

在全景成像的过程中，系统的视场与景深范围决定清晰成像的空间区域。本章将分析圆锥镜全景成像系统的视场范围、获得全景成像系统的轴向视场长度、提出圆锥镜全景成像系统的景深范围、得到能清晰成像的空间区域。最后，基于管道内表面成像的实际条件，设计圆锥镜全景成像的系统结构；根据系统的轴向视场长度与景深范围，确定系统的结构参数。

本节首先构建圆锥镜全景成像系统的光路结构模型，分析圆锥镜全景成像系统的视场和景深范围；然后，根据成像光路约束条件和管道内实际环境设计系统结构；最后，根据系统的视场与景深范围确定系统的结构参数。

4.2.2 圆锥镜全景成像系统视场分析

1. 理论推导

如图 4.1 所示，S 为圆锥镜，其顶点为 P_{c}，管道直径为 D_{p}，摄像机光学中心（简称光心）O_{c} 为透视投影中心，O_{c} 位于圆锥镜轴线上。以 O_{c} 为原点，圆锥镜轴线向上为 z_{c} 轴正方向，建立摄像机坐标系 $O_{\mathrm{c}}-x_{\mathrm{c}}y_{\mathrm{c}}z_{\mathrm{c}}$。光线成像遵循反射定理，$O'_{\mathrm{c}}-x'_{\mathrm{c}}y'_{\mathrm{c}}z'_{\mathrm{c}}$ 坐标系与 $O_{\mathrm{c}}-x_{\mathrm{c}}y_{\mathrm{c}}z_{\mathrm{c}}$ 坐标系关于圆锥镜母线所在直线 l_{g} 对称。

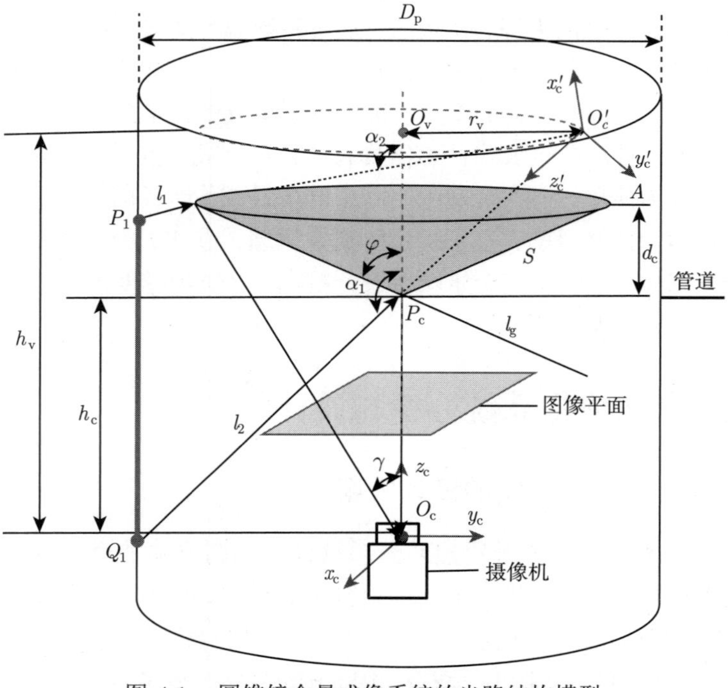

图 4.1　圆锥镜全景成像系统的光路结构模型

在图 4.1 中，O_{c} 关于 l_{g} 的对称点 O'_{c} 分别与圆锥镜母线两个端点连接并延长，即可得到圆锥镜全景成像系统的两条边缘光线 l_1 和 l_2。光线 l_1 和光线 l_2 分别表示管道内表面上点 P_1 和点 Q_1 经过锥面反射能够进入摄像机视场的入射光线，线段 $\overline{P_1Q_1}$ 表示全景成像系统在管道内的有效视场范围。α_1 和 α_2 分别表示 l_1 和 l_2 与 z_{c} 轴正方向的夹角，定义为全景成像系统的视场角。视场角在 $[\alpha_1, \alpha_2]$ 范围内的空间物点可以在摄像机探测器上成像。摄像机的半视场角用 γ 表示，圆锥镜半顶角用 φ 表示，圆锥镜厚度用 d_c 表示。所有入射光线的延长线不交于一点，而是形成一个圆 $\odot O_v$，称为视点圆，其半径用 r_v 表示。

由图 4.1 所示的几何关系可知，全景成像系统的视场角为

$$\begin{cases}\alpha_1 = 2\varphi \\ \alpha_2 = 2\varphi - \gamma\end{cases} \tag{4.1}$$

视点圆半径 r_v 以及视点圆圆心到摄像机光心之间距离 h_v 为

$$\begin{cases}r_v = h_c \sin(2\varphi) \\ h_v = h_c(1 - \cos(2\varphi)), \varphi \geqslant 45^\circ\end{cases} \tag{4.2}$$

式中，h_c 为圆锥镜顶点到摄像机光心之间距离。

全景成像系统在轴向的视场范围定义为线段 $\overline{P_1Q_1}$，其长度用 Δz 表示为

$$\Delta z = h_v - h_c + \frac{r_v}{\tan(2\varphi - \gamma)} + \frac{D_p}{2\tan(2\varphi - \gamma)} - \frac{D_p}{2\tan(2\varphi)} \tag{4.3}$$

2. 仿真实验

圆锥镜全景成像系统的轴向视场范围与圆锥镜半顶角 φ、圆锥镜厚度 d_c、圆锥镜到摄像机光心的距离 h_c 以及管道直径 D_p 有关。通过 MATLAB 仿真分析视场上边界 $z_{\max}$、下边界 $z_{\min}$ 以及轴向视场长度 Δz 与上述参数的关系，仿真结果如图 4.2 所示。

图 4.2（a）展示了其他参数确定时, 轴向视场范围与圆锥镜顶角 φ 的关系。当 φ 增大时：系统轴向视场范围的上边界 $z_{\max}$ 和下边界 $z_{\min}$ 的数值均减小，视场范围整体向 z 轴负方向移动；系统轴向视场长度 Δz 增加，全景成像系统轴向视场范围扩大。

图 4.2（b）展示了其他参数确定时，轴向视场范围与在圆锥镜厚度 d_c 的关系。当 d_c 增大时：系统轴向视场范围的下边界 $z_{\min}$ 不发生变化，上边界 $z_{\max}$ 先增加，到某临界值后不变；系统轴向视场长度 Δz 先增加后不变。

图 4.2（c）展示了其他参数确定时，轴向视场范围与圆锥镜到摄像机光心距离 h_c 的关系。当 h_c 增大时：系统轴向视场的上边界 $z_{\max}$ 和下边界 $z_{\min}$ 均增加，轴向视场范围整体向 z 轴正方向移动；轴向视场长度 Δz 先增加后减小，存在一个极大值点 $h_{c,\max}$ 使系统轴向视场范围最大。

图 4.2（d）展示了其他参数确定时，系统轴向视场范围与成像管道内径 D_p 的关系。当 D_p 增大时：系统轴向视场的上边界 $z_{\max}$ 和下边界 $z_{\min}$ 均减小，系统视场范围整体向 z 轴负方向移动；轴向视场长度 Δz 增加，且二者成线性关系，全景成像系统的轴向视场范围线性扩大。

从仿真结果可知，在摄像机参数确定时，增大 φ、增大 d_c、h_c 取 $h_{c,\max}$ 以及增大 D_p 均可以实现轴向视场范围的扩大。一般情况下，管道内径 D_p 是确定的，因此常通过另外三种方法来扩大系统的轴向视场范围。

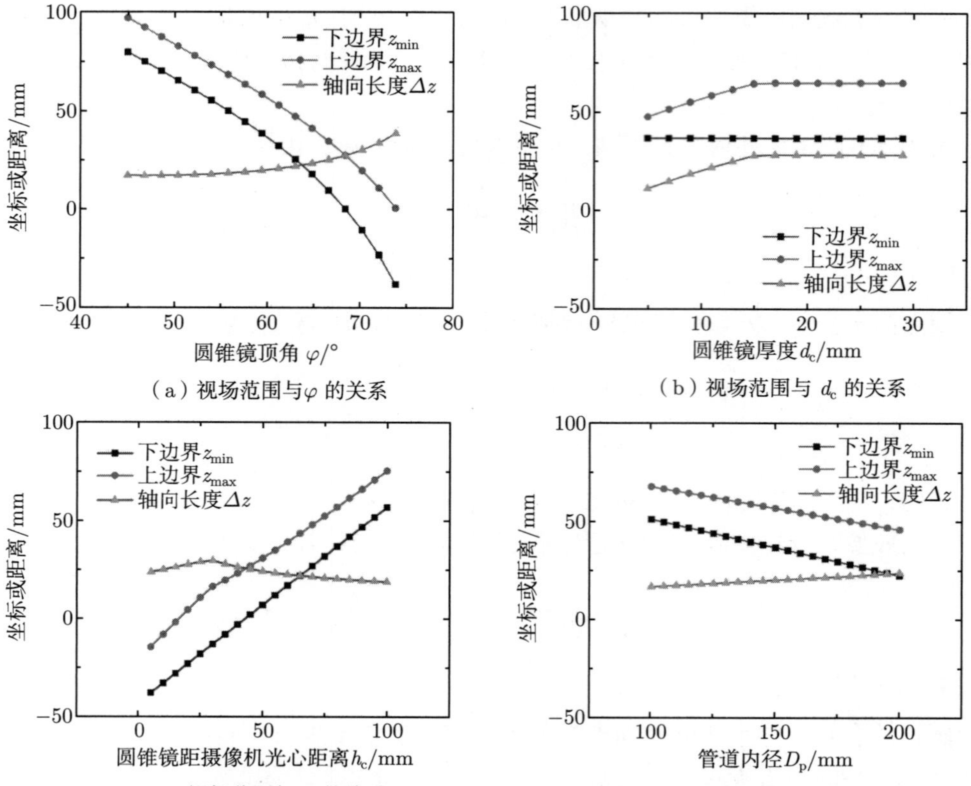

（a）视场范围与φ 的关系　（b）视场范围与 d_c 的关系

（c）视场范围与 h_c 的关系　（d）视场范围与D_p 的关系

图 4.2　全景成像系统轴向视场范围仿真分析

4.2.3　圆锥镜全景成像系统景深分析

景深反映了能在成像面成清晰像的空间范围。物空间中的点经光学系统成像在像平面上的是一个弥散斑，当弥散斑的直径小于一定值的时候，人眼无法分辨出来，此时可以将其视为一个理想点，成清晰像[31]。一般来说，当弥散斑对人眼的张角小于人眼的极限分辨角 ε（一般为 $1' \sim 2'$）时，可认为图像是清晰的。物理空间中，只有在景深范围内的物体，才能在成像面上形成清晰的图像。

如图 4.3 所示，设人眼明视距离为 L，成像平面允许的弥散斑直径为 $z' = \varepsilon \cdot L$，则系统景深可由以下公式计算：

$$\begin{cases} \Delta_1 = \dfrac{P\varepsilon L}{2a\beta - \varepsilon L} \\ \Delta_2 = \dfrac{P\varepsilon L}{2a\beta + \varepsilon L} \\ \Delta = \Delta_1 + \Delta_2 = \dfrac{4a\beta P\varepsilon L}{4a^2\beta^2 - \varepsilon^2 L^2} \end{cases} \tag{4.4}$$

式中，Δ_1 是远景深度，Δ_2 是近景深度，β 为对准平面的垂轴放大率，P 为对准平面到镜头的距离，$2a$ 为入瞳直径。

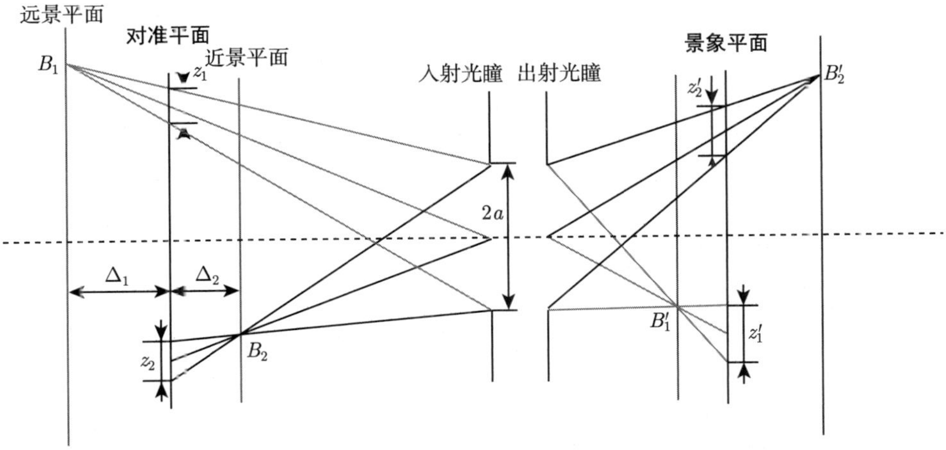

图 4.3 光学系统景深分析

圆锥镜全景成像系统景深分析模型如图 4.4 所示，远景平面和近景平面分别与圆柱管道的母线相交于 Q_2、P_2 两点。为保证系统能够清晰成像，图 4.1 中系统轴向视场 $\overline{P_1Q_1}$ 需要立于图 4.4 摄像机景深范围 $\overline{P_2Q_2}$ 以内。因此，需要合理确定摄像机参数和系统结构参数，使系统视场范围满足其景深要求。

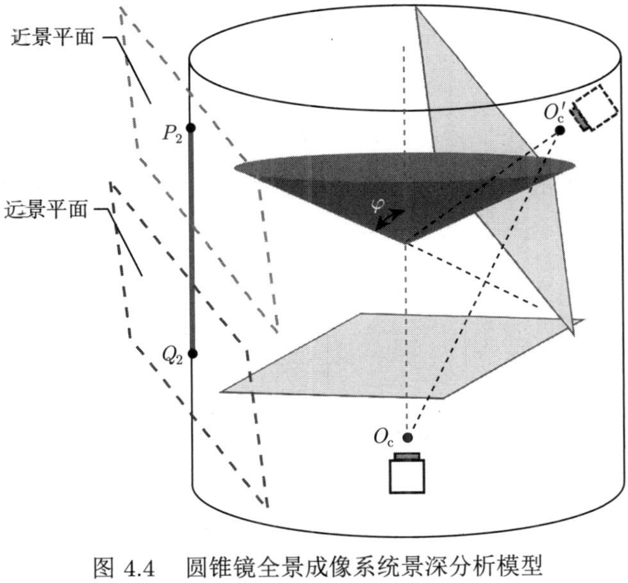

图 4.4 圆锥镜全景成像系统景深分析模型

4.2.4 圆锥镜全景成像系统结构设计与参数分析

图 4.5 是圆锥镜全景成像系统结构示意图，系统由成像模块、固定模块和照明模块三部分构成。

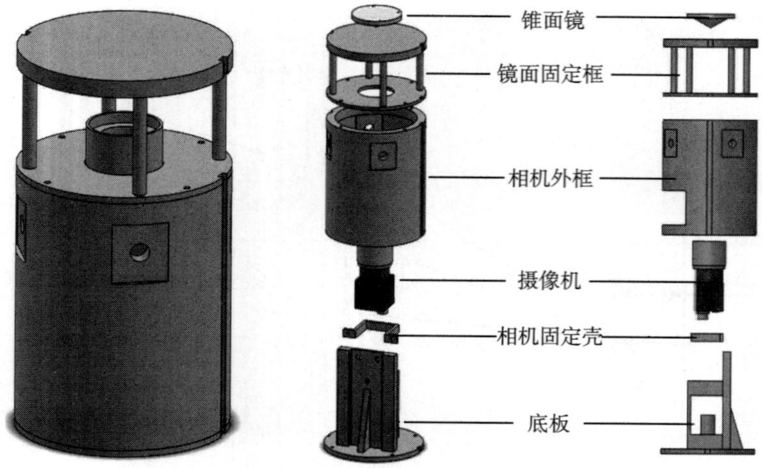

（a）系统总结构　　　　（b）系统零件

图 4.5　圆锥镜全景成像系统结构示意图

1. 成像模块

成像模块是圆锥镜全景成像系统的核心模块。系统的视场范围和景深范围分别可由图 4.1 的光路结构模型和图 4.4 的景深分析模型得到，根据系统的轴向视场和景深确定合理的圆锥镜结构参数，选择合适型号的摄像机。

2. 固定模块

固定模块由镜面固定框、相机外框、相机固定壳和底板组成，起固定和保护作用。固定模块的结构参数如图 4.6 所示，包括系统直径 D_s、镜面固定框板间隙 L_f、系统轴向长度 L_s，合理确定上述结构参数是设计圆锥镜全景成像系统的要求之一。

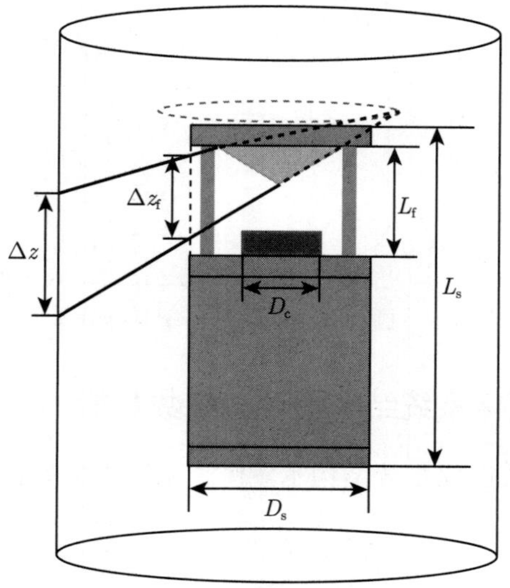

图 4.6　固定模块的结构参数

（1）全景成像系统直径 D_s。全景成像系统搭载于管道机器人上，随机器人在管道内运动获取图像。因此，系统直径 D_s 需与管道机器人的结构尺寸相匹配。

（2）镜面固定框板间隙 L_f。参数 L_f 对系统小型化和系统视场范围有着重要作用：若 L_f 过小，则镜面固定框会遮挡系统部分视场，即图 4.6 中 Δz 减小；若 L_f 过大，则会增大系统尺寸，不利于系统小型化。根据图 4.1 所示的几何关系，图 4.6 中 Δz_f 可通过以下公式计算：

$$\Delta z_f = h_v - h_c + \frac{r_v}{\tan(2\varphi - \gamma)} + \frac{D_s}{2 \cdot \tan(2\varphi - \gamma)} - \frac{D_s}{2 \cdot \tan 2\varphi} \tag{4.5}$$

为获得最大轴向视场 Δz，至少应满足 $L_f > \Delta z_f$。

（3）全景成像系统轴向长度 L_s 的确定。系统轴向长度 L_s 主要由相机外框和镜面固定框的轴向长度决定。镜面固定框的轴向长度由参数 L_f 可得，相机外框的轴向长度与摄像机安装结构等因素有关。

3. 照明模块

照明模块由 LED 灯构成，根据系统的视场范围和照明需求，选择型号合适的 LED 灯。

本节介绍了圆锥镜全景成像系统结构设计和参数分析的流程，如图 4.7 所示。首先，针对全景成像所需的光学条件，设计了系统的成像模块和固定模块，针对管道内部亮度低的特点，设计了系统的照明模块，针对管道口径小的特点，设计了小型化成像系统；其次，分析全景成像系统的视场与景深范围，得到能在全景成像系统成清晰像的空间区域；最后，根据全景成像系统的视场与景深范围确定系统核心结构参数，完成圆锥镜全景成像系统的设计。

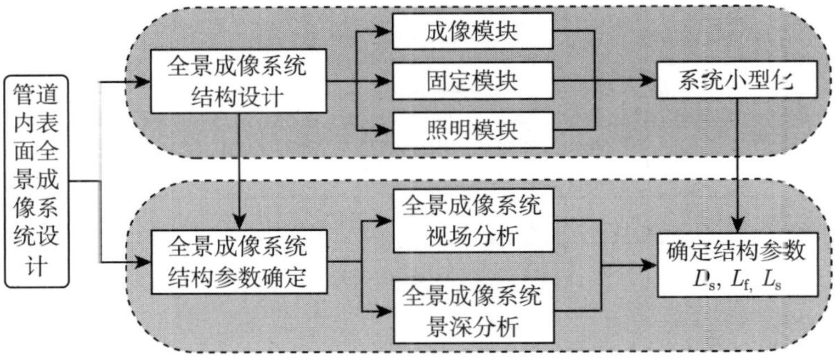

图 4.7　圆锥镜全景成像系统结构设计和参数分析的流程

4.3　圆锥镜全景成像系统投影模型

在全景成像系统的成像范围内，管道内表面空间物点与图像像点之间存在映射关系，该映射关系是图像展开的基础。本节中，首先构建圆锥镜全景成像系统双向投影模型[32]，包括正向投影模型和逆向投影模型，得到理想情况下空间物点与全景图像像点之间的映射关系；其次，为校正由镜头误差、装配误差等因素的影响，分别构建摄像机畸变校正模型和传感器误差修正模型，修正由镜头畸变和系统装配误差引起的像素偏移；最后，建立圆锥镜投影模型，利用相似关系求解投影模型中的未知参数 h_{c}。

4.3.1 正向投影模型

如图 4.8 所示，正向投影表示管道内表面空间物点经圆锥反射镜反射后成像在探测器上的过程。P 为管道内表面空间物点，其在世界坐标系 O_{w}-$x_{\mathrm{w}}y_{\mathrm{w}}z_{\mathrm{w}}$ 下的齐次坐标为 $\tilde{\boldsymbol{X}}_{\mathrm{w}}=(x_{\mathrm{w}},y_{\mathrm{w}},z_{\mathrm{w}},1)^{\mathrm{T}}$，在摄像机坐标系 O_{c}-$x_{\mathrm{c}}y_{\mathrm{c}}z_{\mathrm{c}}$ 下的齐次坐标为 $\tilde{\boldsymbol{X}}_{\mathrm{c}}=(x_{\mathrm{c}},y_{\mathrm{c}},z_{\mathrm{c}},1)^{\mathrm{T}}$，经圆锥镜上点 P' 反射后成像为点 p，其齐次图像像素坐标为 $\tilde{\boldsymbol{x}}_{\mathrm{u}}=(x_{\mathrm{u}},y_{\mathrm{u}},1)^{\mathrm{T}}$。$O_{\mathrm{w}}$-$x_{\mathrm{w}}y_{\mathrm{w}}z_{\mathrm{w}}$ 到 O_{c}-$x_{\mathrm{c}}y_{\mathrm{c}}z_{\mathrm{c}}$ 的转换关系为

$$\tilde{\boldsymbol{X}}_{\mathrm{c}}=\begin{bmatrix}\boldsymbol{R} & \boldsymbol{T}\\ \boldsymbol{0}^{\mathrm{T}} & 1\end{bmatrix}\tilde{\boldsymbol{X}}_{\mathrm{w}} \tag{4.6}$$

式中，$\boldsymbol{R}$ 为 3×3 旋转矩阵；$\boldsymbol{T}$ 为 3×1 平移矢量。

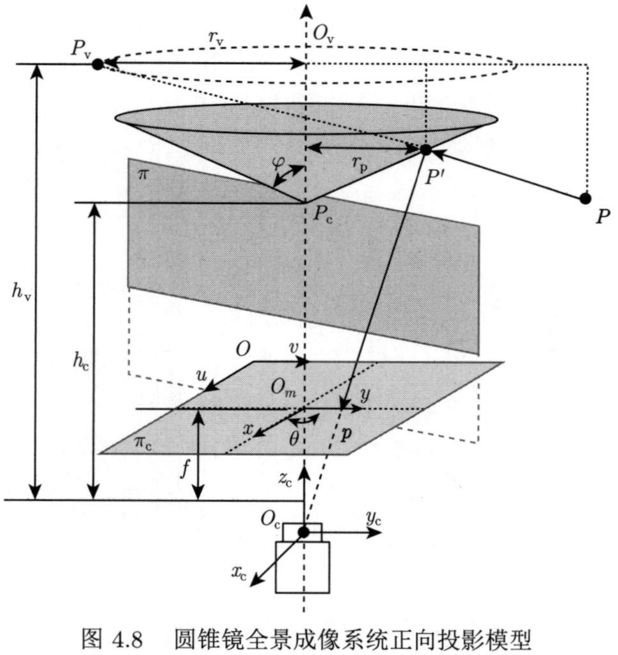

图 4.8 圆锥镜全景成像系统正向投影模型

定义点 P 和 $O_{\mathrm{c}}z_{\mathrm{c}}$ 轴构成的平面为 π，由折反射定理可知，则点 P'，p，P_{v} 均在平面 π 内，P' 所在位置对应的圆锥镜半径为 r_{p}，平面 π 与 $O_{\mathrm{c}}x_{\mathrm{c}}y_{\mathrm{c}}$ 平面垂直，且与探测器平面相交于直线 l_{p}，l_{p} 与图像平面 $O_{\mathrm{m}}x$ 轴夹角为 θ，$\theta=\arctan(y_{\mathrm{c}}/x_{\mathrm{c}})$。由于 P，P'，P_{v} 共线，因此 O_{c}-$x_{\mathrm{c}}y_{\mathrm{c}}z_{\mathrm{c}}$ 坐标系下 P_{v} 的坐标为 $(r_{\mathrm{v}}\cos\theta,\ r_{\mathrm{v}}\sin\theta,\ h_{\mathrm{v}})$，$P'$ 的齐次摄像机坐标为 $\tilde{\boldsymbol{X}}'_{\mathrm{c}}=(x'_{\mathrm{c}},y'_{\mathrm{c}},z'_{\mathrm{c}},1)^{\mathrm{T}}$，其中，$x'_{\mathrm{c}}=r_{\mathrm{p}}\cos\theta$，$y'_{\mathrm{c}}=r_{\mathrm{p}}\sin\theta$。

根据图 4.8中相似三角形关系，可以得到

$$\frac{r_{\mathrm{v}}+\sqrt{x_{\mathrm{c}}^{2}+y_{\mathrm{c}}^{2}}}{z_{\mathrm{c}}-h_{\mathrm{v}}}=\frac{r_{\mathrm{v}}+r_{\mathrm{p}}}{z_{\mathrm{c}}^{\prime}-h_{\mathrm{v}}} \tag{4.7}$$

$$r_{\mathrm{p}}\cot\varphi=z_{\mathrm{c}}^{\prime}-h_{\mathrm{c}} \tag{4.8}$$

联立式 (4.7) 和式 (4.8)，可得到

$$\begin{cases} z_{\mathrm{c}}^{\prime}=\dfrac{h_{\mathrm{v}}\sqrt{x_{\mathrm{c}}^{2}+y_{\mathrm{c}}^{2}}+(h_{\mathrm{v}}-z_{\mathrm{c}})\,h_{\mathrm{c}}\tan\varphi+r_{\mathrm{v}}z_{\mathrm{c}}}{(h_{\mathrm{v}}-z_{\mathrm{c}})\tan\varphi+r_{\mathrm{v}}+\sqrt{x_{\mathrm{c}}^{2}+y_{\mathrm{c}}^{2}}} \\ r_{\mathrm{p}}=\dfrac{(h_{\mathrm{v}}-h_{\mathrm{c}})\sqrt{x_{\mathrm{c}}^{2}+y_{\mathrm{c}}^{2}}+r_{\mathrm{v}}\,(z_{\mathrm{c}}-h_{\mathrm{c}})}{(h_{\mathrm{v}}-z_{\mathrm{c}})\tan\varphi+r_{\mathrm{v}}+\sqrt{x_{\mathrm{c}}^{2}+y_{\mathrm{c}}^{2}}}\tan\varphi \end{cases} \tag{4.9}$$

根据摄像机透视投影模型，反射点 P' 成像为摄像机平面上点 p 的过程为

$$z_{\mathrm{c}}^{\prime}\tilde{\boldsymbol{x}}_{\mathrm{u}}=\boldsymbol{A}\tilde{\boldsymbol{X}}_{\mathrm{c}}^{\prime} \tag{4.10}$$

式中，$\boldsymbol{A}=\begin{bmatrix} f_x & 0 & u_0 & 0 \\ 0 & f_y & v_0 & 0 \\ 0 & 0 & 1 & 0 \end{bmatrix}$，为摄像机内部参数矩阵；$f_x$，$f_y$ 分别是摄像机在 x 和 y 方向上的等效焦距；$(u_0,\ v_0)$ 是摄像机的主点。

由式 (4.10)，可得正向投影模型为

$$z_{\mathrm{c}}^{\prime}\tilde{\boldsymbol{x}}_{\mathrm{u}}=\boldsymbol{A}\boldsymbol{K}_{\theta}\tilde{\boldsymbol{V}}_{\mathrm{p}} \tag{4.11}$$

式中，$\tilde{\boldsymbol{V}}_{\mathrm{p}}=(r_{\mathrm{p}},r_{\mathrm{p}},z_{\mathrm{c}}^{\prime},1)^{\mathrm{T}}$；$\boldsymbol{K}_{\theta}$ 为三角函数矩阵，可以表示为

$$\boldsymbol{K}_{\theta}=\begin{bmatrix} \cos\theta & 0 & 0 & 0 \\ 0 & \sin\theta & 0 & 0 \\ 0 & 0 & 1 & 0 \\ 0 & 0 & 0 & 1 \end{bmatrix}$$

在已知空间物点 P 的世界坐标 $(x_{\mathrm{w}},y_{\mathrm{w}},z_{\mathrm{w}})$ 后，通过式 (4.6) 可以将其转化到摄像机坐标系下的坐标 $(x_{\mathrm{c}},y_{\mathrm{c}},z_{\mathrm{c}})$；然后将 $(x_{\mathrm{c}},y_{\mathrm{c}},z_{\mathrm{c}})$ 代入式 (4.11)，可得到图像像素坐标系下的投影点坐标 $(x_{\mathrm{u}},\ y_{\mathrm{u}})$。联立式 (4.6) 和式 (4.11)，即可得到正向投影模型中空间物点 $(x_{\mathrm{w}},y_{\mathrm{w}},z_{\mathrm{w}})$ 与图像像点 $(x_{\mathrm{u}},\ y_{\mathrm{u}})$ 之间的坐标映射关系。

4.3.2　逆向投影模型

逆向投影模型是正向投影模型的逆过程，即全景图像像点 p 通过光路逆追迹得到与之对应的管道内表面空间物点 P，如图 4.9 所示。

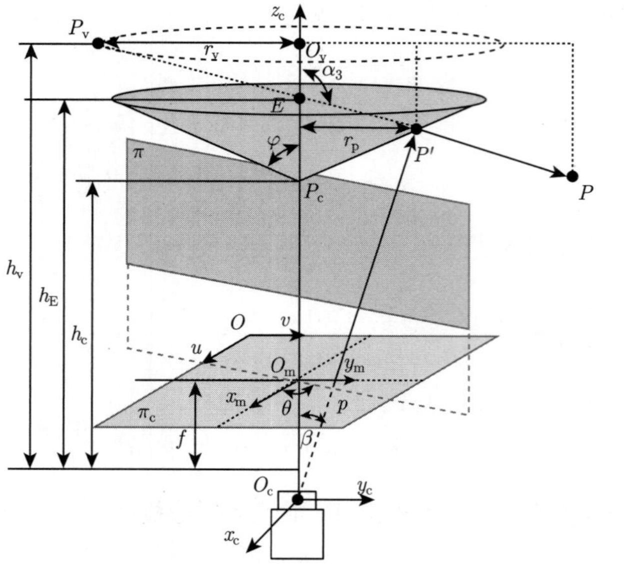

图 4.9　圆锥镜全景成像系统逆向投影模型

全景图像上的像点 p 由理想图像像素坐标 $(x_u,\ y_u)$ 到归一化图像坐标 $(x_m,\ y_m)$ 的变换为

$$x_m = (x_u - u_0)/f_x, \quad y_m = (y_u - v_0)/f_y \tag{4.12}$$

与正向投影模型类似，在摄像机坐标系 O_c-$x_cy_cz_c$ 下，定义像点 p 和 O_cz_c 轴构成平面 π，P_v、P' 和 P 共面于 π 中，光线 PP' 与摄像机光轴交于点 E，夹角为 α_3，点 E 在 O_c-$x_cy_cz_c$ 坐标系下的坐标为 $(0, 0, z_E)$。由图 4.9 中的几何关系可得

$$z_E = h_v + r_v \cdot \cot\alpha_3 \tag{4.13}$$

式中，$\beta = \arctan[(x_m^2 + y_m^2)/f]$；$\alpha_3 = 2\varphi - \beta$。

由图 4.9 视点轨迹几何中的相似三角形关系可得

$$\frac{r_v + r_p}{h_v - z_c'} = \frac{r_v}{h_v - z_E} \tag{4.14}$$

$$\frac{r_v}{h_v - z_E} = \frac{r_v + D_p/2}{h_v - z_c} \tag{4.15}$$

此外，图中几何关系满足

$$r_p = (z_c' - h_c) \cdot \tan\varphi \tag{4.16}$$

联立式 (4.13)、式 (4.14) 和式 (4.16) 可得

$$\begin{cases} z_c' = \dfrac{h_v + (r_v - h_c \cdot \tan\varphi) \cdot \cot\alpha_3}{1 - \cot\alpha_3 \cdot \tan\varphi} \\ r_p = \dfrac{h_v - h_c + r_v \cdot \cot\alpha_3}{1 - \cot\alpha_3 \cdot \tan\varphi} \cdot \tan\varphi \end{cases} \tag{4.17}$$

将式 (4.13) 代入式 (4.15) 后可得空间点 P 的 z 坐标分量

$$z_{\mathrm{c}} = h_{\mathrm{v}} + (r_{\mathrm{v}} + D_{\mathrm{p}}/2) \cdot \cot \alpha_3 \tag{4.18}$$

图 4.9 中，平面 π 与 $O_{\mathrm{c}}x_{\mathrm{c}}$ 轴夹角为 θ，且 $\theta = \arctan(y_{\mathrm{m}}/x_{\mathrm{m}})$，则反射点 P' 坐标为 $(r_{\mathrm{p}} \cdot \cos\theta, r_{\mathrm{p}} \cdot \sin\theta, z_{\mathrm{c}}')$，通过矩阵表示为

$$\tilde{\boldsymbol{X}}_{\mathrm{c}}' = \boldsymbol{K}_{\theta}\tilde{\boldsymbol{V}}_{\mathrm{p}} \tag{4.19}$$

空间点 P 在摄像机坐标系下的坐标为

$$\tilde{\boldsymbol{X}}_{\mathrm{c}} = \boldsymbol{K}_{\theta}\tilde{\boldsymbol{V}}_{\mathrm{d}} \tag{4.20}$$

式中，$\tilde{\boldsymbol{V}}_{\mathrm{d}} = (D_{\mathrm{p}}/2, D_{\mathrm{p}}/2, z_{\mathrm{c}}, 1)^{\mathrm{T}}$。

将式 (4.18) 代入式 (4.20)，可得到图像像点与摄像机坐标系下管道空间物点之间的映射关系。再联立式 (4.6) 和式 (4.20)，可得像点 p 的归一化图像坐标与对应的世界坐标之间的映射关系为

$$\tilde{\boldsymbol{X}}_{\mathrm{w}} = \begin{bmatrix} \boldsymbol{R}^{-1} & -\boldsymbol{R}^{-1}\boldsymbol{T} \\ \boldsymbol{0}^{\mathrm{T}} & 1 \end{bmatrix} \boldsymbol{K}_{\theta}\tilde{\boldsymbol{V}}_{\mathrm{d}} \tag{4.21}$$

联立式 (4.12) 和式 (4.21)，可得像点图像坐标 $(x_{\mathrm{u}},\ y_{\mathrm{u}})$ 与世界坐标系下物点坐标 $(x_{\mathrm{w}}, y_{\mathrm{w}}, z_{\mathrm{w}})$ 之间的映射关系，即圆锥镜全景成像系统的逆向投影模型。

4.4　成像系统误差修正模型

4.4.1　双向投影模型修正

管道内表面空间点 P 投影到全景图像上的理想点为 p，但由于误差，实际投影点 p_{d} 与理论投影点 p 不完全重合，二者之间的像素偏移量为 $(\Delta u,\ \Delta v)$，对应的齐次坐标为 $\tilde{\boldsymbol{x}}_{\Delta} = (\Delta u,\ \Delta v, 1)^{\mathrm{T}}$，如图 4.10 所示。此时，$p$ 的齐次坐标 $\tilde{\boldsymbol{x}}_{\mathrm{u}} = (x_{\mathrm{u}},\ y_{\mathrm{u}}, 1)^{\mathrm{T}}$ 与 p_{d} 的齐次坐标 $\tilde{\boldsymbol{x}}_{\mathrm{d}} = (x_{\mathrm{d}}, y_{\mathrm{d}}, 1)^{\mathrm{T}}$ 的关系为

$$\tilde{\boldsymbol{x}}_{\mathrm{d}} = \tilde{\boldsymbol{x}}_{\mathrm{u}} + \tilde{\boldsymbol{x}}_{\Delta} \tag{4.22}$$

联立式 (4.11) 和式 (4.22)，可得到正向投影模型修正公式为

$$\tilde{\boldsymbol{x}}_{\mathrm{d}} = \frac{1}{z_{\mathrm{c}}'}\boldsymbol{A}\boldsymbol{K}_{\theta}\tilde{\boldsymbol{V}}_{\mathrm{p}} + \tilde{\boldsymbol{x}}_{\Delta} \tag{4.23}$$

联立式 (4.12) 和式 (4.22)，可得到逆向投影模型修正公式为

$$\tilde{\boldsymbol{x}}_{\mathrm{m}} = \boldsymbol{A}^{-1}\left[x_{\mathrm{d}} - \Delta u, y_{\mathrm{d}} - \Delta v, 1\right]^{\mathrm{T}} \tag{4.24}$$

将式 (4.24) 代入式 (4.21)，即可完成逆向投影模型的修正。

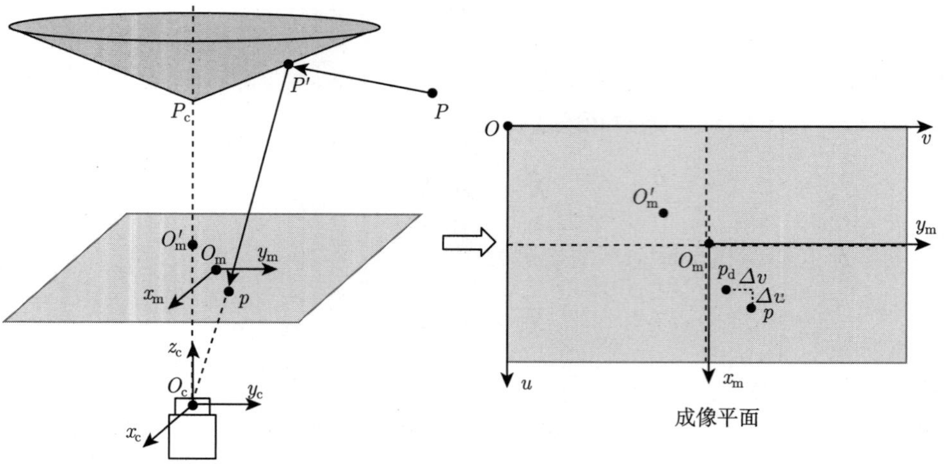

图 4.10　误差修正模型

4.4.2　基于投影圆的图像偏移量计算

图 4.11 是全景图像中圆锥镜位置示意图，理想情况下，圆锥镜顶点位于图像的中心位置（图 4.11 中虚线圆）。但由于存在测量误差，圆锥镜顶点在全景图像中的位置相对全景图像的中心点存在一定的偏移（图 4.11 中实线圆），因此我们可以根据全景图像中的圆锥镜顶点的坐标来获得偏移量 (Δu, Δv)。设圆锥镜顶点在全景图像上理想投影点的像素坐标为 (u_0, v_0)，实际投影点的像素坐标为 (u_1, v_1)，则可通过式 (4.25) 计算得到偏移量。具体见算法 4.1。

$$\Delta u = u_1 - u_0, \quad \Delta v = v_1 - v_0 \tag{4.25}$$

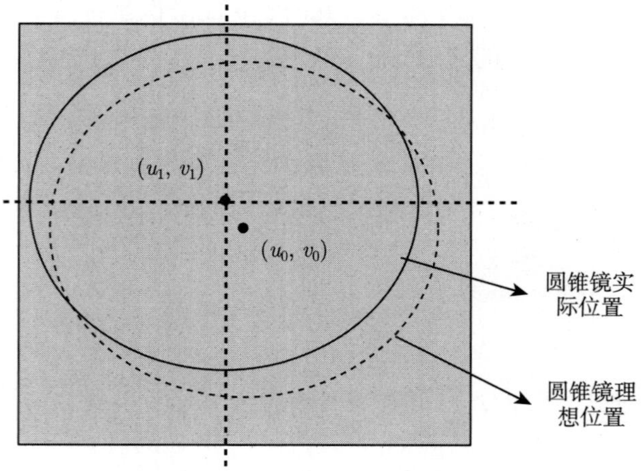

图 4.11　全景图像中圆锥镜位置示意图

算法 4.1：基于投影圆的图像投影偏移量估计

1. 读取灰度图像，检测图像中的全部圆，圆检测方法可以采用 EDcircle 方法[21]。
2. 利用以下约束条件从图像的所有圆中找到圆锥镜顶点对应的圆：

(a) 圆心位于全景图像中心附近，相对中心允许的最大偏移量为 Δpix，Δpix 与实际装配误差有关，可根据经验取值；

(b) 圆的直径小于 N 个像素，N 可根据经验取值。

3. 由约束条件可以得到图像中的多个圆，将距离图像中心最近的圆作为圆锥镜顶点的投影圆，根据该圆圆心坐标计算偏移量 $(\Delta u,\ \Delta v)$。

4.4.3 圆锥镜投影模型

在圆锥镜全景成像系统的双向投影模型中，摄像机光心 O_c 的位置是由镜头中的透镜组决定的。在实际应用过程中，镜头透镜组的结构是未知的，因此圆锥镜顶点 P_c 到光心 O_c 的距离 h_c 无法直接确定，而不准确的 h_c 会直接降低双向投影模型的准确性，从而影响全景图像的展开效果。本节提出了基于圆锥镜投影模型的结构参数标定方法，利用相似三角形关系得到相对精确的 h_c 值。

如图 4.12 所示，在针孔成像模型下，圆锥镜底面圆在全景图像上的像为圆 C。点 P_b 为圆锥镜底面圆上一点，点 P_b 在全景图像上的投影点 p_b 和摄像机光心 O_c 共线，由数学相似几何关系 $\Delta O_\mathrm{c}p_\mathrm{b}O'_\mathrm{m} \sim \Delta O_\mathrm{c}P_\mathrm{b}O_\mathrm{b}$ 可得

$$\frac{|O'_\mathrm{m}p_\mathrm{b}|}{d_\mathrm{c}\cdot\tan\varphi}=\frac{f}{h_\mathrm{c}+d_\mathrm{c}} \tag{4.26}$$

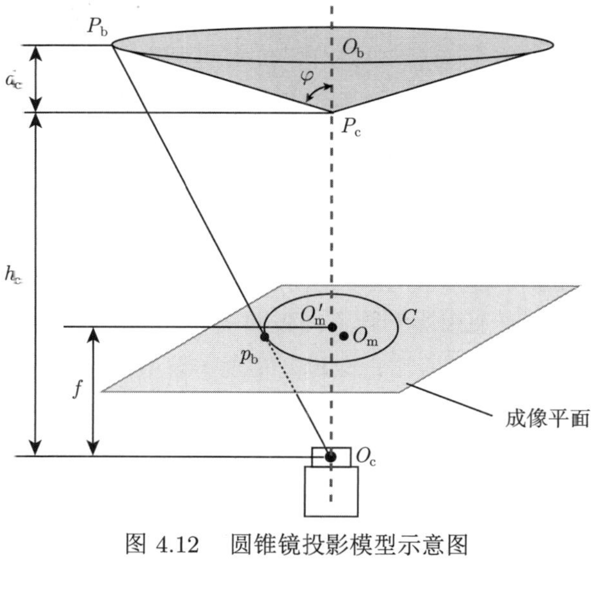

图 4.12　圆锥镜投影模型示意图

式中，$|O'_{\mathrm{m}}p_{\mathrm{b}}|$ 是圆锥镜在全景图像上投影圆的半径，除了 h_{c} 是待求量外，其他均是已知量。

4.4.4 系统投影模型仿真实验

为验证系统投影模型的准确性，使用 MATLAB 软件进行仿真分析。假设系统投影模型是理想的，即不考虑系统加工和装配误差。仿真实验中圆锥镜全景成像系统的相关参数如表 4.1 所示，管道内径 $D_{\mathrm{p}} = 200\mathrm{mm}$。

表 4.1 全景成像系统仿真参数

参数名称	参数值
圆锥镜顶角 φ	45°
摄像机焦距 f	25mm
圆锥镜顶点到摄像机光心的距离 h_{c}	120mm
摄像机分辨率	2048 × 1536
像元尺寸	6μ × 6μ
圆锥镜厚度 d_{c}	20mm

将表 4.1 中参数代入式 (4.1)，计算可得全景成像系统的视场角范围为 $\alpha_1 = 90.00°$，$\alpha_2 = 81.87°$；通过式 (4.3) 计算可得系统轴向视场范围为 120.00~151.43mm，轴向视场长度为 31.43mm；通过式 (4.2) 可求得视点圆的半径 $r_{\mathrm{v}} = 120.00\mathrm{mm}$，视点圆距摄像机光心的距离 $h_{\mathrm{v}} = 120.00\mathrm{mm}$。

正向投影模型仿真实验中，圆柱管道内表面离散空间物点采样方法如下：摄像机柱坐标系下，$O_{\mathrm{c}}z_{\mathrm{c}}$ 方向离散物点范围为 120.00~150.00mm，取样间隔为 3mm；离散物点在 $O_{\mathrm{c}}x_{\mathrm{c}}y_{\mathrm{c}}$ 平面上的投影点与 $O_{\mathrm{c}}x_{\mathrm{c}}$ 轴所成夹角范围为 0°~360.00°，采样间隔为 18.00°，如图 4.13（a）。获得取样点集合后，根据图 4.14 所示直角坐标系与柱面坐标系转换关系，将管道内表面空间物点的柱坐标转换为直角坐标。将集合内的所有点映射到全景图像上，得到图 4.13（b）所示结果。

逆向投影模型仿真实验中，图像平面离散像素点采样方法如下：图像像素坐标系下，u 轴方向取样范围为 [1, 2048]pixel，取样间隔为 60 pixel，v 轴方向取样范围为 [1, 1536]pixel，取样间隔为 60 pixel，得到图 4.15（a）中 26× 35 的采样点集合。根据逆向投影模型将上述采样点逆投影到管道内表面上，得到图 4.15（b）所示结果。

从图 4.13 和图 4.15 中可以看出，该模型实现了管道内表面空间物点与图像像点之间的一一对应，即验证了圆锥镜全景成像系统双向投影模型的正确性。

本节构建了圆锥镜全景成像系统的双向投影模型。首先，建立理想条件下的双向投影模型；其次，建立摄像机畸变校正模型，校正由镜头引起的图像畸变；再次，建立传感器误差修正模型，修正由系统装配误差引起的像素偏移；接下来，建立圆锥镜投影模型，利用数学相似关系获得投影模型中的结构参数；最后，利用 MATLAB 进行仿真分析，验证圆锥镜全景成像系统投影模型的正确性。

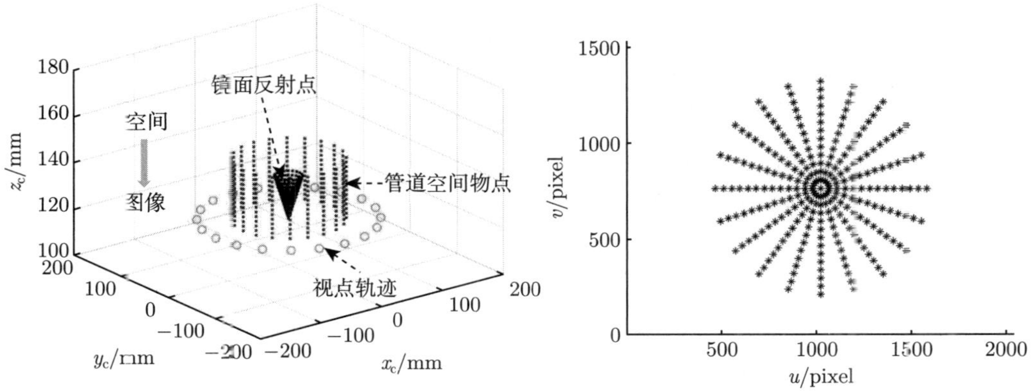

（a）　　（b）

图 4.13　正向投影模型仿真结果图

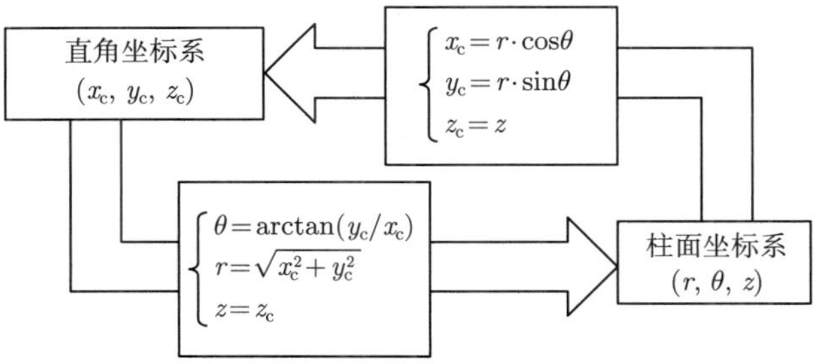

图 4.14　直角坐标系与柱面坐标系转换关系

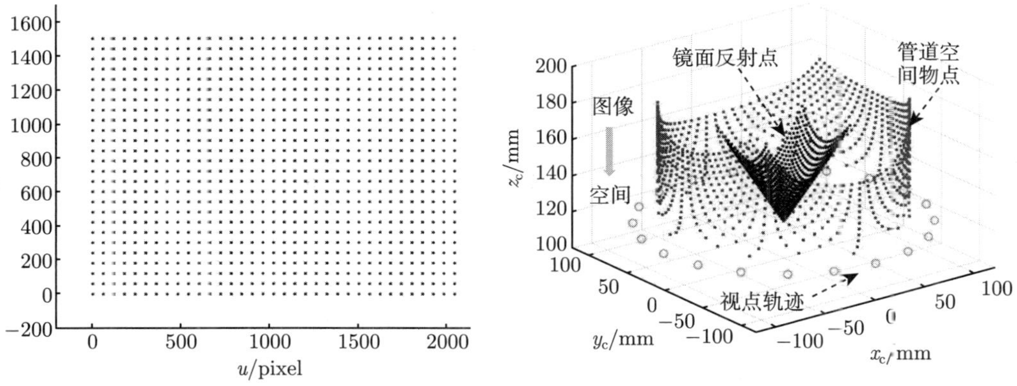

（a）　　（b）

图 4.15　逆向投影模型仿真结果图

4.5 全景图像展开

4.5.1 理论推导

全景图像展开过程分为两步：第一步，利用逆向投影模型将全景图像上的像素点投影到柱面全景图像上，并赋予其对应像素灰度值，此时柱面全景图像存在一部分“空像素”；第二步，利用正向投影模型，将柱面全景图像上的“空像素”投影到全景图像上，通过双线性插值法获得相应的像素灰度值，并将其赋予柱面全景图像上对应的像素点。通过逆向投影过程和正向投影过程两步，全景图像被展开为一幅畸变较小、质量较好的柱面全景图像。

1. 逆向投影过程

基于双向投影的全景图像展开过程图（逆向投影过程）如图 4.16 所示，具体步骤见算法 4.2。

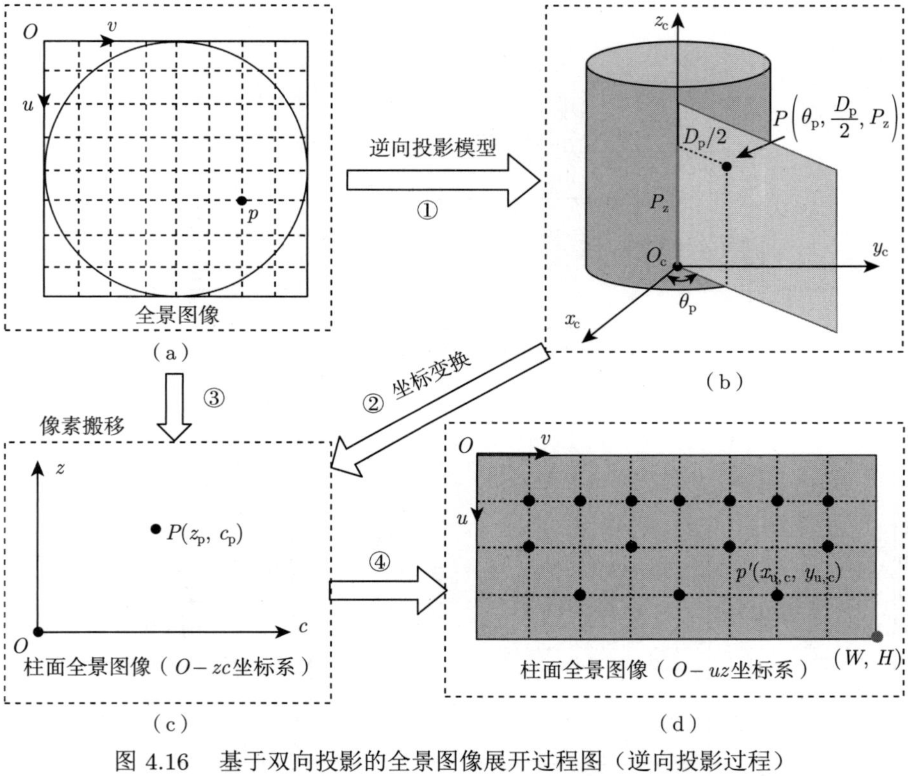

图 4.16 基于双向投影的全景图像展开过程图（逆向投影过程）

算法 4.2：全景图像展开的逆向投影过程

1. 如图 4.16（a）所示，点 p 为图像坐标系 $O-uv$ 下的像点，其坐标为 $\boldsymbol{x}_u=(x_u, y_u)$，对应的管道内表面上的点为 P，其摄像机坐标为 $\boldsymbol{X}_c=(x_c, y_c, z_c)$，

点 p 向点 P 的变换可以通过逆向投影过程实现。

2. 将点 P 由直角坐标 (x_c, y_c, z_c) 转换为柱坐标 $(\theta_p, D_p/2,\ P_z)$，如图 4.16（b）所示，其中 $\theta_p = \arctan(y_c/x_c)$。

3. 将点 P 由柱坐标转换为 $O-zc$ 柱面展开坐标系下的坐标 $(z_p\ c_p)$，如图 4.16（c）所示，转换关系为

$$\begin{bmatrix} z_p \\ c_p \\ 1 \end{bmatrix} = \begin{bmatrix} 0 & 1 & -z_{\min} \\ D_p/2 & 0 & 0 \\ 0 & 0 & 1 \end{bmatrix} \begin{bmatrix} \theta_p \\ P_z \\ 1 \end{bmatrix} \tag{4.27}$$

式中，$z_{\min}$ 是图 4.1 中轴向视场最低点 Q_1 的 z 坐标。

4. 将点 P 由 $O-zc$ 柱面展开坐标系映射到柱面全景图像坐标系 $O-uv$ 下，得到柱面全景图像上对应像点 p' 的坐标为 $(x_{u,c}, y_{u,c})$，映射关系为

$$\begin{bmatrix} x_{u,c} \\ y_{u,c} \\ 1 \end{bmatrix} = \begin{bmatrix} H/\Delta z & 0 & 0 \\ 0 & H/\Delta z & 0 \\ 0 & 0 & 1 \end{bmatrix} \begin{bmatrix} z_p \\ c_p \\ 1 \end{bmatrix} \tag{4.28}$$

$$\begin{cases} H/W = \Delta z/(\pi \cdot D_p) \\ \Delta z = k \cdot H \end{cases} \tag{4.29}$$

式中，H 和 W 分别代表柱面全景图像的高和宽；Δz 为系统的轴向视场长度；k(mm/pixel) 是一个比例系数，与柱面全景图像的分辨率有关，可人为设定。联立公式 (4.27) 和公式 (4.28)，可得管道内表面空间物点 P 的柱面坐标 $(\theta_K,\ D_p/2,\ z_c)$ 和柱面全景图像映射点坐标 $(x_{u,c}, y_{u,c})$ 之间的映射关系为：

$$\begin{bmatrix} x_{u,c} \\ y_{u,c} \\ 1 \end{bmatrix} = \begin{bmatrix} H/\Delta z & 0 & 0 \\ 0 & H/\Delta z & 0 \\ 0 & 0 & 1 \end{bmatrix} \begin{bmatrix} 0 & 1 & -z_{\min} \\ D_p/2 & 0 & 0 \\ 0 & 0 & 1 \end{bmatrix} \begin{bmatrix} \theta_p \\ P_z \\ 1 \end{bmatrix} \tag{4.30}$$

5. 联立公式 (4.20)、公式 (4.24) 和公式 (4.30)，可将全景图像像点 p 映射到柱面全景图像像点 p'，完成逆向投影过程。

2. 正向投影过程

经逆向投影过程得到的柱面全景图像存在大量“空像素”，即未进行灰度值映射的像素。此时，需要利用正向投影模型和双线性插值法补足柱面全景图像上的“空像素”，过程如图 4.17 所示，具体见算法 4.3。

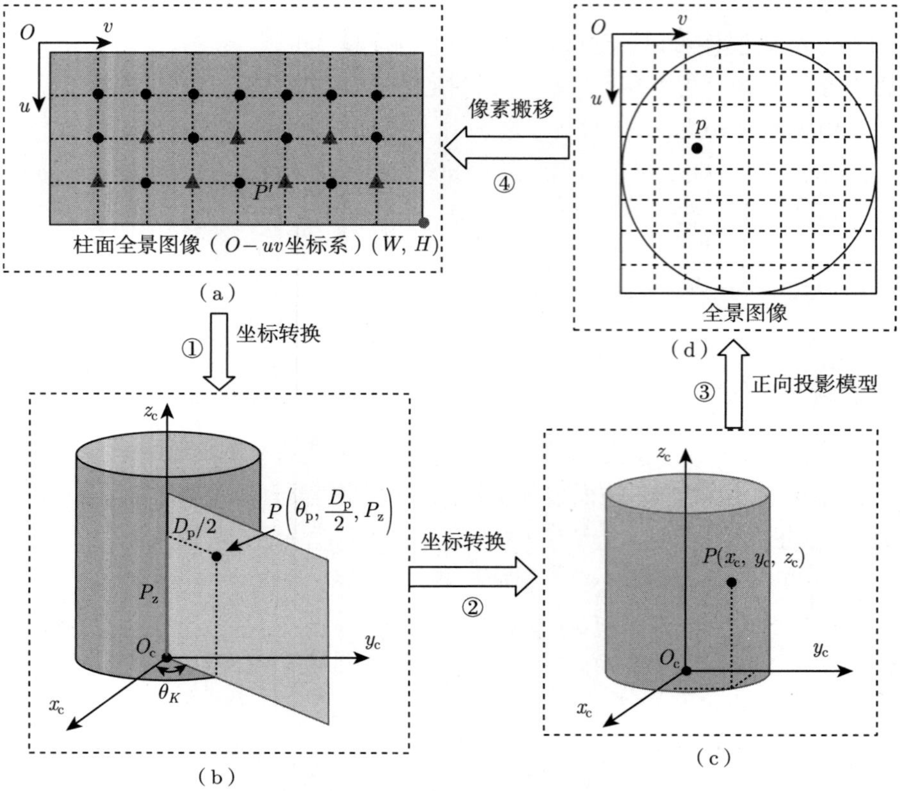

图 4.17　基于双向投影的全景图像展开过程图 (正向投影过程)

算法 4.3：全景图像展开的正向投影过程

1. 将柱面全景图像上的“空像素”点 p' 由 $O-uv$ 坐标系下坐标 $(x_{\mathrm{u,c}}, y_{\mathrm{u,c}})$ 映射到 $O-zc$ 坐标系下坐标 $(z_{\mathrm{p}}, c_{\mathrm{p}})$，映射关系为

$$\begin{bmatrix} z_{\mathrm{p}} \\ c_{\mathrm{p}} \\ 1 \end{bmatrix} = \begin{bmatrix} \Delta z/H & 0 & 0 \\ 0 & \Delta z/H & 0 \\ 0 & 0 & 1 \end{bmatrix} \begin{bmatrix} x_{\mathrm{u,c}} \\ y_{\mathrm{u,c}} \\ 1 \end{bmatrix} \tag{4.31}$$

2. 将“空像素”点从 $O-zc$ 坐标系下坐标 $(z_{\mathrm{p}}, c_{\mathrm{p}}, 1)$ 转换为柱坐标系下坐标 $(\theta_{\mathrm{p}},\ D_{\mathrm{p}}/2,\ P_{\mathrm{z}})$，转换关系为

$$\begin{bmatrix} \theta_{\mathrm{p}} \\ D_{\mathrm{p}}/2 \\ P_{\mathrm{z}} \end{bmatrix} = \begin{bmatrix} 0 & 2/D_{\mathrm{p}} & 0 \\ 0 & 0 & D_{\mathrm{p}}/2 \\ 1 & 0 & z_{\min} \end{bmatrix} \begin{bmatrix} z_{\mathrm{p}} \\ c_{\mathrm{p}} \\ 1 \end{bmatrix} \tag{4.32}$$

3. 将“空像素”点由柱面坐标系转换到摄像机坐标系下，得到摄像机坐标系下的物点坐标 $(x_{\mathrm{c}}, y_{\mathrm{c}}, z_{\mathrm{c}})$。

4. 通过正向投影模型将摄像机坐标系下空间物点 P 坐标 (x_c, y_c, z_c) 映射为全景图像像点 p 坐标 (x_u, y_u)。该像点坐标为浮点数，利用 p 的四个相邻像素和双线性插值法求得映射点 p 的像素灰度值，并将其赋予柱面全景图像中对应的"空像素"点 p'，从而实现图像展开的正向投影过程。

在映射过程中，全景图像和柱面全景图像之间是非完全映射的，即全景图像中的部分像素点在柱面全景图像上没有对应的映射点，如图 4.18 所示。圆锥镜全景成像系统的视场范围为图 4.18（b）所示的圆柱体目标表面的标准环形区域，该环形区域的信息能够成像于全景图像上的某一圆形区域内，该圆形区域称为全景图像的有效区域，如图 4.18（a）所示。柱面全景图像是全景图像有效区域展开得到的，如图 4.18（c）所示，此时，全景图像有效区域内的像素点、圆柱管道内表面标准环形视场内的空间物点以及柱面全景图像的像素点之间存在一一映射关系。全景图像有效区域以外的区域称为无效区域，即图 4.18（a）中全景图像的四个角区域，这部分图像与管道内表面信息无关，不会被映射到柱面全景图像中。

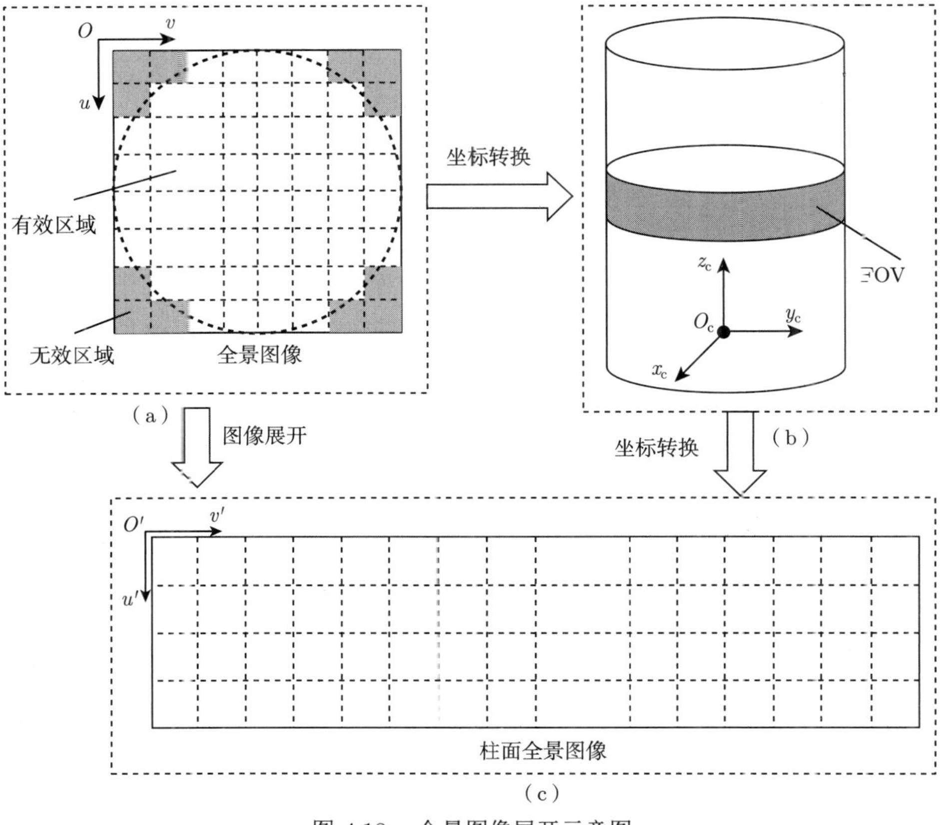

图 4.18　全景图像展开示意图

基于双向投影的全景图像展开整体映射过程步骤如下：

（1）按照图 4.16 的过程将全景图像上所有像素点映射到柱面全景图像平面上，并判断映射点是否位于柱面全景图像内：若映射点位于柱面全景图像内，则进行像素迁移；若映射点位于柱面全景图像外，则舍弃该点，不进行像素迁移。

（2）按照图 4.17 的过程将柱面全景图像上的“空像素”映射到全景图像平面上，判断映射点是否位于全景图像内：若映射点位于全景图像内，则通过双线性插值法计算该点的像素灰度值，并进行像素迁移；若映射点位于全景图像外，则舍弃该点，不进行像素迁移。

4.5.2 仿真分析

为验证图像展开模型的正确性，进行图像展开仿真分析。系统仿真参数与表 4.1 相同，取 $H=256$，则根据公式 (4.30) 可得柱面全景图像大小为 256×5118。

仿真结果见图 4.19，图 4.19（a）为生成的全景图像像素点，通过逆向投影模型将其投影到图 4.19（b）所示的管道圆柱表面上，然后将其代入公式 (4.30) 可得到图 4.19（c）所示的柱面全景图像。从仿真结果看出，全景图像有效区域内的像素点映射到柱面全景图像上，验证了基于双向投影模型的全景图像展开方法的正确性。

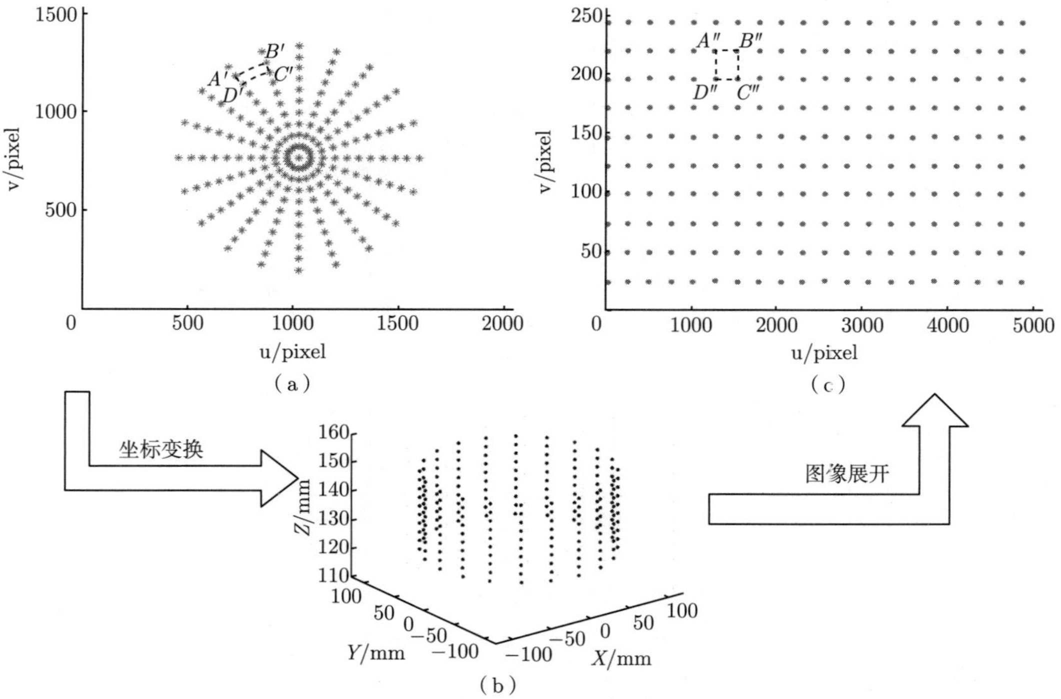

图 4.19　全景图像展开仿真结果图

本节设计了基于双向投影模型的全景图像展开方法。首先，通过逆向投影模型将全景图像有效区域内的像素点映射到柱面全景图像上；其次，通过正向投影模型将柱面全景图像上的“空像素”映射到全景图像上，利用双线性插值法获得其灰度值并赋予目标“空像素”；最后，利用 MATLAB 软件仿真分析，验证了基于双向投影模型图像展开方法的正确性。

4.6 基于改进 YOLOv8 的缺陷检测网络

4.6.1 缺陷检测网络

金属材料在使用过程中，由于加工或应用环境的影响，表面往往会产生多种多样的缺陷，如划痕、裂纹、凹坑、油污、局部氧化等，这些局部的缺陷往往会危害到材料整体的使用寿命，准确的缺陷检测手段能够及时排查风险，防患于未然。目前基于深度学习的检测方法可分为两大类：两阶段检测算法和单阶段检测算法。两阶段检测算法先提取图像特征，根据特征图得到候选区域，再对候选区域进行滑窗操作得到缺陷的位置信息和类别信息，代表性的算法有 R-CNN、Fast R-CNN、Faster R-CNN 等，这些方法精度较高，但是速度慢。单阶段缺陷检测算法在生成候选框的同时进行分类和回归，其特点是速度较快，代表网络有 YOLO 系列网络和 SSD 网络。

YOLO 是一种典型的单阶段目标检测网络，自 YOLOv1 创造性提出使用一个卷积神经网络完成整个检测任务后，YOLOv2、YOLOv3、YOLOv4、YOLOv5 逐步解决了小目标缺陷漏检、检测精度不高的问题，逐渐成为工业界广泛应用的目标检测模型。相较于 YOLOv5，YOLOv8 在继承前代版本特征提取主干层 backbone 和特征融合层 neck 基本结构的同时，最显著的改进有两点：一是 backbone 中的 C3 模块被替换为分支更多的 C2f 模块，使模型获得了更加丰富的梯度流信息，如图 4.20 所示；二是将检测头 head 中沿用多个版本的耦合头 (即使用一层卷积同时完成分类和定位两个任务) 替换为解耦头 (即通过两条并行的分支分别进行分类和定位任务)，如图 4.21 所示。在计算损失函数时去除了 objectness 分支，将 Anchor-Based 替换为 Anchor-Free，不再预设锚框大小，模型从输出锚框大小偏移改变为输出预测锚框边框距中心点的距离，从而在面对多尺度且尺度变化较大的检测任务时有着更好的效果，因此在金属缺陷检测任务中 YOLOv8 有更佳的检测效果。本节以 YOLOv8 作为基准网络，尝试基于自制的缺陷检测数据集，对网络做出适当的改进。

4.6.2 改进 YOLOv8s 神经网络

在原有网络结构基础上进行改进，引入新的结构使网络适应管道内表面缺陷检测的要求。基于目标缺陷尺度跨度大和特征信息较为丰富的特性，尝试基于基准网络结合以下模块进行改进。

1. 卷积注意力模块 CBAM

CBAM 是一种结合了通道注意力和空间注意力的模块。通道注意力（CAM）聚焦于图像的有意义特征，在卷积过程中特征输入一般会有多个通道，这些输入通道对输出

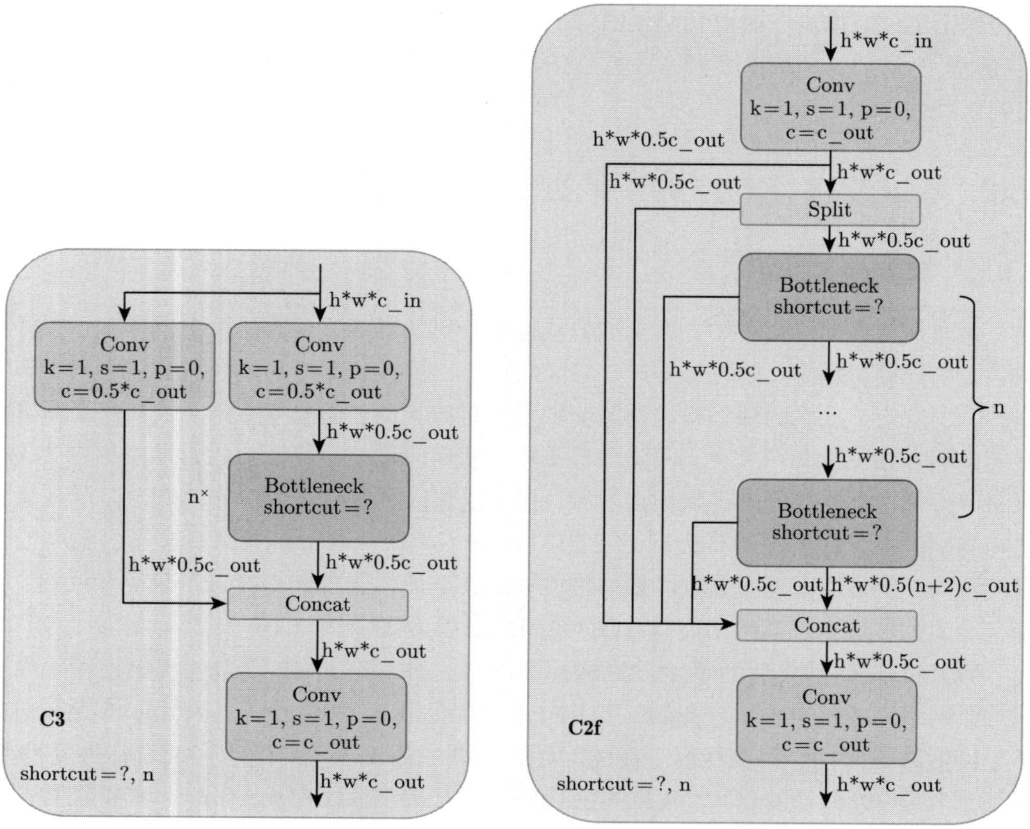

图 4.20　C3 和 C2f 模块

结果的影响不是均等的，其模型结构如图 4.22（a）所示。通道注意力机制让模型更多关注在对结果影响程度高的输入通道上，常见的做法是全局池化，CAM 中运用了全局最大池化和全局平均池化两种方法，通过全连接网络进行非线性特征变化，随后对网络进行求和、激活并得到注意力权重。

空间注意力（SAM）让模型关注空间形状中更重要的特征，使模型加强或减弱对空间某些位置特征的关注，从而聚焦于输入图像中有效信息丰富的部分，可作为通道注意力的补充，其模型结构如图 4.22（b）所示。SAM 分别使用全局最大池化和全局平均池化，生成两个 2D 图，然后将两路输出在通道上进行 concat 融合，并进行一次卷积，再用 sigmoid 函数激活，最后得到空间注意力权重。

CBAM 将 CAM 和 SAM 两个模块按顺序排列，依次推断出一个通道注意力图和空间注意力图，然后将这两个注意力图相乘的结果作用于特征图，从而实现自适应特征细化，其结构图如图 4.22（c）所示。同时 CBAM 可以以较低的成本无缝集成到任何 CNN 网络架构中，并可以与基础 CNN 网络一起进行端到端训练，CBAM 的引入对于目标检测任务具有很大的提升作用。

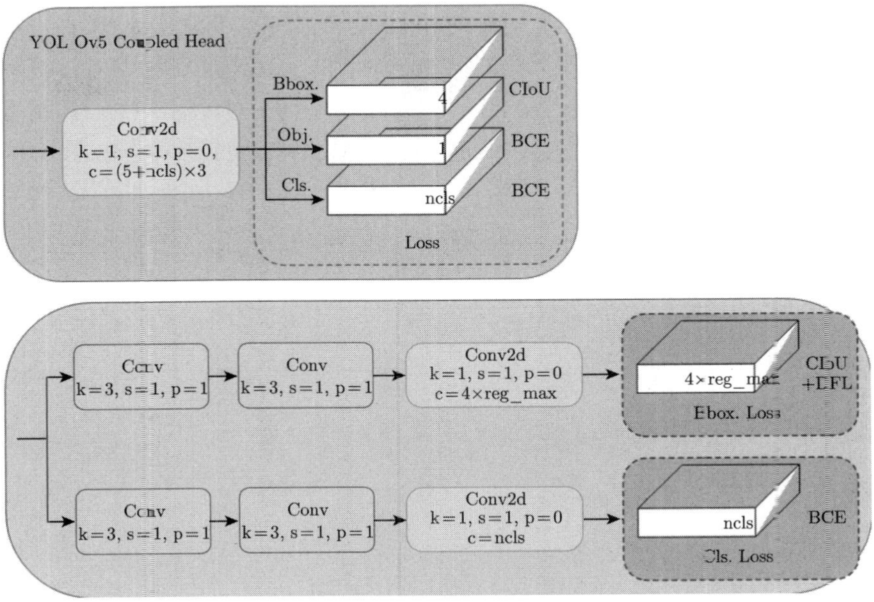

图 4.21　YOLOv5 和 YOLOv8 解耦头

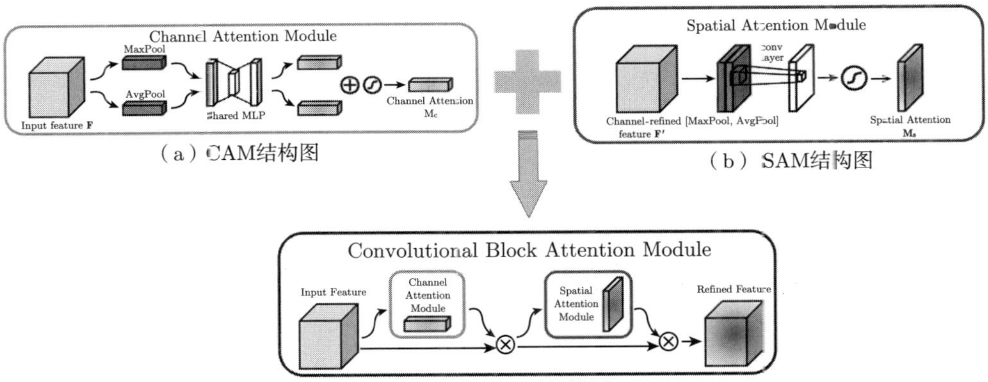

（a）CAM结构图

（b）SAM结构图

（c）CBAM结构图

图 4.22　CAM、SAM 及 CBAM 结构图

2. 加权双向金字塔 BiFPN

双向特征金字塔 PANet 出现后，目标检测的精度大大提高，BiFPN 由 PANet 进一步发展而来，其结构图如图 4.23 所示。

BiFPN 网络的特点是忽略单输入的节点，同时使同一层的原始输入节点参与到该层输出节点的特征融合过程中，并将所有特征融合由简单的 concat 运算替换为加权 concat 运算，从而对不同输入特征有所区分；进一步，将每个由此形成的加权双向金字塔结构作为一个网络层，使之可重复，以实现更多层次的特征融合。

为提高检测效果，针对钢铁缺陷的特点，对基础网络进行如下改进：首先，设计一种多尺度检测头结构，实现对五种不同尺度目标物体的检测，以提高网络检测尺度跨度较大的缺陷的能力；其次，在 backbone 中引入注意力机制，利用卷积注意力模块（CBAM）加强重要特征，抑制不重要特征；最后，设计 BiFPN 结构的 neck 层，考虑到不同输入特征对最终特征融合的贡献不同，在 BiFPN 结构中对各输入特征添加快速归一化权重，增强不同尺度目标的局部信息，改进后的 YOLOv8s 网络结构图如图 4.24 所示。

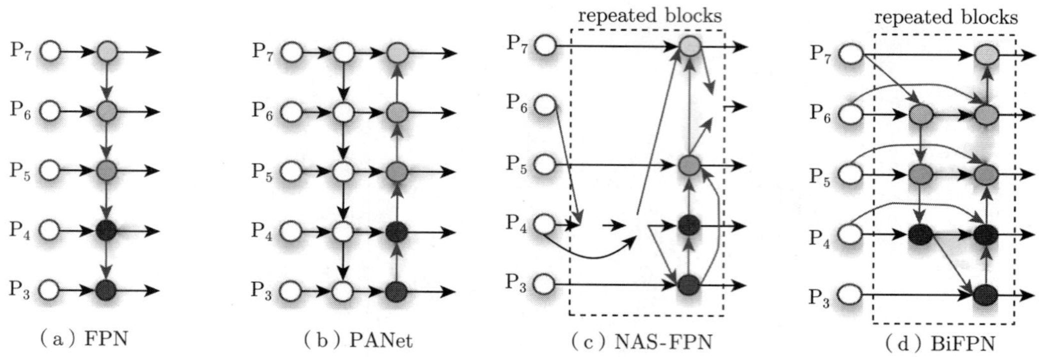

图 4.23　BiFPN 结构图

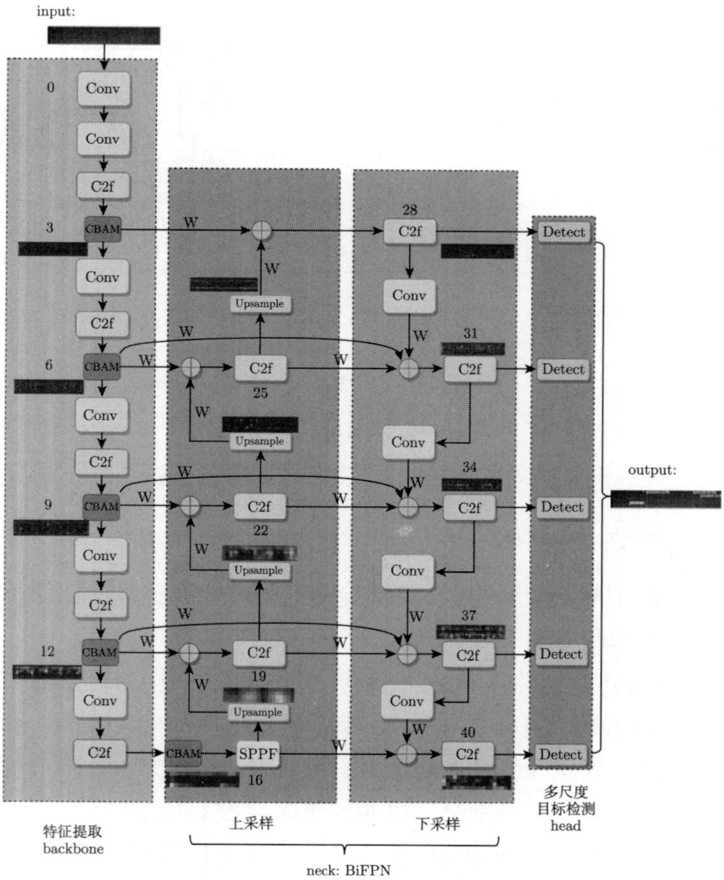

图 4.24　改进后的 YOLOv8s 网络结构图

4.7　管道内表面成像装置及实验

4.7.1　圆锥镜全景成像系统实验装置

根据 4.2 节对圆锥镜全景成像系统的分析，系统参数的选择需基于以下条件。

（1）选择较高分辨率的摄像机和合适焦距的镜头，保证成像清晰。

（2）确定合适的圆锥镜尺寸，尺寸过大不利于系统小型化，尺寸过小不利于获得大视场。

（3）确定合适的固定模块结构参数，保证成像清晰、视场较大，系统体积尽可能小。

根据以上标准选择合适的相机和光学镜头，确定圆锥镜全景成像系统的相关参数，如表 4.2 所示，实物图如图 4.25 所示。

表 4.2　圆锥镜全景成像系统的相关参数

系统组件	参数
摄像机	型号：MER2-301-125U3C 分辨率：2048×1536 像元尺寸：3.45μ × 3.45μ 机械尺寸：29mm × 29mm × 29mm
镜头	型号：M0814-MP2 焦距：$f = 8\text{mm}$ 机械尺寸：Φ33.5mm × 28.2mm
圆锥镜	半顶角：$\varphi = 63.43°$ 厚度：$d_c = 8\text{mm}$
固定模块	全景成像系统直径 $D_s = 94.5\text{mm}$ 镜面固定框板间隙 $L_f = 47\text{mm}$ 全景成像系统轴向长度 $L_s = 178\text{mm}$

图 4.25　圆锥镜全景成像系统实物图

4.7.2 图像偏移量获取

图 4.26（a）是由圆锥镜全景成像系统采集得到的全景图像，根据摄像机畸变校正模型得到图 4.26（b）的校正图像。利用霍夫变换检测图 4.26（b）中代表圆锥镜顶点的圆，结果如图 4.26（c）所示，计算得到传感器误差修正模型中的误差偏移量为 $\Delta u = -11.5$ pixel，$\Delta v = 15.5$ pixel。

（a）全景图像　（b）校正图像　（c）圆锥镜顶点提取结果

图 4.26　管道内表面全景图像

4.7.3 结构参数 h_{c} 的获取

利用张正友摄像机标定法[33]，得到摄像机内部参数矩阵为

$$\boldsymbol{A} = \begin{bmatrix} 3517.733 & 0 & 1032.568 & 0 \\ 0 & 3518.493 & 790.821 & 0 \\ 0 & 0 & 1 & 0 \end{bmatrix}$$

又因 $f_x = f/\Delta X$，$f_y = f/\Delta Y$，则通过公式 (4.33) 可以估计摄像机焦距为 $f = 12.138\text{mm}$。

$$f = \frac{f_x \cdot \Delta X + f_y \cdot \Delta Y}{2} \tag{4.33}$$

式中，ΔX 和 ΔY 分别为像元在 X 轴和 Y 轴方向上的物理尺寸，f_x 和 f_y 分别为相机在 x、y 方向上的等效焦距。

在提取全景图像中圆锥镜边缘的过程中，若从整幅图像中提取边缘，则会得到一幅包含很多无效边缘的图像，而圆锥镜边缘只占其中一小部分，不利于边缘的确定和半径的求取。从图 4.26 可知，圆锥镜边缘仅出现在全景图像的四个角区域中，因此仅需对四个角区域 (称之为“ROI 区域”) 进行边缘提取，如图 4.27 所示。

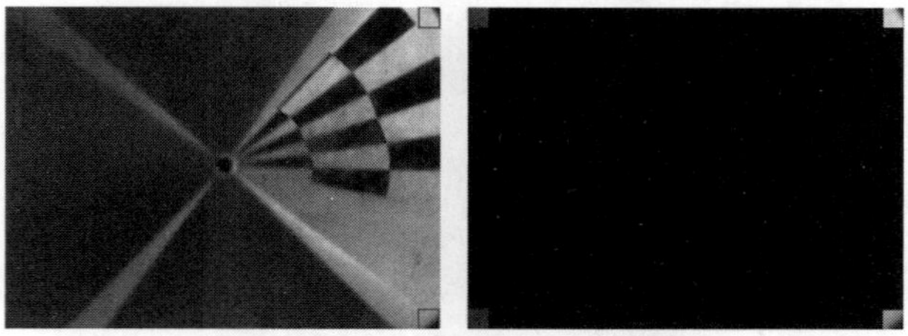

图 4.27　全景图像 ROI 区域

具体步骤如下。

1. ROI 区域提取

获得全景图像 ROI 区域，即全景图像的四个角区域，如图 4.27 所示。

2. 图像预处理

首先，对 ROI 区域进行高提升滤波处理，令原始图像为 $f(x, y)$，经高斯模板平滑后得到模糊图像 $\bar{f}(x,y)$，由式 (4.34) 求得模板 $g_{\mathrm{mask}}(x, y)$，并在原始图像上加上该模板的一个权重，得到高提升滤波图像 $g(x,y)$，见式 (4.35)；然后，对高提升滤波图像进行线性映射，增强边缘特征，见式 (4.36)，得到图 4.28（a）所示的最终增强图像。

$$g_{\mathrm{mask}}(x,y) = f(x,y) - \bar{f}(x,y) \tag{4.34}$$

$$g(x,y) = f(x,y) + k \cdot g_{\mathrm{mask}}(x,y) \tag{4.35}$$

$$h(x,y) = \alpha \cdot (g(x,y) + \beta_2) + \beta_1 \tag{4.36}$$

3. 边缘提取

使用一阶 Sobel 算子处理增强 ROI 区域，并将其阈值化，得到 ROI 区域中的圆锥镜边缘，如图 4.28（b）所示。

4. 边缘拟合

利用最小二乘法拟合圆锥镜在全景图像上的成像圆，得到圆弧半径 r，如图 4.29 所示。

5. 参数求解

将圆弧半径 r 代入式 (4.32)，求得结构参数 $h_{\mathrm{c}} = 37.910\mathrm{mm}$。

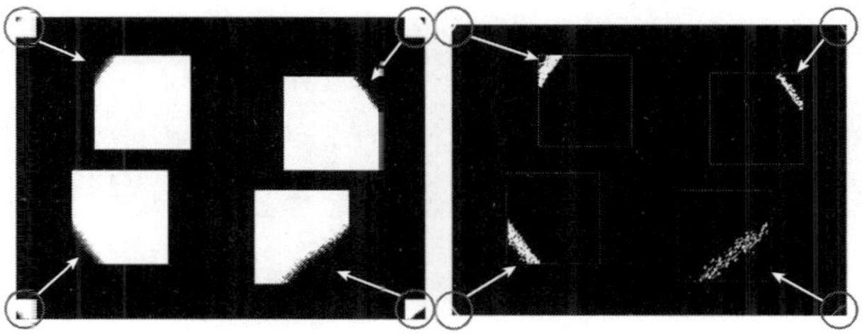

（a）增强图像　（b）边缘提取

图 4.28　图像 ROI 区域处理

图 4.29　圆锥镜边界提取结果

4.7.4 柱面全景图像分辨率的确定

全景图像的大小仅与摄像机分辨率有关，可以被唯一确定，但柱面全景图像的大小是随机的，不具有唯一性，可人为确定。在确定柱面全景图像大小的过程中，若柱面全景图像分辨率较低，则会导致丢失全景图像的部分细节信息；若柱面全景图像分辨率较高，则会增加图像展开的处理时间，并导致图像像素浪费。

根据公式 (4.3)，可以计算得到系统的轴向视场长度 $\Delta z = 45.439\text{mm}$。定义全景成像系统空间分辨能力为柱面全景图像上能分辨管道内表面空间物点的最小距离，即大于该距离的点能够在柱面全景图像上被分辨。因此，合理确定柱面全景图像的分辨率是保证柱面全景图像清晰度的关键。公式 (4.29) 中的比例系数 k（mm/pixel）即可反映柱面全景图像的分辨率，因此确定柱面全景图像大小的关键是确定比例系数 k。选择不同的比例系数 k，可得到分辨率不同的柱面全景图像，如图 4.30 所示。

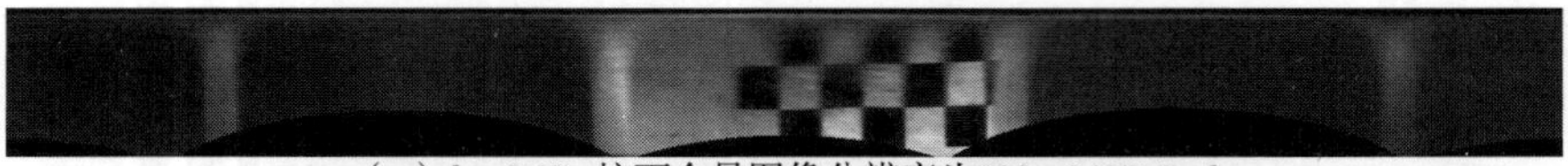

（a）k=0.05, 柱面全景图像分辨率为909×9427pixel

（b）k=0.1, 柱面全景图像分辨率为454×4708pixel

（c）k=0.15, 柱面全景图像分辨率为303×3142pixel

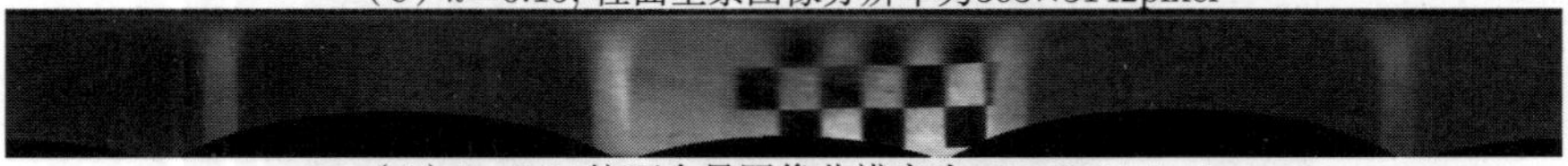

（d）k=0.2, 柱面全景图像分辨率为227×2354pixel

（e）k=0.3, 柱面全景图像分辨率为 151×1565pixel

图 4.30　不同分辨率的柱面全景图像

由图 4.30 的结果可知，比例系数 k 取不同值时，柱面全景图像的质量是不同的。当 k 较小时，柱面全景图像质量较高，即图像更加平滑；当 k 较大时，柱面全景图像的质量降低，图像中的“噪声”显著增加。因此，需要根据实际条件选择合适的比例系数 k。实验中，我们选择比例系数 $k = 0.1$，此时柱面全景图像分辨率为 454×4708pixel。

4.7.5 全景图像展开

取比例系数 $k = 0.1$，将全景图像展开为柱面全景图像，结果如图 4.31 所示。若不对全景成像系统投影模型的误差进行修正，则展开后的图像如图 4.31（a）所示，图像上侧部分区域发生严重扭曲；修正误差后，展开图像结果如图 4.31（b）所示，图像上侧区域的扭曲畸变得到了校正。

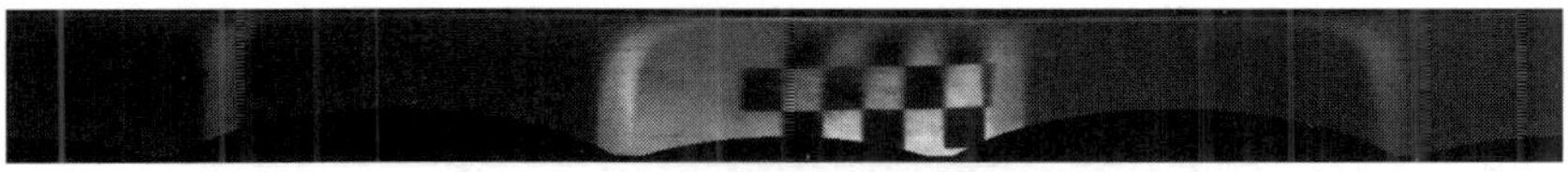

（a）未修正误差图像

（b）修正误差图像

图 4.31　柱面全景图像

4.7.6　图像展开精度评定

如图 4.32 所示，提取柱面全景图像中完整的棋盘格特征，将棋盘格的边长和长宽比作为全景图像精度评价指标。根据棋盘格的图像长度和比例系数 k 可获得棋盘格边长的测量值，将其与实际边长比较，得到全景图像展开精度。

图 4.32　柱面全景图像棋盘格特征提取

图 4.32 中共有 6 个完整的棋盘格，自左到右分别标号为 ①～⑥。每个棋盘格有四条边，按照上、右、下、左得顺序编号为 Ⅰ～Ⅳ，棋盘格实际边长为 12.8mm。由柱面全景图像测量得到的棋盘格边长如表 4.3 所示。

表 4.3　棋盘格测量边长（单位：mm）

序号	边 Ⅰ	误差	边 Ⅱ	误差	边 Ⅲ	误差	边 Ⅳ	误差
①	11.90	−0.9	13.21	0.41	12.50	−0.3	13.00	0.2
②	12.60	−0.2	13.30	0.50	12.50	−0.3	13.21	0.41
③	12.71	−0.09	13.30	0.50	12.31	−0.49	13.30	0.5
④	12.30	−0.5	13.30	0.50	12.40	−0.4	13.30	0.5
⑤	12.60	−0.2	13.40	0.60	12.40	−0.4	13.30	0.5
⑥	11.62	−1.18	13.61	0.81	12.21	−0.59	13.40	0.4
轴向误差（括号中为理想值）					绝对误差：0.50(0); 相对误差：3.9%（0%）			
周向误差（括号中为理想值）					绝对误差：−0.46(0); 相对误差：−6.2%（0%）			
纵横比：纵向边均值与横向边均值之比					1.078(1)			

由表 4.3 可知，柱面全景图像的轴向测量绝对误差为 0.50mm，相对误差为 3.9%，周向测量绝对误差为 −0.46mm，相对误差为 −6.2%；方形格的测量纵横比为 1.078。一方面，该结果证明了由柱面全景图像获得管道内表面目标的几何参数是可行的，另一方面，该结果验证了双向投影模型的正确性。

4.7.7 管道内表面缺陷检测实验

如图 4.33 所示，实际管道中最主要的缺陷有三种。

（1）划痕与裂纹（scratch）：这种缺陷呈现线状结构，有时带有分支，其尺度和走向多变，小至十几毫米，大至整个成像视场，如图 4.33（a）所示。

（2）扎孔（pit）：这种缺陷呈点状，尺度往往较小，如图 4.33（b）所示。

（3）油污和腐蚀斑（peaches）：这种缺陷呈面状，尺度多变，小至几毫米，大至整个视场，且表现通常不明显，如图 4.33（c）所示。

（a）划痕与裂纹缺陷示意图

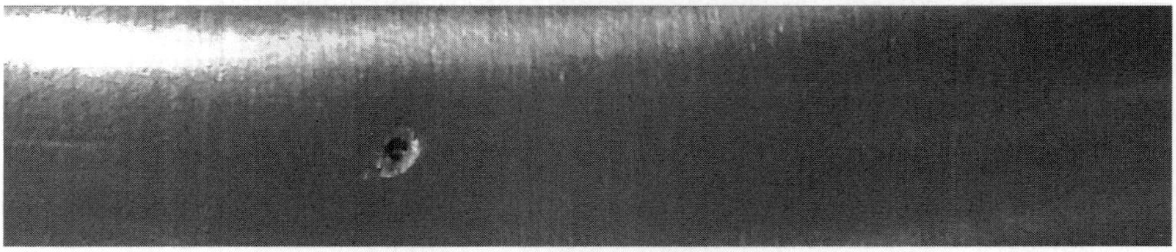

（b）扎孔缺陷示意图

（c）油污和腐蚀斑缺陷示意图

图 4.33　缺陷示意图

三类缺陷的尺度跨度较大，包含的特征信息十分丰富。例如，同样是油污缺陷，其可以是很微小的斑点，也可以是大面积的斑块；同样是裂纹划痕缺陷，纹路走向与密集分布程度的组合会提供不同的特征信息。综合分析公开数据集与待测缺陷的特点，制作联合数据集，并采用数据增强手段进行扩充，得到数据集共计图片 3552 张。采用的数据增强策略为对原始图像进行剪切变换、随机掩模、水平翻转、亮度变换等。

对自制数据集按照 8:2 的比例划分训练集和验证集，在训练集上对改进后的网络进行训练，在验证集上测试得到网络的性能指标。训练时采用随机梯度下降优化器，衰减因子设置为 0.003，批量大小设置为 16，缺陷检测效果图见图 4.34，最终训练结果见表 4.4。

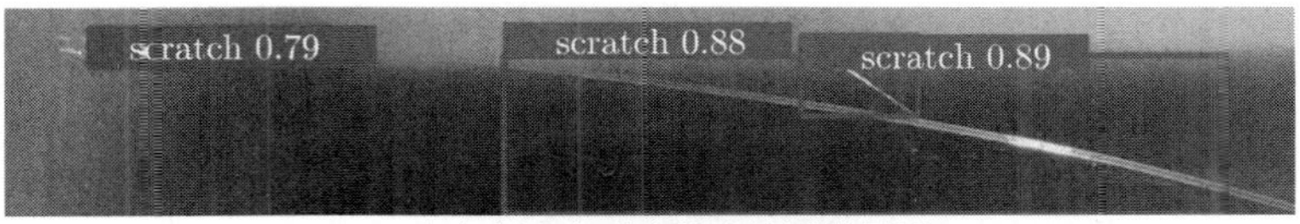

（a）划痕与裂纹缺陷检测效果图

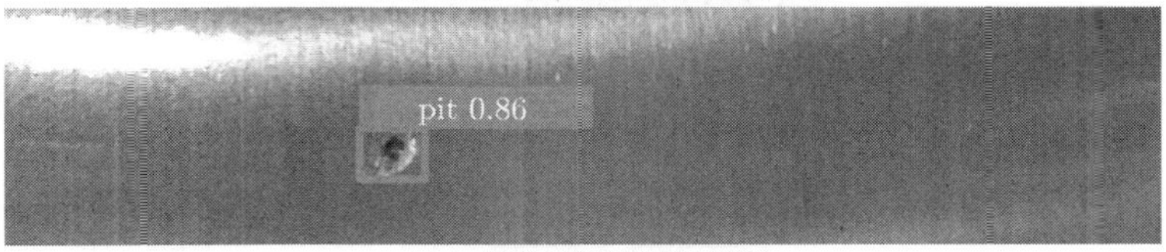

（b）扎孔缺陷检测效果图

（c）油污和腐蚀斑缺陷检测效果图

图 4.34　缺陷检测效果图

表 4.4　最终训练结果（单位：mm）

模型	划痕与裂纹	扎孔	油污和腐蚀斑
YOLOv8s	0.867	0.986	0.889
YOLOv8s+CBAM+BiFPN+detect heads	**0.922**	**0.992**	**0.939**

小结

本章以检测管道内表面缺陷为目的，研究了全景成像、图像展开以及缺陷检测等内容。首先，本章分析了系统的视场与景深范围，探讨了相关的影响因素及影响趋势，基于视场与景深范围，设计了合理的圆锥镜全景成像系统，并确定其相关参数，实现了管道内表面全景图像的采集；其次，本章设计了基于双向投影模型的全景图像展开方法，分别建立该全景系统的正向投影模型和逆向投影模型，基于系统双向投影模型实现圆形畸变图像到矩形展开图像的展开，此外，校正了镜头畸变、装配误差、结构参数等影响图像展开精度的因素，提升了图像展开精度；最后，提出了改进的 YOLOv8s 神经网络，基于展开图像和改进的 YOLOv8s 神经网络实现管道内表面划痕、扎孔、油污等缺陷的检测与识别，实验结果表明，改进的 YOLOv8s 神经网络对三类缺陷的检测精度均高于 90%，证明该检测方法是有效的。

第 5 章　单相机镜像双目视觉传感器

5.1　引言

双目立体视觉技术是实现三维精密测量的关键技术之一，其应用领域涵盖先进制造、智能交通、航空航天等行业。该技术在无人机、无人驾驶感知系统、无人航天航空飞行器、先进制造无人生产线机器人、突发灾害智能探测机器人、特殊环境作业机器人等领域发挥着重要作用。随着机器人和人工智能等相关技术的发展，双目视觉传感器将成为机器人等无人系统的标配。

传统的双目视觉传感器主要由两个相机构成，从不同视角获取空间同一目标的图像对，利用视差原理实现空间三维测量。两个相机的双目传感器具有高精度的优点，但其存在体积大，测量效率低，图像采集同步性差、视觉系统难以小型化等缺点，不能满足测量的实时性，难以满足高精度动态三维视觉测量的应用需求。

由单相机与镜像光学系统构成的单相机镜像双目视觉传感器，在保证测量精度的同时，具有测量结构简单、系统配置灵活、结构易小型化等特点，规避了传统双目视觉传感器对左右视图同步采集的要求，广泛应用于各种受限空间的视觉测量领域。单相机镜像双目视觉传感器具有结构简单、灵活性高等优点，作为宽视场、实时动态场景三维测量的有效手段，在智能制造、无人驾驶、复杂场景下的智能探测及位姿解析等动态应用领域具有广阔的应用前景。

平面折反射镜像双目视觉技术采用单个摄像机，利用平面折反射镜像方式从不同方位同时捕获被测物体图像。由平面折反射构建镜像双目结构功能等效于传统摄像机双目传感器，与单摄像机镜像产生的虚拟摄像机在有效焦距、主点坐标和畸变参数等方面完全相同，有效地简化了标定的流程，避免了传统双目视觉传感器对左右视图同步采集的要求，提高了图像采集的效率，而且摄像机与镜面结构距离较近，易于传感器整体结构小型化设计，适合应用于管道内表面这类受限空间的三维测量。

根据平面折反射产生的镜像虚拟摄像机的结构对称性，将镜像双目成像方式分为对称式和非对称式。对称式结构一般采用对称设计或对称放置的光学元件，如双棱镜、多组对称结构的反射镜等。平面镜折反射镜像系统形成的虚拟摄像机关于原摄像机光轴或镜像装置呈对称分布，位于光轴上的被测点到两个虚拟摄像机的光程相等。由于对称结构的成像方向多数同原摄像机方向一致，交向角较小，因此拍摄得到的被测物体光照条件基本一致。非对称式结构一般由单摄像机和若干平面反射镜组成，形成的虚拟摄像机关于原摄像机光轴或镜像装置不对称。通过调节采用的平面反射镜组的位置和角度，非对称式镜像双目传感器可以实现大基线距的侧方成像。对称结构的镜像双目传感器与非对称结构相比较，成像系统的体积相对较大，导致传感器的体积难以小型化，因此本章面向管道测量，主要探讨非对称镜像双目传感器。

5.2　单相机镜像双目视觉传感器的基本原理

如图 5.1所示，单相机镜像双目视觉传感器主要由单摄像机和镜像光学系统组成。镜像光学系统为两个呈一定角度放置的平面镜，置于摄像机的正前方，交线与摄像机光轴垂直相交。被测物体通过平面镜 M_1 反射后成像于摄像机的下半部分像面，通过平面镜 M_2 反射后成像于摄像机的上半部分像面，因此，单摄像机拍摄一次即可得到一幅具有视差的图像，相当于平面镜镜像出两个视场减半的虚拟摄像机从不同方向采集图像，图像中上下两半部分的同名特征对应被测物体的同一空间目标，与传统的双摄像机双目视觉测量原理类似，利用空间点在两个虚拟摄像机像平面上的成像坐标可以求取空间点的三维坐标，从而实现双目视觉测量的功能。

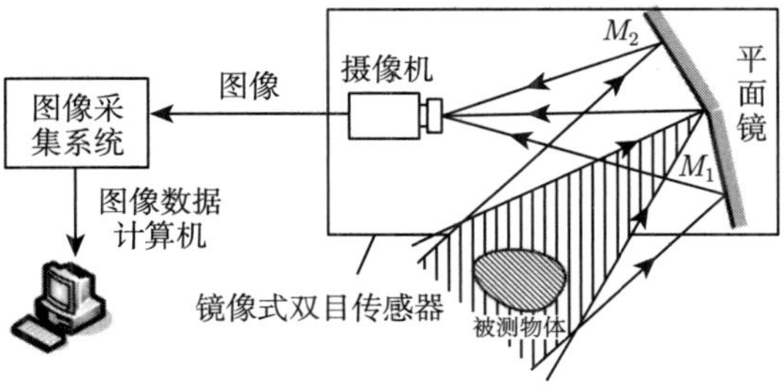

图 5.1　单相机镜像双目视觉传感器组成示意图

5.3　镜像双目视觉传感器的结构设计

单相机镜像双目视觉传感器的结构模型示意图如图 5.2 所示，在传感器为的摄像机 C 的视场角为 2θ，两个虚拟摄像机 V_1 和 V_2，由平面镜 M_1 和 M_2 反射形成。为了分析该镜像双目视觉结构，建立以摄像终端光轴和两平面镜交线角点为原点 O 的坐标系 $O\text{-}xy$，C 为等效摄像机 (摄像终端) 的投影中心，x 轴为其光轴，与两平面镜交线垂直相交，OC 长度为 d；y 轴过原点 O 与光轴垂直，角度 γ 为两个虚拟摄像机的光轴夹角。根据杨琤等人的分析，平面镜 M_1 在第四象限与 y 轴负半轴夹角为 α，平面镜 M_2 在第二象限与 y 轴正半轴夹角为 β，且 $\beta>\alpha$，否则两虚拟摄像机 V_1 和 V_2 无公共视场，α 和 β 应该满足下式[33]

$$\begin{cases} 0 < \alpha < \beta, & 0 < \beta \leqslant 45^\circ \\ 2\beta - 90^\circ \leqslant \alpha < 45^\circ, & 45^\circ < \beta < 68^\circ \end{cases} \tag{5.1}$$

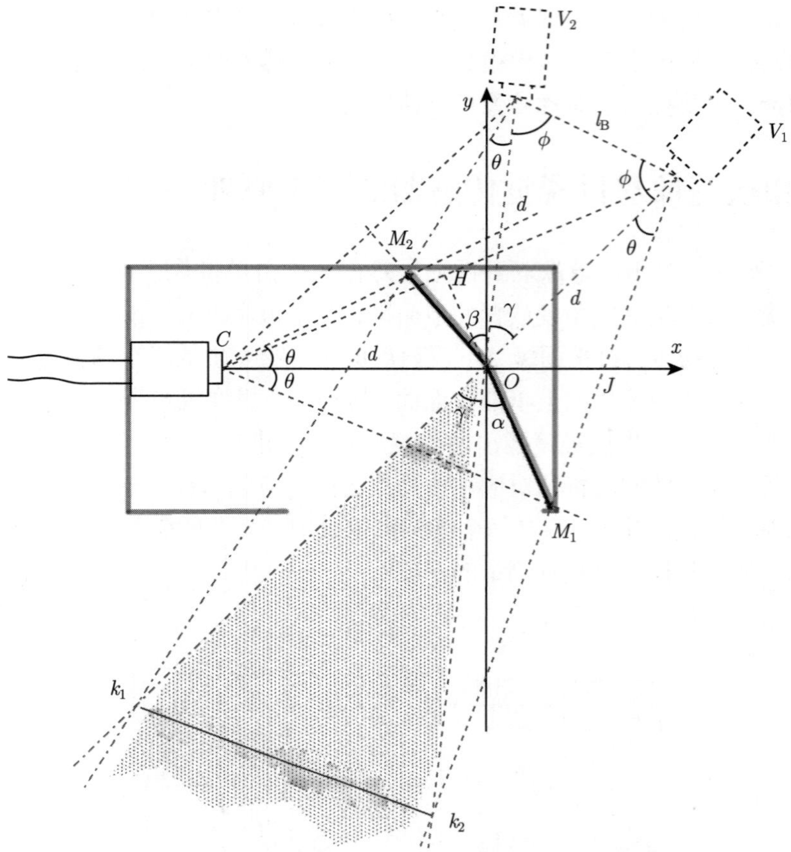

图 5.2　单相机镜像双目视觉传感器的结构模型示意图

在实际应用中，要根据被测物体的尺寸选择合适的测量系统。需求解的参数有镜头焦距、平面镜夹角、平面镜尺寸以及摄像机到平面镜的距离。单相机镜像双目视觉传感器的结构设计步骤如下。

（1）根据摄像机的视场角和焦距，考虑传感器的工作距离，并根据精度结构分析确定角度 γ 和距离 d 。当确定这两个参数后，两个虚拟摄像机的公共视场宽度 $w=\overline{k_1k_2}$ 可以用下式计算

$$w=\frac{d\cdot\sin\theta}{\cos(\theta-\gamma/2)-\dfrac{\sin\theta}{2\sin(\gamma/2)}}\tag{5.2}$$

两个虚拟摄像机之间的基线距可以由下式计算：

$$l_B=2d\cdot\sin(\gamma/2)=2d\cdot\sin(\beta-\alpha)\tag{5.3}$$

（2）当 γ 确定后，两个平面反射镜之间的夹角可以由下式求得

$$\angle M_1OM_2=\pi-\gamma/2\tag{5.4}$$

公式 (5.4) 成立的前提是假设两个平面镜之间只有一维旋转关系，且两个平面镜拼接处连接线将摄像机图像平面沿垂直方向大致平均分成上、下两部分。

根据步骤 1 中确定的角度 γ，根据公式 (5.1) 给定的范围确定 β，则可以由下式计算 α

$$\alpha = \beta - \gamma/2 \tag{5.5}$$

（3）计算平面镜的尺寸，要求平面镜尺寸最小能占满摄像机的视场。两个平面镜的宽度 l_1 和 l_2 可由式 (5.6) 计算得出

$$\begin{cases} l_1 = \dfrac{d \cdot \sin\theta}{\cos(\theta - \beta)} \\ l_2 = \dfrac{d \cdot \sin\theta}{\cos(\theta + \alpha)} \end{cases} \tag{5.6}$$

平面镜的位置可以根据摄像机的视场角以及距离 d，通过三角函数计算确定。

根据以上分析可知，单相机镜像双目传感器的量程由光学器件参数和结构参数共同决定。在结构参数不变的情况下，若改变光学器件参数如增加视场角来增加量程，可能造成图像畸变过大；而通过改变结构参数增加量程可能造成公共视场缩小或者深度测量精度下降。因此若想扩展量程，需要同时调整结构参数和光学器件参数。

5.4　摄像机的数学模型

使用单相机镜像双目传感器实现三维测量，首先需要标定传感器的内部参数和结构参数。内部参数指摄像机的焦距，主点位置以及畸变参数；结构参数指由传感器中反射镜所形成的两个虚拟摄像机之间的旋转和平移关系。

5.4.1　摄像机的成像模型

如图 5.3所示，设世界坐标系为 $O_\mathrm{w}-x_\mathrm{w}y_\mathrm{w}z_\mathrm{w}$，以摄像机光心 O_c 为原点，建立摄像机坐标系 $O_\mathrm{c}-x_\mathrm{c}y_\mathrm{c}z_\mathrm{c}$，$z_\mathrm{c}$ 轴与摄像机光轴一致。$O_\mathrm{u}-x_\mathrm{u}y_\mathrm{u}$ 为二维坐标系，$O_\mathrm{n}-x_\mathrm{n}y_\mathrm{n}$ 为归一化坐标系。π_u 为理想图像平面，z_c 轴垂直于 π_u。π_n 为归一化图像平面，定义为距离摄像机坐标系原点距离为 1 且与光轴垂直的平面。定义 $O_\mathrm{c}x_\mathrm{c} \parallel O_\mathrm{u}x_\mathrm{u}$，$O_\mathrm{c}y_\mathrm{c} \parallel O_\mathrm{u}y_\mathrm{u}$。$O_1$ 是摄像机光轴与 π_u 的交点，称为摄像机的主点。

设空间一点 P 的世界坐标为 $\boldsymbol{X}_\mathrm{w}=(x_\mathrm{w},y_\mathrm{w},z_\mathrm{w})^\mathrm{T}$，齐次坐标为 $\tilde{\boldsymbol{X}}_\mathrm{w}=(x_\mathrm{w},y_\mathrm{w},z_\mathrm{w},1)^\mathrm{T}$。$P$ 在 π_u 上的投影点为 p，其理想图像坐标为 $\boldsymbol{x}_\mathrm{u}=(x_\mathrm{u},y_\mathrm{u})^\mathrm{T}$，齐次坐标为 $\tilde{\boldsymbol{x}}_\mathrm{u}=(x_\mathrm{u},y_\mathrm{u},1)^\mathrm{T}$。摄像机模型可表示为

$$s\tilde{\boldsymbol{x}}_\mathrm{u} = \boldsymbol{A}\,[\boldsymbol{R}\ \ \boldsymbol{T}]\,\tilde{\boldsymbol{X}}_\mathrm{w},\ \boldsymbol{A} = \begin{bmatrix} f_x & 0 & u_0 \\ 0 & f_y & v_0 \\ 0 & 0 & 1 \end{bmatrix} \tag{5.7}$$

式中，s 为不等于 0 的比例因子；$\boldsymbol{R}$ 为 3×3 的正交旋转矩阵；$\boldsymbol{T}$ 为 3×1 的平移矢量；$\boldsymbol{A}$ 为摄像机内部参数矩阵；f_x 和 f_y 为摄像机在 x、y 方向上的有效焦距；(u_0, v_0) 为摄像机的主点坐标。

图 5.3 中的过程①表示世界坐标系可以通过旋转平移转换至摄像机坐标系。过程②则表示摄像机坐标系下的点可以通过透视投影变换投影在图像平面上。过程③表示理想图像平面上的点到归一化投影平面的转换关系，设点 P 的摄像机坐标为 $\boldsymbol{X}_\mathrm{c} = (x_\mathrm{c}, y_\mathrm{c}, z_\mathrm{c})^\mathrm{T}$，对应的图像坐标和归一化图像坐标分别为 $\boldsymbol{x}_\mathrm{u} = (x_\mathrm{u}, y_\mathrm{u})^\mathrm{T}$ 和 $\boldsymbol{x}_\mathrm{n} = (x_\mathrm{n}, y_\mathrm{n})^\mathrm{T}$，根据透视投影有

$$\boldsymbol{x}_\mathrm{n} = (x_\mathrm{c}/z_\mathrm{c} \quad y_\mathrm{c}/z_\mathrm{c})^\mathrm{T} \tag{5.8}$$

$$\boldsymbol{x}_\mathrm{u} = (f_x x_\mathrm{n} + u_0 \quad f_y y_\mathrm{n} + v_0)^\mathrm{T} \tag{5.9}$$

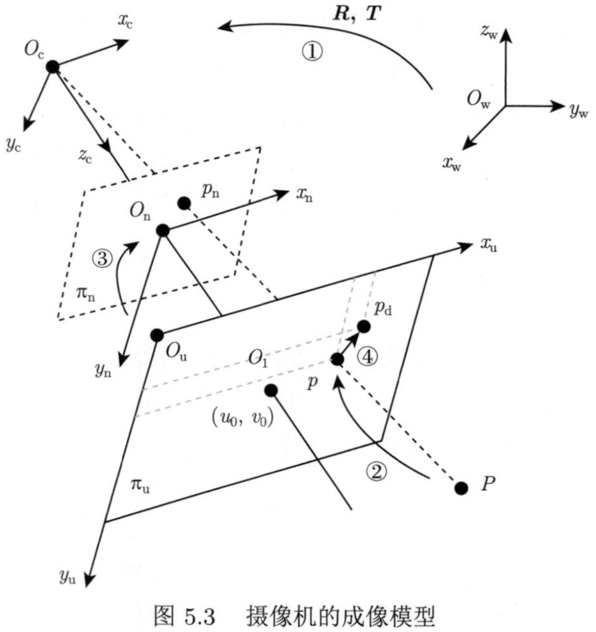

图 5.3 摄像机的成像模型

5.4.2 摄像机镜头的畸变模型

镜头在加工制造中由于工艺和制造误差，存在光学畸变。上节所述的线性针孔模型只是一种理想情况，在实际情况中并不能准确地描述摄像机成像过程，需要考虑镜头的光学畸变，图 5.3 中的过程④体现了这一变换关系，空间点 P 经理想的透视投影变换后成像在 p 点，但由于畸变，实际成像点为 p_d。镜头畸变一般包括径向和切向畸变，在实际测量中，只考虑一阶和二阶径向畸变可满足一般测量的精度要求。设点 p_d 的实际图像坐标为 $\boldsymbol{x}_\mathrm{d} = (x_\mathrm{d}, y_\mathrm{d})$，则摄像机镜头畸变模型可以表示为

$$\boldsymbol{x}_\mathrm{d} = (1 + k_1 r_\mathrm{u}^2 + k_2 r_\mathrm{u}^4)\boldsymbol{x}_\mathrm{u} \tag{5.10}$$

式中，$r_{\mathrm{u}}^2=x_{\mathrm{u}}^2+y_{\mathrm{u}}^2$；$k_1$ 和 k_2 分别为一阶径向畸变系数和二阶径向畸变系数。

式 (5.7)～ 式 (5.10) 表示了空间点到实际图像坐标的投影过程，空间任意点可以确定唯一的图像点。反之，如果已知摄像机参数，根据式 (5.7)～ 式 (5.10)，由点的实际图像坐标可以求得对应的归一化投影坐标，从而得到由摄像机原点与归一化投影点确定的直线在摄像机坐标系下的方程。

5.5　用于视觉测量的摄像机标定

视觉测量借助二维图像信息实现了空间物体的三维测量，而摄像机标定则是视觉测量中一个重要而关键的基础性环节。所谓摄像机标定是指依据建立的摄像机模型，根据特征点的二维图像坐标和已知空间坐标求取模型参数，从而建立物体空间和图像平面的映射关系。摄像机的模型参数一般分为线性参数和非线性参数。线性参数遵循理想的针孔成像模型，包含内部参数和外部参数，其中内部参数为摄像机固有参数，不会因为摄像机位置变化而改变，外部参数是摄像机坐标系与世界坐标系的位置关系。非线性参数是镜头的畸变系数，镜头的光学畸变会引起实际成像模型与理想针孔模型不一致，导致检测到的图像特征点偏离理想位置。畸变一般包括径向畸变、切向畸变和薄透镜畸变，大多数应用场合只需考虑径向畸变。精密视觉测量对精度要求较高，因此镜头的畸变校正也是必不可缺的一个环节。

5.5.1　基于二维靶标标定的主要步骤

目前应用最为广泛的摄像机标定方法是张正友在 2000 年提出的基于二维平面方格靶标的摄像机标定方法[34]。该方法首先假定摄像机模型是理想针孔模型，即拍摄得到的图像是理想无畸变图像，通过将已知靶标角点的图像坐标与世界坐标相对应来估计靶标平面与图像平面之间的映射矩阵；其次分解出摄像机的内参和外参；最后将获得的所有线性参数作为初始值，与镜头畸变参数一起进行优化，求解所有参数的精确解。这一方法应用十分广泛，具有使用方便，标定精度高等优势，被称为“张氏方法”。摄像机标定主要分为初始值估计和非线性优化两个步骤。

1. 初始值估计

调整摄像机镜头的焦距和光圈，保证摄像机在测量范围内能够拍摄到清晰的图像，在视场范围内自由移动二维平面方格靶标，从不同角度获取 K 幅靶标图像 ($K\geqslant 3$)，检测靶标图像中各个特征点的坐标，并对每幅图像的 N 个 ($N\geqslant 4$) 特征角点进行亚像素精度提取。假定摄像机畸变系数为零，利用特征点的对应关系求解每个视角中世界坐标系 $O_{\mathrm{w}}-x_{\mathrm{w}}y_{\mathrm{w}}z_{\mathrm{w}}$ 与图像坐标系 $o_{\mathrm{u}}-x_{\mathrm{u}}y_{\mathrm{u}}$ 之间的单应矩阵，设第 i 幅 ($i=1,2,\cdots,K$) 靶标图像的单应矩阵为 $\boldsymbol{H}_i$ 。利用旋转矩阵的正交性可以分解 $\boldsymbol{H}_i$ 并求解出摄像机的内部参数 f_x,f_y,u_0,v_0 和外部参数 $\boldsymbol{R}_i,\boldsymbol{T}_i$ 。不同视图的平面靶标图像是由同一个摄像机在不同姿态下获取的，因此每幅视图具有不同的外部参数和相同的内部参数。

2. 非线性优化

求解参数初始值采用的是线性估计算法，没有涉及任何迭代步骤，所以计算速度较快，但大多数线性估计算法均存在以下两个主要缺点：① 没有考虑镜头畸变的影响，因此对检测到的图像特征点没有进行畸变校正；② 为了构建非迭代的线性算法，没有考虑对中间参数的实际约束，噪声的存在会导致最终结果精度较低。因此，对于获取的初始参数值，需要进行最小化几何距离的最大似然估计。由于加入了镜头畸变影响的摄像机模型具有非线性的特点，估计所有参数的精确解将采用迭代技术，而 Levenberg-Marquardt 非线性优化算法具有收敛快等特点，能够较好地解决该问题。通常由线性估计节给出的结果作为优化的初始值并经过多次迭代能够收敛到全局最优解，避免了不合适的迭代初始值导致优化陷入局部最优的现象。

用线性方法估计所得摄像机内外参数作为初值，与畸变参数一起进行非线性优化搜索，求解得到解线性参数和畸变参数的最优解，目标函数为角点实际图像坐标与依据摄像机投影模型计算出的角点重投图像坐标之间的误差，优化目标函数如下

$$\min \sum_{i=0}^{K} \sum_{j=0}^{N} \left\| \boldsymbol{x}_{ij}^{\mathrm{d}} - \hat{\boldsymbol{x}}_{ij}^{\mathrm{d}}(f_x, f_y, u_0, v_0, k_1, k_2, \boldsymbol{R}_i, \boldsymbol{T}_i) \right\| \tag{5.11}$$

式中，K 表示参与标定的图像数量；N 表示每幅图像的特征点数量；$\boldsymbol{x}_{ij}^{\mathrm{d}}$ 表示特征点的带畸变的真实图像坐标；$\hat{\boldsymbol{x}}_{ij}^{\mathrm{d}}$ 表示由特征点世界坐标依据摄像机成像模型计算得到的特征点图像坐标。

由于畸变系数值通常较小，可将 k_1, k_2 的初始估计值设置为零。运用 Levenberg-Marquardt 算法对公式 (5.11) 进行非线性优化，以最小化图像像素距离误差作为目标函数，反复迭代搜索获取参数的最优解。

5.5.2 摄像机标定精度评价

摄像机标定精度主要采用两种评价方法：图像重投均方根误差 E_{rms} 和归一化标定误差。

1. 图像重投均方根误差 E_{rms}

根据前两节所述的摄像机成像模型与畸变模型，将标定靶标上已知空间三维坐标的特征点重投到图像坐标系，得到重投点的图像坐标为 $(\hat{x}_{\mathrm{u}}, \hat{y}_{\mathrm{u}})$，经图像处理提取特征点的真实图像坐标为 $(x_{\mathrm{u}}, y_{\mathrm{u}})$，则摄像机标定的图像重投均方根误差 E_{rms} 定义为

$$E_{\mathrm{rms}} = \sqrt{\frac{1}{N} \sum_{i=1}^{N} \left[(x_{\mathrm{u},i} - \hat{x}_{\mathrm{u},i})^2 + (y_{\mathrm{u},i} - \hat{y}_{\mathrm{u},i})^2 \right]} \tag{5.12}$$

式中，N 表示特征点的数量。

2. 归一化标定误差 E_{nce} [35]

图像分辨率、视场范围以及空间点到摄像机的距离将对图像重投均方根误差 E_{rms} 有不同程度的影响，为了消除上述影响，将像素点重投回三维空间中的平面上，形成

一定大小的矩形区域，其面积大小表示了像素的分辨率在该距离上的不确定度，则可以利用矩形面积的方差值来对误差做归一化处理。在摄像机坐标系下，设空间点的三维坐标为 $(x_{\mathrm{c}}, y_{\mathrm{c}}, z_{\mathrm{c}})$，由图像像素坐标重投回空间平面 $Z = z_{\mathrm{c}}$ 形成的点的三维坐标为 $(\hat{x}_{\mathrm{c}}, \hat{y}_{\mathrm{c}}, \hat{z}_{\mathrm{c}})$，有效焦距为 f_x 和 f_y，则 E_{nce} 可表示为

$$E_{\mathrm{nce}} = \frac{1}{N}\sum_{i=1}^{N}\sqrt{\frac{\left(x_{\mathrm{c},i}-\hat{x}_{\mathrm{c},i}\right)^2+\left(y_{\mathrm{c},i}-\hat{y}_{\mathrm{c},i}\right)^2}{z_{\mathrm{c},i}\left(f_x^{-2}+f_y^{-2}\right)/12}} \tag{5.13}$$

上述两种精度评价手段所采用的特征点坐标均参与了摄像机参数的标定过程，然而实际的视觉测量阶段所拍摄的图像和特征点均未参与摄像机参数的标定过程，因此，对摄像机标定结果的测量精度评价应采用未参与标定的图像和特征点坐标，并且理应在测量空间中对点的三维坐标进行比较。

5.5.3　基于复合型平面靶标的摄像机标定

由于传感器的结构固定，因此不需要在每次测量前都进行标定，只需对系统进行一次标定得出传感器参数，即可完成后续多次测量任务。单相机镜像双目视觉传感器为单摄像机镜像式双目结构，传统的标定方法不能较好适应该结构的高精度标定。

本节在建立单摄像机模型的基础上，首先给出一种适用于小视场的基于复合型平面靶标的标定方法，并通过仿真和真实实验验证了该方法的可行性。其次在建立镜像双目测量的实体单摄像机三维测量数学模型的基础上，提出一种基于该模型的一体化标定方法，并通过仿真和真实实验与传统方法进行对比，给出精度评价，验证该方法是单相机镜像双目视觉传感器标定的一种有效方法。

具有高精度特征的精密加工标定板是视觉三维测量中标定的基本要求。常见的标定板通常采用以棋盘靶标的格点或者圆中心为特征的阵列标定靶标、如棋盘格标定靶标、Halcon 标准标定靶标、ChArUco 标定靶标等，如图 5.4所示，这类标定靶标具有显著的十字角点或圆点。

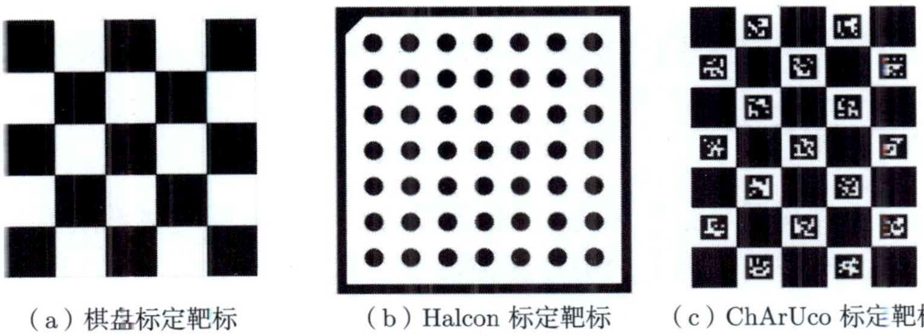

（a）棋盘标定靶标　　（b）Halcon 标定靶标　　（c）ChArUco 标定靶标

图 5.4　常见的标定靶标示意图

常见的标定靶标具有一些缺点，首先，常见标定靶标体积较大，通常设计之初就为了占据传感器的多半视野，而在大多数标定中，提供控制点的标定靶标需要与被测物同

时出现在测量场内，是作为辅助器材的，目的是提供适合的控制点以便成功估计传感器参数，所以不宜体积过大。此外，标定中需要较多特征点，常用的方法是采用多个密集分布的棋盘格实现，密集的棋盘格靶标角点受光照、摆放角度等影响，容易被遮挡或成像不够清晰，以及格点的图像特征不能准确得到呈现，例如格点处表现为相互分离的空白特征，无论采用何种图像特征提取方法，都难以获得高精度图像特征。而圆中心不具有透视投影不变性，随着靶标平面相对摄像机光轴的相对位姿变化，依据椭圆拟合得到的圆中心图像特征也存在较大偏差，进而影响标定精度。以上情况表明，棋盘格点以及以圆中心为特征的标定靶标在实际工程中的标定应用是受到限制的。

为了解决以上问题，本节讨论一种基于复合型平面靶标的摄像机标定方法设计一种由中心重合的方块和圆反色构成的复合型靶标，利用方块角点作为显性特征点，角点到圆的切点作为隐性特征点，通过建立靶标图像坐标和世界坐标的映射关系来求取摄像机的内外参数。该靶标在有限空间里可提供较多标定特征点。

5.5.4 复合型平面靶标工作原理[36]

如图 5.5所示，复合型平面靶标提供了 12 个特征点，其中方块角点 4 个、隐性特征点 8 个，隐性特征点是过方块角点做圆切线得到的切点。方块内可排列任意多个圆，角点到每个圆的切点为隐性特征点，每个圆心到相邻圆的切点以及切线的交点也可作为隐性特征点。采用如此方法，可以在有限的空间里提供大量特征点，且这类点的世界坐标利用简单几何知识即可求得。

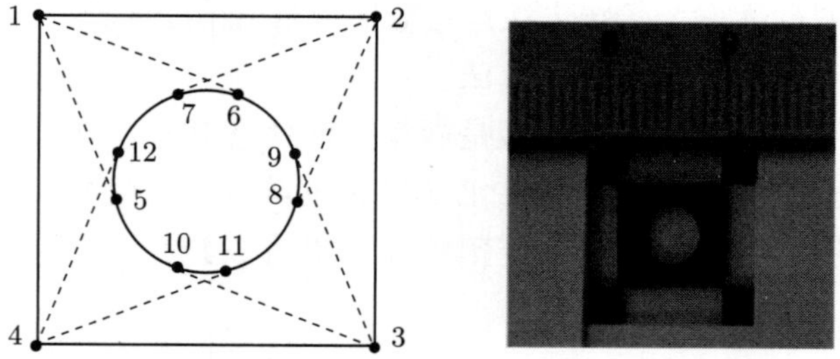

（a）示意图　　（b）实物图

图 5.5　复合型平面靶标示意图与实物图

1. 圆的透视投影

透视投影变换对圆不是保形变换，当摄像机像面与空间圆所在平面不平行时，存在透视投影形变，此时空间平面上的圆经透视投影后在像面上退化为椭圆。建立如图 5.6 所示的坐标系，世界坐标系 $\Omega_1(O-x_\mathrm{w}y_\mathrm{w}z_\mathrm{w})$ 的原点在摄像机光心 O 处，假设 z_w 轴垂直于空间平面 π_1, 圆 C_1 在该平面上。在平面 π_1 上过圆外任一点 Q_1 作圆 C_1 的切线 l_1, 切点为 P_1。圆 C_1 在世界坐标系 Ω_1 下的方程为

$$\boldsymbol{X}_\mathrm{w}^\mathrm{T}\boldsymbol{C}_1\boldsymbol{X}_\mathrm{w}=0 \tag{5.14}$$

式中，$\boldsymbol{C}_1$ 为系数矩阵；$\boldsymbol{X}_{\mathrm{w}}=(x_{\mathrm{w}}, y_{\mathrm{w}}, z_{\mathrm{w}})^{\mathrm{T}}$ 为圆上点的坐标。

建立摄像机坐标系 $\Omega_2(O-x_{\mathrm{c}}y_{\mathrm{c}}z_{\mathrm{c}})$, 原点 O 位于摄像机光心处，z_{c} 轴垂直于图像平面 π_2。世界坐标系到摄像机坐标系的转换关系为

$$\lambda_1 \boldsymbol{X}_{\mathrm{c}} = \boldsymbol{A}\boldsymbol{X}_{\mathrm{w}} \tag{5.15}$$

式中，$\boldsymbol{X}_{\mathrm{c}} = (x_{\mathrm{c}}, y_{\mathrm{c}}, z_{\mathrm{c}})$ 为 $\boldsymbol{X}_{\mathrm{w}}$ 经透视投影后在图像平面上所对应的点；λ_1 为尺度因子；$\boldsymbol{A}$ 为从 Ω_1 到 Ω_2 的透视投影变换矩阵。

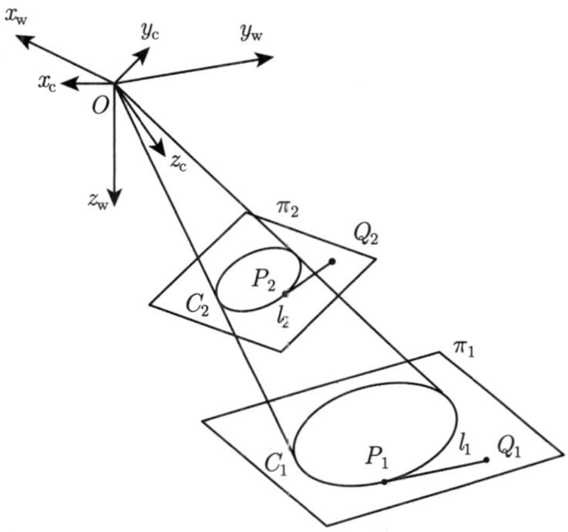

图 5.6　圆的透视投影

圆 C_1 经透视投影后在图像平面上为椭圆 C_2, 世界坐标系下的切线 l_1 经透视投影后在图像平面上为 l_2 (不考虑垂直投影等特殊情况), 点 P_1 和 Q_1 在图像平面上分别投影为点 P_2 和 Q_2 。定义 Ω_1 下点 P_1 和 Q_1 的坐标分别表示为 $\boldsymbol{X}_{P_1}^{\mathrm{w}}$ 和 $\boldsymbol{X}_{Q_1}^{\mathrm{w}}$, Ω_2 下点 P_2 和 Q_2 的坐标分别表示为 $\boldsymbol{X}_{P_2}^{\mathrm{c}}$ 和 $\boldsymbol{X}_{Q_2}^{\mathrm{c}}$，且有如下关系

$$\boldsymbol{X}_{P_2}^{\mathrm{c}} = \boldsymbol{A}\cdot\boldsymbol{X}_{P_1}^{\mathrm{w}}, \quad \boldsymbol{X}_{Q_2}^{\mathrm{c}} = \boldsymbol{A}\cdot\boldsymbol{X}_{Q_1}^{\mathrm{w}} \tag{5.16}$$

矩阵 $\boldsymbol{A}$ 各列为标准正交基, 因此 $\boldsymbol{A}$ 为非奇异矩阵, 由式 (5.14) 和式 (5.15) 得出下式

$$\boldsymbol{X}_{\mathrm{c}}^{\mathrm{T}}\left[\lambda_1^2(\boldsymbol{A}^{-1})^{\mathrm{T}}\boldsymbol{C}_1\boldsymbol{A}^{-1}\right]\boldsymbol{X}_{\mathrm{c}} = 0 \tag{5.17}$$

式 (5.17) 表明空间圆 C_1 经过透视投影变换成椭圆 C_2 后, 在 Ω_2 下系数矩阵为 $\boldsymbol{C}_2 = \left(\boldsymbol{A}^{-1}\right)^{\mathrm{T}}\boldsymbol{C}_1\boldsymbol{A}^{-1}$ 。

2. 切点的透视投影不变性

透视投影过程中, 圆上点 P_1 经变换后对应椭圆 C_2 上的点 P_2 , 且点 P_2 和 Q_2 在线段 l_2 上。在 Ω_2 下, 设 C_2 在点 P_2 处的切线为 l', 有

$$l' = \boldsymbol{C}_2\cdot\boldsymbol{X}_{P_2}^{\mathrm{c}} = \lambda_2\left(\boldsymbol{A}^{-1}\right)^{\mathrm{T}}\boldsymbol{C}_1\boldsymbol{A}^{-1}\cdot\boldsymbol{X}_{P_2}^{\mathrm{c}} \tag{5.18}$$

式中，λ_2 为尺度因子。

l' 为二次曲线在点 P_2 处的切线, 由式 (5.17)、式 (5.18) 可得下式

$$
\begin{aligned}
(\boldsymbol{X}_{Q_2}^{\mathrm{c}})^{\mathrm{T}} \cdot l' &= \left(\boldsymbol{A} \cdot \boldsymbol{X}_{Q_1}^{\mathrm{w}}\right)^{\mathrm{T}} \cdot \left(\lambda_2 \left(\boldsymbol{A}^{-1}\right)^{\mathrm{T}} \boldsymbol{C}_1 \boldsymbol{A}^{-1} \cdot \boldsymbol{X}_{P_2}^{\mathrm{c}}\right) \\
&= \lambda_2 \cdot \left(\boldsymbol{X}_{Q_1}^{\mathrm{w}}\right)^{\mathrm{T}} \cdot \boldsymbol{C}_1 \cdot \boldsymbol{X}_{P_1}^{\mathrm{w}} = \lambda_2 \cdot \left(\boldsymbol{X}_{Q_1}^{\mathrm{w}}\right)^{\mathrm{T}} \cdot l_1 = 0
\end{aligned}
\tag{5.19}
$$

以上证明了 Q_2 点也在 l' 上, l' 与 l_2 重合，即证明了空间平面上过圆外一点做圆的切线, 切点均具有透视投影不变性。

5.5.5 基于复合型平面靶标的图像特征提取及摄像机标定

图像特征提取是进行摄像机标定的首要任务。若图像特征能够自动提取、精度高、鲁棒性好，则标定就具有高精度的优势。复合型平面靶标特征点包括 4 个角点和 8 个切点。特征点提取的主要步骤如下。

（1）采用 Harris 亚像素角点方法提取方块的四个角点，以图 5.5 所示的顺序存储。

（2）对图像用 canny 算子进行边缘检测，并将椭圆特征从所有检测到的边缘中筛选出来。这里采用两步来剔除不需要的边缘：首先过滤掉非闭合边缘，然后给定长度阈值，因为其他闭合边缘一般为对比度突变的交界处（如角点附近），所以给定一个较小的阈值就可以有效地将椭圆边缘提取出来。

（3）对步骤 2 中提取出的边缘用最小二乘方法进行椭圆拟合，得到椭圆中心的图像坐标、椭圆长短轴方向以及旋转角度。

（4）以椭圆中心为坐标原点，以长轴方向为 x 轴建立二维平面坐标系 o_e-$x_e y_e$。在此坐标系下联立椭圆方程和切点弦方程即可求得切点的坐标，再将其转换到图像坐标系下，按图 5.5所示的顺序存储。

根据摄像机模型，采用复合型平面靶标的摄像机标定主要步骤如下。

（1）获取所有 12 个特征点的世界坐标。以靶标上方块的任意一个角点为原点建立世界坐标系 O_{w}-$x_{\mathrm{w}} y_{\mathrm{w}} z_{\mathrm{w}}$，其中平面 $x_{\mathrm{w}} y_{\mathrm{w}}$ 与靶标平面重合，根据靶标的具体尺寸得到其余 3 个角点和 8 个切点的世界坐标。

（2）在摄像机的视场范围内自由移动靶标至少 2 个位置，每移动一个位置，拍摄一幅图像，要求靶标上的黑色方块和白色圆斑包含在标定图像内。

（3）利用复合型平面靶标特征提取算法提取所有特征点的图像坐标。

（4）根据特征点的世界坐标和图像坐标，求解靶标平面与图像平面的映射矩阵，由旋转矩阵正交性建立两个约束方程，将求得的内外参数作为初值。以提取的特征点图像坐标 $\boldsymbol{x}_{ij}^{\mathrm{d}}$ 与根据模型计算得到的特征点图像坐标 $\hat{\boldsymbol{x}}_{ij}^{\mathrm{d}}$ 之间的距离建立如式 (5.11) 的目标函数，通过非线性 Levenberg-Marquardt 算法对目标函数进行优化，以求得摄像机参数和畸变参数的最优解。

5.6　两虚拟相机镜像双目测量模型

两虚拟相机镜像双目测量模型如图 5.7 所示，m_1, m_2 组成相接的平面镜组，将摄像机镜像成两个视场减半的虚拟摄像机：左虚拟摄像机 V_1 和右虚拟摄像机 V_2, 相应的图像平面也被分为两部分，左半部分和右半部分分别由 V_1 和 V_2 成像而成。

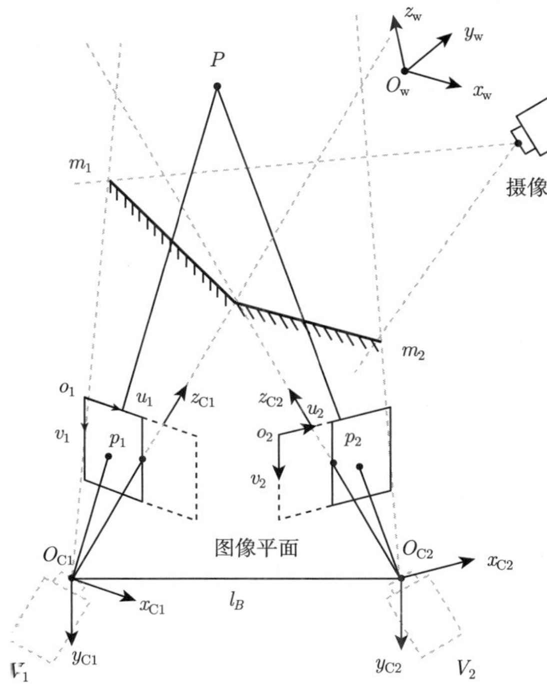

图 5.7　两虚拟相机镜像双目测量模型

物点 P 在世界坐标系 $O_\mathrm{w}\text{-}x_\mathrm{w}y_\mathrm{w}z_\mathrm{w}$ 中，对应的齐次坐标为 $\tilde{\boldsymbol{X}}_\mathrm{w} = (x_\mathrm{w}, y_\mathrm{w}, z_\mathrm{w}, 1)^\mathrm{T}$。通过 M_1 和 M_2 从不同角度的反射，P 点分别由虚拟摄像机 V_1 和 V_2 成像在图像平面上，如图 5.7 所示，p_1 和 p_2 为对应的像点，其中 p_1 由 V_1 拍摄得到，成像在图像平面的左半部分；p_2 由 V_2 拍摄得到，成像在图像平面的右半部分。

设图像坐标系为 $o\text{-}uv$，点 p_1 在 $o_1\text{-}u_1v_1$ 的齐次图像坐标为 $\tilde{\boldsymbol{x}}_1 = (u_1, v_1, 1)^\mathrm{T}$，点 p_2 在 $o_2\text{-}u_2v_2$ 的齐次图像坐标为 $\tilde{\boldsymbol{x}}_2 = (u_2, v_2, 1)^\mathrm{T}$。以左虚拟摄像机的光心为原点，$x_\mathrm{C1}$ 和 y_C1 轴分别与图像坐标系的 u_1 和 v_1 轴平行，z_c1 轴为摄像机光轴方向，建立如图 5.7所示的左虚拟摄像机坐标系（简称左摄像机坐标系）$O_\mathrm{c1}\text{-}x_\mathrm{c1}y_\mathrm{c1}z_\mathrm{c1}$，点 P 在该坐标系下的齐次坐标为 $\tilde{\boldsymbol{X}}_\mathrm{C1} = (x_\mathrm{C1}, y_\mathrm{C1}, z_\mathrm{C1}, 1)^\mathrm{T}$,同理建立右摄像机坐标系 $O_\mathrm{C2}\text{-}x_\mathrm{C2}y_\mathrm{C2}z_\mathrm{C2}$，点 P 在该坐标系下的齐次坐标为 $\tilde{\boldsymbol{X}}_\mathrm{C2} = (x_\mathrm{C2}, y_\mathrm{C2}, z_\mathrm{C2}, 1)^\mathrm{T}$。则有以下关系

$$s\tilde{\boldsymbol{x}}_1 = \boldsymbol{A}\left[\boldsymbol{R}_1 \quad \boldsymbol{T}_1\right]\tilde{\boldsymbol{X}}_\mathrm{w} = \boldsymbol{A}\tilde{\boldsymbol{X}}_\mathrm{C1} = \boldsymbol{H}_1\tilde{\boldsymbol{X}}_\mathrm{w}, \boldsymbol{A} = \begin{bmatrix} f_x & 0 & u_0 \\ 0 & f_y & v_0 \\ 0 & 0 & 1 \end{bmatrix} \tag{5.20}$$

$$s\tilde{\boldsymbol{x}}_2 = \boldsymbol{A}[\boldsymbol{R}_2 \quad \boldsymbol{T}_2]\tilde{\boldsymbol{X}}_{\mathrm{w}} = \boldsymbol{A}\tilde{\boldsymbol{X}}_{\mathrm{c2}} = \boldsymbol{H}_2\tilde{\boldsymbol{X}}_{\mathrm{w}} \tag{5.21}$$

式 (5.20) 和式 (5.21) 中，s 为任意非零的常数比例因子，$\boldsymbol{R}_1(\boldsymbol{R}_2)$ 和 $\boldsymbol{T}_1(\boldsymbol{T}_2)$ 分别为描述从世界坐标系到左 (右) 摄像机坐标系刚性变换的 3×3 旋转矩阵和 3×1 平移向量；$\boldsymbol{A}$ 为 3×3 矩阵，描述了摄像机内部参数，由于左、右虚拟摄像机由同一摄像机镜像所得，因此理论上具有相同的内部参数；f_x 和 f_y 为以像素为单位的焦距分别在 x 和 y 方向上的分量；(u_0, v_0) 为主点图像坐标；$\boldsymbol{H}_1$ 和 $\boldsymbol{H}_2$ 为 3×4 的投影矩阵，分别表示了世界坐标系下点与左半边图像点和右半边图像点之间的映射关系。

$$\tilde{\boldsymbol{X}}_{\mathrm{C1}} = \begin{bmatrix}\boldsymbol{R} & \boldsymbol{T}\end{bmatrix}\tilde{\boldsymbol{X}}_{\mathrm{C2}} \tag{5.22}$$

式中，$\boldsymbol{R}$ 和 $\boldsymbol{T}$ 分别为描述从右摄像机坐标系到左摄像机坐标系刚性变换的 3×3 旋转矩阵和 3×1 平移向量。

通过拍摄已知世界坐标的物点以及提取物点对应像点在左、右半边图像平面上的坐标，可以解算出映射关系中所有的未知数，完成左、右虚拟摄像机参数的标定，以及它们之间相对位姿的标定。假设使用二维平面靶标，且已知特征点的世界坐标和其对应的两个像点坐标，由于一个特征点可以建立两个方程，因此需要至少六个特征点来解算所有的未知数。

5.7 镜像双目基本结构及极线几何

5.7.1 镜像双目基本结构

如图 5.8（a）所示，C 为摄像机光心，V_1, V_2 为反射镜 m_1, m_2 分别镜像出的两个虚拟摄像机。摄像机与虚拟摄像机坐标系，以及两虚拟摄像机坐标系之间均可以用旋转和平移关系来描述。

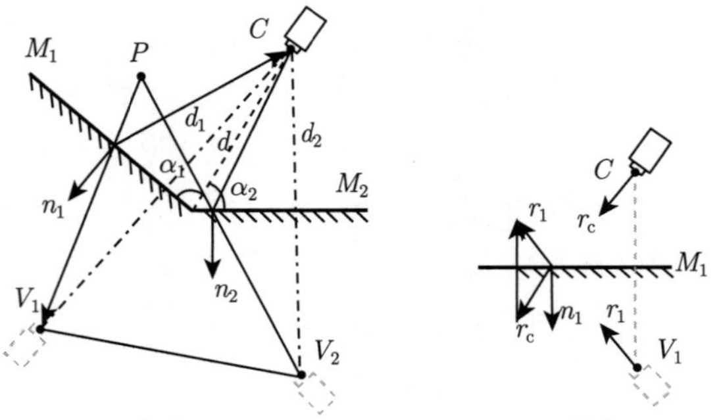

图 5.8　摄像机与虚拟摄像机的位置关系

假设摄像机 C 光轴与两反射镜的旋转轴正交，且光心到交点的距离为 d。记光轴与反射镜 m_1, m_2 的夹角分别为 α_1, α_2，则光心分别到两反射镜的距离 d_1, d_2 可由图 5.8（a）

所示的几何关系可以得到

$$d_1 = d \cdot \sin\alpha_1, \quad d_2 = d \cdot \sin\alpha_2 \tag{5.23}$$

用单位向量 $\boldsymbol{n}_1, \boldsymbol{n}_2$ 分别表示两反射镜 m_1, m_2 的法线方向，以图 5.8（a）中的左虚拟摄像机为例，根据几何关系可以得到摄像机 C 与虚拟摄像机 V_1 的平移关系

$$\boldsymbol{V}_1 = \boldsymbol{C}_1 + 2d_1\boldsymbol{n}_1 = \boldsymbol{C}_1 + \boldsymbol{T}_1 \tag{5.24}$$

式中，$\boldsymbol{T}_1 = 2d_1\boldsymbol{n}_1$ 为摄像机 C 到虚拟摄像机 V_1 的平移向量。

旋转关系可以由图 5.9（b）推得，$\boldsymbol{r}_\text{c}$ 与 $\boldsymbol{r}_1$ 分别表示摄像机 C 与虚拟摄像机 V_1 光轴方向的单位向量，根据几何关系，可以得到

$$\boldsymbol{r}_1 = \boldsymbol{r}_\text{C} + 2(\boldsymbol{r}_\text{C} \cdot \boldsymbol{n}_1)\boldsymbol{n}_1 = (\boldsymbol{I} - 2\boldsymbol{n}_1\boldsymbol{n}_1^\text{T})\boldsymbol{r}_\text{C} = \boldsymbol{R}_1\boldsymbol{r}_\text{C} \tag{5.25}$$

式中，$\boldsymbol{I}$ 是单位矩阵，$\boldsymbol{R}_1$ 表示摄像机 C 与虚拟摄像机 V_1 的旋转关系。将旋转和平移关系结合成变换矩阵 $\boldsymbol{D}_1$, 则三维空间中的点 P 在摄像机 C 坐标系和虚拟摄像机 V_1 坐标系下的齐次坐标关系可以表示为

$$\tilde{\boldsymbol{X}}_\text{Cl} = \boldsymbol{D}_1\tilde{\boldsymbol{X}}_\text{C}, \quad \boldsymbol{D}_1 = \begin{bmatrix} \boldsymbol{I} - 2\boldsymbol{n}_1\boldsymbol{n}_1^\text{T} & 2d_1\boldsymbol{n}_1 \\ \boldsymbol{0} & 1 \end{bmatrix} = \begin{bmatrix} \boldsymbol{R}_1 & \boldsymbol{T}_1 \\ \boldsymbol{0} & 1 \end{bmatrix} \tag{5.26}$$

同理，三维空间中的点 P 在摄像机 C 和虚拟摄像机 V_2 坐标系下的齐次坐标，有如下关系

$$\tilde{\boldsymbol{X}}_\text{C2} = \boldsymbol{D}_2\tilde{\boldsymbol{X}}_\text{C}, \quad \boldsymbol{D}_2 = \begin{bmatrix} \boldsymbol{I} - 2\boldsymbol{n}_2\boldsymbol{n}_2^\text{T} & 2d_2\boldsymbol{n}_2 \\ \boldsymbol{0} & 1 \end{bmatrix} = \begin{bmatrix} \boldsymbol{R}_2 & \boldsymbol{T}_2 \\ & \\ \boldsymbol{0} & 1 \end{bmatrix} \tag{5.27}$$

则从上面两式可以得到

$$\tilde{\boldsymbol{X}}_\text{C2} = \boldsymbol{D}_2\tilde{\boldsymbol{X}}_\text{C} = \boldsymbol{D}_2\boldsymbol{D}_1^{-1}\tilde{\boldsymbol{X}}_\text{C1} \tag{5.28}$$

因为矩阵 $\boldsymbol{D}_1^{-1}\boldsymbol{D}_1 = \boldsymbol{I}$, 所以有

$$\boldsymbol{D} = \boldsymbol{D}_2\boldsymbol{D}_1^{-1} = \boldsymbol{D}_2\boldsymbol{D}_1 = \begin{pmatrix} \boldsymbol{R} & \boldsymbol{T} \\ \boldsymbol{0} & 1 \end{pmatrix} \tag{5.29}$$

式中，$\boldsymbol{R} = \boldsymbol{I} + 4(\boldsymbol{n}_1 \cdot \boldsymbol{n}_2)\boldsymbol{n}_1^\text{T}\boldsymbol{n}_2^\text{T} - 2\boldsymbol{n}_1\boldsymbol{n}_1^\text{T} - 2\boldsymbol{n}_2\boldsymbol{n}_2^\text{T}$，$\boldsymbol{T} = 2d_1\boldsymbol{n}_1 - [4d_1(\boldsymbol{n}_1 \cdot \boldsymbol{n}_2) - 2d_2]\boldsymbol{n}_2$。

若要得到公共视场范围合理的两虚拟相机镜像双目系统，两反射镜各自与光轴之间夹角的选择很重要。当两虚拟摄像机有公共视场范围时，图 5.9（a）为临界情况，即虚拟摄像机 V_2 的光轴位于反射镜 m_1 镜面上，此时从虚拟摄像机 V_2 中恰好无法看到反

射镜 m_1；图 5.9（b）为更加理想的情况；而图 5.9（c）由于虚拟摄像机 V_2 的光轴与反射镜的夹角小于 180°，所以虚拟摄像机 V_2 能够在视场中看到反射镜 m_1，此种情况不能构建适于测量的两虚拟相机镜像双目系统。因此从图 5.9可知，反射镜与摄像机光轴的夹角在选取时应满足以下约束

$$\alpha_1 + 2\alpha_2 \geqslant 180° \tag{5.30}$$

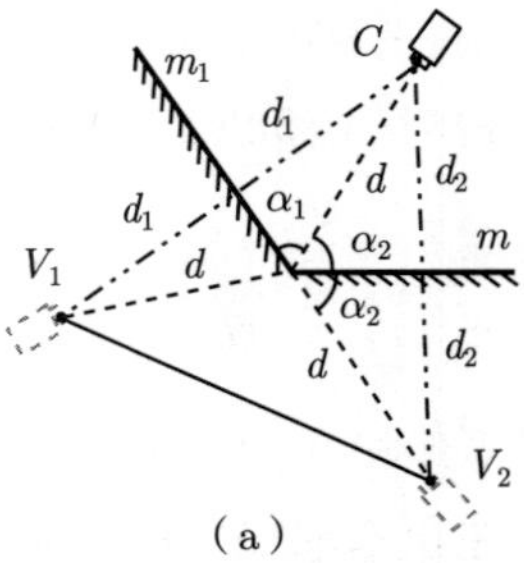

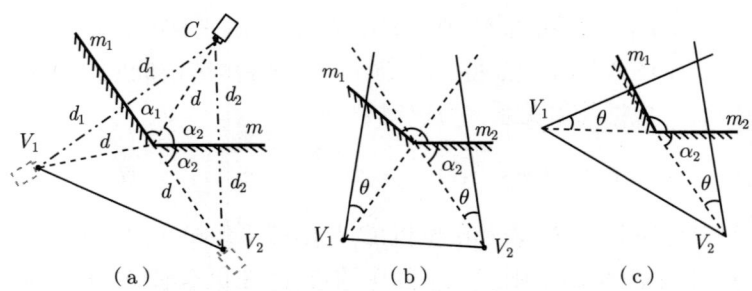

图 5.9　不同反射镜与摄像机光轴夹角下的虚拟摄像机视场范围

5.7.2　极线几何和基本矩阵

如图 5.10所示，若 p_1 和 p_2 分别为空间点 P 在左右两图像平面 π_{u1} 和 π_{u2} 的投影，则称 p_1 和 p_2 为对应点，e_1 和 e_2 为两虚拟摄像机光心 O_{C1} 和 O_{C2} 的连线 (基线) 与两图像平面的交点，过 p_1 和 e_1 的直线 l_1 为对应于 p_2 的极线，过 p_2 和 e_2 的直线 l_2 为对应于 p_1 的极线。p_1 在右半边图像平面 π_{u2} 中的对应点必然位于它在 π_{u2} 内的极线上，反之亦然。

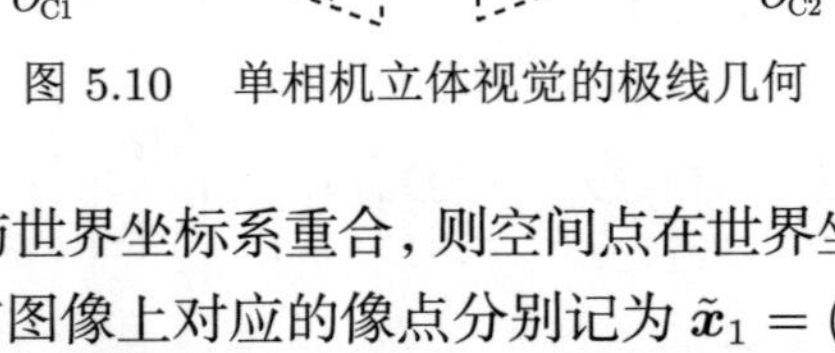

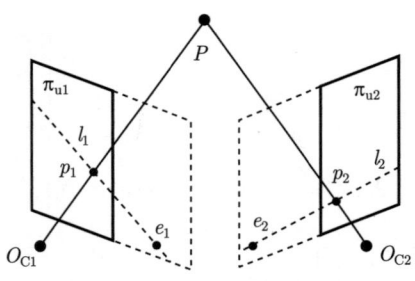

图 5.10　单相机立体视觉的极线几何

定义左摄像机坐标系与世界坐标系重合，则空间点在世界坐标系下的坐标记为 $\tilde{\boldsymbol{X}}_{\mathrm{w}} = (x_{\mathrm{w}}, y_{\mathrm{w}}, z_{\mathrm{w}}, 1)^{\mathrm{T}}$，其在左、右图像上对应的像点分别记为 $\tilde{\boldsymbol{x}}_1 = (u_1, v_1, 1)^{\mathrm{T}}$ 和 $\tilde{\boldsymbol{x}}_2 = (u_2, v_2, 1)^{\mathrm{T}}$，记左、右虚拟摄像机的内参矩阵分别为 $\boldsymbol{A}_1, \boldsymbol{A}_2$。设右摄像机坐标系到世界坐标系的旋转矩阵为 $\boldsymbol{R}$，平移向量为 $\boldsymbol{T}$。根据 5.4.1节中的摄像机模型，有

$$s_1\tilde{\boldsymbol{x}}_1 = \boldsymbol{A}_1[\boldsymbol{I} \quad \boldsymbol{0}]\tilde{\boldsymbol{X}}_{\mathrm{w}}, \quad s_2\tilde{\boldsymbol{x}}_2 = \boldsymbol{A}_2[\boldsymbol{R} \quad \boldsymbol{T}]\tilde{\boldsymbol{X}}_{\mathrm{w}} \tag{5.31}$$

消去 $\tilde{\boldsymbol{X}}_{\mathrm{w}}$, 有

$$s_2\boldsymbol{A}_2^{-1}\tilde{\boldsymbol{x}}_2 - s_1\boldsymbol{R}\boldsymbol{A}_1^{-1}\tilde{\boldsymbol{x}}_1 = \boldsymbol{T} \tag{5.32}$$

用 $\boldsymbol{T}$ 的反对称矩阵 $[\boldsymbol{T}]_\times$ 左乘上式两端, 并同除以 s_2 有

$$[\boldsymbol{T}]_\times\boldsymbol{A}_2^{-1}\tilde{\boldsymbol{x}}_2 - s[\boldsymbol{T}]_\times\boldsymbol{R}\boldsymbol{A}_1^{-1}\tilde{\boldsymbol{x}}_1 = 0 \tag{5.33}$$

式中，$s = s_1/s_2$。

令 $\boldsymbol{m} = \boldsymbol{A}_2^{-1}\tilde{\boldsymbol{x}}_2$, 左乘 $\boldsymbol{m}^{\mathrm{T}}$, 有

$$\boldsymbol{m}^{\mathrm{T}}[\boldsymbol{T}]_\times\boldsymbol{m} - s\boldsymbol{m}^{\mathrm{T}}[\boldsymbol{T}]_\times\boldsymbol{R}\boldsymbol{A}_1^{-1}\tilde{\boldsymbol{x}}_1 = 0 \tag{5.34}$$

因为 $\boldsymbol{m}^{\mathrm{T}}[\boldsymbol{T}]_\times\boldsymbol{m} = 0$, 所以有

$$\tilde{\boldsymbol{x}}_2^{\mathrm{T}}\boldsymbol{A}_2^{-\mathrm{T}}[\boldsymbol{T}]_\times\boldsymbol{R}\boldsymbol{A}_1^{-1}\tilde{\boldsymbol{x}}_1 = 0 \tag{5.35}$$

令 $\boldsymbol{F} = \boldsymbol{A}_2^{-\mathrm{T}}[\boldsymbol{T}]_\times\boldsymbol{R}\boldsymbol{A}_1^{-1}$, 称 $\boldsymbol{F}$ 为基本矩阵, 表征了双目视觉的摄像机内部参数和结构参数（校正畸变后）。对于单相机镜像双目系统, 如果采用相同的摄像机内部参数, 则有:

$$\boldsymbol{F} = \boldsymbol{A}^{-\mathrm{T}}[\boldsymbol{T}]_\times\boldsymbol{R}\boldsymbol{A}^{-1} \tag{5.36}$$

5.8 单相机镜像双目测量模型

基于传统双目原理建立的两虚拟相机镜像双目测量模型是将摄像机镜像成两个视场减半的虚拟摄像机，就如同两个摄像机分别成像，但成像后只有原图像的一半大小，该方法不符合单相机镜像双目系统的实际测量方式，由于主点是摄像机光轴与图像平面的交点，不一定位于两半图像的分界线上，因此使用传统的方法建立模型，可能会出现一边虚拟摄像机图像的主点位于图像外的情况。

为了避免上述问题, 建立了如图 5.11所示的单相机镜像双目的一体化数学模型。从世界坐标系 O_{w}-$x_{\mathrm{w}}y_{\mathrm{w}}z_{\mathrm{w}}$ 到摄像机坐标系 O_{C}-$x_{\mathrm{C}}y_{\mathrm{C}}z_{\mathrm{C}}$ 的转换关系仍可用 3×3 的正交旋转矩阵 $\boldsymbol{R}$ 和 3×1 的平移矢量 $\boldsymbol{T}$ 来表示。建立图像坐标系 O_{u}-uv, 定义 $O_{\mathrm{C}}x_{\mathrm{C}}//O_{\mathrm{u}}u$, $O_{\mathrm{C}}y_{\mathrm{C}}//O_{\mathrm{u}}v, O_{\mathrm{C}}z_{\mathrm{C}}$ 垂直于图像平面。

设空间点 P 的世界坐标为 $\boldsymbol{X}_{\mathrm{w}} = (x_{\mathrm{w}}, y_{\mathrm{w}}, z_{\mathrm{w}})^{\mathrm{T}}$, 相应的齐次坐标为 $\tilde{\boldsymbol{X}}_{\mathrm{w}} = (x_{\mathrm{w}}, y_{\mathrm{w}}, z_{\mathrm{w}}, 1)^{\mathrm{T}}$, 它在反射镜 m_1 和 m_2 中成的虚像点分别为 $P_{\mathrm{v}1}$ 和 $P_{\mathrm{v}2}$, 两虚像点经透视投影变换后, 分别成像为图像平面上的点 p_1 和 p_2, 相应的图像坐标分别为 $\boldsymbol{x}_1 = (u_1, v_1)^{\mathrm{T}}, \boldsymbol{x}_2 = (u_2, v_2)^{\mathrm{T}}$, 对应的齐次坐标为 $\tilde{\boldsymbol{x}}_1 = (u_1, v_1, 1)^{\mathrm{T}}$ 和 $\tilde{\boldsymbol{x}}_2 = (u_2, v_2, 1)^{\mathrm{T}}$。

假设两反射镜之间只存在一维的旋转关系，旋转轴为两反射镜的交线。假设轴 z_{c} 垂直于两平面镜的交线，z_{c} 轴与两反射镜 m_1 与 m_2 的夹角分别为 α_1 和 α_2, 记 m_1 与

m_2 的夹角为 ε, 有 $\varepsilon = \pi - \alpha_1 - \alpha_2$, 点 P 在世界坐标系下的坐标 $\tilde{\boldsymbol{X}}_{\mathrm{w}} = (x_{\mathrm{w}}, y_{\mathrm{w}}, z_{\mathrm{w}}, 1)^{\mathrm{T}}$ 与其在摄像机坐标系下的坐标 $\tilde{\boldsymbol{X}}_{\mathrm{C}} = (x_{\mathrm{C}}, y_{\mathrm{C}}, z_{\mathrm{C}}, 1)^{\mathrm{T}}$ 存在如下转换关系

$$\tilde{\boldsymbol{X}}_{\mathrm{c}} = \begin{bmatrix} \boldsymbol{R}_{\mathrm{w}}^{\mathrm{C}} & \boldsymbol{T}_{\mathrm{w}}^{\mathrm{C}} \end{bmatrix} \tilde{\boldsymbol{X}}_{\mathrm{w}} \tag{5.37}$$

式中，$\boldsymbol{R}_{\mathrm{w}}^{\mathrm{C}}$ 和 $\boldsymbol{T}_{\mathrm{w}}^{\mathrm{C}}$ 分别表示从世界坐标系到摄像机坐标系的旋转矩阵和平移向量。

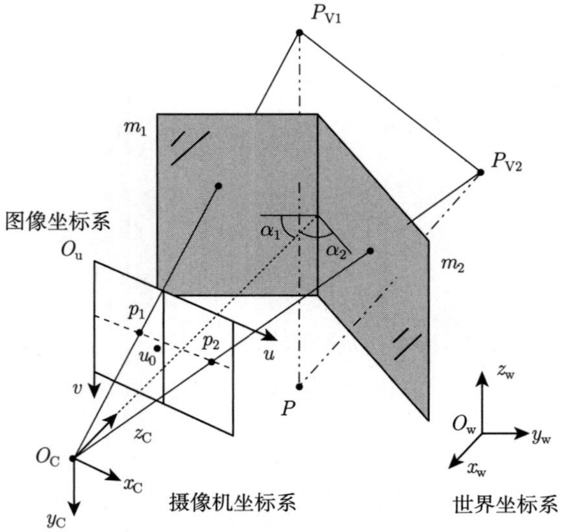

图 5.11　单相机镜像双目的一体化数学模型

建立如图 5.12（a）所示的反射镜坐标系 $O_{\mathrm{m}}\text{-}x_{\mathrm{m}}y_{\mathrm{m}}z_{\mathrm{m}}$, 其中 O_{m} 为摄像机光轴与反射镜交线的交点, 以其中一片反射镜的镜面方向为 x_{m} 轴, 垂直镜面向上的方向为 z_{m} 轴, y_{m} 轴垂直纸面向里, 定义 $x_{\mathrm{m}}, z_{\mathrm{m}}, x_{\mathrm{C}}, z_{\mathrm{C}}$ 轴在同一平面内, 则点 P 在摄像机坐标系 $O_{\mathrm{C}}\text{-}x_{\mathrm{C}}y_{\mathrm{C}}z_{\mathrm{C}}$ 下的坐标 $\tilde{\boldsymbol{X}}_{\mathrm{c}}$ 到反射镜坐标系 $O_{\mathrm{m}}\text{-}x_{\mathrm{m}}y_{\mathrm{m}}z_{\mathrm{m}}$ 下的坐标 $\tilde{\boldsymbol{X}}_{\mathrm{m}}$ 的转换关系为

$$\tilde{\boldsymbol{X}}_{\mathrm{m}} = \begin{bmatrix} \boldsymbol{R}_{\mathrm{C}}^{\mathrm{m}} & \boldsymbol{T}_{\mathrm{C}}^{\mathrm{m}} \end{bmatrix} \tilde{\boldsymbol{X}}_{\mathrm{C}} = \boldsymbol{H}_{\mathrm{C}}^{\mathrm{m}} \tilde{\boldsymbol{X}}_{\mathrm{C}} \tag{5.38}$$

式中, $\tilde{\boldsymbol{X}}_{\mathrm{m}} = (x_{\mathrm{m}}, y_{\mathrm{m}}, z_{\mathrm{m}}, 1)^{\mathrm{T}}$ 是点 P 在反射镜坐标系 $O_{\mathrm{m}}\text{-}x_{\mathrm{m}}y_{\mathrm{m}}z_{\mathrm{m}}$ 下的齐次坐标; $\boldsymbol{H}_{\mathrm{c}}^{\mathrm{m}}$ 称为两坐标系间的转换矩阵。

根据图 5.12（a）中的几何关系, 点 P 经过反射镜 M_2 的反射形成的虚拟点 P_{v2} 的坐标为

$$\boldsymbol{X}_{\mathrm{v2}}^{\mathrm{m}} = (x_{\mathrm{m}}, y_{\mathrm{m}}, -z_{\mathrm{m}})^{\mathrm{T}} \tag{5.39}$$

式 (5.39) 中的上角标 m 表示所在的坐标系为 $O_{\mathrm{m}}\text{-}x_{\mathrm{m}}y_{\mathrm{m}}z_{\mathrm{m}}$ 。经过反射镜 m_1 反射形成的虚拟点 P_{v1} 的坐标求取较为复杂, 需建立如图 5.12（b）所示的辅助坐标系 $O_{\mathrm{m}}\text{-}x'y'z'$, 其中 $\delta = \pi/2 - \varepsilon$, 点 $\boldsymbol{X}^{\mathrm{m}} = (x_{\mathrm{m}}, y_{\mathrm{m}}, z_{\mathrm{m}})^{\mathrm{T}}$ 从坐标系 $O_{\mathrm{m}}\text{-}x_{\mathrm{m}}y_{\mathrm{m}}z_{\mathrm{m}}$ 转换至 $O_{\mathrm{m}}\text{-}x'y'z'$ 下的坐标为 $\boldsymbol{X}' = (x_{\mathrm{m}}\cos\delta + z_{\mathrm{m}}\sin\delta, y_{\mathrm{m}}, -x_{\mathrm{m}}\sin\delta + z_{\mathrm{m}}\cos\delta)$, 将点 P 在此坐标系下

镜像至点 P_{v1}，易知其坐标为 $\boldsymbol{X}'_{\mathrm{v1}}=(-x_{\mathrm{m}}\cos\delta-z_{\mathrm{m}}\sin\delta,y_{\mathrm{m}},-x_{\mathrm{m}}\sin\delta+z_{\mathrm{m}}\cos\delta)$，将点 P_{v1} 在该辅助坐标系下的坐标转换回至 $O_{\mathrm{m}}\text{-}x_{\mathrm{m}}y_{\mathrm{m}}z_{\mathrm{m}}$，则有：$\boldsymbol{X}^{\mathrm{m}}_{\mathrm{v1}}=(-x_{\mathrm{m}}\cos2\delta-z_{\mathrm{m}}\sin2\delta,y_{\mathrm{m}},-x_{\mathrm{m}}\sin2\delta-z_{\mathrm{m}}\cos2\delta)$。

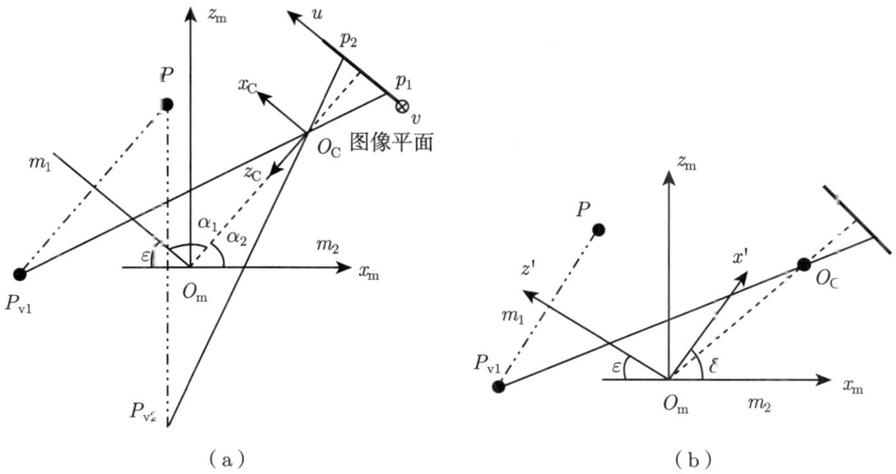

图 5.12　反射镜坐标系与辅助坐标系

综上所述，单镜像双目视觉系统的透视投影模型如下

$$
\begin{cases}
\tilde{\boldsymbol{x}}_1=\boldsymbol{A}\begin{bmatrix}\boldsymbol{R}^{\mathrm{C}}_{\mathrm{w}} & \boldsymbol{T}^{\mathrm{C}}_{\mathrm{w}}\end{bmatrix}\boldsymbol{H}^{\mathrm{C}-1}_{\mathrm{m}}\tilde{\boldsymbol{X}}^{\mathrm{m}}_{\mathrm{v1}}\\
\tilde{\boldsymbol{x}}_2=\boldsymbol{A}\begin{bmatrix}\boldsymbol{R}^{\mathrm{C}}_{\mathrm{w}} & \boldsymbol{T}^{\mathrm{C}}_{\mathrm{w}}\end{bmatrix}\boldsymbol{H}^{\mathrm{C}-1}_{\mathrm{m}}\tilde{\boldsymbol{X}}^{\mathrm{m}}_{\mathrm{v2}}
\end{cases}
\tag{5.40}
$$

5.9　单相机镜像双目的一体化标定

单相机镜像双目的摄像机的基本摄像机模型仍采用针孔模型。由于采用了反射镜组构成镜像双目结构，因此摄像机拍摄的图像被分为左右两部分，分别由左、右虚拟摄像机获取。标定能够获得传感器的系统参数，是实现测量的前提。对于单摄像机镜像双目传感器的标定任务，包含摄像机的标定以及虚拟摄像机之间转换关系的标定，有两种传统方法。第一种方法这里称为两步标定法，具体为：首先将平面镜组移除，采用单摄像机对靶标拍摄，标定出摄像机的内部参数；然后加入反射镜组，再次对靶标拍摄，标定出两个虚拟摄像机的旋转和平移关系。第二种方法为分别标定法，即分别对得到的“双视场”图像的两个像面进行内参标定，即对左右两视场分别标定，分别得到两个虚拟摄像机不同的内部参数，由靶标上相同点在不同虚拟摄像机坐标系下的坐标建立方程组解算两虚拟摄像机之间的旋转平移参数。

两步标定法严格符合理论模型，即同一摄像机，即使通过反射镜构成两个视场减半的虚拟摄像机，内部参数仍然一致。但该方法的缺点是精度较低，这可能是由于实际上畸变中心与主点不重合，从而畸变不成中心对称分布，因此左半边图像和右半边图像的畸变程度可能不同。两步法中第一步标定摄像机时，内部参数是通过分布在整个图像上的特征点优化搜索得到；而第二步标定结构参数时，左 (右) 虚拟摄像机拍摄的特征点只分布在图像左 (右) 半边，结构参数在优化搜索时只使用了半边图像，限制了系统的标定和测量精度。

分别标定法在镜头畸变不大的情况下精度较高，即将左半边图像和右半边图像分别看作两个不同的摄像机拍摄所得，优化搜索时也只在相应的半边区域内完成，因此精度较两步标定法要高。因为优化搜索时也只在相应的半边区域内完成，标定得到的两个虚拟摄像机的焦距和主点不同，畸变参数也不同，这与实际有一定的偏差，因为两个虚拟摄像机是由同一个摄像机镜像而成，应具有相同的焦距和主点。

在已有方法基础上，结合了两种方法的优点，本节给出一种基于镜像双目测量的实体单摄像机三维测量数学模型的一体化标定方法，既遵循了两步标定法符合理论模型的观点，又能够达到较高的标定精度，且实施步骤简单。

为了符合单镜像双目系统摄像机参数一致的原则，达到更加符合单镜像双目的实际测量方式的目的，将单相机镜像双目理解为单摄像机对空间同一物点的两个镜像物点分别成像，建立了如图 5.13所示的单实体相机的镜像双目测量模型[37]。

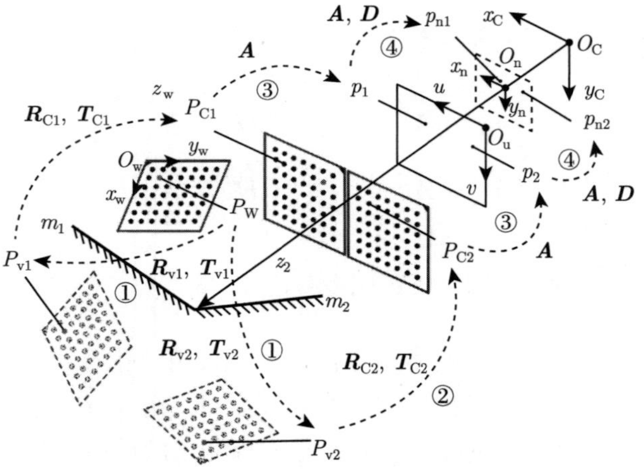

图 5.13　单实体相机的镜像双目测量模型

从世界坐标系 O_w-$x_wy_wz_w$ 到摄像机坐标系 O_C-$x_Cy_Cz_C$ 的转换关系用 3×3 的正交旋转矩阵 $\boldsymbol{R}_c$ 和 3×1 的平移矢量 $\boldsymbol{T}_c$ 来表示。建立图像坐标系 O_u-uv，定义 $O_Cx_C//O_uu$，$O_Cy_C//O_uv$，O_Cz_C 垂直于图像平面。

设空间点 P_w 的世界坐标为 $\boldsymbol{X}_w=(x_w,y_w,z_w)^T$，对应齐次坐标为 $\tilde{\boldsymbol{X}}_w=(x_w,y_w,z_w,1)^T$，它在反射镜 m_1 和 m_2 中成的虚像点分别为 P_{v1} 和 P_{v2}，两虚像点经透视投影变换后，分别成像为图像平面上的点 p_1 和 p_2，相应的图像坐标分别为 $\boldsymbol{x}_1=(u_1,v_1)^T,\boldsymbol{x}_2=(u_2,v_2)^T$，对应的齐次坐标为 $\tilde{\boldsymbol{x}}_1=(u_1,v_1,1)^T$ 和 $\tilde{\boldsymbol{x}}_2=(u_2,v_2,1)^T$。则单实体相机镜像双目模型可通过以下步骤得到。

1. 世界坐标系中的点 P_{w} 到虚拟像点的变换

如图 5.13所示的过程①，空间点到两个虚拟像点的变换可以表示为：

$$\tilde{\boldsymbol{X}}_{\mathrm{V1}}=\begin{bmatrix}\boldsymbol{R}_{\mathrm{V1}} & \boldsymbol{T}_{\mathrm{V1}}\\ \boldsymbol{0}^{\mathrm{T}} & 1\end{bmatrix}\tilde{\boldsymbol{X}}_{\mathrm{w}},\quad \tilde{\boldsymbol{X}}_{\mathrm{V2}}=\begin{bmatrix}\boldsymbol{R}_{\mathrm{V2}} & \boldsymbol{T}_{\mathrm{V2}}\\ \boldsymbol{0}^{\mathrm{T}} & 1\end{bmatrix}\tilde{\boldsymbol{X}}_{w} \tag{5.41}$$

式中，$\boldsymbol{R}_{\mathrm{V1}}$ 和 $\boldsymbol{R}_{\mathrm{V2}}$，$\boldsymbol{T}_{\mathrm{V1}}$ 和 $\boldsymbol{T}_{\mathrm{V2}}$ 分别为世界坐标系下点 P_{w} 到左虚拟像点和右虚拟像点的转换关系，实际标定中并不用算出具体值。

2. 将虚拟像点转换到摄像机坐标系的变换

按如图 5.14所示的过程②，将虚拟像点转换至摄像机坐标系下的变换为：

$$\tilde{\boldsymbol{X}}_{\mathrm{C1}}=\begin{bmatrix}\boldsymbol{R}_{\mathrm{C1}} & \boldsymbol{T}_{\mathrm{C1}}\\ \boldsymbol{0}^{\mathrm{T}} & 1\end{bmatrix}\tilde{\boldsymbol{X}}_{\mathrm{v1}},\quad \tilde{\boldsymbol{X}}_{\mathrm{C2}}=\begin{bmatrix}\boldsymbol{R}_{\mathrm{C2}} & \boldsymbol{T}_{\mathrm{C2}}\\ \boldsymbol{0}^{\mathrm{T}} & 1\end{bmatrix}\tilde{\boldsymbol{X}}_{\mathrm{V2}} \tag{5.42}$$

式中，$\boldsymbol{R}_{\mathrm{C1}}$、$\boldsymbol{R}_{\mathrm{C2}}$，$\boldsymbol{T}_{\mathrm{C1}}$、$\boldsymbol{T}_{\mathrm{C2}}$ 分别表示虚拟像点转换至摄像机坐标系下的刚性变换。从以上两式可以得到：

$$\begin{aligned}\boldsymbol{X}_{\mathrm{C2}}=&\boldsymbol{R}_{\mathrm{C2}}\boldsymbol{R}_{\mathrm{V2}}\boldsymbol{R}_{\mathrm{V1}}^{-1}\boldsymbol{R}_{\mathrm{C1}}^{-1}\boldsymbol{K}_{\mathrm{C1}}-\\ &\boldsymbol{R}_{\mathrm{C2}}\boldsymbol{R}_{\mathrm{V2}}\boldsymbol{R}_{\mathrm{V1}}^{-1}\boldsymbol{T}_{\mathrm{V1}}-\boldsymbol{R}_{\mathrm{C2}}\boldsymbol{R}_{\mathrm{V2}}\boldsymbol{R}_{\mathrm{V1}}^{-1}\boldsymbol{R}_{\mathrm{C1}}^{-1}\boldsymbol{T}_{\mathrm{C1}}+\boldsymbol{R}_{\mathrm{C2}}\boldsymbol{T}_{\mathrm{V2}}+\boldsymbol{T}_{\mathrm{C2}}\end{aligned} \tag{5.43}$$

式 (5.41)～式 (5.43) 太复杂了，无法直接求解，因为变换参数与反射镜之间的角度和从相机到反射镜的距离有关，这二者都无法精确测量。请注意，靶标通过镜像反射成两个虚拟靶标。根据这一假设，由相机捕获的图像可以被视为由单个相机捕获的两个单独的图像。使用这对图像分别求解从相机的图像平面到每个虚拟目标平面的映射矩阵，从而可以导出结构参数。

3. 从摄像机坐标系到图像坐标系的透视投影变换

如图 5.13所示的过程③，从摄像机坐标系到图像坐标系的透视投影变换为：

$$\begin{cases}s\tilde{\boldsymbol{x}}_1 &= \begin{bmatrix}\boldsymbol{A} & 0\end{bmatrix}\tilde{\boldsymbol{X}}_{\mathrm{C1}}\\ s\tilde{\boldsymbol{x}}_2 &= \begin{bmatrix}\boldsymbol{A} & 0\end{bmatrix}\tilde{\boldsymbol{X}}_{\mathrm{C2}}\end{cases},\quad \boldsymbol{A}=\begin{bmatrix}f_x & 0 & u_0\\ 0 & f_y & 0\\ 0 & 0 & 1\end{bmatrix} \tag{5.44}$$

式中，s 为比例因子。

单实体相机的镜像双目一体化标定法流程如图 5.14所示，通过拍摄已知世界坐标系的物点以及提取物点对应像点在左、右半边图像上的坐标，可以解算出映射关系中所有的未知数，完成左、右虚拟摄像机参数的标定，以及它们之间相对位姿的标定。假设使用平面靶标，已知数仅为特征点的世界坐标和其对应的两个像点坐标，一个特征点可以建立两个方程，因此需要至少六个特征点来解算所有的未知数。

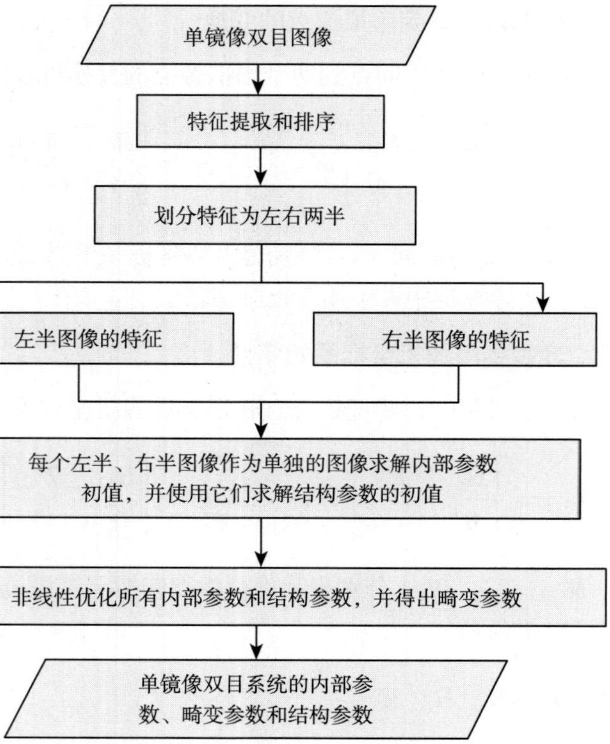

图 5.14　单实体相机的镜像双目一体化标定法流程

采用 CCD 摄像机、镜头和两片平面反射镜组成实验装置，CCD 像元大小为 4.4×4.4μm，图像分辨率为 800×600 pixels。拍摄的标定图像示例如图 5.15 所示。靶标中同行同列的相邻两点距离为 8mm。其中 10 幅双目立体图像用来标定，5 幅作为测试图像检测测量精度。标定结果参数如下：

$$\boldsymbol{A} \quad \begin{bmatrix} 1389.969 & 0 & 396.256 \\ 0 & 1390.121 & 305.067 \\ 0 & 0 & 1 \end{bmatrix}$$

$$k_1, k_2 \quad -0.0787, 0.0970$$

$$\boldsymbol{R} \quad \begin{bmatrix} 0.929 & -0.00447 & 0.369 \\ 0.00999 & 1.000 & -0.0131 \\ -0.369 & 0.0158 & 0.929 \end{bmatrix}$$

$$\boldsymbol{T} \quad \begin{bmatrix} -39.390 & 1.072 & 12.450 \end{bmatrix}$$

图 5.15　单实体相机的镜像双目一体化标定图像示例

小结

本章首先建立了单摄像机模型以及单相机镜像双目的测量模型，讨论了一种基于复合型平面靶标的标定方法。针对单相机镜像双目传感器，建立单实体相机镜像双目测量模型，提出了基于该模型的一体化标定方法。

第 6 章　多镜像双目传感器

6.1　引言

受管道口径限制，用于管道内表面的检测传感器或装置设备，在保证精度前提下，应尽可能具有体积小，以及高效率的特点。传统的基于视觉三维测量原理的管道内表面测量技术难以同时兼具高精度、小型化与大视场等特性。本章将从传感器小型化入手，用平面镜、摄像机及激光器组合构建视觉传感器单元，集成多视觉传感器单元，完成管道内表面大视场范围的图像采集，经虚拟双目与多视觉传感器全局标定后，结合镜像双目和结构光测量原理解算单视角光条中心特征点坐标，通过多视角拼接重建管道内表面的三维形态特征，以便实现关键几何参数的精密测量。

6.2　多传感器管道内表面视觉测量总体方案

在进行口径较大的管道测量时，基于多传感器组合的管道内表面视觉测量方案，能在提高三维测量精度的同时，提高测量效率。从视觉原理出发，管道内表面本质为横向延伸的长型类圆柱面，内部空间有限且光照条件较差，传感器视场与体积间存在天然的矛盾。在系统小型化的同时增大视场范围的方法包括图像拼接、鱼眼镜头及折反射成像等，其优缺点如表 6.1所示。摄像机与平面镜组合的折反射成像系统具有高分辨率的优点，满足系统高精度的设计需求，但单个系统的公共视场受限，因此，将摄像机和平面镜组合形成视觉传感器单元，集成多传感器单元来拓宽测量视场，从而降低图像采集次数、减少耗时，在保证测量精度的前提下提高测量效率。

表 6.1　常见增大视场范围方法的优缺点

方法		优点	缺点
图像拼接		分辨率高	成像速度慢，须配合精密位移装置
鱼眼镜头		结构简单	畸变严重，分辨率低
折反射成像	曲面镜	视场较大	非单视点约束，建模方法复杂
	平面镜	分辨率高	视场较小

基于多镜像双目传感器的管道内表面视觉测量系统主要由组合视觉传感器和管道机器人组成，组合视觉传感器主要实现管道内表面的局部三维测量，管道机器人搭载组合视觉传感器，可完成管道内表面的全局测量。如图 6.1所示，组合视觉传感器由三个镜像双目传感器单元组成，沿周向均匀布置三个传感器单元。镜像双目传感器单元由一

个相机、一组平面镜及激光投射器组成，管道内表面上任意物点经两个平面镜反射，分别经不同反射光路进入相机，从而实现同一物点在一幅图像中形成两个成像点，两个成像点与物点构成双目视觉测量的基本条件，依据双目视觉测量原理，实现管道内表面的三维测量。三个传感器单元的测量范围分别对应管道内表面圆周方向的一个局部区域。

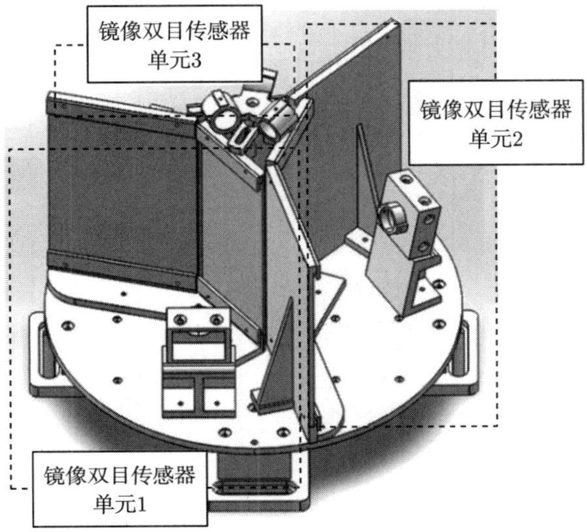

图 6.1　组合视觉传感器

多镜像双目传感器管道内表面视觉测量的总体方案如图 6.2所示。组合视觉传感器由三个镜像双目传感器单元组成，通过分析镜像双目传感器单元的结构参数对测量精度、公共视场的影响，根据受限空间内单一视觉传感器内部和多传感器组合布局方式计算确定结构参数。完成整体结构设计与系统加工后，将全局相机作为中间传感器，通过平移旋转关系的二次转换统一多视觉传感器的坐标系。实际应用中，借助激光投射器产生标志点，利用虚拟双目进行特征提取与匹配，可在缺少特征的较黑暗测量环境中输出管道内表面关键基础参数与形貌特征，实现基于多视觉传感器的测量。

依据信息捕捉与传递路径，基于多视觉传感器的管道内表面测量的主要流程如下。

（1）图像采集：在管道外部实验平台上固定检测系统并紧固各传感器单元与底座接口，调整光圈、焦距等参数，固定后分别采集多方向传感器标定图像，借助全局相机采集其自身标定图像及其与各方向传感器共同捕捉同一位姿靶标的全局标定图像；打开激光投射器调节光条宽度至视野清晰并固定，将检测系统放置到管道内部目标深度，存储采集板图像；

（2）系统标定：将虚拟双目采集图像统一恢复为翻转前的原始方向，利用张氏标定法对传感器内部虚拟双目和全局相机分别进行双、单目标定以获得各传感器的独立内外参数；重排全局标定图像中多方向靶标标志点的顺序，与全局相机采集标定图像对应获得多传感器与全局相机坐标系的转换关系，求解多传感器间的旋转矩阵和平移向量；

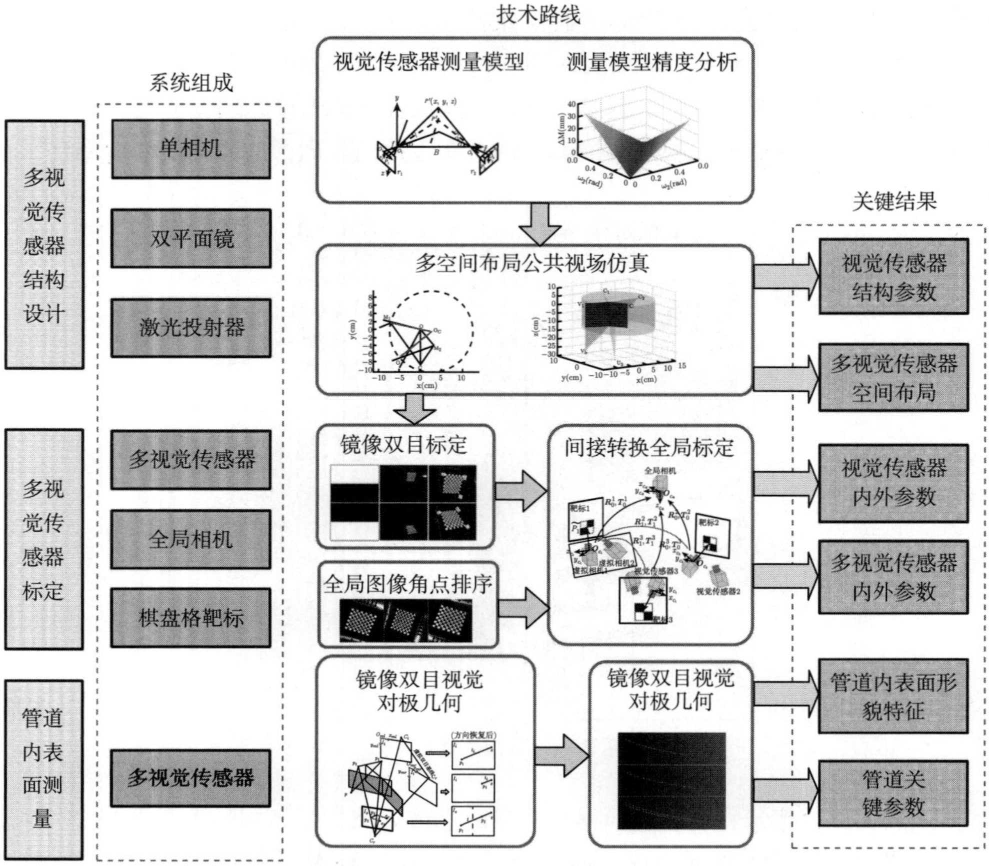

图 6.2　多镜像双目传感器管道内表面视觉测量的总体方案

（3）特征提取：系统测量精度定量验证过程中，分别提取棋盘格靶标角点并统一虚拟双目图像角点顺序；管道内表面形貌恢复及基础参数测量过程中，提取光条中心像点，结合极线约束和一次拟合优化后输出同名像点坐标；

（4）三维重建：基于虚拟双目对应点结合系统标定输出的特征参数求解多视觉传感器视场内靶标角点或光条中心三维坐标，依据全局标定结果拼接点云形成管道内表面形貌，通过圆柱表面拟合计算管道基础参数。本书针对基于视觉方法的传统管道内表面检测系统存在的精度不足、检测效率低等问题，集成多视觉传感器组成测量系统。经多传感器图像采集后，分别完成系统标定、特征提取及三维重建操作，从而恢复管道内表面形貌特征，计算管道关键测量参数。

6.3　多镜像双目传感器结构设计

根据 6.2节的多镜像双目传感器管道内表面视觉测量方案及技术路线，视觉传感器的结构设计和器件选型是多视觉传感器管道内表面检测系统的关键。本节以小型化、高精度、大视场为目标，在管道受限空间条件下，分析传感器内各空间尺寸参数与角度对测量范围、误差的影响，综合选择多传感器布局，设置最佳的结构参数。

6.3.1　传感器单元结构模型

径向放置场景两平面镜交线与管道中轴方向一致，摄像机通过平面镜反射观察管道内壁周向视野，经多传感器组合拓展视场范围。以该布局下的视觉传感器为例探究传感器单元测量模型，径向布局下的视觉传感器测量视野如图 6.3 所示。

将传统折反射单元移植到管道内横截面位置形成传感器单元结构，如图 6.3（a）所示，摄像机光心、虚拟相机光心及平面镜水平中线位于同一平面 π。传感器单元水平视场长度为圆柱横切面弧，长度为 l_{h}，垂直视场垂直于 π 且沿平面对称分布，长度为 l_{v}。

激光投射装置多为纵向走向设备，在视觉传感器径向放置场景下，基于减小挤占同平面内传感器空间及避免平面镜遮挡的目的，激光投射装置需要分布在平面镜上方或下方另一高度平面内。单一激光投射器在管道内部投射特征时的最佳效果位置位于投射器相同高度附近，造成公共视野成像中特征偏离画幅中心，从而降低提取效率与重构精度。为创造特征靠近视野中心条件，将摄像机沿平面镜水平中线旋转偏角 ε 以实现公共视场高度的上移或下移，水平及垂直视场长度如图 6.3（b）所示。基于多视觉传感器的管道内表面检测系统径向布局视场示意图如图 6.4所示。为保证采集图像中两虚拟摄像机在画幅中占比相同，设置摄像机光心位于两平面镜交点的正下方。

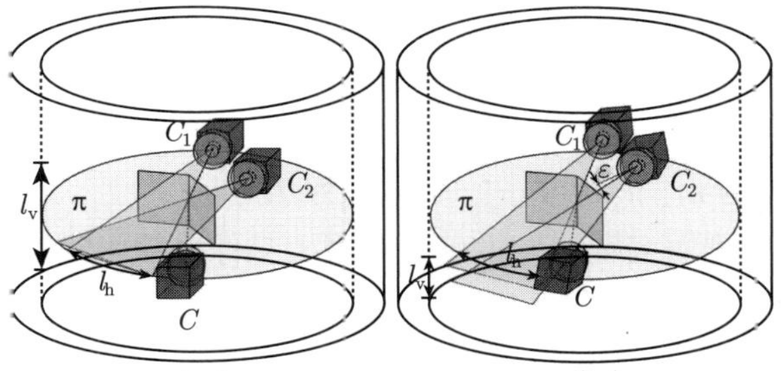

（a）　（b）

图 6.3　径向布局下的视觉传感器测量视野

以平面镜 m_1 与 m_2（即 Om_1, Om_2）的交点为原点，管道走向视角中垂直于光轴且指向右侧平面镜方向为 x 轴，光轴方向为 y 轴，管道走向为 z 轴建立正交右手坐标系 $O\text{-}xyz$。摄像机光心 C 分别沿平面镜 m_1、m_2 对称形成虚拟摄像机光心 C_1 和 C_2。平面镜 m_1 与 x 轴负半轴夹角为 $\alpha(0 < \alpha < \pi/2)$，平面镜 m_2 与 x 轴正半轴夹角为 $\beta(0 < \beta < \pi/2)$。摄像机基础参数中，焦距为 f，水平视场角为 $2\theta_x$。经平面镜反射形成两虚拟摄像机光轴与基线夹角为 φ，光轴交会角为 γ。通过几何运算可得光轴交会角与平面镜摆放角度和虚拟摄像机光轴与基线夹角关系为：

$$\gamma = 2\beta - 2\alpha \tag{6.1}$$

$$\gamma + 2\varphi = \pi \tag{6.2}$$

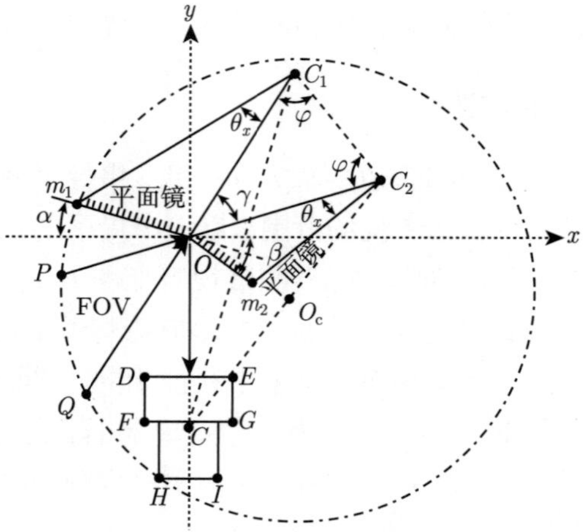

图 6.4　径向布局视场示意图

为使整体结构小型化，管道内壁应与摄像机左下角端点和平面镜 m_1 左端点尽量接近，即管道内壁的轴向截面为以上两点形成外接圆，记管道直径为 d_{p}，圆心 O_{c} 的坐标为 (a,b)，则该圆满足以下关系：

$$\begin{cases} b-\dfrac{b_1\sin\alpha+y_H}{2}=\dfrac{b_1\cos\alpha+x_H}{b_1\sin\alpha-y_H}\left(a-\dfrac{-b_1\cos\alpha+x_H}{2}\right) \\ (a+b_1\cos\alpha)^2+(b-b_1\sin\alpha)^2=\left(\dfrac{d_{\mathrm{p}}}{2}\right)^2 \end{cases} \tag{6.3}$$

式中，b_1 为平面镜 m_1 的长度；(x_H, y_H) 为 H 点坐标。

记摄像机 CMOS 靶面宽度为 b_{CMOS}，两虚拟摄像机焦距相同，均为 f，根据小孔成像模型得虚拟摄像机水平视场角：

$$2\theta_x=2\arctan\frac{b_{\mathrm{CMOS}}}{2f} \tag{6.4}$$

平面镜摄像机组合单元结构中的关键参数包括虚拟摄像机光轴方向、虚拟摄像机极限视角方向、平面镜位置和平面镜尺寸。虚拟摄像机光轴方向和极限视角方向与两平面镜和 x 轴夹角有关，通过推导摄像机经平面镜 m_1 反射成虚拟摄像机 C_1 光轴方向 $\overline{C_1O}$ 的夹角满足以下关系：

$$\tan\left(\frac{\pi}{2}-2\alpha\right)x-y=0 \tag{6.5}$$

摄像机经平面镜 m_2 反射成虚拟摄像机 C_2，则光轴方向 $\overline{C_2O}$ 与极限视角方向 $\overline{C_2M_2}$ 的关系为：

$$\tan\left(\frac{\pi}{2}-2\beta\right)x-y=0 \tag{6.6}$$

$$\tan\left(\frac{\pi}{2}-2\beta+\theta_x\right)(x-b_2\cos\beta)-y-b_2\sin\beta=0 \tag{6.7}$$

式中，b_2 为平面镜 m_2 的长度。

由结构模型可知，平面镜 m_1、m_2 的最小宽度 b_1 和 b_2 应满足

$$\begin{cases} b_1 = \dfrac{d\sin\theta_x}{\cos(\alpha+\theta_x)} \\ b_2 = \dfrac{d\sin\theta_x}{\cos(\beta-\theta_x)} \end{cases} \tag{6.8}$$

对应平面镜左右外边缘处两点坐标 $M_1(-b_1\cos\alpha, b_1\sin\alpha)$ 和 $M_2(b_2\cos\beta, -b_2\sin\beta)$。无偏角时，平面镜在 z 轴方向的高度由 CMOS 靶面高度 h_{CMOS} 和距离 d_{C} 确定：

$$h = \frac{d_{\text{C}}}{f}h_{\text{CMOS}} \tag{6.9}$$

式中，d_{C} 为摄像机的光心 C 与反射镜原点距离。

6.3.2　传感器单元测量精度分析

1. 测量误差评估

管道内表面检测需要较高精度，因此分析镜像双目传感器的结构参数对测量精度的影响十分必要。建立如图 6.5所示的镜像双目传感器测量精度分析模型。其中 V_1 和 V_2 分别为平面镜形成的两个虚拟摄像机像平面，其主点分别为 o_1 和 o_2。以虚拟摄像机 1 的光心 O_1 为原点，两虚拟摄像机基线为 x 轴建立坐标系，基线距为 l_{B}。由平面镜对称性可知，两虚拟摄像机光轴与 x 轴夹角相同，均为 φ，且两虚拟摄像机焦距相同，均为 f。设空间中点 $P(x,y,z)$ 在 V_1、V_2 像平面上的像点分别为 $p_1(u_1,q_1)$ 和 $p_2(u_2,q_2)$，P 对 V_1、V_2 透视中心的水平张角分别为 ω_1、ω_2，且与 O_1、O_2 连线与极平面夹角分别为 θ_1、θ_2。

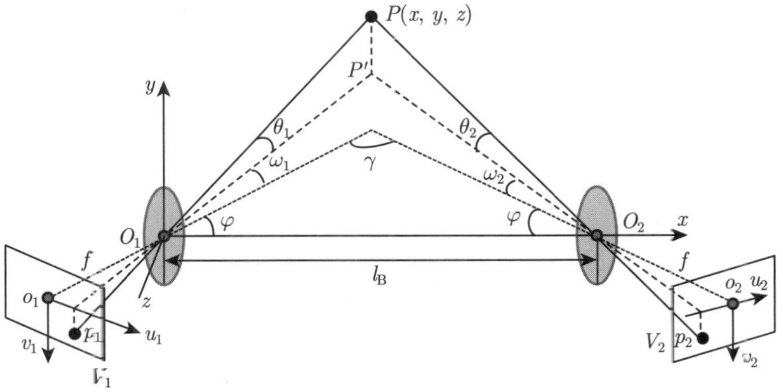

图 6.5　镜像双目传感器测量精度分析模型

由几何关系可以推导出 P 的三维坐标为：

$$\begin{cases} x = \dfrac{l_{\mathrm{B}} \tan(\omega_2+\varphi)}{\tan(\omega_1+\varphi)+\tan(\omega_2+\varphi)} \\ y = \dfrac{l_{\mathrm{B}} \tan\theta_1 \sin(\omega_2+\varphi)}{\sin(\omega_1+\omega_2+2\varphi)} = \dfrac{l_{\mathrm{B}} \tan\theta_2 \sin(\omega_1+\varphi)}{\sin(\omega_1+\omega_2+2\varphi)} = -\dfrac{q_1 z \cos\omega_1}{f \sin(\omega_1+\varphi)} = -\dfrac{q_2 z \cos\omega_2}{f \sin(\omega_2+\varphi)} \\ z = -\dfrac{l_{\mathrm{B}} \tan(\omega_1+\varphi) \tan(\omega_2+\varphi)}{\tan(\omega_1+\varphi)+\tan(\omega_2+\varphi)} \end{cases} \tag{6.10}$$

对应的两虚拟摄像机像点坐标为：

$$u_1 = f\tan\omega_1, \quad q_1 = \frac{f\tan\theta_1}{\cos\omega_1} \tag{6.11}$$

$$u_2 = f\tan\omega_2, \quad q_2 = \frac{f\tan\theta_2}{\cos\omega_2} \tag{6.12}$$

在此通过研究两摄像机光轴的交点位置的测量精度来分析结构参数对测量精度的影响。首先求出 x, y, z 坐标对 u_1, u_2, q_1, q_2 的偏导为：

$$\begin{cases} \dfrac{\partial x}{\partial u_1} = -\dfrac{l_{\mathrm{B}} \tan(\omega_2+\varphi)\cos^2\omega_1}{f\cos^2(\omega_1+\varphi)\left[\tan(\omega_1+\varphi)+\tan(\omega_2+\varphi)\right]^2} \\ \dfrac{\partial x}{\partial u_2} = \dfrac{l_{\mathrm{B}} \tan(\omega_1+\varphi)\cos^2\omega_2}{f\cos^2(\omega_2+\varphi)\left[\tan(\omega_1+\varphi)+\tan(\omega_2+\varphi)\right]^2} \end{cases} \tag{6.13}$$

$$\begin{cases} \dfrac{\partial y}{\partial u_1} = -\dfrac{l_{\mathrm{B}} \tan\theta_1 \sin(\omega_2+\varphi)\cos(\omega_1+\omega_2+2\varphi)\cos^2\omega_1}{f\sin^2(\omega_1+\omega_2+2\varphi)} \\ \dfrac{\partial y}{\partial q_1} = -\dfrac{l_{\mathrm{B}} \sin(\omega_2+\varphi)\cos(2\omega_1+\omega_2+2\varphi)}{f\sin^2(\omega_1+\omega_2+2\varphi)\tan\omega_1} \\ \dfrac{\partial y}{\partial u_2} = \dfrac{l_{\mathrm{B}} \tan\theta_1 \sin(\omega_1+\varphi)\cos^2\omega_2}{f\sin^2(\omega_1+\omega_2+2\varphi)} \\ \dfrac{\partial y}{\partial q_2} = \dfrac{l_{\mathrm{B}} \tan\theta_1 \sin(\omega_1+\varphi)\cos^2\omega_2}{f\sin^2(\omega_1+\omega_2+2\varphi)\tan\theta_2 \sin\omega_2} \end{cases} \tag{6.14}$$

$$\begin{cases} \dfrac{\partial z}{\partial u_1} = -\dfrac{l_{\mathrm{B}} \tan^2(\omega_2+\varphi)\cos^2\omega_1}{f\cos^2(\omega_1+\varphi)\left[\tan(\omega_1+\varphi)+\tan(\omega_2+\varphi)\right]^2} \\ \dfrac{\partial z}{\partial u_2} = -\dfrac{l_{\mathrm{B}} \tan^2(\omega_1+\varphi)\cos^2\omega_2}{f\cos^2(\omega_2+\varphi)\left[\tan(\omega_1+\varphi)+\tan(\omega_2+\varphi)\right]^2} \end{cases} \tag{6.15}$$

由于 $\omega_1, \omega_2, \varphi, \theta_1, \theta_2$ 存在相互制约关系，因此难以确定其取值范围, 且遍历所有可能取值计算量过大, 我们可以对当前情况进行一定简化。当基线距 l_{B} 、焦距 f 和坐标 z 固定时, 传感器精度在 $\omega = 0$ 时取得极小值, 因此不妨设定 $\omega_1 = \omega_2 = 0$ 。且在 x 轴方向确定的前提下, 对任意空间点 P, 存在一组互相正交的坐标轴 y, z 满足 $y = z$, 代入上式可化简为

$$\frac{\partial x}{\partial u_1} = -\frac{\partial x}{\partial u_2} = \frac{z}{2f\sin^2\varphi} \tag{6.16}$$

$$\frac{\partial z}{\partial u_1} = \frac{\partial z}{\partial u_2} = \frac{z\tan\varphi}{2f\sin^2\varphi} \tag{6.17}$$

$$\begin{cases} \dfrac{\partial y}{\partial u_1} = -\dfrac{\partial y}{\partial u_2} = -\dfrac{z}{f\tan 2\varphi} \\ \dfrac{\partial y}{\partial q_1} = \dfrac{\partial y}{\partial q_2} = -\dfrac{z}{f\sin\varphi} \end{cases} \tag{6.18}$$

根据测量误差分解公式，假设左虚拟摄像机像平面上，在 u_1 和 v_1 方向的提取精度分别为 δu_1 和 δq_1；右虚拟摄像机像平面上，在 u_2 和 v_2 方向的提取精度分别为 δu_2 和 δq_2，镜像双目在 x、y、z 三个坐标轴上测量精度分别为

$$\begin{cases} \Delta x = \sqrt{\left(\dfrac{\partial x}{\partial u_1}\delta_{u1}\right)^2 + \left(\dfrac{\partial x}{\partial u_2}\delta_{u2}\right)^2} \\ \Delta y = \sqrt{\left(\dfrac{\partial y}{\partial u_1}\delta_{u1}\right)^2 + \left(\dfrac{\partial y}{\partial q_1}\delta_{q1}\right)^2 + \left(\dfrac{\partial y}{\partial u_2}\delta_{u2}\right)^2 + \left(\dfrac{\partial y}{\partial q_2}\delta_{q2}\right)^2} \\ \Delta z = \sqrt{\left(\dfrac{\partial z}{\partial u_1}\delta_{u1}\right)^2 + \left(\dfrac{\partial z}{\partial u_2}\delta_{u2}\right)^2} \end{cases} \tag{6.19}$$

整体测量精度为

$$\Delta = \sqrt{(\Delta x)^2 + (\Delta y)^2 + (\Delta z)^2} \tag{6.20}$$

光轴与基线夹角对测量精度的影响如图 6.6所示，当 $z = 60\text{mm}, f = 4\text{mm}$ 时各坐标轴方向上的测量误差和总测量误差随 φ 的变化曲线如图 6.6（a）所示；$f = 4\text{mm}, z$ 变化时总测量误差随 φ 的变化曲线如图 6.6（b）所示；$z = 60\text{mm}, f$ 变化时总测量误差随 φ 的变化曲线如图 6.6（c）所示。

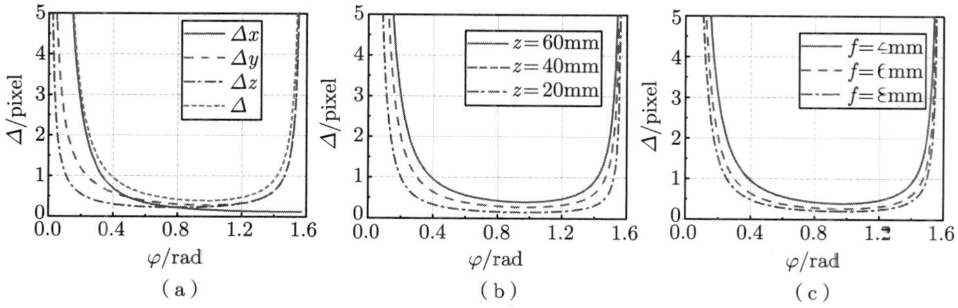

图 6.6　光轴与基线夹角对测量精度的影响

从图 6.6 中可知，整体误差随光轴与基线夹角的增大而先减后增，在一定范围内处于较低水平，且该趋势在被测点 z 坐标与摄像机焦距变化时保持一致。为控制整体精度达到基本要求，角度 φ 取值应满足 $0.6\text{rad} \leqslant \varphi \leqslant 1.5\text{rad}$，两平面镜与 x 轴夹角设置存在精度约束

$$\frac{\pi}{2} - \varphi_{\max} \leqslant \beta - \alpha \leqslant \frac{\pi}{2} - \varphi_{\min} \tag{6.21}$$

2. 时滞与景深分析

在视觉单元中，管道内侧视野经两平面镜反射后成像经历的光程不同，当传输数据量较大时易造成系统图像处理的滞后从而影响整体测量精度。假设光在空气中传播速度为 v，根据折射率定义计算当前介质折射率为 $n = c/v$。空间中任意一点 P 经左右平面镜反射分别成像在像面 V_1 和 V_2 上。光线通过的路程可拆分为物点到摄像机光心的距离与光心到像点的距离之和，前者与物点本身三维坐标和基线距相关，后者与焦距和成像角度有关，两平面镜成像光程差为

$$\Delta = \left| n \left(\sqrt{(x-B)^2 + y^2 + z^2} - \sqrt{x^2 + y^2 + z^2} + \frac{f}{\cos\omega_2 \cos\theta_2} - \frac{f}{\cos\omega_1 \cos\theta_1} \right) \right| \tag{6.22}$$

假设所处环境介质折射率 $n = 1$，基线角 $\varphi = 60°$，基线距 $l_{\text{B}} = 150\text{mm}$，摄像机焦距 $f = 2.2\text{mm}$，极平面夹角 $\theta_1 = \theta_2 = 0$，绘制光程差随 ω_1、ω_2 变化的图像如图 6.7所示。

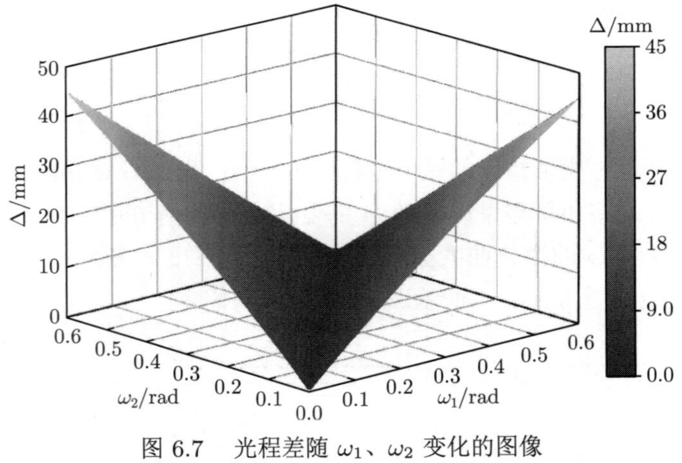

图 6.7　光程差随 ω_1、ω_2 变化的图像

当 $\omega_1 = \omega_2$ 时光程差为 0，图像处理无延迟现象。实际应用中由于光速与光程差量级相差较大，因光程差造成的滞后在实验中可以忽略。

摄像机通过左右平面镜同时采集的图像为管道内圆柱表面的一部分，激光光条形成特征的两端点分别位于视野的对角线上，与光条中部存在一定的深度差，因此，需进行基于特定型号摄像机及镜头的实际管道内表面测量场景的景深分析。

如图 6.8所示，摄像机与镜头配合测量任意物点 $T(x_{\mathrm{T}}, y_{\mathrm{T}}, z_{\mathrm{T}})$ 时，伴随焦点前后容许弥散圆直径范围限制，物点在景深范围内移动时仍能在靶面上清晰成像。极限位置中靠近像面一侧记为近点，远离像面一侧记为远点，与物点距离分别为前景深 ΔL_1 与后景深 ΔL_2。

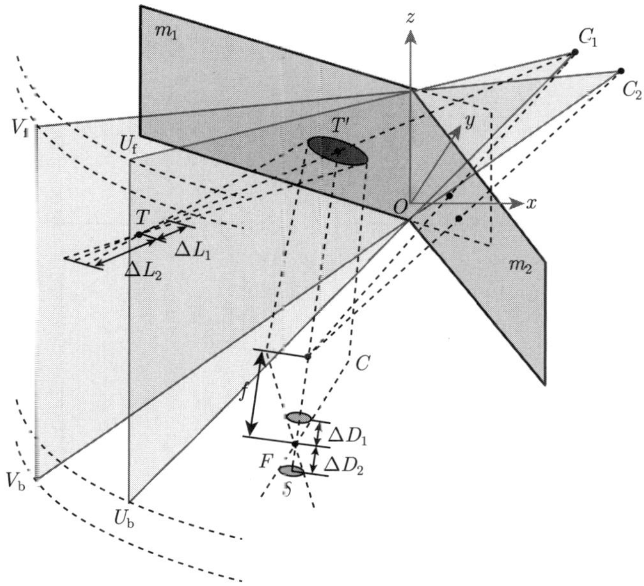

图 6.8　景深计算示意图

根据空间关系，以物点 T 经左平面镜成像于 F 为例，工作距离 $d_{\mathrm{o}} = \left|\overrightarrow{TT'}\right| + \left|\overrightarrow{T'C}\right| = \left|\overrightarrow{TC_1}\right|$，则拍摄距离 $L = d_{\mathrm{o}} + f$。结合 6.3.5 节中的实际仿真结果近似有 $L \in \left[\left|\overrightarrow{TV_{\mathrm{f}}}\right| + f, \left|\overrightarrow{TU_{\mathrm{b}}}\right| + f\right] = [123.920, 186.430]\mathrm{mm}$。选择焦距 $f = 3\mathrm{mm}$，光圈 4.0 镜头，容许弥散圆直径约为靶面对角线尺寸的 1/1000，即 0.006mm。按照景深定义有前景深 $\Delta L_1 = F\delta L^2/(f^2 + F\delta L)$，后景深 $\Delta L_2 = F\delta L^2/(f^2 - F\delta L)$，景深为

$$\Delta L = \Delta L_1 + \Delta L_2 = \frac{2f^2 F\delta L^2}{f^4 - F^2\delta^2 L^2} \tag{6.23}$$

景深随拍摄距离 L、弥散圆直径 δ、焦距 f 和光圈 F 变化的曲线如图 6.9所示。由定义可知同参数设置下 $\Delta L_1 < \Delta L_2$，且取值随着拍摄距离与容许弥散圆直径的增加有增加趋势，另外当焦距与光圈减小（光圈值增加）时景深逐渐增大。

极限状态下，景深的最小值在最小拍摄距离 $L_{\min} = \left|\overrightarrow{TV_{\mathrm{f}}}\right| + f$ 处取得，对应景深 $\Delta L = 91.950\mathrm{mm} < h_{V_{\mathrm{f}}U_{\mathrm{b}}} < d$ 满足清晰测量要求，其中 $h_{V_{\mathrm{f}}U_{\mathrm{b}}}$ 表示线段 $V_{\mathrm{f}}U_{\mathrm{b}}$ 的高度。同理验证任意像点通过右侧平面镜成像清晰，即证明结构参数对应测量模型符合景深限制。

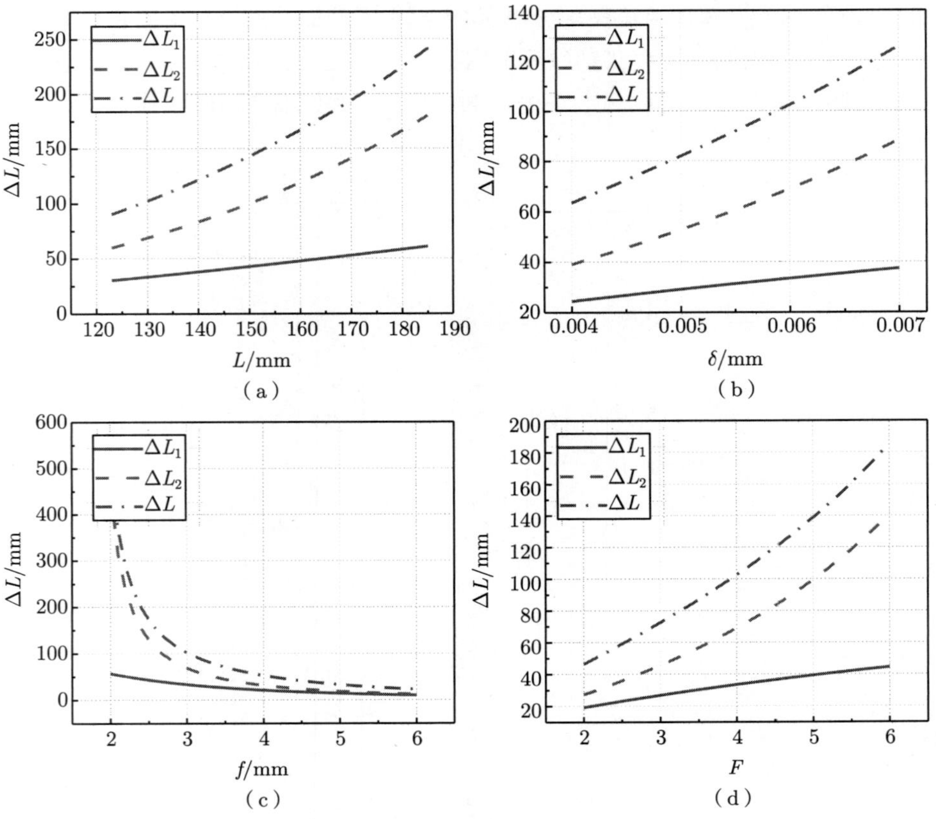

图 6.9　景深随参数变化的曲线

6.3.3　多视觉传感器径向布局视场仿真

径向布局视场示意图如图 6.4所示，摄像机光心与两平面镜交点距离一定时，公共视场的构成随平面镜与 x 轴夹角的变化发生改变，根据射线 C_1O、C_2M_2 和 C_2D 与圆交点的位置关系形成如图 6.10 所示的三种公共视场情况，图 6.10（a）、图 6.10（b）

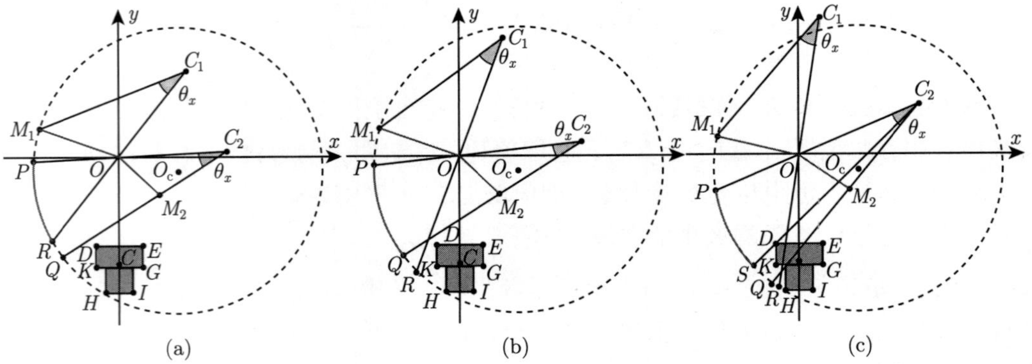

图 6.10　径向布局的三种公共视场

和图 6.10（c）分别对应两虚拟摄像机极限视角共同构成公共视场、仅 C_2 极限视角构成公共视场和公共视场部分遮挡情况。

水平公共视场在远离光心一侧的极限点 $P(x_1,y_1)$ 为射线 C_2O 与圆的交点，有

$$\begin{cases}(x_1-a)^2+(y_1-b)^2=(D/2)^2\\ y_1=\tan(\pi/2-2\beta)\,x_1\\ x_1<0\end{cases} \tag{6.24}$$

视场在靠近光心一侧的极限点按照公共视场不同有三种构成情况：$R(x_{21},y_{21})$，$Q(x_{22},y_{22})$，$S(x_{23}\ y_{23})$ 分别满足式 (6.25)、式 (6.26)、式 (6.27)，其中 (x_D,y_D) 为点 D 的坐标，因此靠近光心一侧的视场极限点 (x_2,y_2) 满足式 (6.28)。

$$\begin{cases}(x_{21}-a)^2+(y_{21}-b)^2=(D/2)^2\\ y_{21}=\tan(\pi/2-2\alpha)x_{21}\\ x_{21}<0\end{cases} \tag{6.25}$$

$$\begin{cases}(x_{22}-a)^2+(y_{22}-b)^2=(D/2)^2\\ y_{22}=\tan(\pi/2-2\beta+\theta_x)\,(x_{22}-b_2\cos\beta-b_2\sin\beta)\\ x_{22}<0\end{cases} \tag{6.26}$$

$$\begin{cases}(x_{23}-a)^2+(y_{23}-b)^2=(D/2)^2\\ \dfrac{y_{23}-y_D}{y_{C_2}-y_D}=\dfrac{x_{23}-x_D}{x_{C_2}-x_D}\\ x_{23}<0\end{cases} \tag{6.27}$$

$$\begin{cases}x_2=\min(x_{21},x_{22},x_{23})\\ y_2=\max(y_{21},y_{22},y_{23})\end{cases} \tag{6.28}$$

虚拟摄像机公共视场为部分外接圆弧，其长度与圆心角和管道内径成正比，在管道大小一定的情况下，以圆心角弧度度量公共视场。假设视觉传感器单元公共视场对应外接圆圆心角为 μ_0，公共视场上下极限点和圆心的连线与 x 轴负半轴形成夹角分别为 μ_1、μ_2，由 P、Q（或 S、R）两点坐标有

$$\mu_0=2\arcsin\left[\sqrt{(x_1-x_2)^2+(y_1-y_2)^2}/D\right] \tag{6.29}$$

$$\mu_1=\arcsin\left[2(b-y_1)/D\right] \tag{6.30}$$

$$\mu_2=\arcsin\left[2(b-y_2)/D\right] \tag{6.31}$$

为衡量系统占管道体积大小从而估计系统中传感器单元数量及总视野范围，本书使用包括摄像机和两平面镜在内的整体模块对应的圆心角表示单元占比。圆心张角 μ_{s} 取极大值的情况发生在扇形两边通过左侧极限点 M_1 或 O 及右侧极限点 M_2 或 I 时，系统参数满足

$$\mu_{\mathrm{s}}=\arccos\min\left(\frac{\overrightarrow{OO_{\mathrm{c}}}\cdot\overrightarrow{M_2O_{\mathrm{c}}}}{\left|\overrightarrow{OO_{\mathrm{c}}}\right|\cdot\left|\overrightarrow{M_2O_{\mathrm{c}}}\right|},\frac{\overrightarrow{OO_{\mathrm{c}}}\cdot\overrightarrow{IO_{\mathrm{c}}}}{\left|\overrightarrow{OO_{\mathrm{c}}}\right|\cdot\left|\overrightarrow{IO_{\mathrm{c}}}\right|},\frac{\overrightarrow{M_1O_{\mathrm{c}}}\cdot\overrightarrow{M_2O_{\mathrm{c}}}}{\left|\overrightarrow{M_1O_{\mathrm{c}}}\right|\cdot\left|\overrightarrow{M_2O_{\mathrm{c}}}\right|},\frac{\overrightarrow{M_1O_{\mathrm{c}}}\cdot\overrightarrow{IO_{\mathrm{c}}}}{\left|\overrightarrow{M_1O_{\mathrm{c}}}\right|\cdot\left|\overrightarrow{IO_{\mathrm{c}}}\right|}\right) \tag{6.32}$$

管道内壁测量周向视场由若干相同视觉模块周向视场组合而成，与平面镜摄像机组合结构单元周向视场角和结构单元体积有关，整体周向视场角 μ 表示为:

$$\mu=\mu_0\left\lfloor 2\pi/\mu_{\mathrm{s}}\right\rfloor \tag{6.33}$$

影响公共视场大小的结构参数有摄像机相关参数和平面镜结构参数，前者由摄像机型号、镜头型号和待测管道直径决定，后者可人为调整以满足高精度、小型化、大视场的多重测量要求。受精度及结构限制，结构设计中关键自变量 α 和 β 的取值有以下限制：

（1）公共视场约束。为保证虚拟摄像机具有公共视场且通过平面镜 m_2 反射后进入摄像机光心的入射光线不被平面镜 m_1 遮挡，平面镜结构参数满足

$$\begin{cases}\beta>\alpha\\ \pi/2-2\beta\geqslant-\alpha\end{cases} \tag{6.34}$$

（2）精度约束：

$$\pi/2-\varphi_{\max}\leqslant\beta-\alpha\leqslant\pi/2-\varphi_{\min} \tag{6.35}$$

（3）结构约束。基于平面镜摄像机组成的结构单元处于整体结构内部的基本物理认知，运算过程中限制摄像机尺寸与管道内径满足

$$(x_I-a)^2+(y_I-b)^2<(D/2)^2 \tag{6.36}$$

式中，(x_I,y_I) 为 I 点坐标。

按照以上参数限制条件及系统所占空间、水平视场角评估方法，分析 μ_1、μ_2、μ_0、μ_{s} 与各参数的关系，绘制关系曲线如图 6.11（a）～图 6.11（f）所示。

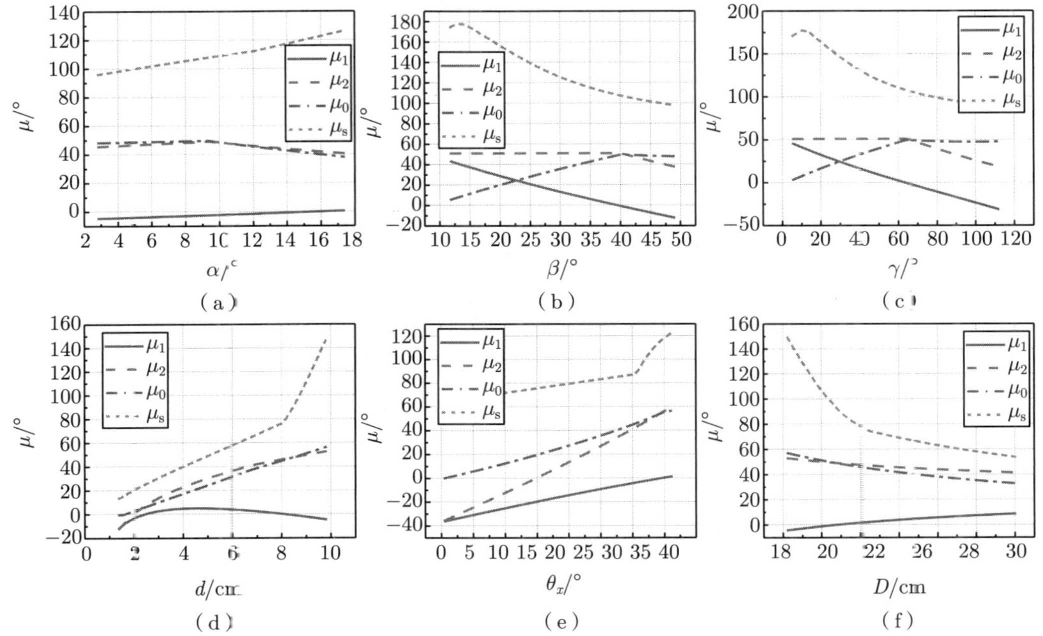

图 6.11　径向布局结构参数对系统体积占比及水平视场角影响

由图 6.11 可知，水平视场角随平面镜 m_1 与 x 轴负半轴夹角、光心与平面镜交点距离、摄像机水平视场角的增大有整体增大趋势，随管道内径的增大而减小。同时考虑整体结构的小型化走向，选定被测管道内径后，应选择适当摄像机水平视场角以同时满足多传感器布局及水平视野最大化，在此基础上分别确定数值较大的夹角 β 与数值较小的夹角 α。

其他参数取值一定，d=40mm、60mm、80mm 时的测量模型如图 6.12所示，观察到随着距离增加水平视场角逐渐增大且占据系统空间随之增加，需确定数值适中的 d 以实现整体周向公共视场角的最大化。

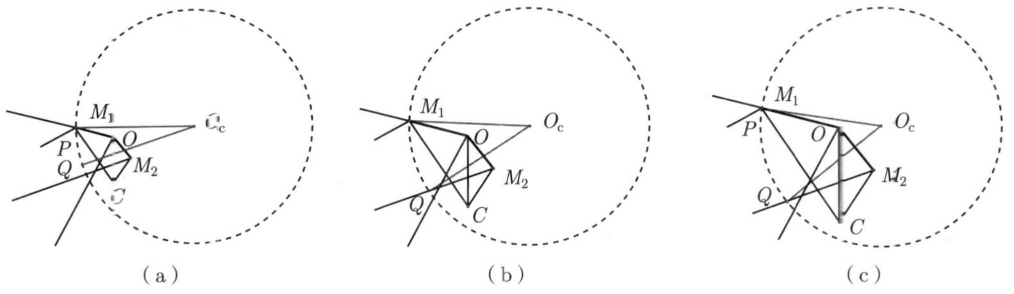

图 6.12　径向布局水平视场角随 d 变化的示意图

径向布局垂直视场示意图如图 6.13所示。经角度 ε 偏转后虚拟摄像机 C_1 通过平面镜反射捕捉到的垂直视场范围为线段 $\left|\overrightarrow{U_{\mathrm{F}}U_{\mathrm{B}}}\right|$，虚拟摄像机 C_2 垂直视场范围为线段

$\left|\overrightarrow{V_{\mathrm{F}}V_{\mathrm{B}}}\right|$。

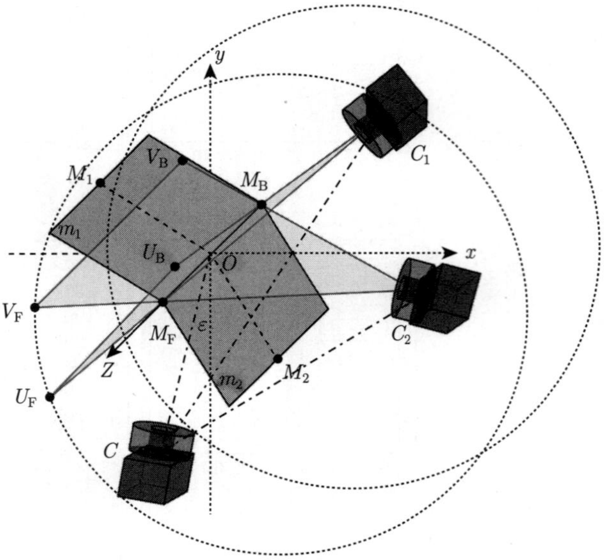

图 6.13　径向布局垂直视场示意图

根据径向放置场景测量模型建立三维坐标系，联系垂直方向与水平方向投影关系，计算虚拟摄像机坐标分别为 $C_1\,[d\sin(2\alpha)\,,d\cos(2\alpha)\,,d\tan\varepsilon]$ 与 $C_2[d\sin(2\beta)\,,d\cos(2\beta)\,,d\tan\varepsilon]$。摄像机完整捕捉垂直方向画面时 z 轴正半轴部分平面镜高度 h_1 与 z 轴负半轴部分平面镜高度 h_2 设定为

$$h_1=\frac{d\sin\theta_y}{\cos\varepsilon\cos(\varepsilon-\theta_y)} \tag{6.37}$$

$$h_2=\frac{d\sin\theta_y}{\cos\varepsilon\cos(\varepsilon+\theta_y)} \tag{6.38}$$

联立四条直线 $l_{C_1M_{\mathrm{F}}}$、$l_{C_1M_{\mathrm{B}}}$、$l_{C_2M_{\mathrm{F}}}$、$l_{C_2M_{\mathrm{B}}}$ 方程与圆柱内表面解析式 $(x-a)^2+(y-b)^2-(D/2)^2=0$，忽略平面镜方向变化对水平视场的影响，简化后的传感器单元垂直视场长度为

$$L_{\mathrm{h}}=\min\left(\left|\overrightarrow{U_{\mathrm{F}}U_{\mathrm{B}}}\right|,\left|\overrightarrow{V_{\mathrm{F}}V_{\mathrm{B}}}\right|\right) \tag{6.39}$$

为使投射标记同时处于摄像机左右部分画幅中心附近，不妨设传感器单元垂直视场极限点在 U_{F}、U_{B} 处取得，如图 6.14所示，激光投射器投出光条高度坐标 z_{l} 满足

$$z_{\mathrm{l}}=\frac{z_{U_{\mathrm{F}}}+z_{U_{\mathrm{B}}}}{2} \tag{6.40}$$

参考表 4.1 中参数约束并考虑添加偏转角后摄像机与管道的干涉问题，传感器单元垂直视场极限点在 z 轴上的投影距离原点的相对距离为 T_{F}、T_{B}，垂直视场长度为 L_{h}，T_{F}、T_{B}、L_{h} 与各结构参数的关系如图 6.15所示。

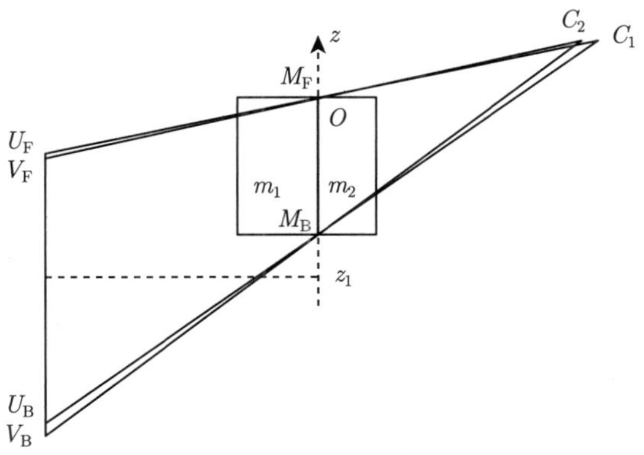

图 6.14　投射光条高度约束示意图

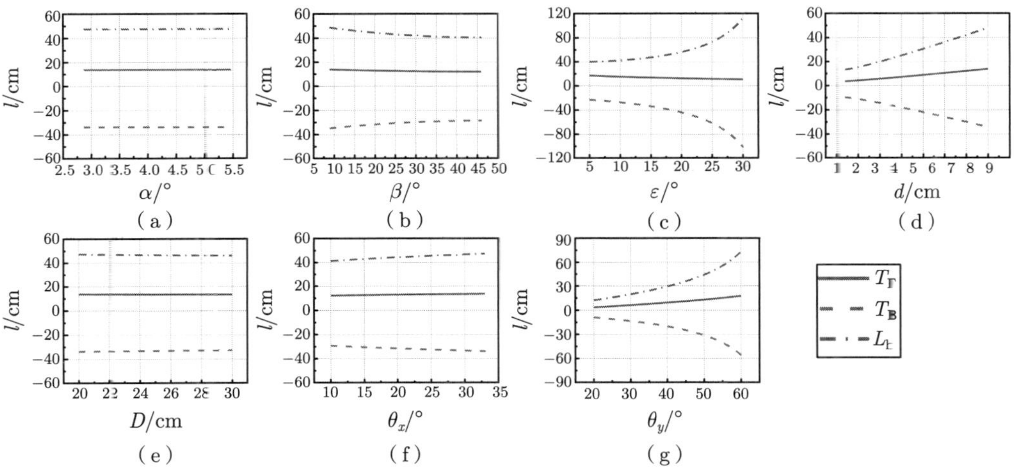

图 6.15　垂直视场极限点位置、垂直视场长度与径向布局结构参数的关系

由关系曲线可知，偏转角 ε、光心与原点距离 d 及摄像机垂直视场角 θ_y 对垂直视场长度影响较大，且参数取较大值时能有效拉长视野范围，因此为增大公共视场覆盖面积，应在结构小型化约束下尽量选择垂直视场角较大的摄像机，同时配合较大的整体偏转角，合理设置摄像机、平面镜的相对距离。

6.3.4　多视觉传感器轴向布局视场仿真

轴向放置场景中两平面镜交线垂直于管道中轴方向，通过摄像机水平视场角捕捉管道走向视野，通过垂直视场角捕捉周向视野构成整体视场情况。

区别于径向放置场景，轴向放置场景借助摄像机本身纵向走向特点，在管道同高度内能布置数量更多的传感器单元，更利于小型化设计，其测量视场范围如图 6.16所示。

无偏角的轴向放置场景下垂直方向公共视场位于左侧平面镜极限点的下方，与之相近高度布置的激光投射装置被遮挡，如图 6.17（a）所示，因此将摄像机和平面镜结构

整体旋转角度 τ，使垂直视场范围相对平面镜上移，同时保证投射特征位于画幅中心位置，如图 6.17（b）的所示。

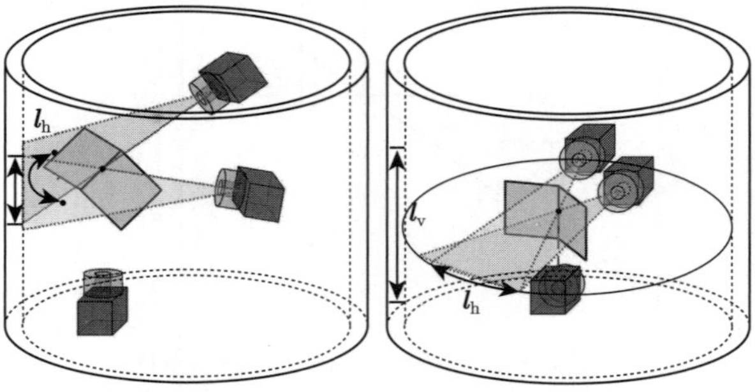

（a）轴向布局　　（b）径向布局

图 6.16　轴向与径向布局下的测量视场范围

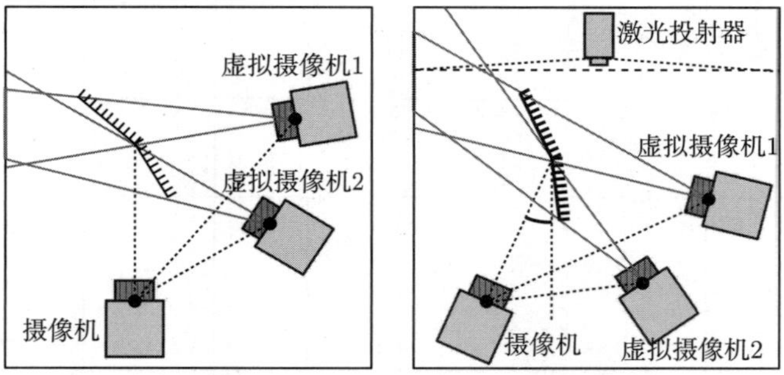

（a）无偏角　　（b）有偏角

图 6.17　轴向布局垂直视场示意图

根据管道内表面和视觉单元的相对位置关系，以平面镜交线中点为原点，通过平面镜交线中点且垂直于摄像机光路方向为 x 轴，摄像机光路方向为 y 轴，平面镜交线为 z 轴建立坐标系 $O\text{-}xyz$，如图 6.18所示。虚拟摄像机 1 由平面镜 m_1 反射形成，其光心为 $C_1[d\sin(2\alpha), d\cos(2\alpha), 0]$；虚拟摄像机 2 由平面镜 m_2 反射形成，其光心为 $C_2[d\sin(2\beta), d\cos(2\beta), 0]$。两平面镜交线为线段 $\left|\overrightarrow{M_F M_B}\right|$，前端点为 $M_F\,(0,0,h/2)$，后端点为 $M_B(0,0,-h/2)$。

视觉单元与管道的相对旋转等价于在视觉单元整体固定的基础上将圆柱形管道沿 z 轴方向逆时针旋转 τ，假设管道中轴与 xOz 平面交点坐标为 $(X_c, 0, 0)$，为满足圆柱同高度空间内容纳若干相同视觉单元且保证整体结构的小型化，需控制右侧平面镜下边缘与倾斜圆柱中轴保持一定距离，以传感器数量 $n=3$ 为例，极限情况下有交点横坐标为

$$X_c = \tan\tau\left[-b_2\sin\beta + \frac{h}{2\tan(\pi/3)}\sin\tau\right] + b_2\cos\beta + \frac{h}{2\tan(\pi/3)}\cos\tau \tag{6.41}$$

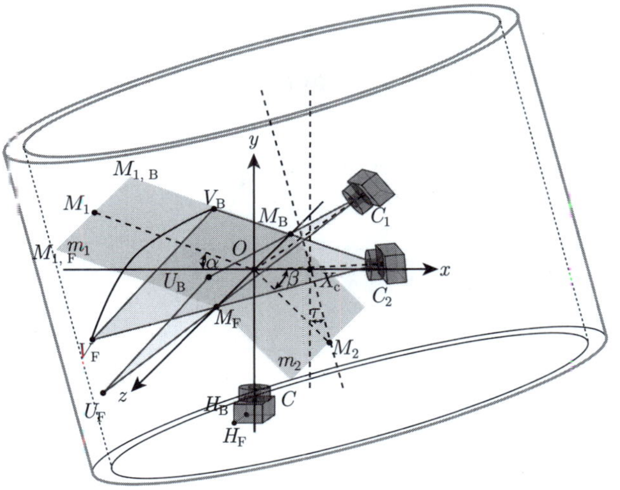

图 6.18　轴向布局水平视场示意图

旋转前圆柱中轴与 y 轴平行，圆柱表面上任意一点 $P(x_0, y_o, z_0)$ 满足解析式

$$(x_0 - X_c)^2 + {z_0}^2 - r^2 = 0 \tag{6.42}$$

根据旋转前后对应点坐标关系，解得旋转后圆柱表面上对应点 $P'(x, y, z)$ 满足

$$\begin{cases} x = (x_0 - X_c)\cos\tau - y_0\sin\tau + X_c \\ y = (x_0 - X_c)\sin\tau + y_0\cos\tau \\ z = z_0 \end{cases} \tag{6.43}$$

反解后代入旋转前圆柱解析式可得旋转后倾斜管道内表面任意点解析式为

$$[(x - X_c)\cos\tau + y\sin\tau]^2 + z^2 - r^2 = 0 \tag{6.44}$$

摄像机轴向放置场景下视觉单元的径向视场由两虚拟摄像机公共视场的全局最小值决定，虚拟摄像机俯仰角不同时视野平面与倾斜管道内表面交点距离将发生变化且随平面镜张角变化，公共视场区域组成形式有所不同，使建模过度复杂化，为简化模型，仅利用两虚拟摄像机通过平面镜交线形成视野平面与管道内表面交点的弦长评估视觉单元的径向视场，表示为

$$\theta_r = 2\arcsin\left[\min\left(\left|\overrightarrow{U_F U_B}\right|, \left|\overrightarrow{V_F V_B}\right|\right)/2r\right] \tag{6.45}$$

结构设计中左侧平面镜的过度延伸将超过管道内部范围，同时由于管道倾斜角的存在，平面镜与摄像机间距的增加可能造成摄像机与管道边缘发生干涉，需对参数作出进一步结构约束，如式 (6.46) 所示。在约束限制下探究轴向布局结构参数变化对水平视

场角及视场长度的影响，如图 6.19所示。

$$\begin{cases} \left[(x_{H_\mathrm{F}} - X_\mathrm{c})\cos\tau + y_{H_\mathrm{F}}\sin\tau\right]^2 + {z_{H_\mathrm{F}}}^2 - r^2 < 0 \\ \left[(x_{M_{1,\mathrm{F}}} - X_\mathrm{c})\cos\tau + y_{M_{1,\mathrm{F}}}\sin\tau\right]^2 + {z_{M_{1,\mathrm{F}}}}^2 - r^2 < 0 \\ \left[(x_{M_\mathrm{F}} - X_\mathrm{c})\cos\tau + y_{M_\mathrm{F}}\sin\tau\right]^2 + {z_{M_\mathrm{F}}}^2 - r^2 < 0 \end{cases} \tag{6.46}$$

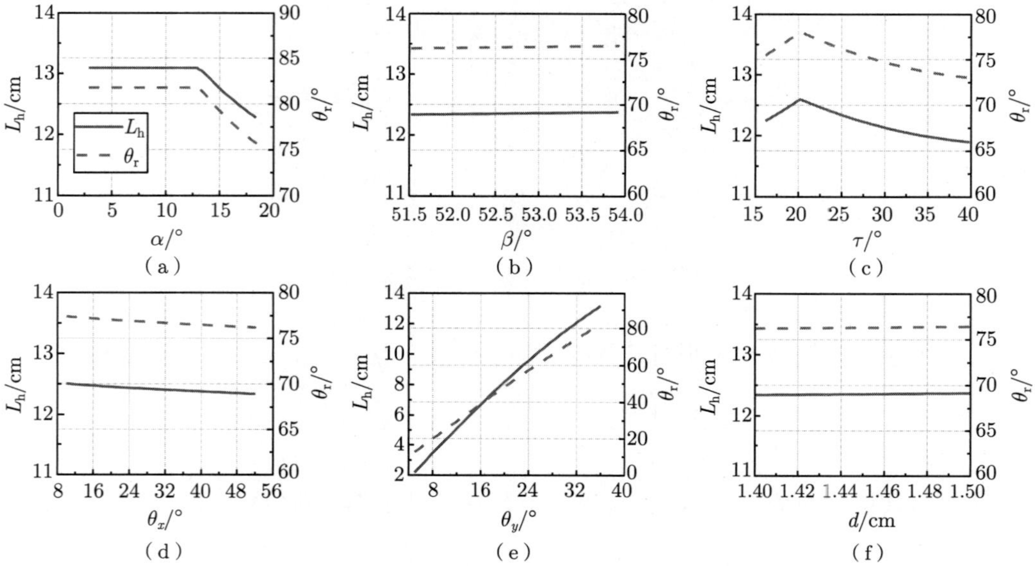

图 6.19　轴向布局结构参数对水平视场角及视场长度的影响

摄像机垂直视场角是影响轴向布局下水平视场大小的主要因素，选择垂直视场角较大的摄像机能有效扩展垂直管道母线方向视场区域，减少同高度布置传感器单元数量。

轴向放置场景下，单一传感器垂直视野为管道内表面高度的一部分，由布局参数与摄像机水平视场角决定，如图 6.20所示。虚拟摄像机 C_1 和 C_2 的视场边界线分别交管道母线 l_e 于 $C_{1,\mathrm{U}}$、$C_{1,\mathrm{D}}$ 和 $C_{2,\mathrm{U}}$、$C_{2,\mathrm{D}}$，激光投射器 C_L 位于管道内表面中轴 l_c 上，为控制特征处于采集画幅中心，激光投射器在管道母线上的投影为公共视野中点。

可分别联立两点坐标计算极限视角所在直线解析式。基于多传感器单元（此处假设为 3 个）处于同高度的限制，得到管道中轴与 x 轴交点横坐标 X_c。根据管道中轴与边缘的相对位置约束，可得管道内表面母线 l_e 解析式为

$$y = -\frac{1}{\tan\tau}\left(x - X_\mathrm{c} + \frac{r}{\cos\tau}\right) \tag{6.47}$$

虚拟摄像机极限视角与管道边缘相交后，分别取位于上、下侧垂直公共视场交点为极限点，两极限点形成视场长度 L_h 为

$$L_\mathrm{h} = \left\{\left[\max\left(x_{C_{1,\mathrm{U}}}, x_{C_{2,\mathrm{U}}}\right) - \min(x_{C_{1,\mathrm{D}}}, x_{C_{2,\mathrm{D}}})\right]^2 + \left[\min\left(y_{C_{1,\mathrm{U}}}, y_{C_{2,\mathrm{U}}}\right) - \max(y_{C_{1,\mathrm{D}}}, y_{C_{2,\mathrm{D}}})\right]^2\right\}^{1/2} \tag{6.48}$$

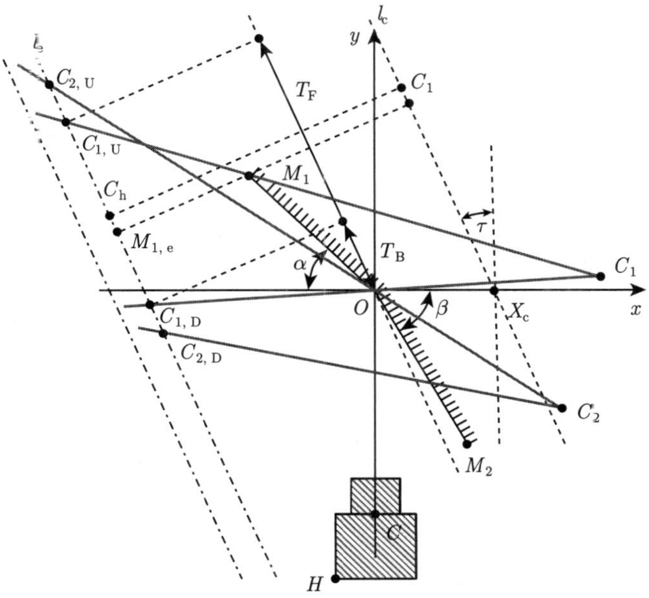

图 6.20　轴向布局垂直视野示意图

极限点中点 C_h 的坐标可以通过最大值与最小值的运算得出结果，其形式为

$$\left[\frac{\max\left(x_{C_{1,U}},x_{C_{2,U}}\right)+\min\left(x_{C_{1,D}},x_{C_{2,D}}\right)}{2},\frac{\min\left(y_{C_{1,U}},y_{C_{2,U}}\right)+\max\left(y_{C_{1,D}},y_{C_{2,D}}\right)}{2}\right]$$

依照管道解析式旋转关系计算左侧平面镜顶点到管道内表面边缘的投影，其坐标形式为

$$M_{1,e}=\left[\begin{array}{c}\dfrac{X_c/\tan\tau-r/\sin\tau-b_1\cos\alpha\tan\tau-b_1\sin\alpha}{\tan\tau+1/\tan\tau}\\ -\dfrac{1}{\tan\tau}\left(\dfrac{X_c/\tan\tau-r/\sin\tau-b_1\cos\alpha\tan\tau-b_1\sin\alpha}{\tan\tau+1/\tan\tau}-X_c+\dfrac{r}{\cos\tau}\right)\end{array}\right]^{\mathrm{T}}$$

由于管道与平面镜交点的相对位置确定，假设摄像机宽度及镜面高度相比于管道直径而言可忽略不计，此模型参数约束条件可归纳如下。

1. 结构约束

左侧平面镜边缘与倾斜一定角度后的摄像机角点不与管道内表面发生干涉，即

$$\begin{cases}b_1\sin(\pi/2-\tau-\alpha)<(r-X_c\cos\tau)\\ y_H+\dfrac{x_H-X_c+r/\cos\tau}{\tan\tau}\geqslant 0\end{cases}\tag{6.49}$$

2. 特征位置约束

理想情况下特征投射点位于画幅中心位置附近，但取部分特定夹角值时公共视场中点被左侧平面镜遮挡，固定位置投射器投出的光条无法进入图像中，因此作出特征位置约束

$$y_{M_{1,\mathrm{e}}} - y_{C_\mathrm{h}} < y_{\mathrm{thre}} \tag{6.50}$$

式中，y_{thre} 为考虑激光器投射的线条宽度时，所允许的约束阈值。

根据优化目标及约束条件，传感器单元垂直视场极限点在管道中轴上的投影距离原点相对距离为 T_F、T_B，垂直视场长度为 L_h，T_F、T_B、L_h 与各参数的关系曲线如图 6.21所示。

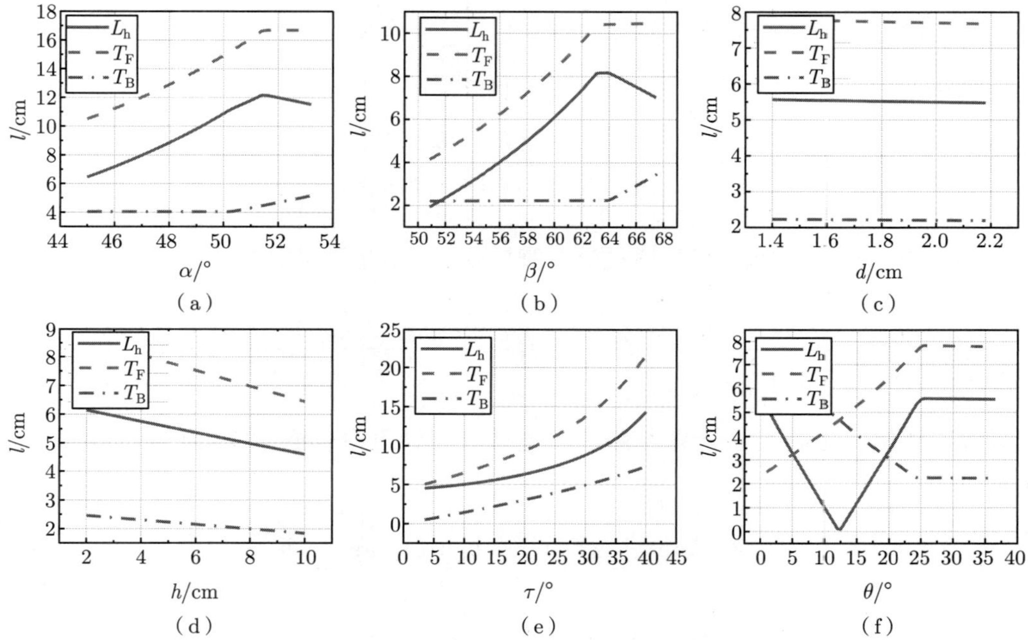

图 6.21　T_F、T_B、L_h 与各参数的关系曲线

参数通过改变模型中圆柱中轴位置影响视场长度，应在确定平面镜高度并完成摄像机选型后，根据计算选择取值较大的平面镜倾角与传感器旋转角，以获得处于较大水平且满足结构要求的垂直视场长度。

6.3.5　多传感器管道内表面测量系统结构

以整体结构小型化为目标，设定传感器横截面外接圆最小直径 D=200mm，选择空间及精度满足测量要求的摄像机模组大恒 VEN-134-90U3M/C-D，其分辨率为：1280(H)×1024(V)(pixel)，帧频为 90 fps，选择焦距为 3mm 的镜头，光圈值为 4.0。

在摄像机尺寸、摄像机水平与垂直视场角、管道内表面直径、等高度传感器布局数目等基础参数一定的情况下进行仿真，结果如表 6.2 所示。可以看出，在两种放置场景

下水平视场取得最大值时的参数取值，如表中实验组 1 和 3 所示，垂直视场取得最大值时参数取值如实验组 2 和 4 所示。当传感器整体偏转角一定时，水平视场取得最大值时轴向场景水平公共视场角约为径向场景两倍，而垂直视场角仅为 1/4。对于不同偏转角，轴向场景下水平视场取得最大值时参数如实验组 5 和 6 所示，垂直视场长度进一步减小，相对激光条纹宽度不符合测量要求。

表 6.2 公共视场仿真结果

实验组	基础参数								水平视场	垂直视场
	场景	$\tau(\varepsilon)$	α	β	d	b_1	b_2	h	μ_0	L_{h}
		(°)	(°)	(°)	(mm)	(mm)	(mm)	(mm)	(°)	(×10 mm)
1	径向	30	16	50	83	71	48	268	**50.6**	**49.4**
2	径向	30	1	5	73	49	46	234	0.3	50.2
3	轴向	30	50	59	53	267	33	188	**109.6**	**11.0**
4	轴向	30	45	59	53	50	33	188	106.4	14.8
5	轴向	20	45	49	43	50	25	222	94.3	3.5
6	轴向	40	45	49	73	206	42	202	113.9	2.6

为保证垂直视场长度合适的情况下水平视场尽量大，可采用多视觉传感器径向布局并进一步优化参数。固定偏转角 30°，减小参数步长至角度 1°（α、β）及长度 5mm（d）得到径向场景中水平视场角最大的情况，如表 6.3所示，分别对水平视场和垂直视场进行仿真，如图 6.22和图 6.23所示，最终选择该设计参数作为样机参数。

表 6.3 系统结构设计参数

基础参数							水平视场	垂直视场
$\tau(\varepsilon)$	α	β	d	b_1	b_2	h	μ_0	L_{h}
(°)	(°)	(°)	(mm)	(mm)	(mm)	(mm)	(°)	(×10 mm)
30	14	52	88	73	51	284	53.2	**51.6**

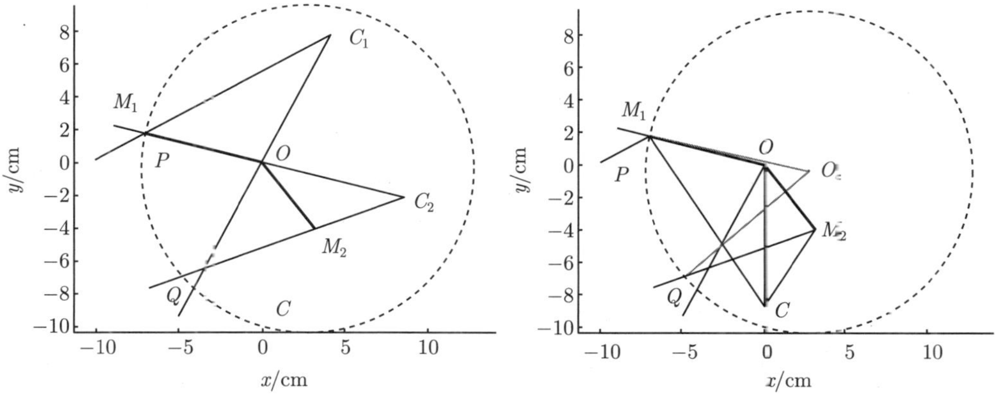

图 6.22 系统结构设计参数下水平视场仿真示意图

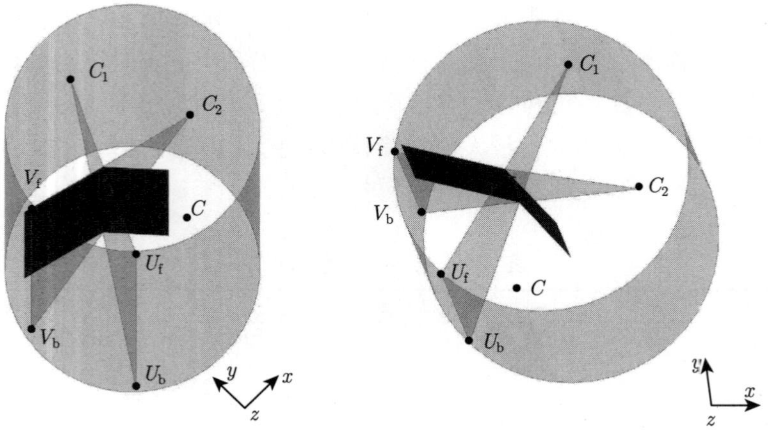

图 6.23　系统结构设计参数下垂直视场仿真示意图

基于该参数设计系统中摄像机、激光器和平面镜的支撑结构机械设计如图 6.24所示，平台底座由下方平台支撑机构与试验台连接固定以获得相对稳定的实验条件，降低环境干扰。激光器夹持装置通过调节约束圆环改变光条在视野中的倾斜角度并由周围螺钉锁紧，将平面镜插入紧固装置从而保持位姿处于设计夹角。同时，在实验前应将摄像机插入定位机构中，调节光圈与焦距后利用螺钉锁紧，确保后续靶标与光条清晰成像。

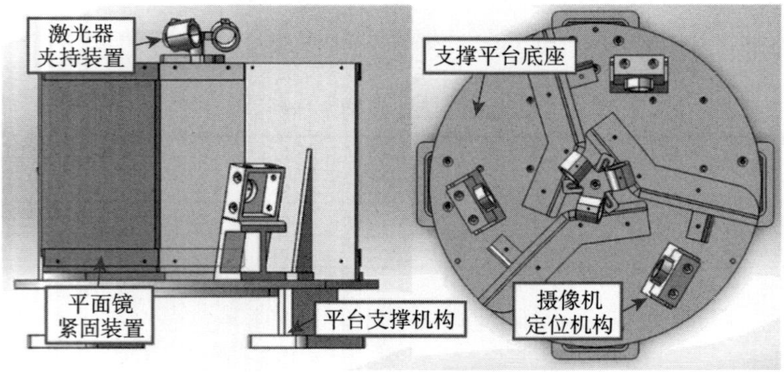

图 6.24　支撑结构机械设计

将三个镜像双目视觉传感器安装在图 6.24所示的支撑平台底座上，组成了组合视觉传感器，三个单元分别完成管道圆周上部分轮廓的测量，经过全局坐标统一后，就可以得到管道内表面在圆周上的三维轮廓数据，经圆柱拟合后，可得到管道内径以及同轴度等参数。下面将讨论组合视觉传感器的标定及坐标统一。

6.4　多传感器管道测量系统标定

由三个镜像双目视觉传感器单元构成管道内表面视觉测量系统，根据视觉测量模型的要求，需要对传感器单元的摄像机参数、传感器结构参数及传感器单元之间的变换参数进行标定，系统才具备三维测量功能。由传感器单元采集的管道内表面图像经图像特征提取，获得传感器局部测量三维坐标，经坐标统一到全局测量坐标系中，获得管道内表面轮廓的三维坐标，进而实现管道内表面几何参数的估计。

采集图像带有畸变干扰，同时对应点匹配及三维重构过程与摄像机内外部参数的标定精度强相关，因此在实际测量与实验验证前需要固定系统中各组成部分位姿，标定传感器单元中的虚拟双目并统一空间中多传感器坐标系。独立视觉传感器精准捕捉并恢复公共视野三维结构的前提是通过虚拟双目标定获得双摄像机内外参数，经畸变校正与光学三角法唯一确定空间中被测点的坐标。镜像双目视觉传感器的测量模型以及标定方法已经在 5.9节讨论过。下面将讨论多传感器测量坐标的统一。

6.4.1 多传感器全局测量模型

由三个镜像双目视觉传感器单元组合成的管道内表面视觉测量系统的多传感器全局测量模型如图 6.25所示，设置一个全局摄像机，其坐标系为 O_{C_0}-$x_{C_0}y_{C_0}z_{C_0}$。测量系统由传感器 1~3 组成，以传感器 1 中左虚拟摄像机所在坐标系 O_{C_1}-$x_{C_1}y_{C_1}z_{C_1}$ 为测量系统的测量坐标系，顺时针方向规定相邻两传感器中左虚拟摄像机坐标系分别为 O_{C_2}-$x_{C_2}y_{C_2}z_{C_2}$ 和 O_{C_3}-$x_{C_3}y_{C_3}z_{C_3}$。视觉选择各个传感器的左虚拟摄像机坐标系为各个传感器的局部测量坐标系。

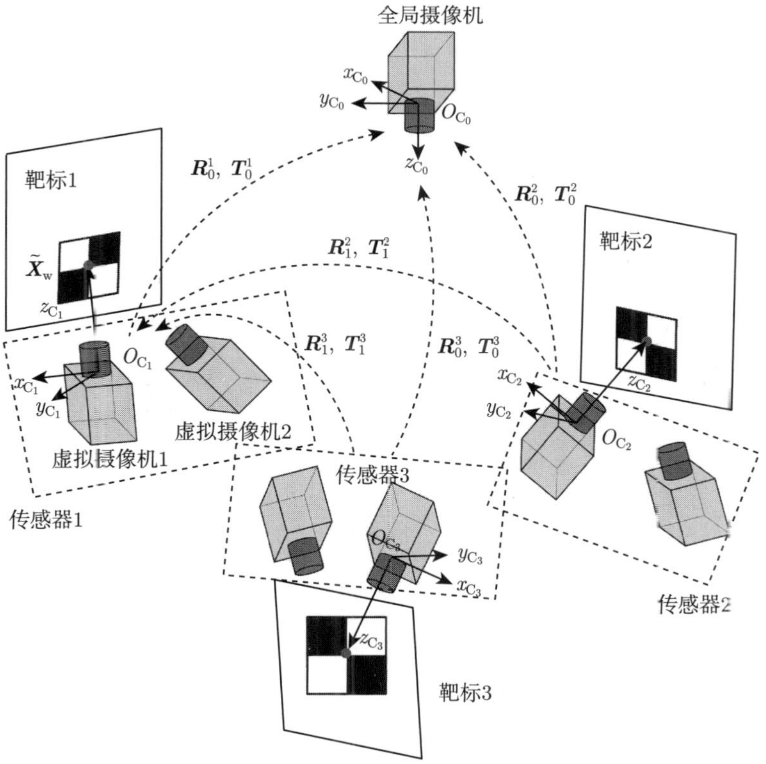

图 6.25　多传感器全局测量模型

以传感器 1 为例，它与全局摄像机同时采集包含若干特征点的标定靶标 1 图像，在靶标 1 建立世界坐标系 $O_{\mathrm{w}}\text{-}x_{\mathrm{w}}y_{\mathrm{w}}z_{\mathrm{w}}$，靶标 1 中特征点的齐次世界坐标为 $\tilde{\boldsymbol{X}}_{\mathrm{w}}$，在坐标系 $O_{\mathrm{C}_1}\text{-}x_{\mathrm{C}_1}y_{\mathrm{C}_1}z_{\mathrm{C}_1}$ 和 $O_{\mathrm{C}_0}\text{-}x_{\mathrm{C}_0}y_{\mathrm{C}_0}z_{\mathrm{C}_0}$ 下的齐次坐标分别为 $\tilde{\boldsymbol{X}}_1$ 和 $\tilde{\boldsymbol{X}}_0$。设 $O_{\mathrm{w}}\text{-}x_{\mathrm{w}}y_{\mathrm{w}}z_{\mathrm{w}}$ 到 $O_{\mathrm{C}_0}\text{-}x_{\mathrm{C}_0}y_{\mathrm{C}_0}z_{\mathrm{C}_0}$ 的旋转矩阵和平移矢量分别为 $\boldsymbol{R}_0^{\mathrm{w}}$ 和 $\boldsymbol{T}_0^{\mathrm{w}}$，旋转矩阵和平移矢量可以通过 PNP 算法，由靶标特征及在全局摄像机中的对应图像坐标估算；设 $O_{\mathrm{w}}\text{-}x_{\mathrm{w}}y_{\mathrm{w}}z_{\mathrm{w}}$ 到 $O_{\mathrm{C}_1}\text{-}x_{\mathrm{C}_1}y_{\mathrm{C}_1}z_{\mathrm{C}_1}$ 的旋转矩阵和平移矢量分别为 $\boldsymbol{R}_1^{\mathrm{w}}$ 和 $\boldsymbol{T}_1^{\mathrm{w}}$，旋转矩阵和平移矢量可以通过 PNP 算法，由靶标特征及在传感器 1 的左虚拟摄像机中的对应图像坐标估算。则有

$$\tilde{\boldsymbol{X}}_1=\begin{bmatrix}\boldsymbol{R}_1^{\mathrm{w}} & \boldsymbol{T}_1^{\mathrm{w}}\\ \boldsymbol{0}^{\mathrm{T}} & 1\end{bmatrix}\tilde{\boldsymbol{X}}_{\mathrm{w}},\quad \tilde{\boldsymbol{X}}_0=\begin{bmatrix}\boldsymbol{R}_0^{\mathrm{w}} & \boldsymbol{T}_0^{\mathrm{w}}\\ \boldsymbol{0}^{\mathrm{T}} & 1\end{bmatrix}\tilde{\boldsymbol{X}}_{\mathrm{w}} \tag{6.51}$$

由公式 (6.51)，通过中间量转换得到传感器 1 到全局摄像机的转换关系，包括旋转矩阵 $\boldsymbol{R}_0^1$ 和平移向量 $\boldsymbol{T}_0^1$，可表示为

$$\tilde{\boldsymbol{X}}_0=\begin{bmatrix}\boldsymbol{R}_0^1 & \boldsymbol{T}_0^1\\ \boldsymbol{0}^{\mathrm{T}} & 1\end{bmatrix}\tilde{\boldsymbol{X}}_1=\begin{bmatrix}\boldsymbol{R}_0^{\mathrm{w}}\boldsymbol{R}_1^{\mathrm{w}-1} & -\boldsymbol{R}_0^{\mathrm{w}}\boldsymbol{R}_1^{\mathrm{w}-1}\boldsymbol{T}_1^{\mathrm{w}}+\boldsymbol{T}_0^{\mathrm{w}}\\ \boldsymbol{0}^{\mathrm{T}} & 1\end{bmatrix}\tilde{\boldsymbol{X}}_1 \tag{6.52}$$

同理可得传感器 2、3 到全局摄像机的转换关系

$$\begin{cases}\tilde{\boldsymbol{X}}_0=\begin{bmatrix}\boldsymbol{R}_0^2 & \boldsymbol{T}_0^2\\ \boldsymbol{0}^{\mathrm{T}} & 1\end{bmatrix}\tilde{\boldsymbol{X}}_2=\begin{bmatrix}\boldsymbol{R}_0^{\mathrm{w}}\boldsymbol{R}_2^{\mathrm{w}-1} & -\boldsymbol{R}_0^{\mathrm{w}}\boldsymbol{R}_2^{\mathrm{w}-1}\boldsymbol{T}_2^{\mathrm{w}}+\boldsymbol{T}_0^{\mathrm{w}}\\ \boldsymbol{0}^{\mathrm{T}} & 1\end{bmatrix}\tilde{\boldsymbol{X}}_2\\ \tilde{\boldsymbol{X}}_0=\begin{bmatrix}\boldsymbol{R}_0^3 & \boldsymbol{T}_0^3\\ \boldsymbol{0}^{\mathrm{T}} & 1\end{bmatrix}\tilde{\boldsymbol{X}}_3=\begin{bmatrix}\boldsymbol{R}_0^{\mathrm{w}}\boldsymbol{R}_3^{\mathrm{w}-1} & -\boldsymbol{R}_0^{\mathrm{w}}\boldsymbol{R}_3^{\mathrm{w}-1}\boldsymbol{T}_3^{\mathrm{w}}+\boldsymbol{T}_0^{\mathrm{w}}\\ \boldsymbol{0}^{\mathrm{T}} & 1\end{bmatrix}\tilde{\boldsymbol{X}}_3\end{cases} \tag{6.53}$$

式 (6.53) 中，$\tilde{\boldsymbol{X}}_i(i=2,3,\text{下同})$ 为靶标 i 中的特征点在传感器 i 中的特征点在坐标系 $O_{\mathrm{C}_i}\text{-}x_{\mathrm{C}_i}y_{\mathrm{C}_i}z_{\mathrm{C}_i}$ 下的齐次坐标；$\boldsymbol{R}_i^{\mathrm{w}}$ 和 $\boldsymbol{T}_i^{\mathrm{w}}$ 分别为 $O_{\mathrm{W}}\text{-}x_{\mathrm{W}}y_{\mathrm{W}}z_{\mathrm{W}}$ 的旋转矩阵和平移向量；$\boldsymbol{R}_0^i$ 和 $\boldsymbol{T}_0^i$ 分别为 $O_{\mathrm{C}_i}\text{-}x_{\mathrm{C}_i}y_{\mathrm{C}_i}z_{\mathrm{C}_i}$ 到 $O_{\mathrm{C}_0}\text{-}x_{\mathrm{C}_0}y_{\mathrm{C}_0}z_{\mathrm{C}_0}$ 的旋转矩阵和平移向量。

为实现各个传感器局部测量坐标到测量坐标系之间的转换，以全局摄像机坐标系为中介，计算以传感器 1 为测量坐标系的传感器间的直接转换关系有

$$\begin{cases}\tilde{\boldsymbol{X}}_1=\begin{bmatrix}\boldsymbol{R}_1^2 & \boldsymbol{T}_1^2\\ \boldsymbol{0}^{\mathrm{T}} & 1\end{bmatrix}\tilde{\boldsymbol{X}}_2=\begin{bmatrix}\boldsymbol{R}_0^{1^{-1}}\boldsymbol{R}_0^2 & \boldsymbol{R}_0^{1^{-1}}\boldsymbol{T}_0^2-\boldsymbol{R}_0^{1^{-1}}\boldsymbol{T}_0^1\\ \boldsymbol{0}^{\mathrm{T}} & 1\end{bmatrix}\tilde{\boldsymbol{X}}_2\\ \tilde{\boldsymbol{X}}_1=\begin{bmatrix}\boldsymbol{R}_1^3 & \boldsymbol{T}_1^3\\ \boldsymbol{0}^{\mathrm{T}} & 1\end{bmatrix}\tilde{\boldsymbol{X}}_3=\begin{bmatrix}\boldsymbol{R}_0^{1^{-1}}\boldsymbol{R}_0^3 & \boldsymbol{R}_0^{1^{-1}}\boldsymbol{T}_0^3-\boldsymbol{R}_0^{1^{-1}}\boldsymbol{T}_0^1\\ \boldsymbol{0}^{\mathrm{T}} & 1\end{bmatrix}\tilde{\boldsymbol{X}}_3\end{cases} \tag{6.54}$$

6.4.2　基于间接转换的多传感器全局标定流程

多传感器独立工作时，通过平面镜-摄像机组合的双目视觉整体利用光学三角法对特征点进行重构与三维测量。而系统在管道径向方向位移时同平面多传感器形成的点云彼此分离，为实现多方向拼接，引入方向垂直朝向托举多视觉传感器底层结构的全局摄像机作为中间坐标系完成多传感器的全局统一，各传感器与全局摄像机标定及全局标定流程见算法 6.1。

算法 6.1 多传感器全局标定流程

1. 多角度调整靶标位姿（一般情况下，标定图像数量大于 5），分别标定传感器 1、传感器 2、传感器 3 中摄像机的内部参数及畸变；标定全部摄像机的内部参数及畸变。
2. 全局摄像机与传感器 1 的摄像机拍摄同一靶标图像，实现传感器 1 到全局摄像机坐标系的旋转矩阵 $\boldsymbol{R}_0^1$ 和平移矢量 $\boldsymbol{T}_0^1$ 标定。
3. 全局摄像机与传感器 2 的摄像机拍摄同一靶标图像，实现传感器 2 到全局摄像机坐标系的旋转矩阵 $\boldsymbol{R}_0^2$ 和平移矢量 $\boldsymbol{T}_0^2$ 标定。
4. 全局摄像机与传感器 3 的摄像机拍摄同一靶标图像，实现传感器 3 到全局摄像机坐标系的旋转矩阵 $\boldsymbol{R}_0^3$ 和平移矢量 $\boldsymbol{T}_0^3$ 标定。
5. 多传感器坐标统一：根据式 (6.54)，以全局摄像机为中介，实现传感器 2、3 到传感器 1 的变换估计，包括旋转矩阵 $\boldsymbol{R}_1^2$、$\boldsymbol{R}_1^3$ 和平移矢量 $\boldsymbol{T}_1^2$、$\boldsymbol{T}_1^3$。

6.4.3　多传感器测量系统标定实验

1. 传感器单元标定

将测量系统固定于光学实验平台上，分别在各传感器单元视场中放置靶标，改变靶标位姿拍摄 10~20 对有效标定图像。同理，固定全局摄像机并完成对应的单元标定过程，多传感器管道测量系统的实验装置如图 6.26所示。由于多传感器全局统一步骤中需要识别和转换全局摄像机采集图像与各传感器单元内虚拟摄像机图像的对应关系，而虚拟摄像机成像经由平面镜反射，对于同一物点二者像平面中将呈现对称关系，不遵从刚体变换的基本原则，因此无法应用于间接全局标定方法。此外，摄像机模组横放采集，图像横纵坐标轴颠倒，两虚拟摄像机的视野在像平面中呈上下分布。

综上，需在系统标定及测量前对多视觉传感器中虚拟双目采集图像做方向变换，首先将采集卡图像沿左右方向一分为二提取虚拟双目图像对，接着按照掩膜范围分割上下图像，逆时针旋转 90° 后沿纵向中轴左右对称，以得到与全局摄像机像平面坐标轴方向一致的原始图像。拍摄的原始图像如图 6.27（a）所示。独立传感器标定过程中，首先创建如图 6.27（b）所示的分割掩膜，分割左右虚拟摄像机图像如图 6.27（c）所示，接着通过角点提取和排序与空间坐标系中角点位置对应解算虚拟双目内外参数，如图 6.27（d）所示。

图 6.26　多传感器管道测量系统的实验装置

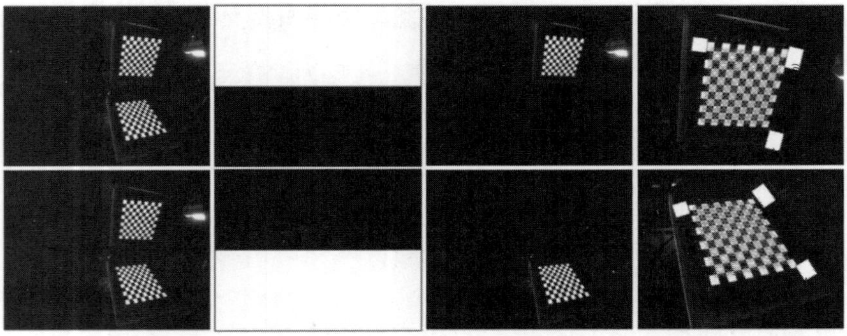

（a）原始图像　（b）分割掩膜　（c）视角分割　（d）角点排序

图 6.27　视觉传感器单元标定过程

采集三组传感器单元的不同位姿镜像双目标定图像与全局靶标图像，对位置 1~3 的传感器及全局摄像机分别进行标定，摄像机标定内部参数及畸变 (仅考虑径向畸变) 如表 6.4所示，传感器标定参数如表 6.5所示。

表 6.4　摄像机标定内部参数及畸变

传感器	摄像机	焦距/pixel	主点/pixel	畸变系数 k_1, k_2
1	左	591.696, 589.354	514.064, 661.581	−0.001, 0.028
	右	594.005, 593.103	517.414, 663.318	−0.002, 0.076
2	左	596.901, 597.424	510.904, 621.088	0.008,−0.009
	右	599.359, 598.333	510.091 ,620.389	0.011,−0.008
3	左	592.627, 589.061	506.530 ,646.517	−0.010, 0.039
	右	591.471,590.951	523.100,647.035	−0.001, 0.028
全局摄像机		5030.147,5030.135	2557.925,2588.843	−0.111, 0.205

表 6.5　传感器标定参数

传感器	旋转矩阵	平移矢量	基础矩阵
1	$\begin{bmatrix} 0.254 & 0.197 & 0.947 \\ -0.191 & 0.970 & 0.151 \\ -0.948 & -0.142 & 0.284 \end{bmatrix}$	$\begin{bmatrix} -70.710 \\ 11.664 \\ 56.780 \end{bmatrix}$	$\begin{bmatrix} -0.000 & -0.000 & 0.128 \\ -0.000 & 0.0000 & 0.199 \\ 0.118 & -0.039 & 128.191 \end{bmatrix}$
2	$\begin{bmatrix} 0.241 & 0.192 & 0.951 \\ -0.180 & 0.972 & 0.150 \\ -0.954 & -0.135 & 0.269 \end{bmatrix}$	$\begin{bmatrix} -71.972 \\ 11.344 \\ 55.010 \end{bmatrix}$	$\begin{bmatrix} -0.000 & -0.000 & 0.116 \\ -0.000 & 0.000 & 0.198 \\ 0.115 & -0.043 & -115.265 \end{bmatrix}$
3	$\begin{bmatrix} 0.262 & 0.198 & 0.945 \\ -0.187 & 0.970 & -0.152 \\ -0.947 & -0.137 & 0.291 \end{bmatrix}$	$\begin{bmatrix} -73.066 \\ 11.378 \\ 53.426 \end{bmatrix}$	$\begin{bmatrix} -0.000 & -0.000 & 0.120 \\ -0.000 & 0.000 & 0.200 \\ 0.121 & -0.045 & -120.516 \end{bmatrix}$

标定精度的评价采用重投影误差，定义为

$$E_{\mathrm{rms}} = \frac{1}{n}\sum_{i=1}^{n}\sqrt{(x_{\mathrm{u},i} - \widehat{x}_{\mathrm{u},i})^2 + (y_{\mathrm{u},i} - \widehat{y}_{\mathrm{u},i})^2} \tag{6.55}$$

式中，$(x_{\mathrm{u},i}, y_{\mathrm{u},i})$ 与 $(\widehat{x}_{\mathrm{u},i}, \widehat{y}_{\mathrm{u},i})$ 分别表示第 i 个特征点的实际图像坐标和依据投影模型计算得到的投影图像坐标。传感器单元及全局摄像机标定重投影误差如表 6.6所示。

表 6.6　传感器单元及全局摄像机标定重投影误差　　单位：pixel

	传感器 1	传感器 2	传感器 3	全局摄像机
左虚拟相机	0.086	0.056	0.087	
右虚拟相机	0.072	0.057	0.051	0.060
虚拟双目	0.079	0.057	0.069	

2. 多视觉传感器全局统一

1）全局标定方法精度验证

为验证全局标定精度并输出多视觉传感器位姿转换关系，依托可移动传感器单元与固定靶标在不同传感器位置下采集标定图像，通过全局摄像机完成相同传感器在不同位姿（位姿 1~2）的外参标定。

以全局摄像机为中介，由位姿 2 转换到位姿 1 的旋转矩阵 $\boldsymbol{R}_1^2$ 及平移向量 $\boldsymbol{T}_1^2$ 的计算见式 (6.54)。此外，也可以直接通过 PNP 方法，由靶标特征实现转换的直接计算，完成转换的计算见式 (6.56)。

$$\tilde{\boldsymbol{X}}_1 = \begin{bmatrix} \boldsymbol{R}_1^2 & \boldsymbol{T}_1^2 \\ \boldsymbol{0}^{\mathrm{T}} & 1 \end{bmatrix} \tilde{\boldsymbol{X}}_2 = \begin{bmatrix} \boldsymbol{R}_1^{\mathrm{w}} \boldsymbol{R}_2^{\mathrm{w}-1} & -\boldsymbol{R}_1^{\mathrm{w}} \boldsymbol{R}_2^{\mathrm{w}-1} \boldsymbol{T}_2^{\mathrm{w}} + \boldsymbol{T}_1^{\mathrm{w}} \\ \boldsymbol{0}^{\mathrm{T}} & 1 \end{bmatrix} \tilde{\boldsymbol{X}}_2 \tag{6.56}$$

基于对应特征点对，分别使用直接转换和间接转换方法，解算两视角下传感器坐标系转换参数，结果如表 6.7所示。

表 6.7 固定靶标全局标定实验中传感器坐标系转换关系

		$\boldsymbol{R}$	$\boldsymbol{T}$
间接转换	位置 1 → C_0	$\begin{bmatrix} 0.291 & -0.338 & -0.895 \\ -0.907 & -0.395 & -0.146 \\ -0.304 & 0.854 & -0.421 \end{bmatrix}$	$[135.712, 100.162, 858.824]^{\mathrm{T}}$
	位置 2 → C_0	$\begin{bmatrix} 0.264 & -0.632 & -0.728 \\ -0.927 & -0.376 & -0.010 \\ -0.267 & 0.678 & -0.685 \end{bmatrix}$	$[74.175, 69.452, 909.376]^{\mathrm{T}}$
	位置 2 → 位置 1	$\begin{bmatrix} 0.999 & -0.049 & 0.006 \\ 0.049 & 0.941 & -0.338 \\ 0.011 & 0.336 & 0.942 \end{bmatrix}$	$[-5.418, 76.095, 38.283]^{\mathrm{T}}$
直接转换	位置 2 → 位置 1	$\begin{bmatrix} 0.999 & -0.050 & 0.006 \\ 0.049 & 0.941 & -0.336 \\ 0.011 & 0.336 & 0.942 \end{bmatrix}$	$[-5.427, 76.098, 38.291]^{\mathrm{T}}$

对比直接与间接转换多位置标定结果，旋转矩阵 $\boldsymbol{R}$ 各元素绝对误差均值为 1.457×10^{-5}，均方根误差为 1.936×10^{-5}，平移向量 $\boldsymbol{T}$ 中的各元素绝对误差均值为 0.006mm，均方根误差为 0.007mm，各项指标均小于 1×10^{-2} 量级，初步说明多传感器标定中通过全局摄像机间接转换与利用具有公共视场的传感器直接标定效果相仿。

每一位置下左右虚拟摄像机可通过光学三角法重建以左虚拟摄像机坐标系为参考系的三维点，而位置变化前后靶标固定，因此可使用重建误差 E_{recons} 估计坐标转换精度，其中 n 为靶标角点数目，$\boldsymbol{p}_{\text{l},i}$ 表示第 i 个特征点通过位置 1 虚拟双目重建三维坐标，$\boldsymbol{p}_{\text{r},i}$ 表示第 i 个特征点通过位置 2 虚拟双目重建三维坐标，$[\boldsymbol{R}_{21} \quad \boldsymbol{T}_{21}]$ 为两位置左虚拟摄像机坐标系转换矩阵。

$$E_{\text{recons}} = \frac{1}{n}\sum_{i=1}^{n}\left\|\boldsymbol{p}_{\text{l},i} - [\boldsymbol{R}_{21} \quad \boldsymbol{T}_{21}]\ \boldsymbol{p}_{\text{r},i}\right\| \tag{6.57}$$

重建后位姿 1、2 独立点云与将两分离点云通过 $\boldsymbol{R}$、$\boldsymbol{T}$ 矩阵统一至位姿 1 对应的世界坐标系，分别计算全局摄像机标定及公共视场直接标定两种方法下每一个角点位置的三维坐标误差。经过实验，重建误差中直接转换平均误差与对应的间接转换平均误差相差约 0.040%，进一步通过三维坐标反推说明在图像采集及特征点识别、标定算法精度一致时，利用全局摄像机完成无公共视场的视觉传感器坐标统一，与利用对应图像特征点直接进行具有公共视场的视觉传感器坐标统一精度相仿，结合特征点排序与中间视角的全局标定方法适用于多视觉传感器管道内表面测量系统的传感器参数标定。

2）多传感器转换关系估计

在同时刻采集传感器单元 1~3 的视野及全局摄像机同时捕捉三个靶标的标定图像，多视角传感器单元及全局摄像机的原始标定图像如图 6.28所示。

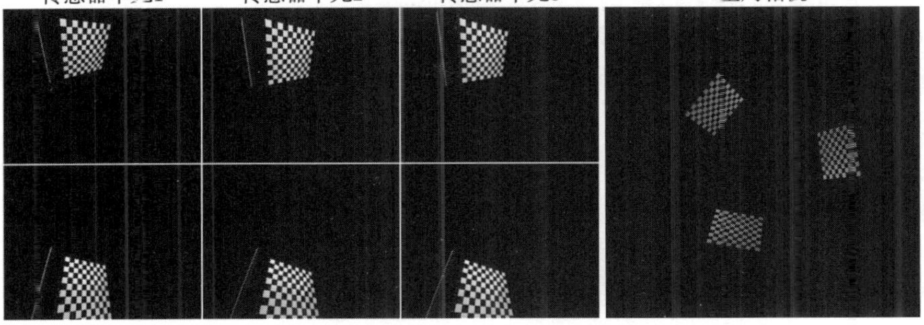

图 6.28 多视角传感器单元及全局相机的原始标定图像

采集的图像经畸变校正后，通过角点提取及重排序整理，得到传感器单元 1 的左虚拟摄像机图像和全局摄像机中对应的角点（取前 10 组），坐标如表 6.8所示。

表 6.8 传感器单元 1 左虚拟摄像机与全局摄像机标定图像对应的角点坐标 单位：pixel

实验组	传感器单元 1 左虚拟摄像机图像	全局摄像机图像
1	(171.330, 642.186)	(4260.994, 2266.523)
2	(200.214, 642.586)	(4241.630, 2342.869)
3	(228.589, 642.967)	(4222.559, 2419.001)
4	(256.223, 643.508)	(4203.043, 2495.645)
5	(283.444, 643.947)	(4183.906, 2572.021)
6	(310.121, 644.297)	(4164.367, 2648.834)
7	(336.205, 644.747)	(4145.104, 2725.458)
8	(361.751, 645.180)	(4125.587, 2802.398)
9	(386.871, 645.821)	(4106.259, 2879.334)
10	(411.526, 645.910)	(4086.660, 2956.450)

将多视角传感器单元的左虚拟摄像机统一转换至全局摄像机坐标系，分别计算其轴旋转矩阵 $\boldsymbol{R}$ 与平移向量 $\boldsymbol{T}$，结果如表 6.9所示。由于多传感器与悬挂全局摄像机的相对位置呈轴向均匀分布，转换矩阵的模长相近，此结果可作为后续靶标定量测量、角度测量实验的基础标定数据。

表 6.9 多传感器坐标系转换关系

实验组	$\boldsymbol{R}$	$\boldsymbol{T}$
位置 1→ C_0	$\begin{bmatrix} 0.475 & 0.156 & 0.866 \\ 0.880 & 0.104 & 0.464 \\ -0.018 & 0.982 & -0.186 \end{bmatrix}$	$[-37.115, -27.064, 609.074]^{\mathrm{T}}$
位置 2→ C_0	$\begin{bmatrix} 0.502 & -0.168 & -0.849 \\ -0.865 & 0.115 & 0.489 \\ 0.015 & 0.979 & -0.203 \end{bmatrix}$	$[41.132, -22.023, 611.932]^{\mathrm{T}}$
位置 3→ C_0	$\begin{bmatrix} 1.000 & -0.006 & 0.000 \\ -0.001 & -0.169 & -0.986 \\ 0.006 & 0.986 & -0.169 \end{bmatrix}$	$[-2.279, 42.078, 608.771]^{\mathrm{T}}$

6.5 管道内表面镜像双目结构光测量

无附加光源的光滑管道内表面存在特征不明显、难以识别的问题，借助结构光放大表面形貌特征后，经过光条中心特征提取、双目匹配和三维重构等步骤，可以生成并拼接为完整的全向点云。为验证该过程的精度，分别使用靶标和均匀管道作为测量对象，探讨在实际测量场景中管道内表面的测量系统。

6.5.1 镜像双目结构光对极几何

镜像双目传感器中的摄像机对空间测量点进行成像，在左、右虚拟图像平面上形成对应的图像点。如果测量点位于投射光条上，则结合双目的极线约束，可以唯一确定两个虚拟图像中的对应匹配点。基于视差原理，根据对应匹配图像点可以计算空间测量点的三维坐标。从上述分析可以看出，确定左、右虚拟图像中的对应匹配点是三维测量的必要环节，极线约束是寻找对应匹配点的重要基础，即光条图像上的任意左虚拟像点对应的右虚拟图像中的像点应该同时位于右图光条与左像点对应极线上，反之亦然。本节借助传统双目视觉对极几何，可将该约束扩展至镜像双目视觉应用场景中。

由第 5.7.2节的式 (5.35) 所表示的双目视觉对极几何约束关系，可得

$$\tilde{\boldsymbol{x}}_2^{\mathrm{T}}\boldsymbol{F}\tilde{\boldsymbol{x}}_1=0 \tag{6.58}$$

式中，$\tilde{\boldsymbol{x}}_1$ 和 $\tilde{\boldsymbol{x}}_2$ 分别是空间同一点在双目传感器的左右摄像机对应的齐次图像坐标；$\boldsymbol{F}$ 为基本矩阵，可以由式 (5.36) 得到。

将式 (5.35) 所示的对极几何约束推广至镜像双目视觉场景中，虚拟双目视觉对极几何示意图如图 6.29所示。待测点 P 经左、右平面镜对称形成镜像虚拟点 P_1、P_2。实体摄像机光心为 C_0，镜像得到不同观测角度的两虚拟摄像机（光心分别为 C_1、C_2）分别对点 P 成像。由传统双目视觉对极几何结论可知，虚拟点 P_1 在 I_0 上成像至点 p_1，且平面上存在一极点 e_1 使极平面 $P_1p_1e_1$ 与真实摄像机像平面 I_0 交于极线 l_1。同理，虚拟点 P_2 对应极平面 $P_2p_2e_2$ 与真实摄像机像平面交于极线 l_2。

根据投影模型可计算两像点齐次坐标为

$$\begin{cases} s\tilde{\boldsymbol{x}}_1=\boldsymbol{M}\tilde{\boldsymbol{X}}_1=[\boldsymbol{R}_1,\boldsymbol{T}_1]\tilde{\boldsymbol{X}}_1 \\ s\tilde{\boldsymbol{x}}_2=\boldsymbol{M}\tilde{\boldsymbol{X}}_2=[\boldsymbol{R}_1,\boldsymbol{T}_1]\tilde{\boldsymbol{X}}_2 \end{cases} \tag{6.59}$$

式中，s 为尺度因子；$\tilde{\boldsymbol{X}}_1$、$\tilde{\boldsymbol{X}}_2$ 为左右镜像虚拟点在真实摄像机坐标系下的齐次坐标；$\boldsymbol{M}$ 为从真实摄像机坐标系到虚拟摄像机坐标系的投影矩阵，可分解为 3×3 矩阵 $\boldsymbol{R}_1$ 与 3×1 矩阵 $\boldsymbol{T}_1$ 两部分。

由于空间中点 P_1、P_2 均由点 P 镜像翻转得到，可利用单位旋转矩阵 $\boldsymbol{I}$ 与经归一化处理后的平移向量 $\boldsymbol{T}$ 表示其位置关系，有

$$\tilde{\boldsymbol{X}}_2=[\boldsymbol{I},\boldsymbol{T}]\tilde{\boldsymbol{X}}_1 \tag{6.60}$$

将式 (6.60) 代入式 (6.59)，化简，可以得到

$$s\left(\tilde{\boldsymbol{x}}_1-\tilde{\boldsymbol{x}}_2\right)=\boldsymbol{R}_1\boldsymbol{T} \tag{6.61}$$

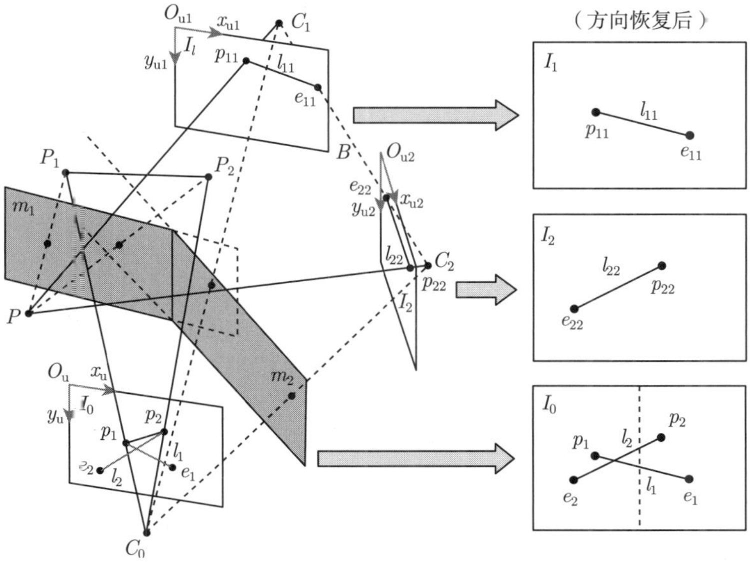

图 6.29　虚拟双目视觉对极几何示意图

式 (6.61) 表明，空间中经平面镜反射所得虚拟物点 P_1、P_2 连线的方向与像平面中对应像点 p_1、p_2 连线的方向一致，P_1、P_2、p_1、p_2、C_0 在同一平面上。根据传统对极几何，P_1、p_1、e_1 同时处于左极平面上，P_2、p_2、e_2 同时处于右极平面上，而在镜像双目模型中实际像面唯一，因此实际物点 P 是虚拟像平面 I_1 和 I_2 上的成像之叠加，与虚拟物点 P_1 和 P_2 在实际像平面 I_0 上成像一致。同时，虚拟极点 e_{11} 和 e_{22} 与实际极点 e_1 和 e_2 相对应，此时右像点 p_2 位于左像点 p_1 对应的右极线 l_2 上，满足极线约束条件。

6.5.2　镜像双目视觉三维重构模型

单摄像机经两部分平面镜反射可间接观测到公共视场中同一物点，等效于该物点在一对虚拟双目像平面上直接成像。虚拟双目立体视觉测量模型如图 6.30 所示，其中坐标系 $O_{\mathrm{c1}}\text{-}x_{\mathrm{C1}}y_{\mathrm{C1}}z_{\mathrm{C1}}$、$O_{\mathrm{n1}}\text{-}x_{\mathrm{n1}}y_{\mathrm{n1}}$、$O_{\mathrm{u1}}\text{-}x_{\mathrm{u1}}y_{\mathrm{u1}}$ 分别表示左虚拟摄像机坐标系、以长度（如 mm）为单位的归一化图像坐标系和以像素为单位的图像坐标系，坐标系 $C_{\mathrm{c2}}\text{-}x_{\mathrm{c2}}y_{\mathrm{c2}}z_{\mathrm{c2}}$、$O_{\mathrm{n2}}\text{-}x_{\mathrm{n2}}y_{\mathrm{n2}}$、$O_{\mathrm{u2}}\text{-}x_{\mathrm{u2}}y_{\mathrm{u2}}$ 分别表示右虚拟摄像机坐标系，以长度为单位的归一化图像坐标系和以像素为单位的图像坐标系。空间点 P 分别在虚拟左摄像机两像平面上成像为 P_{n1} 和 P_{u1}，在虚拟右摄像机两像平面上成像为 P_{n2} 和 P_{u2}。

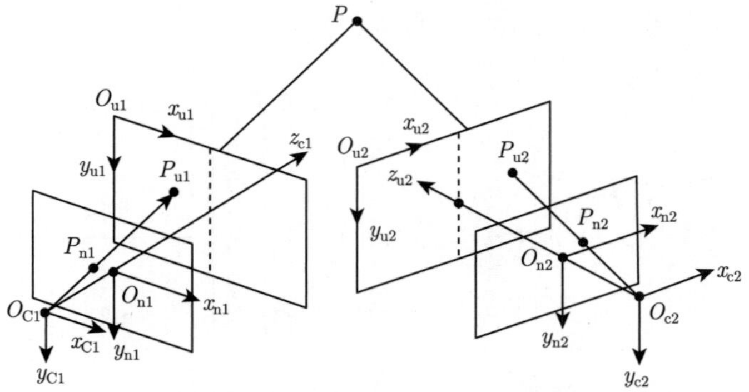

图 6.30　虚拟双目立体视觉测量模型

由归一化坐标系与图像坐标系间转换关系可得式 (6.62)，其中 (u_{01}, v_{01}) 和 (u_{02}, v_{02}) 分别为左右虚拟摄像机的主点坐标，(f_{x1}, f_{y1}) 分别表示左虚拟摄像机靶面 u 和 v 方向单位长度对应的像素数量，(f_{x2}, f_{y2}) 分别表示右虚拟摄像机靶面 u 和 v 方向单位长度对应的像素数量。两虚拟摄像机内参分别为

$$\boldsymbol{A}_{\mathrm{l}} = \begin{bmatrix} f_{x\mathrm{l}} & 0 & u_{01} \\ 0 & f_{y\mathrm{l}} & v_{01} \\ 0 & 0 & 1 \end{bmatrix}, \qquad \boldsymbol{A}_{\mathrm{r}} = \begin{bmatrix} f_{x2} & 0 & u_{02} \\ 0 & f_{y2} & v_{02} \\ 0 & 0 & 1 \end{bmatrix}$$

$$\begin{cases} x_{\mathrm{u1}} = f_{x1} x_{\mathrm{n1}} + u_{01} \\ y_{\mathrm{u1}} = f_{y1} y_{\mathrm{n1}} + v_{01} \end{cases} \quad \begin{cases} x_{\mathrm{u2}} = f_{x2} x_{\mathrm{n2}} + u_{02} \\ y_{\mathrm{u2}} = f_{y2} y_{\mathrm{n2}} + v_{02} \end{cases} \tag{6.62}$$

左右虚拟摄像机坐标系均为右手系，可通过刚体变换模型将坐标系中像点对应关系表示为式 (6.63)。消去 z_{c2} 后得到 P 在左虚拟摄像机坐标系中的三维坐标表示为式 (6.64)，因此可结合标定结果与畸变校正后图像中对应匹配点计算其在空间中的三维坐标，综合点云信息解算管道内表面基础参数，输出检测结果。

$$z_{\mathrm{c2}} \begin{bmatrix} x_{\mathrm{n2}} \\ y_{\mathrm{n2}} \\ 1 \end{bmatrix} = \begin{bmatrix} r_1 & r_2 & r_3 \\ r_4 & r_5 & r_6 \\ r_7 & r_8 & r_9 \end{bmatrix} \begin{bmatrix} x_{\mathrm{n1}} z_{\mathrm{c1}} \\ y_{\mathrm{n1}} z_{\mathrm{c1}} \\ z_{\mathrm{c1}} \end{bmatrix} + \begin{bmatrix} t_x \\ t_y \\ t_z \end{bmatrix} \tag{6.63}$$

$$\begin{cases} x_{\mathrm{c1}} = x_{\mathrm{n1}} z_{\mathrm{c1}} \\ y_{\mathrm{c1}} = y_{\mathrm{n1}} z_{\mathrm{c1}} \\ z_{\mathrm{c1}} = \dfrac{t_x - x_{\mathrm{n2}} t_z}{x_{\mathrm{n2}} \left(r_7 x_{\mathrm{n1}} + r_8 y_{\mathrm{n1}} + r_9 \right) - \left(r_1 x_{\mathrm{n1}} + r_2 y_{\mathrm{n1}} + r_6 \right)} \\ \quad\;\; = \dfrac{t_y - y_{\mathrm{n2}} t_z}{y_{\mathrm{n2}} \left(r_7 x_{\mathrm{n1}} + r_8 y_{\mathrm{n1}} + r_9 \right) - \left(r_4 x_{\mathrm{n1}} + r_5 y_{\mathrm{n1}} + r_6 \right)} \end{cases} \tag{6.64}$$

6.5.3　结构光特征提取与匹配

1. 光条中心图像特征提取

由整体测量系统采集的光条图像具有镜像翻转、光条背景对比度大、目标区域占比低等特点，结合图像背景噪声与光条成像质量考虑需在光条中心特征点提取前完成图像方向恢复与目标提取操作。光条特征点提取流程如图 6.31所示。

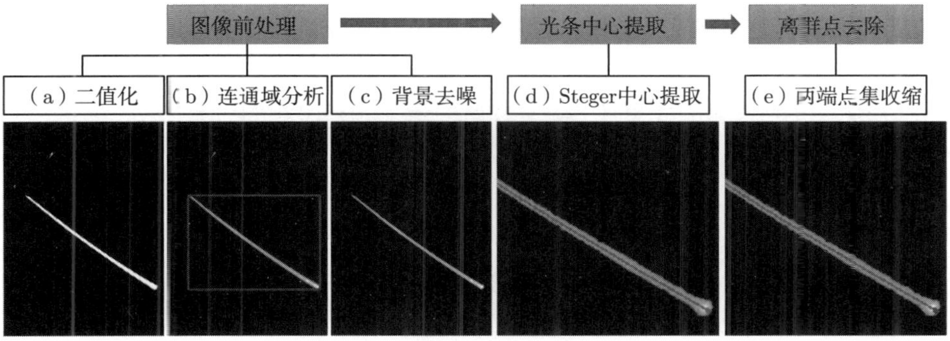

图 6.31　光条特征点提取流程

背景噪声导致特征点提取结果包含反光点等冗余部分，分别对光条图像进行阈值分割、连通域分析处理，利用面积阈值 $T_{\rm a}$=1000 pixel 剔除较小的背景光斑，效果如图 6.31（a）～（c）所示。

在相同前处理及中心提取参数设置情况下，多传感器单元的光条特征提取效果如表 6.10所示。背景去噪后聚集在光条两端及背景的噪声被剔除，平均保留光条面积与特征点数量占原始图像的 95.43% 和 24.31%，仅去除少量弥散光点的同时能有效降低光条中心特征点提取的错误率。本方法针对测量场景中图像背景噪声光斑（由反光及环境干扰形成）面积远小于原始光条情况设计，适用于光条背景对比度大且噪声光斑与目标光条重叠面积较少的结构光图像前处理。

表 6.10　光条特征提取效果

实验组	虚拟摄像机	原始图像		背景去噪声		去噪率	
		光条面积/pixel	光条中心点/个	光条面积/pixel	光条中心点/个	光条面积/%	光条中心点/%
1	a	4566	2115	4561	787	0.11	62.79
	b	2898	1120	2844	471	1.86	57.95
2	a	2479	4035	2407	616	2.90	84.73
	b	2063	2051	1852	463	10.23	77.43
3	a	2654	5808	2635	676	0.72	88.36
	b	2215	2677	1958	458	11.60	82.89

测量特征点包括基于光条的中心和边缘信息，工业应用中常见的中心提取方法有极值法、灰度重心法和 Steger 算法[28] 等，其中极值法和灰度重心法易受离群点干扰，且当管道内表面有明显凸起或凹陷特征时图像条纹在 u、v 方向上非单调，此时这两种方法的稳定性欠佳。

Steger 算法是一种高精度的光条提取算法，基于 Hessian 矩阵，能够实现光条中心亚像素精度定位。**首先进行高斯滤波，然后计算 Hessian 矩阵得到光条的法线方向，最后在法线方向利用泰勒展开得到亚像素位置**。Hessian 矩阵最大特征值对应的特征向量对应于光条的法线方向。

算法 6.2: 光条特征点提取算法

1. 根据光条宽度设置高斯函数的标准偏差 σ，对图像进行高斯滤波，根据文献 [28]，设置 $\sigma < w/\sqrt{3}$，其中 w 为光条宽度。
2. 对于图像中光条上的任意像素点 (x, y)，Hessian 矩阵可以表示为

$$\boldsymbol{H}(x,y)=\begin{bmatrix} r_{xx} & r_{xy} \\ r_{xy} & r_{yy} \end{bmatrix}$$

   式中，r_{xx}、r_{yy} 分别表示图像沿 x, y 的二阶导数；r_{xy} 为沿 x, y 方向的偏导数。

   Hessian 矩阵最大特征值对应的特征向量对应于光条的法线方向，用 (n_x, n_y) 表示，以点 (x_0, y_0) 为基准点，则光条中心的亚像素坐标为

$$(p_x,p_y)=(x_0+tn_x,y_0+tn_y),\quad t=-\frac{n_xr_x+n_yr_y}{n_x^2r_{xx}+2n_xn_yr_{xy}+n_y^2r_{yy}}$$

   式中，r_x, r_y 分别为图像沿 x, y 方向的一阶导数。
3. 如果 $(tn_x, tn_y) \in [-0.5, 0.5] \times [-0.5, 0.5]$，即一阶导数为零的点位于当前像素内，且 (n_x, n_y) 方向的二阶导数大于指定的阈值，则该点 (x_0, y_0) 为光条的中心点，(p_x, p_y) 则为亚像素坐标。
4. 遍历图像中所有点，将满足光条中心提取条件的亚像素点保存为光条中心的特征点集 $G = \{p_1, p_2, \cdots, p_n\}$。其中，$p_i$ 表示图像中第 i 个光条特征点；n 表示光条特征点的总数量。

受激光投射器硬件参数及管道内表面材质纹理限制，图像中光条两端点处易产生亮度堆积，干扰特征点提取过程，产生与相邻特征点距离较远的离群点，降低后续点云重建的精确性，采用分段拟合剔除离群点的方法解决该问题，离群点去除效果见表 6.11。

算法 6.3: 光条离群点去除算法

1. 将按照算法 6.2 提取得到的光条特征集合 G 拆分为子集 G_1、$G_2, \cdots, G_m$，其中，$G_1 = \{p_1, p_2, \cdots, p_k\}$，$G_2 = \{p_{k+1}, p_{k+2}, \cdots, p_{2k}\}$，$\cdots$，$G_m = \left\{p_{(m-1)k+1}, p_{(m-1)k+2}, \cdots, p_n\right\}$。
2. 分别基于各子集特征点坐标依次拟合得到线段 $l_1 = f_1(p_1, p_2, \cdots, p_n)$，$l_2 =$

$f_2(p_{k+1}, p_{k+2}, \cdots, p_{2k})$，…，$l_m = f_m\left(p_{(m-1)k+1}, p_{(m-1)k+2}, \cdots, p_n\right)$。

3. 对任意处于子集 G_s 中的特征点 $p_0(x_0, y_0)$，计算其到所属区间拟合直线 l_s：$Ax + By + C = 0$ 的距离

$$d_0 = \frac{\|Ax_0 + By_0 + C\|}{\sqrt{A^2 + B^2}}$$

若距离大于阈值 T_l=1.5 pixel，则 p_0 为离群点，予以去除，固定测量系统采集光条图像中离群点去除效果如表 6.11所示。

表 6.11 离群点去除效果

实验组	虚拟摄像机	光条中心点数 (pixel)	删除离群点数 (pixel)	离群点占比 (%)	是否位于光条两端
1	a	817	20	2.45%	✓
	b	498	20	4.02%	✓
2	a	656	16	2.44%	✓
	b	482	11	2.28%	✓
3	a	721	2	0.28%	✓
	b	482	7	1.45%	✓

比较去除离群点前后的光条图像可以观察到，两侧反光点堆积处光条明显收窄，避免了与光条走向垂直方向三维点云的形成。同时，部分光条内部离群点被剔除，增加了特征点提取的稳定性并有效降低硬件层级传感器的参数要求。该方法适用于经 Steger 算法中心提取特征点包含结构光首尾弱反光噪声的精细化筛选过程，在保证中段特征点坐标精度的同时延展光条长度，同时去除了因激光器发射效果与摄像机采集限制产生的光条中段离群点。

2. 基于极线约束的特征点对应匹配

结合先验信息和图像对应点几何性质以光条中心点集为输入数据，找寻其位于另一虚拟摄像机像平面上的同名像点。管道内表面测量场景中，背景区域纹理特征匮乏，有效信息聚集在光条中，因此借助光条分布特点与极线约束原则进行特征点的双目匹配，对应点满足：

（1）极线约束：任意像点的匹配点位于该像点对应像平面的极线上。

（2）相似性约束：位于光条中心任意像点的匹配点在对应像平面中的光条中心处。

（3）唯一性约束：任意像点的对应点有且只有一个。整体特征点对应匹配流程如图 6.32所示。

以传感器单元为例，将一对虚拟摄像机拆分为左、右虚拟摄像机，分别捕获并解析光条中心特征点集 $C^1 = \left\{p_1^1, p_2^1, \cdots, p_{n_1}^1\right\}$ 和 $C^2 = \left\{p_1^2, p_2^2, \cdots, p_{n_2}^2\right\}$，双目匹配方法原理如图 6.33所示。对任意左图像中的特征点 p_i^1，在右图像中存在唯一的对应极线 l_i^2，根据对极几何约束的性质可知，p_i^1 在右图像中的对应点必定位于 l_i^2 上。

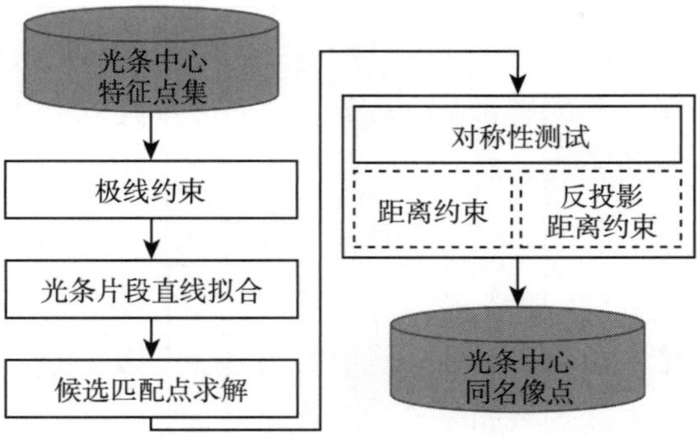

图 6.32 特征点对应匹配流程

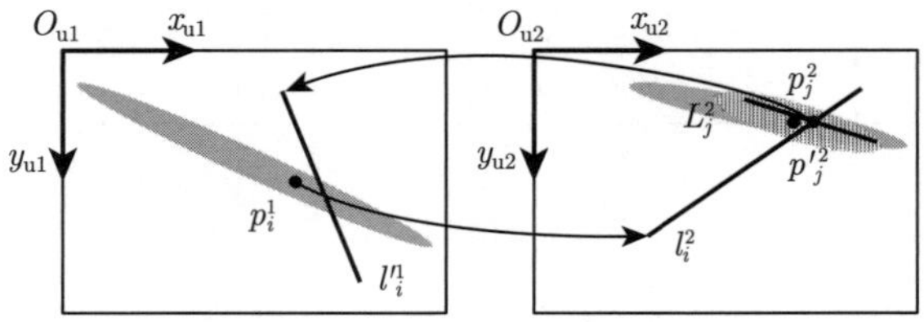

图 6.33 双目匹配方法原理

算法 6.4: 光条特征点对应匹配算法

1. 从集合 C^1 中选择任意光条特征点 p_i^1，根据镜像双目对极几何，在右图像中计算对应极线 $l_i^2 = \boldsymbol{F}p_i^1$，其中 $\boldsymbol{F}$ 为双目传感器的基本矩阵。
2. 遍历集合 C^2 中所有的光条特征点，计算特征点与 l_i^2 的距离 d_i^2，选择距离最小的特征点，用 p_j^2 表示。
3. 设置邻域窗口半径 (特征点数量)k，$k \geqslant 1$，以 p_j^2 为基准点，用 C^2 中的特征点构建当前邻域点集合 $C_j^2 = \left\{p^2_{\max(1,j-k)}, p^2_{\max(1,j-k)+1}, \cdots, p^2_{\min(n_2,j+k)}\right\}$。利用集合 C_j^2 中的所有点拟合直线 L_j^2，则候选匹配点 p'^2_j 为
$$p'^2_j = l_i^2 \times L_j^2$$
4. 计算 p'^2_j 反投影到左图像的极线 $l'^1_i = \boldsymbol{F}^{\mathrm{T}} p'^2_j$，计算点 p_i^1 到 l'^1_i 的距离 d_i^1，设定距离阈值 T_{d}^1 和 T_{d}^2 分别对应 d_i^1 与 d_i^2。若满足对称性测试条件
$$d_i^1 < T_d^1 \quad 且 \quad d_i^2 < T_d^2$$
则保存像点对 (p_i^1, p'^2_j)，称为同名像点，反之剔除该原始特征点。按照上述方法遍历，即得到左右图像所有光条中心的同名像点。

利用上述方法对视觉传感器单元采集的左右光条图像进行双目匹配，对提取的光条中心点做稀疏处理（从左图像中第一个特征点开始间隔取点 10 个，步长为 69），设置

邻域窗口半径 $k=3$，距离约束阈值 $T_{\mathrm{d}}^1 = 1 \times 10^{-4}$ pixel，$T_{\mathrm{d}}^2 = 1 \times 10^{-4}$ pixel，光条特征点对应匹配结果如表 6.12所示，经对称性验证，实验点在左右图像上均满足极线约束且位于光条中心区域。

表 6.12　光条特征点对应匹配结果 (单位：pixel)

序号	p_i^1	p_j^2	p'^2_j	$d_i^2(\times10^{-5})$	$d_i^1(\times10^{-5})$
1	(110 587,86.229)	(552.077,304.875)	(551.758,305.191)	1.140	0.513
2	(140 023,139.988)	(570.635,320.441)	(571.833,319.851)	1.268	2.743
3	(168 229,192.877)	(591.762,337.298)	(592.360,336.787)	0.268	1.638
4	(197 039,246.979)	(615.879,356.153)	(616.222,355.629)	0.166	0.421
5	(226 291,298.834)	(641.192,374.751)	(641.013,375.421)	0.121	5.752
6	(256 051,350.969)	(670.235,396.687)	(669.653,397.211)	0.728	1.703
7	(286 564,402.279)	(700.786,421.292)	(701.378,420.998)	0.205	3.377
8	(318 271,447.819)	(733.218,442.692)	(732.708,443.48)	0.643	2.925
9	(350 499,492.634)	(767.834,468.248)	(768.413,468.127)	0.020	3.918
10	(382 792,539.16)	(811.900,497.155)	(812.91,497.525)	0.721	0.761

上述方法使用直线为拟合求解最优匹配像点的参考模型，而管道内表面部分含形变片段，光条走向及形态复杂度增加，因此考虑基于高次函数模型拟合候选点相邻点，确定与右图像极线相交的经对称性验证的匹配点。

此外，将直接匹配右图像距离极线最近点作为同名像点的传统方法与直线拟合交点法、三次拟合交点法进行横向对比，分别设置后两种方法邻域范围的数量为 7 和 17，左右图像中极线与匹配点距离如图 6.34、图 6.35所示（图中极线最近点法数值分别对应左侧/右侧次坐标轴，其余两种方法分别对应右侧/左侧主坐标轴）。

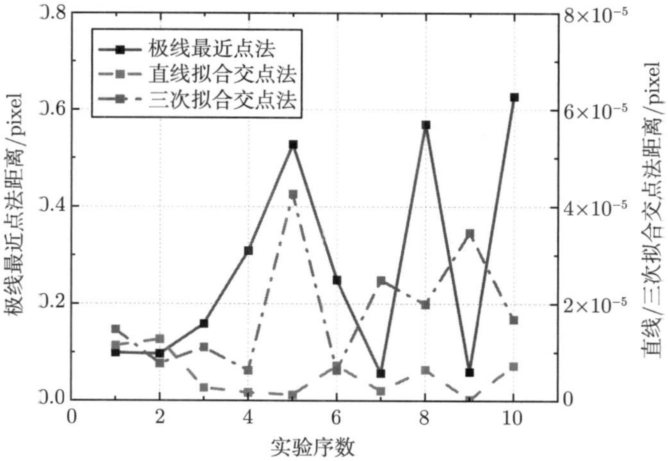

图 6.34　不同匹配方法右图像极线与匹配点距离

直线拟合交点法相较三次拟合交点法和极线最近点法在左右图像中极线与匹配点距离均较小，且基于不同特征点匹配效果波动较小，证明该方法在图像 2D 层次中能有效承接提取到的光条中心完成高精度、鲁棒的同名像点配对。将三种方法输出的对应匹配点根据标定结果恢复至空间中三维坐标形成光条中心点云。

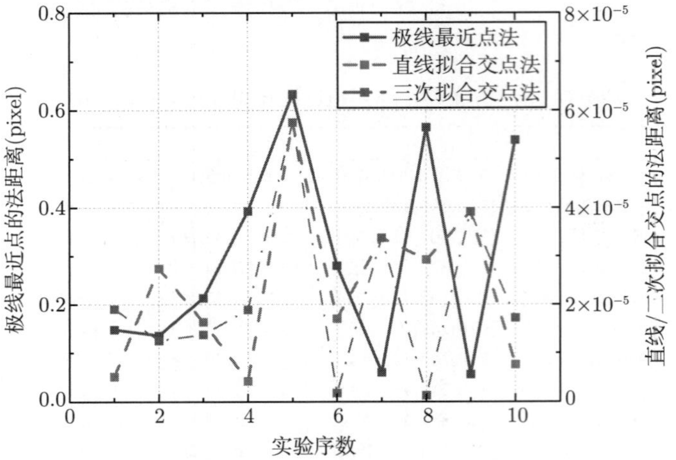

图 6.35　不同匹配方法左图像极线与匹配点的法距离

分别对重构结果进行密度与粗糙度评估，考虑重构误差点云形态为宽度较窄的带状结构，使用表面密度 $\rho = N/(\pi r_{\mathrm{d}}^2)$ 衡量点云稠密程度，其中 N 为球形邻域半径 r_{d} 内包含三维点的数目。粗糙度定义为

$$R = \frac{1}{n}\sum_{i=1}^{n} d_{\mathrm{p},i} \tag{6.65}$$

式中，n 为点云总数目；$d_{\mathrm{p},i}$ 为在任意点球形邻域半径 r_{r} 内最佳拟合平面与该点间距。

取 $r_{\mathrm{d}} = r_{\mathrm{r}} = 9\mathrm{mm}$，三种对应匹配方法形成点云表面密度与粗糙度如表 6.13所示。三种方法对应点云密度差异较小，而直线拟合交点法在求解计算量保持在较低水平的同时形成点云平均粗糙度分别为极线最近点法和三次拟合交点法的 18.920% 与 51.693%，形态完整且不存在明显离群点，适用于后续多视点点云拼接与管道内表面基础参数解算。

表 6.13　不同匹配方法重建点云的表面密度与粗糙度　　单位:mm

实验	表面密度 ρ			粗糙度 R		
	极线最近点法	直线拟合交点法	三次拟合交点法	极线最近点法	直线拟合交点法	三次拟合交点法
1	0.354	0.342	0.341	0.117	0.038	0.081
2	0.345	0.350	0.35	0.105	0.030	0.064
3	0.360	0.362	0.364	0.112	0.028	0.042
平均值	0.353	0.351	0.352	0.111	0.032	0.062

6.5.4　管道内表面三维重构实验

为评估整体系统测量精度，基于重构实验对管道定量与定性检测能力做进一步验证。管道内表面评价指标包括基础参数（内径、同轴度等）与形变参数（缺陷形状、尺寸、深度等），要求定性恢复表面形貌并对关键参数进行原位定量测量。针对关键参数测量与形貌恢复需求利用管道内表面重构实验测量管道内径并重构结构光可视化，针对尺寸测量需求利用靶标定量测量实验从长度、角度两方面验证系统精度。

搭建如图 6.26所示的实验装置，将标定完成的管道内表面检测系统放置于内径为 242.00mm（游标卡尺测量精度为 0.02mm）的均匀管道内，多角度同时投射倾斜光条，采集光条原始测量图像如图 6.36所示。

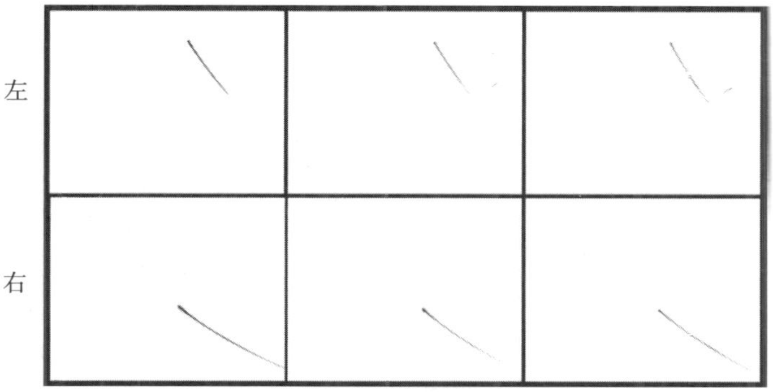

（a）传感器单元1　（b）传感器单元2　（c）传感器单元3

图 6.36　光条原始测量图像

依据采集及处理流程分别对图像进行前处理、光条中心提取与双目匹配、点云拼接操作。将多视角光条中心点云转换至全局相机坐标系中，特征点在空间中三维坐标及各传感器光心位置如图 6.37所示，重构点云形态与投射光条具有相似性，证明检测系统经一次原位测量可恢复管道内多视点表面形貌特征。

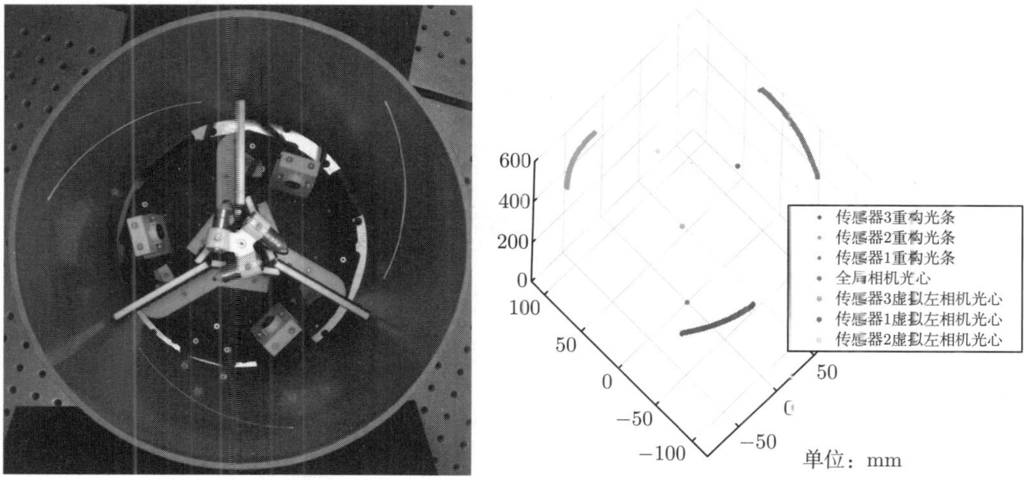

（a）实验装置实物　（b）重构光条中心点云

图 6.37　实验装置实物与重构点云

无形变标准圆形管道内表面为圆柱面，其方程可用表示为

$$(x-x_0)^2+(y-y_0)^2+(z-z_0)^2-(a(x-x_0)+b(y-y_0)+c(z-z_0))^2-r_0^2=0 \quad (6.66)$$

式中，$P_0(x_0,y_0,z_0)$ 为圆柱面上一点，向量 (a,b,c) 为圆柱轴线方向，r_0 为圆柱底面半径。

圆柱解析式共有 7 个未知参数，远小于重构点云数量。为评估由结构光中心点云拟合获得管道内表面直径及管道方向稳定性与精度，按高度方向将点云自上而下分为 10 段，分别完成圆柱面拟合与管道参数输出，点云分段及拟合圆柱结果如图 6.38所示。

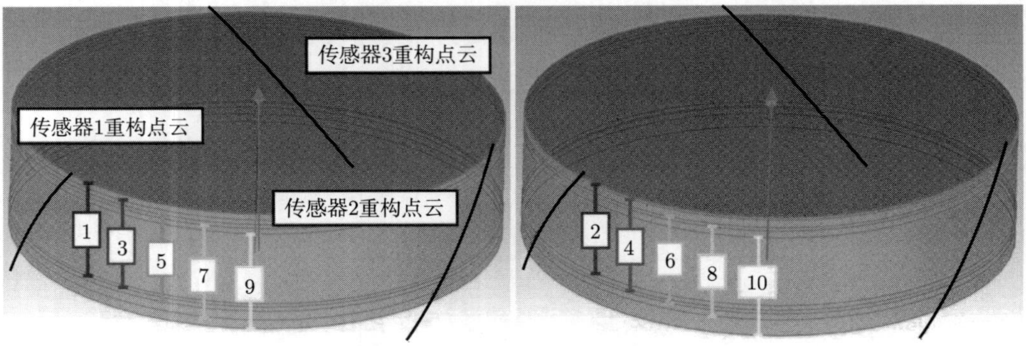

图 6.38　圆柱分组拟合示意图

点云圆柱拟合结果如表 6.14所示，各分组点云数目处于 900~1100 之间，测量管道内表面直径均值为 242.076mm，相对误差为 0.031%。多组测量中，内径平均绝对误差为 0.076mm，均方根误差为 0.094mm，均小于 0.1mm 的设计指标，且内径标准差为 0.053mm，离散程度小，离群点不明显，拟合结果较稳健。随点云区域整体下移，直径测量绝对误差有减小趋势，该现象与靶标定量测量实验中行、列间距测量结果相似，即结构光点云边缘与图像边缘接近部分误差偏大，属系统误差。综上，基于多视觉传感器的管道内表面检测系统在实际测量场景中满足定量、高精度与稳定性条件，可适用于高精密中小型管道出厂前及服务期的检测工作。

表 6.14　分组点云拟合圆柱参数

组别	点数	基点/mm	方向	直径/mm	绝对误差/mm	相对误差
1	1000	(1.541, -4.085, 513.205)	(0.009, -0.001, -1.000)	242.183	0.183	0.076%
2	989	(1.507, -4.137, 514.572)	(0.011, 0.001, -1.000)	242.141	0.141	0.058%
3	919	(1.473, -4.138, 514.533)	(0.013, 0.002, -1.000)	242.088	0.088	0.036%
4	1017	(1.469, -4.160, 517.015)	(0.011, 0.002, -1.000)	242.046	0.046	0.019%
5	1017	(1.461, -4.156, 517.013)	(0.011, 0.002, -1.000)	242.126	0.126	0.052%
6	955	(1.334, -4.217, 518.470)	(0.015, 0.004, -1.000)	242.055	0.055	0.023%
7	1006	(1.308, -4.221, 521.316)	(0.015, 0.004, -1.000)	242.046	0.046	0.019%
8	978	(1.305, -4.236, 521.743)	(0.015, 0.005, -1.000)	242.029	0.029	0.012%
9	1044	(1.237, -4.326, 525.886)	(0.015, 0.007, -1.000)	242.030	0.030	0.012%
10	1064	(1.117, -4.469, 529.854)	(0.017, 0.010, -1.000)	242.018	0.018	0.008%

小结

本章讨论了适用于中小型管道的基于多视觉传感器的管道内表面检测技术及系统。将平面镜、摄像机及激光器组合形成视觉传感器单元，集成多视觉传感器单元完成管道内表面大视场范围的图像采集。经虚拟双目与多视觉传感器全局标定后，结合镜像双目和结构光测量原理解算单视角光条中心特征点坐标，通过多视角拼接恢复管道内表面的三维形态特征。

1. 基于多视觉传感器的管道内表面检测系统整体方案设计。分析精密管道检测场景中的特点及难点，分别设计符合检测要求的硬件采集模块与软件计算模块。结合平面镜折反射成像与结构光测量原理确定视觉传感器单元光学器件组成，配备相应图像处理与三维重构方法以恢复管道内表面形貌特征。

2. 基于精度模型及视场仿真的多视觉传感器结构设计。结合镜像双目测量模型与管道空间约束建立复合视觉传感器管道内表面成像模型，通过系统精度分析设置结构参数约束。分别对多视觉传感器在受限空间内径向与轴向布局进行视场仿真，基于径向布局选型，设计机械支撑结构并制备原理样机。

3. 结合虚拟双目标定与多视觉传感器间接全局统一的系统标定。分析了虚拟双目传感器的标定方法，将全局相机作为媒介进行多视觉传感器的间接标定，获得多视角坐标系转换关系。

4. 基于虚拟双目结构光的管道内表面检测。针对管道内表面投射结构光特征设计光条中心提取方法，有效减少了背景噪声及离群点干扰，结合结构光分布特点与极线约束实现特征点对应匹配，通过光学三角法重建单视点结构光并拼接形成周向大范围点云。经靶标定量测量与管道内表面形貌重建实验验证，系统关键参数测量精度符合设计和使用要求。

第 7 章　曲面镜折反射全向阵列点结构光传感器

7.1　引言

基于结构光折反射的全向视觉测量具有测量速度快、光学布置简单、非接触、精度适中、成本低及鲁棒性强等特点，因此该方法在工业检测中获得了广泛应用。然而，现有的全向结构光视觉传感器的工作方法和原理相似，传感器使用的激光投射器不同 (如圆形结构光模式和线结构光模式)，这可能会导致局部高反射管道中细节信息的丢失。由于反射器的结构特性，图像分辨率会随着圆锥反射器的成像位置不同而改变。为了解决以上问题，本章设计了一种基于非中心折反射系统的高效全向阵列点结构光传感器，该传感器由一个已知结构参数的曲面镜、若干点结构光投射器和一个摄像机组成。该传感器使用了全向点阵投射器 (ODMP)，投射器由 20~100 个点激光器组成，角度分布范围为 10° ~ 50°。通过旋转全向点阵投影器，可以反射物体的内表面，传感器通过投射全向点阵结构光来收集细节信息。可以根据测量精度的要求，调整 ODMP 的分布密度。

结合投射点阵结构光特征，基于曲面镜折反射的全向阵列点结构光传感器可实现管道内表面三维形貌测量。充分利用结构光对管道内部未知环境的主动适应能力，利用点阵结构光投射器在无可见光源条件下对管道内表面特征进行重构，形成环形点结构光斑，解决局部强反射光造成的图像特征模糊或无法采集等问题。而基于曲面镜折反射的视觉测量装置易于实现结构小型化设计，可以在 360° 全向视场范围内对管道内表面投射特征信息进行高效采集，根据实际应用需求，调整点结构光特征投射装置的数目，可实现长管道内表面受限空间的三维测量。

7.2　全向阵列点结构光传感器设计

7.2.1　传感器原理

结构光视觉三维测量基于光学三角形测量原理，结构光投射器根据实际需要投射相应模型的结构光特征点，与摄像机、被测物体组成三角关系。曲面镜折反射传感器是细长管道内壁三维测量系统的核心部件，全景成像系统和多点环形阵列结构光投射器的配置模式，直接关系到传感器的成像质量、测量范围、工作距离以及传感器的小型化。建立曲面镜折反射传感器几何模型，依据几何模型进行传感器测量装置的优化设计是研究的关键问题之一。在实际的设计过程中需要考虑众多因素，例如，折反射光学系统和结构光投射器的配置要满足灵活性和小型化，以便传感器能够进入受限非开放空间进行测量扫描。因为测量过程必须基于光学三角形原理，所以在考虑高分辨率摄像机和结构光的优化配置的问题时，必须保证满足三角形原理的前提下做到曲面镜折反射传感器的小型化，需要对光路进行简化，利用反射定理和曲面镜成像原理，推导出各个变量之间的关系。

曲面镜折反射结构光传感器设计原理图如图 7.1所示，摄像机放置在曲面反射镜下方，光轴在竖直方向与曲面镜中心轴重合，O_c 为摄像机的光心。建立平面坐标系 $O\text{-}\Gamma z$，z 轴为摄像机的光轴，Γ 轴为曲面反射镜的准线。原点 O 到摄像机光心的距离为 b。曲面反射镜截面曲线的焦点 F 与原点 O 的距离为 a，f 为摄像机镜头焦距，h 为曲面镜顶点 A 到摄像机光心的距离，摄像机半视场角为 θ，结构光投射器在水平方向投射结构光束，与摄像机光心在垂直方向的距离为 d_1。假设传感器工作距离定义为图像中心光点到摄像机光轴的最小距离，d_2 为传感器系统的工作距离。为了使系统结构紧凑，需选择合适的镜头，使曲面反射镜的整体轮廓均包含在摄像机的视场范围内。

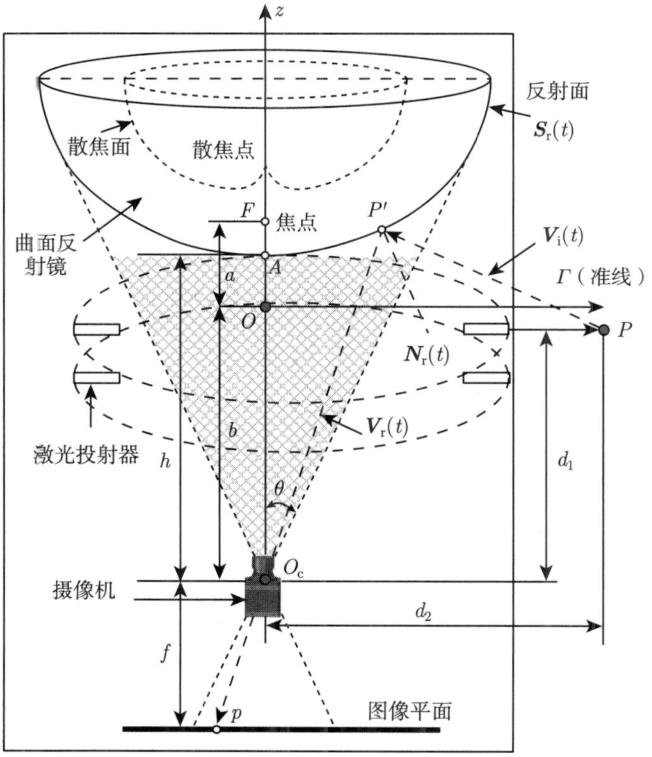

图 7.1　曲面镜折反射结构光传感器设计原理图

曲面镜反射面上任意一点的坐标定义为：$\boldsymbol{S}_{\mathrm{r}}(t) = [z(t), \gamma(t)]$，由图 7.1的几何关系可得

$$\begin{cases} z(t) = t \\ \gamma(t) = \sqrt{(e^2 - 1)\,t^2 + 2at - a^2} \end{cases} \tag{7.1}$$

式中，e 为二次曲线的离心率；a 表示曲面反射镜截面曲线的焦点 F 与原点 O 的距离；曲面反射镜的顶点位置为 $a/(1+e)$。

通过空间中任意物点 P 的入射光线 $\boldsymbol{V}_{\mathrm{i}}(t)$，经反射后形成的反射光线为 $\boldsymbol{V}_{\mathrm{r}}(t)$，成像后进入摄像机成像平面的反射光线可表示为

$$\boldsymbol{V}_{\mathrm{r}}(t)=\left(t+b,\sqrt{\left(e^{2}-1\right)t^{2}+2at-a^{2}}\right) \tag{7.2}$$

已知反射镜截面轮廓曲线方程 $\boldsymbol{S}_{\mathrm{r}}(t)$，推导出反射镜截面轮廓上任意点处的法向量 $\boldsymbol{N}_{\mathrm{r}}(t)$，根据反射光线、入射光线以及法向量三者之间的关系，可以得到入射光线的向量为

$$\boldsymbol{V}_{\mathrm{i}}(t)=\boldsymbol{V}_{\mathrm{r}}(t)-2\boldsymbol{N}_{\mathrm{r}}(t)\left(\boldsymbol{N}_{\mathrm{r}}(t)\cdot\boldsymbol{V}_{\mathrm{r}}(t)\right) \tag{7.3}$$

设 $r_{\mathrm{c}}(t)$ 为反射镜点沿 $\boldsymbol{V}_{\mathrm{i}}(t)$ 到视点的距离，即曲面镜中投影点与散焦面切线方向上的距离，用 $\boldsymbol{S}_{\mathrm{r}}(t)_{z}$ 和 $\boldsymbol{S}_{\mathrm{r}}(t)_{\gamma}$ 分别表示 $\boldsymbol{S}_{\mathrm{r}}(t)$ 在两个坐标轴方向上的分量。类似地，$\boldsymbol{V}_{\mathrm{i}}(t)$ 的两个分量分别为 $\boldsymbol{V}_{\mathrm{i}}(t)_{z}$ 和 $\boldsymbol{V}_{\mathrm{i}}(t)_{\gamma}$，则可求得[38]：

$$r_{\mathrm{c}}(t)=\frac{\dot{\boldsymbol{S}}_{\mathrm{r}}(t)_{\gamma}\boldsymbol{V}_{\mathrm{i}}(t)_{z}-\dot{\boldsymbol{S}}_{\mathrm{r}}(t)_{z}\boldsymbol{V}_{\mathrm{i}}(t)_{\gamma}}{\dot{\boldsymbol{V}}_{\mathrm{i}}(t)_{z}\boldsymbol{V}_{\mathrm{i}}(t)_{\gamma}-\dot{\boldsymbol{V}}_{\mathrm{i}}(t)_{\gamma}\boldsymbol{V}_{\mathrm{i}}(t)_{z}} \tag{7.4}$$

式中，$\dot{\boldsymbol{S}}_{\mathrm{r}}(t)=\mathrm{d}\boldsymbol{S}_{r}(t)/\mathrm{d}t$，$\dot{\boldsymbol{V}}_{\mathrm{i}}(t)=\mathrm{d}\boldsymbol{V}_{\mathrm{i}}(t)/\mathrm{d}t$。

利用曲面镜中入射光线 $\boldsymbol{V}_{\mathrm{i}}(t)$、法线 $\boldsymbol{N}_{\mathrm{r}}(t)$ 以及反射光线 $\boldsymbol{V}_{\mathrm{r}}(t)$ 三者之间的关系，可以得到多点环形阵列结构光投射器的工作距离

$$d_{1}=b+t-\frac{\gamma(t)\left[\gamma(t)-d_{2}\right]\left[b+t\left(3-2e^{2}\right)-2a\right]}{e^{2}t\left[\left(e^{2}-1\right)t+2a\right]} \tag{7.5}$$

7.2.2 高分辨率图像采集

受限于曲面镜本身的结构特征，只能在局部区域获取具有高分辨率的图像。为了获取具有局部高分辨率的全向视场图像信息，需要对不同结构曲面镜采集的图像进行分辨率分析，获取具有最高图像分辨率的曲面镜模型，如图 7.2所示为传感器的分辨率分析示意图，假设曲面镜中的无限小区域 δS 通过光心以一定角度 ψ 映射到摄像机图像平面的一个无限小区域 δA 中，$\delta\omega$ 为无限小区域平面 δS 的入射角度，通过反射曲面映射到摄像机图像平面的分辨率定义为 $\delta A/\delta\omega$，可以看出摄像机平面与映射小平面 δA 的固定夹角 ψ 与图像的分辨率成反比。

如图 7.2所示，已知摄像机焦距为 f，根据图中几何关系得到，光心与摄像机图像平面中小平面 δA 之间的距离为 $f/\cos\psi$，该平面与光心对向平面的夹角为

$$\delta\vartheta = \frac{\delta A\,(\cos\psi)^2}{f^2} \tag{7.6}$$

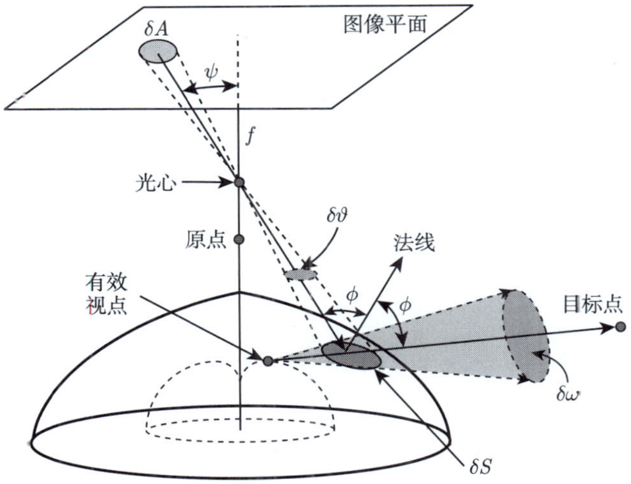

图 7.2　传感器的分辨率分析示意图[38]

由此，可以得到投影在曲面镜中的映射区域 δS 为

$$\delta S = \frac{\delta A\cos\psi\,(b+z(t))^2}{f\cos\phi} \tag{7.7}$$

式中，ϕ 为入射光线与反射曲面法线之间的夹角，r_c 为曲面镜中投影点到散焦面切线方向上的距离，空间点平面的入射角度 $\delta\omega = \delta S/\left[r_{\mathrm{c}}(t)\right]^2$，代入式 (7.7)，得到折反射系统的分辨率关系为

$$\frac{\delta A}{\delta\omega} = \frac{f^2\left[r_{\mathrm{c}}(t)\right]^2}{\cos\psi\,(b+z(t))^2} \tag{7.8}$$

利用折反射系统的分辨率关系，对抛物面镜、双曲面镜以及椭圆面镜分别进行分辨率分析，如图 7.3所示，可以看出随着向曲面边缘的不断延伸，椭圆面镜以及抛物面镜的分辨率降低很快，双曲面镜的分辨率相对变化不大且效果较好，因此，选用双曲面镜作为折反射系统中的反射镜。

为了使双曲面镜有效成像，选定摄像机的工作距离，确定曲面镜的顶点位置为近景深点位置，曲面镜底面为远景深位置，成像点处平面为拍摄的最佳位置。双曲面镜结构与景深匹配设计示意图如图 7.4所示，在整个传感器的设计过程中，曲面镜中轴应与摄像机光轴重合，摄像机工作的最佳位置应设定在双曲面镜的远焦点处，测量景深可以表示为

$$\Delta L = \Delta L_1 + \Delta L_2 = \frac{2f^2F\delta L^2}{f^4 - F^2\delta^2L^2} \tag{7.9}$$

式中，f 为摄像机焦距，δ 为容许弥散圆直径，F 为镜头的拍摄光圈值，L 为物距，ΔL 为景深，ΔL_1 为近景深，ΔL_2 为远景深。

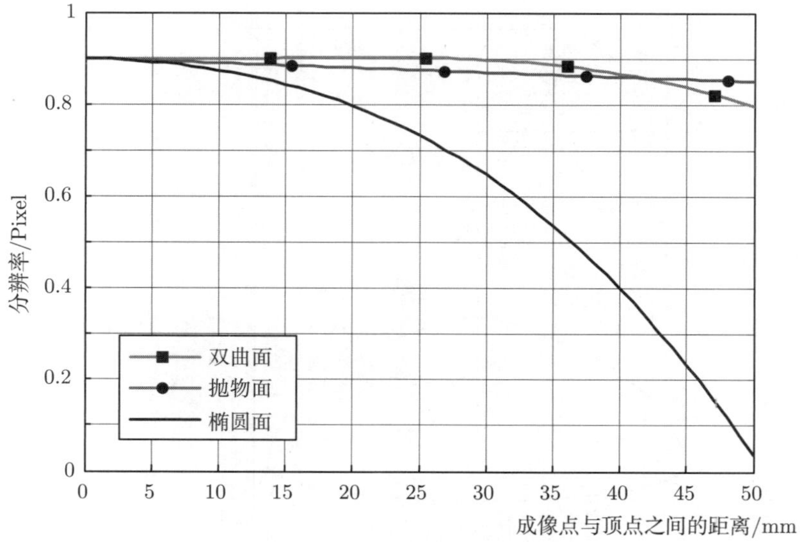

图 7.3　折反射系统不同曲面镜分辨率分析

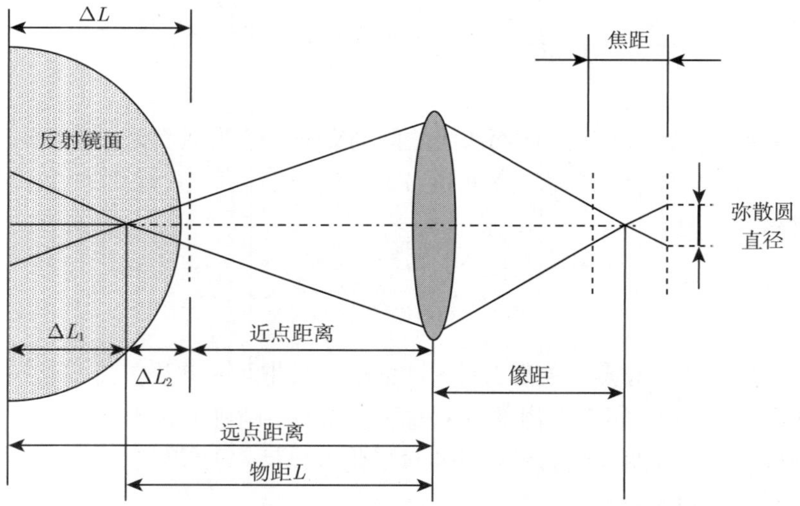

图 7.4　双曲面镜结构与景深匹配设计示意图

如图 7.5所示，当入射角度大于 120° 时，图像的成像质量较差，因此需要在入射角度小于 120° 且分辨率最高的最佳投射范围内成像，最终确定拥有最佳分辨率的成像范围是 [7.25, 22.32]mm。因此，双曲面反射镜的底面半径要小于 22.32mm。综合以上考虑，设计双曲面反射镜的底面半径为 20.00mm，根据景深匹配设计得到曲面反射镜高度为 10.00mm。

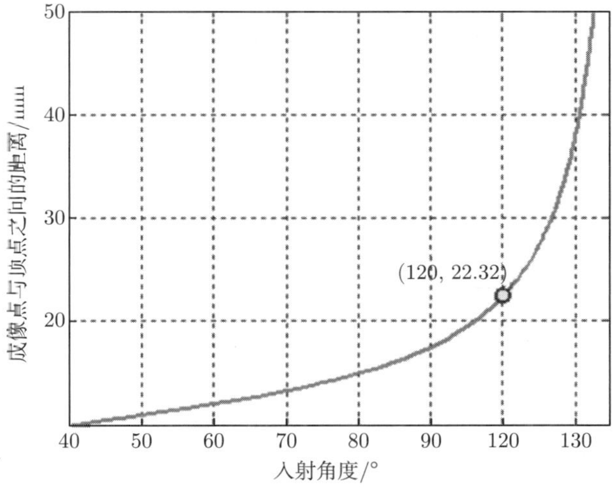

图 7.5　入射角度对图像分辨率影响

通过对曲面镜外形和最佳分辨率条件的分析，设计出了曲面镜的结构，如图 7.6所示。在光学分析过程中，将曲面镜和摄像机看作一个复合镜头的光学成像系统，对其成像质量进行分析，由面镜面型参数按照多项式进行设置，分别选定三个波长为 486nm、587nm 和 656nm，入瞳直径为 10mm，对整个光学成像系统进行分析。针对小光斑成像，利用斯托列尔准则分析整个曲面镜折反射系统的成像质量。图 7.7中给出了曲面镜波像差的计算图像，绘制了曲面镜上视场范围上成像时出射波面的变形程度以及变形大小。依据斯托列尔准则，当斯托列尔比 (S.D) 大于 0.8 时，光学成像过程是完整的，从图 7.7中可以看出，该光学系统在高频和低频部分均具有较高的对比度，可以拍摄出层次丰富且真实感较强的对比图像。

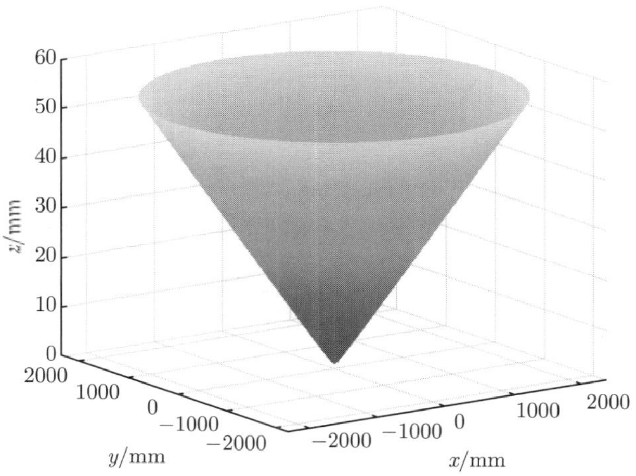

图 7.6　曲面镜结构

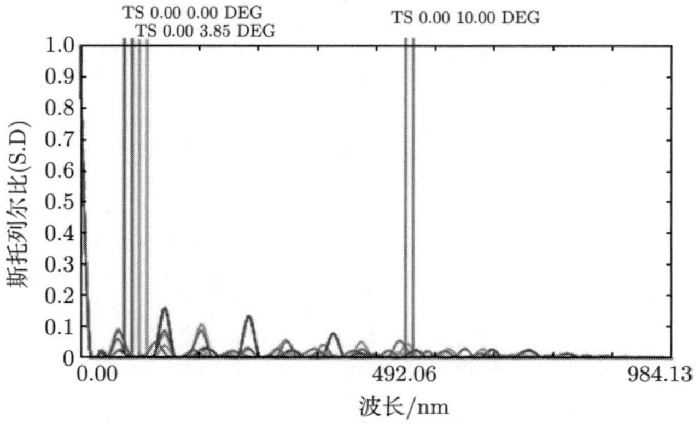

图 7.7　曲面镜波像差的计算图像

7.2.3 传感器结构

针对长管道内表面三维测量，采用曲面反射镜构建一种具有局部高分辨率的曲面镜折反射传感器，传感器整体结构设计示意图和实物图如图 7.8所示，其机械结构主要包括曲面反射镜、摄像机和结构光投射器，结构光投射器主要由 10 个点结构光投射器组成，分别从不同方向投射光点，各投射光线的夹角为 36°。高分辨率摄像机位于曲面镜下方，其光轴与曲面镜对称轴重合。结构光投射器向宽视场场景中被测物体投射光平面，一般采用具有均匀散射特征的点结构光投射，点阵结构光投射器能够向被测物体 360° 范围内投射出高亮点阵结构光，在被测物体的表面形成环形光点，获得足够亮度的漫反射波瓣，将曲面镜置于摄像机视场范围内合适位置，由小型成像系统获得含有环形结构光斑的全景图像，依据三角测量原理恢复被测物体表面的三维信息。该种结构在水平方向覆盖了 360° 的视场范围，可以实现水平方向上的全景测量。

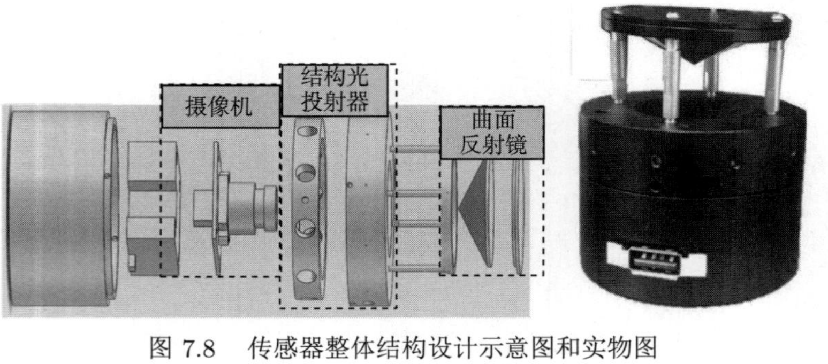

图 7.8　传感器整体结构设计示意图和实物图

摄像机选用 RER-USB30W02M 的 USB 驱动摄像机，其 CCD 尺寸为 1/4 英寸，镜头选用 3.6mm 焦距镜头，视场角 θ 为 60°；曲面镜选用双曲面镜，半径为 20mm，高度为 10mm，曲面镜底端与摄像机光心之间的距离为 52mm；点阵结构光投射器由 10 个点结构光投射器按 36° 均匀分布，其波长为 650nm，点阵结构光投射器的工作距离为 20.95mm。传感器的结构参数由 7.2.1小节和 7.2.2小节推算得到，结合结构参数搭建全向视觉传感器，传感器配置及其结构参数表如表 7.1所示。

表 7.1　传感器配置及其结构参数

结构配置	数目	参数设置	
摄像机	1	接口:	RER-USB30W02M
		像素尺寸:	6.0μm×6.0μm
		分辨率:	640(H)×480(V)
镜头	1	焦距:	3.5mm
		视场角:	60°
激光投射器	10	尺寸:	Φ6×9mm
		波长:	650nm
		输出功率:	0.4~5mW
曲面镜	1	半径:	20mm
		高度:	10mm

7.2.4　曲面镜折反射传感器精度评估

在本节中，对由面镜折反射传感器的模型精度进行评估，通过计算靶标平面在摄像机坐标系下的空间位置以及配置结构光投射装置拟合得到平面，求取激光反射光线与标准靶标平面的交点及其与拟合光平面交点的三维空间位置，对比与靶平面交点和光平面交点在 x、y 和 z 轴方向上的测量误差来评估传感器的测量精度，传感器精度评估原理示意图如图 7.9所示。拟合光平面的结构光空间位置通过其在图像平面上的二维坐标信息结合交比不变性质获取。

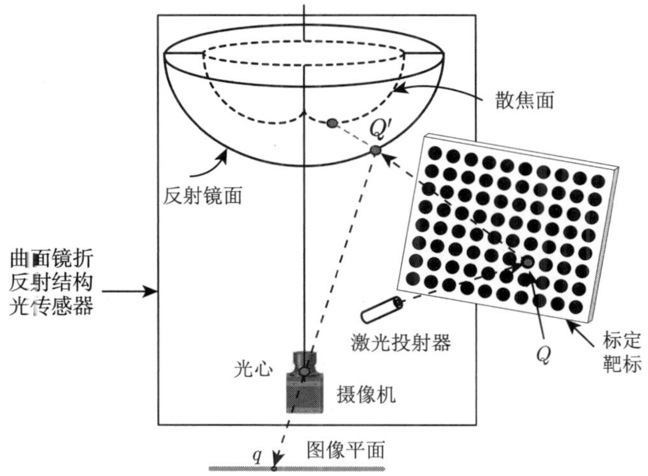

图 7.9　传感器精度评估原理示意图

图 7.10中显示了在实验中采集的点结构光和靶标图像，因为激光光点与标定靶标中心点并未重合，无法通过直接对比圆点靶标中心点与激光点之间的三维位置对传感器的精度进行评估，需要通过拟合光平面对测量误差进行估计。利用图像处理算法提取圆

点靶标和激光光斑在图像上的二维位置坐标，依据非单视点折反射视觉测量模型，求取靶平面和激光光点在摄像机坐标系下的空间位置坐标，通过拟合分别得到靶标平面和光平面在摄像机坐标系下方程。图 7.11展示了标定过程中，标定靶标在摄像机坐标系下对应的不同空间位置。

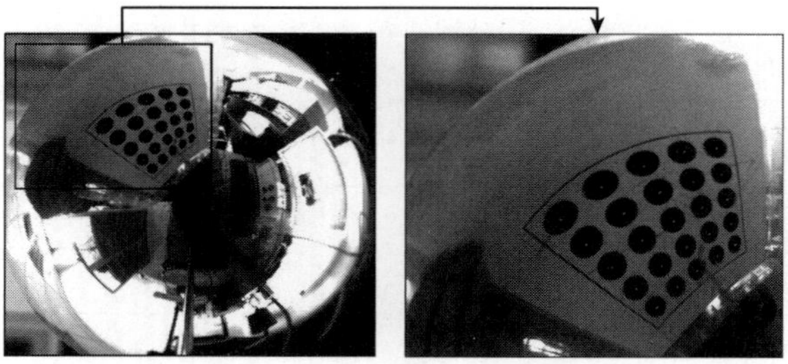

图 7.10　测量实验采集图片

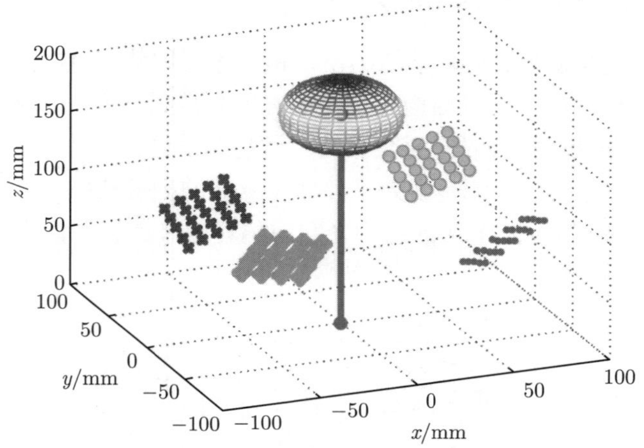

图 7.11　标定靶标的相对位置

曲面镜折反射传感器可以实现 360° 视场范围内的全向感知，无须旋转即可获取全向视场范围的图像信息，与非对称镜像双目传感器的结构相比更易实现小型化设计，避免了多传感器配置带来的图像同步采集的时序问题。围绕管道内表面三维形貌测量的实际需求，本节讨论的曲面镜折反射传感器结构，具有过程灵活、使用简单、精度较高等优势，常用于细长管道内表面三维测量。

7.3　传感器测量模型

7.3.1　传感器数学模型

如图 7.12所示，传感器的激光投射器向管道内表面投射结构光斑，形成的反射光线经过曲面镜反射，通过摄像机光学中心 (简称光心) 在图像传感器上成像。以摄像机光

心 O 为原点，建立摄像机坐标系 O-xyz，Π 为图像平面，o-uv 为图像坐标系，摄像机坐标系与图像坐标系之间关系见 5.4.1节。以 O 为原点，曲面反射镜的对称轴为 z_{m} 轴，建立曲面镜坐标系 O_{c}-$x_{\mathrm{m}}y_{\mathrm{m}}z_{\mathrm{m}}$，$x_{\mathrm{m}}$ 与曲面反射镜截面二次曲线的准线平行。选择摄像机坐标系 O-xyz 为传感器的测量坐标系。

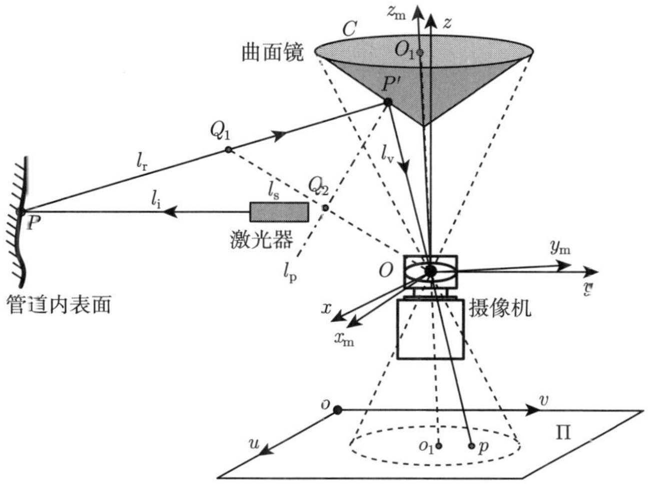

图 7.12　传感器测量模型示意图

激光器投射光线 l_{i} 到管道内表面，在点 P 处反射后，反射光线 l_{r} 投射到曲面镜面上的反射点用 P' 表示，经曲面镜反射后的投影线为 l_{v}，通过摄像机光心，在图像平面上的投影点为点 p。

算法 7.1：全向阵列点结构光传感器测量模型

1. 根据摄像机透视投影模型，确定曲面镜上反射点 P' 在传感器测量坐标系中的坐标 $\boldsymbol{X}'$，点 P' 对应的齐次坐标用 $\widetilde{\boldsymbol{X}'}$ 表示。

   设投影点 p 在 o-uv 中的图像坐标为 $\boldsymbol{x}_{\mathrm{u}} = (u, v)^{\mathrm{T}}$，根据透视投影模型，点 p 在坐标系 O-xyz 中的坐标 $\boldsymbol{x}_{\mathrm{p}} = (x_{\mathrm{p}}, y_{\mathrm{p}}, -1)^{\mathrm{T}}$ 为

   $$\boldsymbol{x}_{\mathrm{p}} = (x_{\mathrm{p}}, y_{\mathrm{p}}, -1)^{\mathrm{T}} = ((u-u_0)/f_x, (v-v_0)/f_y, -1)^{\mathrm{T}} \tag{7.10}$$

   式中，f_x, f_y, u_0, v_0 为摄像机内部参数。

   通过点 p 和 O 的射线 $\overline{pO}$ 即为投影线 l_{v}，点 P' 在 O-xyz 中的坐标为

   $$\boldsymbol{X}' = k\boldsymbol{x}_{\mathrm{p}} \tag{7.11}$$

   式中，k 为描述点 p 至点 P' 的比例因子，需要进一步计算。

2. 根据曲面镜在传感器坐标系下的位姿，即镜面坐标系相对于传感器坐标系 O-xyz 的旋转矩阵 ($\boldsymbol{R}_{\mathrm{c}}$) 与平移变换 ($\boldsymbol{T}_{\mathrm{c}}$)，计算步骤 1 中的系数 k。

设曲面镜在 $O\text{-}x_\mathrm{m}y_\mathrm{m}z_\mathrm{m}$ 下的方程为：$x^2+y^2+cz^2=d$，其矩阵形式为

$$\begin{bmatrix}x & y & z & 1\end{bmatrix}\boldsymbol{Q}_\mathrm{m}\begin{bmatrix}x & y & z & 1\end{bmatrix}^\mathrm{T}=0 \tag{7.12}$$

令 $\boldsymbol{Q}_\mathrm{m}=\begin{bmatrix}1&0&0&0\\0&1&0&0\\0&0&c&0\\0&0&0&-d\end{bmatrix}$ 为增广矩阵，点 P' 在 $O\text{-}x_\mathrm{m}y_\mathrm{m}z_\mathrm{m}$ 下的坐标为 $\boldsymbol{X'}_\mathrm{m}$，对应齐次坐标为 $\widetilde{\boldsymbol{X'}}_\mathrm{m}$，则有

$$\widetilde{\boldsymbol{X'}}_\mathrm{m}^\mathrm{T}\boldsymbol{Q}_\mathrm{m}\widetilde{\boldsymbol{X'}}_\mathrm{m}=0 \tag{7.13}$$

设 $O\text{-}xyz$ 与 $O\text{-}x_\mathrm{m}y_\mathrm{m}z_\mathrm{m}$ 之间的变换关系为 $\boldsymbol{X'}_\mathrm{m}=\boldsymbol{R}_\mathrm{c}\boldsymbol{X'}+\boldsymbol{T}_\mathrm{c}$，则曲面镜在 $O\text{-}xyz$ 下的方程为

$$\widetilde{\boldsymbol{X'}}^\mathrm{T}\boldsymbol{Q}\widetilde{\boldsymbol{X'}}=0 \tag{7.14}$$

式中，$\boldsymbol{Q}=\boldsymbol{H}^\mathrm{T}\boldsymbol{Q}_\mathrm{m}\boldsymbol{H}$，$\quad\boldsymbol{H}=\begin{bmatrix}\boldsymbol{R}_\mathrm{c} & \boldsymbol{T}_\mathrm{c}\\ \boldsymbol{0}^\mathrm{T} & 1\end{bmatrix}$

$$\boldsymbol{Q}=\left[\begin{array}{ccc|c}a_{11}&a_{12}&a_{13}&a_{14}\\a_{21}&a_{22}&a_{23}&a_{24}\\a_{31}&a_{32}&a_{33}&a_{34}\\\hline a_{41}&a_{42}&a_{43}&a_{44}\end{array}\right]=\begin{bmatrix}\boldsymbol{A}_{11}&\boldsymbol{A}_{12}\\\boldsymbol{A}_{21}&\boldsymbol{A}_{22}\end{bmatrix} \tag{7.15}$$

由此可以得到关于比例系数 k 的二元一次方程

$$k^2\boldsymbol{x}_\mathrm{p}^\mathrm{T}\boldsymbol{A}_{11}\boldsymbol{x}_\mathrm{p}+k\left(\boldsymbol{A}_{21}\boldsymbol{x}_\mathrm{p}+\boldsymbol{x}_\mathrm{p}^\mathrm{T}\boldsymbol{A}_{12}\right)+\boldsymbol{A}_{22}=0 \tag{7.16}$$

上述方程存在两个解，依据曲面镜空间方程，选取较大值为二元一次方程的解

$$k=\frac{-\left(\boldsymbol{A}_{21}\boldsymbol{x}_\mathrm{p}+\boldsymbol{x}_\mathrm{p}^\mathrm{T}\boldsymbol{A}_{12}\right)+\sqrt{\left(\boldsymbol{A}_{21}\boldsymbol{x}_\mathrm{p}+\boldsymbol{x}_\mathrm{p}^\mathrm{T}\boldsymbol{A}_{12}\right)^2-4\boldsymbol{x}_\mathrm{p}^\mathrm{T}\boldsymbol{A}_{11}\boldsymbol{x}_\mathrm{p}\cdot\boldsymbol{A}_{22}}}{2\boldsymbol{x}_\mathrm{p}^\mathrm{T}\boldsymbol{A}_{11}\boldsymbol{x}_\mathrm{p}}$$

求得 k 后，可以由式 (7.11) 得到 P' 的坐标 $\boldsymbol{X'}=(kx_\mathrm{p},ky_\mathrm{p},-k)^\mathrm{T}$。

3. 确定反射光线 l_r 在传感器坐标系 $O\text{-}xyz$ 中的方程。
已知曲面镜方程式为式 (7.14)，可以得到曲面镜在点 P' 处的法向量为 $\boldsymbol{n}_\mathrm{p}=(n_x,n_y,n_z)^\mathrm{T}$，则点 P' 的法线方程 l_p 为

$$l_\mathrm{p}:\ \frac{x-kx_\mathrm{p}}{n_x}=\frac{y-ky_\mathrm{p}}{n_y}=\frac{z+k}{n_z} \tag{7.17}$$

过摄像机光心 O 且以 $\boldsymbol{n}_{\mathrm{p}}$ 为法向量构建平面 π_{p}，与 $l_{\mathrm{r}}, l_{\mathrm{v}}$ 所在平面交于直线 $\overline{Q_1Q_2}$，其中 Q_1 和 Q_2 分别为光线 l_{r}、曲面镜在点 P' 处的法线 l_{p} 与平面 π_{p} 的交点。平面 π_{p} 可表示为

$$\pi_{\mathrm{p}}: n_x x + n_y y + n_z z = 0 \tag{7.18}$$

得到曲面镜在点 P' 处的法线 l_{p} 与平面 π_{p} 的交点 Q_2 在 $O\text{-}xyz$ 中的三维坐标

$$\boldsymbol{X}_{\mathrm{Q_2}} = (x_{\mathrm{Q_2}}, y_{\mathrm{Q_2}}, z_{\mathrm{Q_2}})^{\mathrm{T}} = l_{\mathrm{p}} \cap \pi_{\mathrm{p}} \tag{7.19}$$

依据对称三角形原理，可得点 Q_1 在 $O\text{-}xyz$ 中的坐标为 $\boldsymbol{X}_{\mathrm{Q_1}} = 2\boldsymbol{X}_{\mathrm{Q_2}}$。由点 Q_1 与 P' 两点求得光线 l_{r} 在坐标系 $O\text{-}xyz$ 下方程为

$$l_{\mathrm{r}}: \frac{x - kx_{\mathrm{p}}}{2x_{\mathrm{Q_2}} - kx_{\mathrm{p}}} = \frac{y - ky_{\mathrm{p}}}{2y_{\mathrm{Q_2}} - ky_{\mathrm{p}}} = \frac{z + k}{2z_{\mathrm{Q_2}} + k} \tag{7.20}$$

4. 计算被测管道目标点 P 在传感器坐标系 $O\text{-}xyz$ 中的坐标 $\boldsymbol{X}$。
经过传感器标定，可以获得激光器投射光线 l_{i} 在传感器坐标系 $O\text{-}xyz$ 下的方程，最终得到在传感器坐标系 $O\text{-}xyz$ 下的目标点 P 三维坐标

$$\boldsymbol{X} = l_{\mathrm{i}} \cap l_{\mathrm{r}} \tag{7.21}$$

算法 7.1 中描述的全向阵列点结构光传感器测量模型，未考虑畸变因素，在实际测量中，精度为首要因素，还需要考虑摄像机镜头的畸变校正以及曲面镜的畸变校正。畸变校正将在下节中进行分析。从所描述的传感器模型中可以看出，除了要知道传感器中的摄像机内部参数 (f_x, f_y, u_0, v_0) 外，还需要求解曲面镜在传感器中的位姿参数 $(\boldsymbol{R}_{\mathrm{c}}, \boldsymbol{T}_{\mathrm{c}})$，以及点结构光投射光线在传感器坐标系中的方程 l_{i}。

在经过曲面镜位姿标定、结构光标定后，通过全向阵列点结构光传感器测量模型，摄像机拍摄的管道表面上的光点，经图像处理后得到光点的高精度图像坐标，然后根据算法 7.1 中的步骤 1~3，得到反射光线在传感器坐标系中的方程 l_{r}，然后由式 (7.21) 确定投射光点在传感器坐标系中的三维坐标。

7.3.2　曲面镜畸变校正

曲面镜折反射传感器的原理是基于曲面镜折反射的方式采集全向视场范围的图像信息，所以其镜面模型结构简单，容易建立全向视场范围的视觉测量模型。但是，由于整体的折反射视觉测量系统采用曲面镜作为全向视场获取装置，曲面镜在加工过程中镜面本身存在一定的加工畸变，而传统的测量模型大多只考虑摄像机镜头存在的径向畸变和切向畸变，将曲面镜在加工过程中的畸变忽略不计，降低了传感器的测量精度。因此，在整个测量过程中需要进一步讨论曲面镜的畸变校正模型，提升整体全向视场折反

射测量精度。

为了修正摄像机镜头和曲面镜本身存在的畸变，建立分离式双重畸变校正模型，整个模型的校正过程主要包括三个步骤：首先，在摄像机坐标系下，去除图像中的摄像机镜头畸变；其次，将图像展开成极坐标图像，在极坐标下去除曲面镜本身存在的畸变；最后，将摄像机畸变模型和曲面镜畸变校正相结合，构建基于曲面镜折反射传感器的双重畸变校正模型。摄像机镜头畸变模型已经在 5.4.2节中讨论，下面主要讨论曲面镜畸变模型。

曲面镜畸变结构图如图 7.13所示，曲面镜在加工过程中必然存在加工误差，将图 7.13（a）进行极坐标展开成图 7.13（b）后可以更加明显的看出曲面镜本身存在的畸变，因此，曲面镜畸变校正对于提升全向视觉传感器测量精度是很有必要的。在曲面镜畸变校正模型建立的过程中，假设曲面镜的对称轴与摄像机光轴重合，不考虑曲面镜位姿对曲面镜畸变校正的影响。曲面镜畸变一般分为径向畸变和切向畸变，所以对于曲面镜畸变校正模型，使用极坐标系方式描述比使用笛卡尔坐标系方式描述更简单。下面在极坐标系下讨论曲面镜畸变矫正模型。

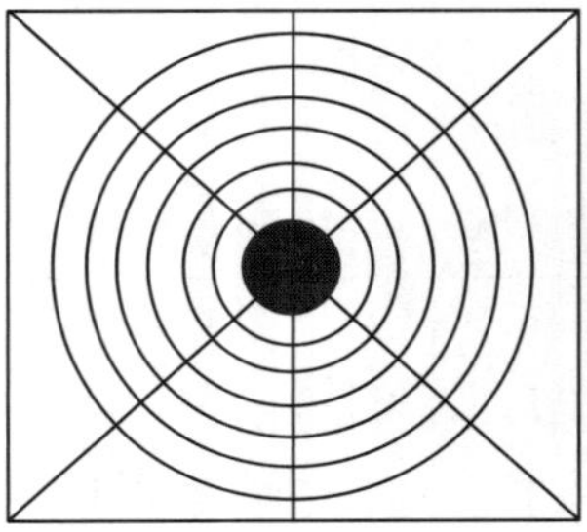
（a）

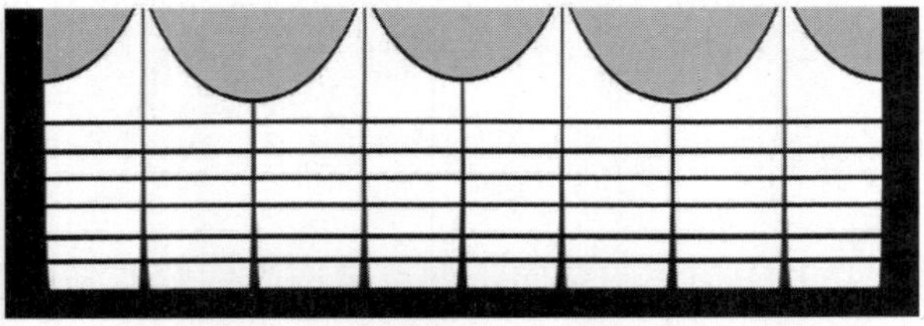
（b）

图 7.13　曲面镜畸变结构图

1. 曲面镜畸变模型

如图 7.14所示，点 p' 为曲面反射镜图像中的点，在极坐标系下的转换关系可以描述为

$$\begin{bmatrix} x_{\mathrm{u}}^{\mathrm{c}} \\ y_{\mathrm{u}}^{\mathrm{c}} \end{bmatrix} = \begin{bmatrix} x_{\mathrm{d}}^{\mathrm{m}} \\ y_{\mathrm{d}}^{\mathrm{m}} \end{bmatrix} = \begin{bmatrix} r_{\mathrm{d}}^{\mathrm{m}} \cos\left(\theta_{\mathrm{d}}^{\mathrm{m}}\right) + x_{\mathrm{c}}^{\mathrm{m}} \\ r_{\mathrm{d}}^{\mathrm{m}} \sin\left(\theta_{\mathrm{d}}^{\mathrm{m}}\right) + y_{\mathrm{c}}^{\mathrm{m}} \end{bmatrix}, \quad \left\{ \begin{aligned} r_{\mathrm{d}}^{\mathrm{m}} &= \sqrt{\left(x_{\mathrm{d}}^{\mathrm{m}} - x_{\mathrm{cen}}^{\mathrm{m}}\right)^2 + \left(y_{\mathrm{d}}^{\mathrm{m}} - y_{\mathrm{c}}^{\mathrm{m}}\right)^2} \\ \theta_{\mathrm{d}}^{\mathrm{m}} &= \tan^{-1}\left(\frac{y_{\mathrm{d}}^{\mathrm{m}} - y_{\mathrm{c}}^{\mathrm{m}}}{x_{\mathrm{d}}^{\mathrm{m}} - x_{\mathrm{c}}^{\mathrm{m}}}\right) \end{aligned} \right. \tag{7.22}$$

式中，$(x_{\mathrm{d}}^{\mathrm{m}}, y_{\mathrm{d}}^{\mathrm{m}})$ 为不存在摄像机镜头畸变但存在曲面镜畸变情况下的点坐标，其在极坐标平面中对应的点坐标表示为 $(r_{\mathrm{d}}^{\mathrm{m}}, \theta_{\mathrm{d}}^{\mathrm{m}})$。

在极坐标系中，曲面镜的畸变校正模型可以表示为

$$\begin{bmatrix} r_{\mathrm{u}}^{\mathrm{m}} \\ \theta_{\mathrm{u}}^{\mathrm{m}} \end{bmatrix} = \left(1 + k_1^{\mathrm{m}} r_{\mathrm{m}}^2 + k_2^{\mathrm{m}} r_{\mathrm{m}}^4 + k_3^{\mathrm{m}} r_{\mathrm{m}}^6\right) \begin{bmatrix} r_{\mathrm{d}}^{\mathrm{m}} \\ \theta_{\mathrm{d}}^{\mathrm{m}} \end{bmatrix} + \begin{bmatrix} 2p_1^{\mathrm{m}} r_{\mathrm{d}}^{\mathrm{m}} \theta_{\mathrm{d}}^{\mathrm{m}} + p_2^{\mathrm{m}} \left(r_{\mathrm{m}}^2 + 2\left(r_{\mathrm{d}}^{\mathrm{m}}\right)^2\right) \\ 2p_2^{\mathrm{m}} r_{\mathrm{d}}^{\mathrm{m}} \theta_{\mathrm{d}}^{\mathrm{m}} + p_1^{\mathrm{m}} \left(r_{\mathrm{m}}^2 + 2\left(\theta_{\mathrm{d}}^{\mathrm{m}}\right)^2\right) \end{bmatrix} \quad (7.23)$$

式中，$(r_u^{\mathrm{m}}, \theta_u^{\mathrm{m}})$ 为极坐标系中的理想点坐标；k_1^{m}、k_2^{m} 和 k_3^{m} 表示曲面镜径向畸变系数，p_1^{m} 和 p_2^{m} 表示为曲面镜切向畸变系数，$r_{\mathrm{m}}^2 = \left(r_{\mathrm{d}}^{\mathrm{m}}\right)^2 + \left(\theta_{\mathrm{d}}^{\mathrm{m}}\right)^2$。

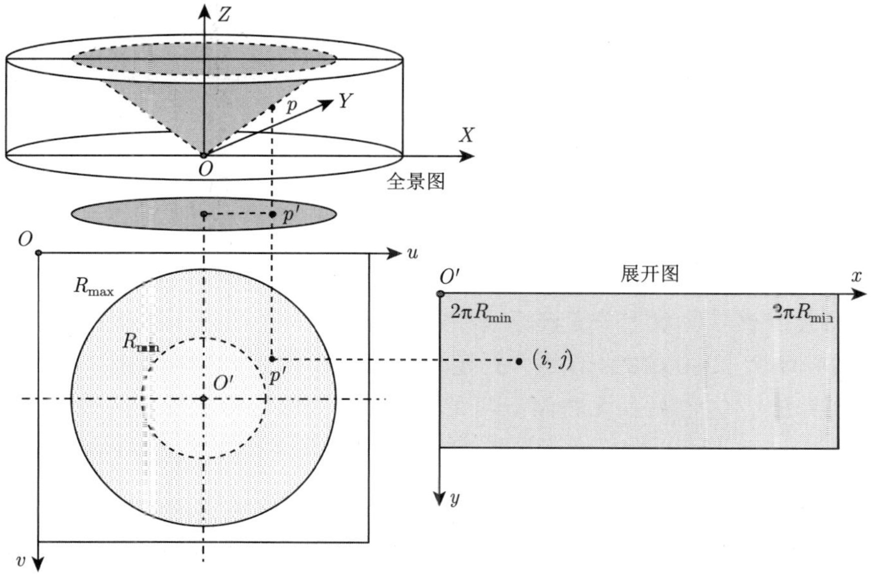

图 7.14　曲面镜折反射图像极坐标展开示意图

然后进行坐标系转换，获取在曲面镜全景图像中的畸变校正模型

$$\begin{bmatrix} x_{\mathrm{u}}^{\mathrm{m}} \\ y_{\mathrm{u}}^{\mathrm{m}} \end{bmatrix} = \begin{bmatrix} r_{\mathrm{u}}^{\mathrm{m}} \cos\left(\theta_{\mathrm{u}}^{\mathrm{m}}\right) + x_{\mathrm{cen}}^{\mathrm{m}} \\ r_{\mathrm{u}}^{\mathrm{m}} \sin\left(\theta_{\mathrm{u}}^{\mathrm{m}}\right) + y_{\mathrm{cen}}^{\mathrm{m}} \end{bmatrix} \quad (7.24)$$

式中，$(x_{\mathrm{u}}^{\mathrm{m}},\ y_{\mathrm{u}}^{\mathrm{m}})$ 为双重畸变校正后的点坐标，即不包括摄像机镜头畸变和曲面镜加工畸变的点坐标。

整个畸变校正流程如图 7.15所示，将式 (7.23) 和式 (7.24) 相结合，可以得到双重畸变校正后的坐标

$$\begin{bmatrix} x_{\mathrm{u}}^{\mathrm{m}} \\ y_{\mathrm{u}}^{\mathrm{m}} \end{bmatrix} = B_{\mathrm{k}}^{\mathrm{g}}\left(r_{\mathrm{d}}^{\mathrm{m}},\ \theta_{\mathrm{d}}^{\mathrm{m}}\right) \begin{bmatrix} \cos\left(M_{\mathrm{p}}^{\mathrm{g}}\left(r_{\mathrm{d}}^{\mathrm{m}},\ \theta_{\mathrm{d}}^{\mathrm{m}}\right)\right) \\ \sin\left(M_{\mathrm{p}}^{\mathrm{g}}\left(r_{\mathrm{d}}^{\mathrm{m}},\ \theta_{\mathrm{d}}^{\mathrm{m}}\right)\right) \end{bmatrix} + \begin{bmatrix} x_{\mathrm{c}}^{\mathrm{m}} \\ y_{\mathrm{c}}^{\mathrm{m}} \end{bmatrix} \quad (7.25)$$

式中，

$$\begin{cases} B_{\mathrm{k}}^{\mathrm{g}}\left(r_{\mathrm{d}}^{\mathrm{m}},\ \theta_{\mathrm{d}}^{\mathrm{m}}\right) = \left(1 + k_1^{\mathrm{m}} r_{\mathrm{m}}^2 + k_2^{\mathrm{m}} r_{\mathrm{m}}^4 + k_3^{\mathrm{m}} r_{\mathrm{m}}^6\right) r_{\mathrm{d}}^{\mathrm{m}} + 2p_1^{\mathrm{m}} r_{\mathrm{d}}^{\mathrm{m}} \theta_{\mathrm{d}}^{\mathrm{m}} + p_2^{\mathrm{m}} \left(r_{\mathrm{m}}^2 + 2\left(r_{\mathrm{d}}^{\mathrm{m}}\right)^2\right) \\ M_{\mathrm{p}}^{\mathrm{g}}\left(r_{\mathrm{d}}^{\mathrm{m}},\ \theta_{\mathrm{d}}^{\mathrm{m}}\right) = \left(1 + k_1^{\mathrm{m}} r_{\mathrm{m}}^2 + k_2^{\mathrm{m}} r_{\mathrm{m}}^4 + k_3^{\mathrm{m}} r_{\mathrm{m}}^6\right) \theta_{\mathrm{d}}^{\mathrm{m}} + 2p_2^{\mathrm{m}} r_{\mathrm{d}}^{\mathrm{m}} \theta_{\mathrm{d}}^{\mathrm{m}} + p_1^{\mathrm{m}} \left(r_{\mathrm{m}}^2 + 2\left(\theta_{\mathrm{d}}^{\mathrm{m}}\right)^2\right) \end{cases}$$

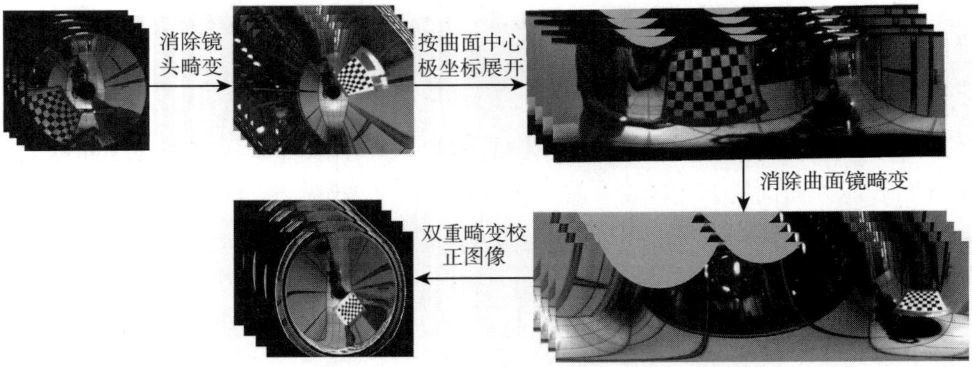

图 7.15　双重畸变校正流程

2. 实验对比分析

曲面镜自身的图像畸变是客观存在的，对曲面镜进行畸变校正是必要的。为了验证曲面镜折反射传感器中双重畸变校正模型的可行性，本节进行了摄像机标定和测量实验，图像分辨率为 1280×1024 像素，标定靶标采用 6×8 的棋盘格靶标。摄像机标定采用张氏标定算法[33]，然后在无曲面镜畸变校正和有曲面镜畸变校正两种情况下，采用 Swaminathan 非单视点摄像机标定算法[38] 进行对比实验，如图 7.16所示。

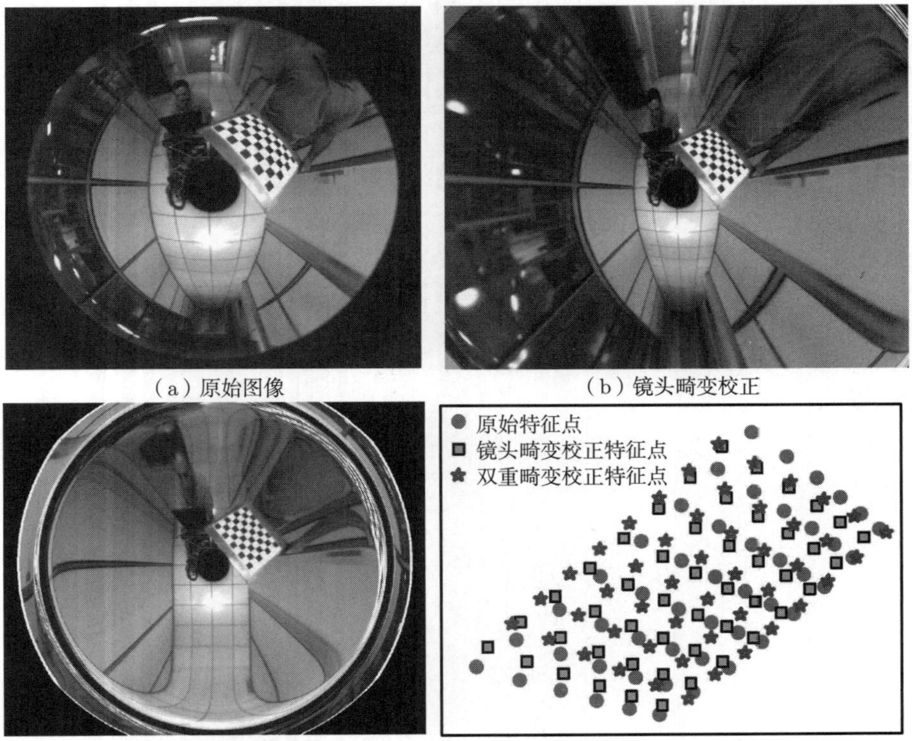

（a）原始图像　（b）镜头畸变校正

（c）双重畸变校正　（d）对比结果

图 7.16　不同畸变校正方法对比

图 7.16中展示了运用不同的畸变校正模型得到的图像效果以及测量靶标上角点的偏移位置，可以看出经过不同畸变校正后图像在原位置基础上的偏移情况。在分析摄像机标定精度时，提前应用张正友摄像机标定算法对摄像机镜头的内参数进行标定，并将其作为真值，对加入曲面镜畸变分析的双重畸变校正算法和未加入曲面镜畸变校正分析的 Swaminathan 非单视点摄像机标定模型进行分析对比，从而确定曲面镜畸变对整个全向视觉传感器测量精度的影响。

表 7.2中展示了张氏标定算法，Swaminathan 非单视点摄像机标定算法以及加入曲面镜畸变的双重畸变校正标定算法得到的摄像机标定的内参数数据。从表 7.2中可以明显看出加入曲面镜畸变校正分析的摄像机内参数更加接近张氏标定算法获取的测量真值，且相较于未加入曲面镜畸变校正分析的 Swaminathan 非单视点摄像机标定算法，双重畸变模型的重投影误差明显较小。这是因为双重畸变校正模型分别对摄像机镜头畸变与曲面镜畸变进行分析，将曲面镜畸变从摄像机镜头畸变中进行剥离，能更好地反映摄像机镜头本征参数。而未加入曲面镜畸变分析的 Swaminathan 非单视点摄像机标定算法，没有将曲面镜畸变进行单独分析，而是将曲面镜畸变和摄像机镜头畸变当作一个整体进行分析，造成摄像机镜头本身的畸变增加，导致摄像机镜头的内参数矩阵不准确，重投影误差较大。

表 7.2　不同标定算法得到摄像机内参数结果对比

摄像机参数	张氏标定算法	Swaminathan 非单视点摄像机标定算法	双重畸变校正标定算法	
(f_x, f_y)/pixel	(215.93, 216.43)	(225.95, 219.72)	(220.45, 213.96)	
(u_0, v_0)/pixel	(632.26, 530.98)	(605.55, 546.49)	(639.49, 535.50)	
	镜头畸变	镜头畸变	镜头畸变	曲面镜畸变
k_1, k_2	$-0.1298, 0.0131$	$-0.1987, 0.0122$	$-0.1347, 0.0125$	$-0.2280, 0.0890$
p_1	-3.33×10^{-4}	-2.57×10^{-4}	-2.96×10^{-4}	-1.52×10^{-5}
p_2	-1.16×10^{-5}	-2.31×10^{-5}	-1.89×10^{-5}	-2.19×10^{-5}
重投影误差/pixel	0.51	0.48	0.40	

图 7.17中展示了张氏标定、无曲面镜畸变校正标定、双重畸变校正标定得到的重投影误差分布图。从图中可以看出，双重畸变校正算法中的重投影误差比未加入曲面镜畸变校正标定算法以及张氏标定算法更集中。因此，曲面镜畸变校正的分析对于整个全向视觉传感器测量精度的提升很有必要。

为了进一步验证曲面镜畸变对全向视觉传感器测量精度的影响，以张氏标定算法得到的结果作为真值，定量分析了使用无曲面镜畸变校正标定算法和加入曲面镜畸变分析的非单视点畸变校正算法对图像角点位置校正的影响。图 7.18中详细展示了使用无曲面镜畸变校正标定算法和双重畸变校正算法时，图像中检测角点（选部分作为特征点）位置的偏移量（张氏标定算法的结果作为真值）。在实际测量过程中，无曲面镜畸变校正将摄像机镜头畸变和曲面镜畸变当作一个整体进行分析，所以图像中角点的校正偏移过大，且起伏较大；而双重畸变校正模型中对摄像机镜头畸变和曲面镜畸变分别进行了分析和计算，对图像中角点的偏移影响较小，且起伏较小。因此，对曲面镜畸变进行单独分析和校正对全向视觉传感器测量具有一定的可行性。

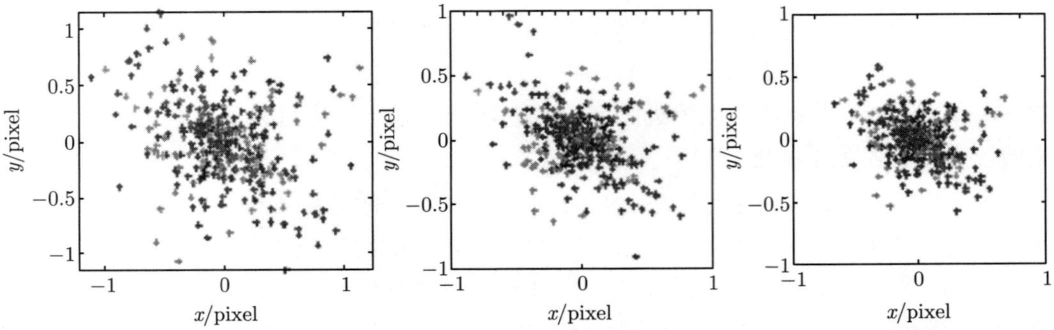

（a）张氏标定　（b）无曲面镜畸变校正标定　（c）双重畸变校正标定

图 7.17　不同畸变校正的重投影误差

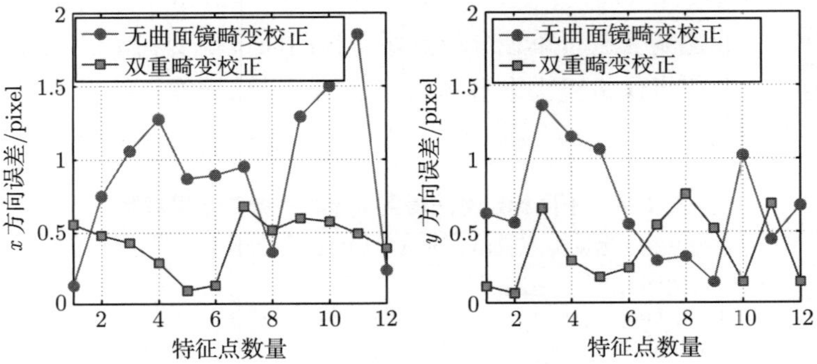

（a）x 方向　（b）y 方向

图 7.18　无曲面镜畸变校正与双重畸变校正的图像偏移量对比

计算图像点在二维平面上偏移量的距离误差，从图 7.19为不同畸变校正方法下二维偏移距离对比结果，可以看出双重畸变算法得到的图像点二维偏移量小于未考虑曲面镜畸变的 Swaminathan 非单视点标定算法得到的二维偏移量，与上述图像点偏移分析结果一致，再一次证明了曲面镜畸变模型的分析的可行性和有效性。

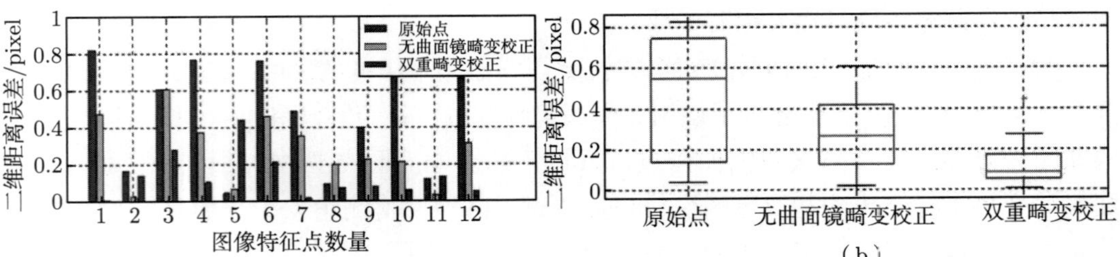

（a）　（b）

图 7.19　不同畸变校正方法下二维偏移距离对比结果

仅通过二维平面坐标偏移量分析无法完整而准确地反映双重畸变校正地测量下精

度和可行性，为了验证双重畸变模型的测量精度和鲁棒性，需要对整体标定过程的标定精度进行分析和实验。

在标定实验过程中，张氏标定算法获取的内参数矩阵依然可以作为测量真值。但是，由张氏标定方法获取的外参数矩阵不能作为测量真值，但可以作为测量中鲁棒性分析的基准。为了验证双重畸变校正算法的有效性，在图像点上增加均值为 0，噪声方差从 0 到 0.5 像素的高斯噪声。

图 7.20显示了不同畸变校正方法下摄像机内参数随噪声方差变化的变化规律 (以张氏标定算法获取的内参数矩阵作为真值)。从图中可以看出用双重畸变校正算法计算得到的标定精度和鲁棒性均比用无曲面镜畸变校正算法得到的高。无增加曲面镜畸变分析的 Swaminathan 非单视点标定算法由于曲面镜畸变的影响，对噪声较为敏感，鲁棒性较差，因此，双重畸变校正模型不仅可以获得较高的标定精度，还可以增加全向视场折反射视觉测量系统的抗噪性能。

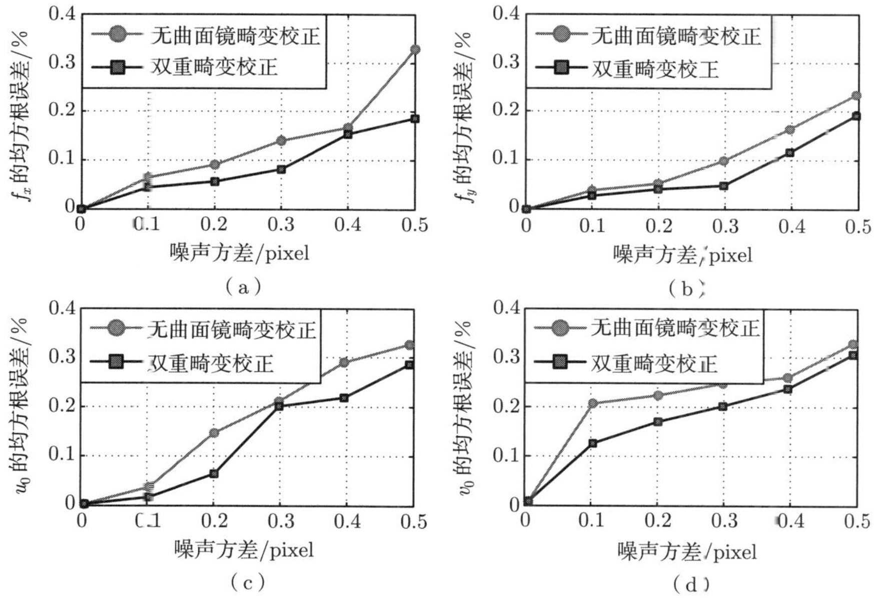

图 7.20　不同畸变校正方法下随噪声变换的摄像机内参数变化规律

图 7.21显示了不同畸变校正方法下摄像机外参数随噪声方差变化的变化规律 (以张氏标定方法获取的外参数矩阵作为鲁棒性分析基准)。从图中可以看出随着高斯噪声的不断增加，使用双重畸变校正算法得到的外参数变化幅度和对噪声的敏感程度均比使用无曲面镜畸变校正算法得到的小。这有两个原因，一是经过曲面镜畸变校正后的图像结果较为稳定，几乎不受曲面镜畸变的影响；二是由于摄像机镜头和曲面镜的分离式曲面镜畸变校正，摄像机内参数的标定精度较高。因此，双重畸变校正算法的标定精度较高，且对噪声敏感度较低。

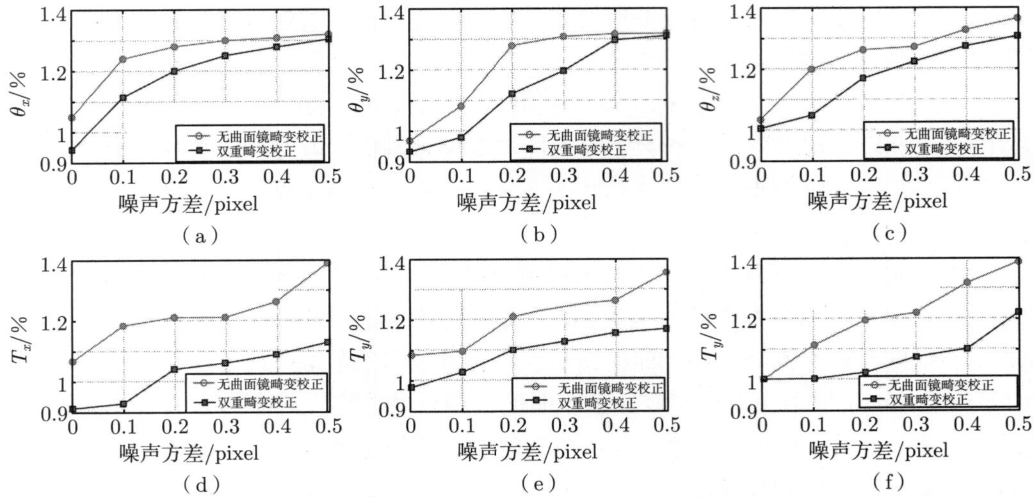

图 7.21　不同畸变校正方法下摄像机外参数随噪声方差变化的变化规律

图 7.22分析了不同畸变校正方法下重投影误差随噪声方差变化的变化规律，可以看出与外参数和内参数的结果相似，进一步证明了本节中提出的双重畸变校正模型的鲁棒性较好。

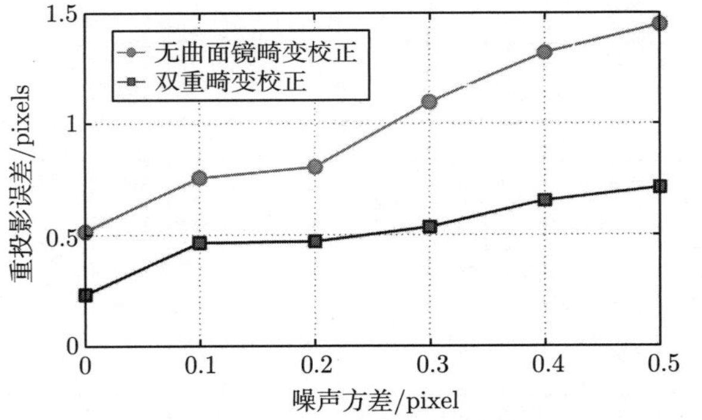

图 7.22　不同畸变校正方法下的重投影误差随噪声方差变化的变化规律

图 7.23分析了两种不同测量算法计算得到的三维坐标偏移误差，从图中可以看

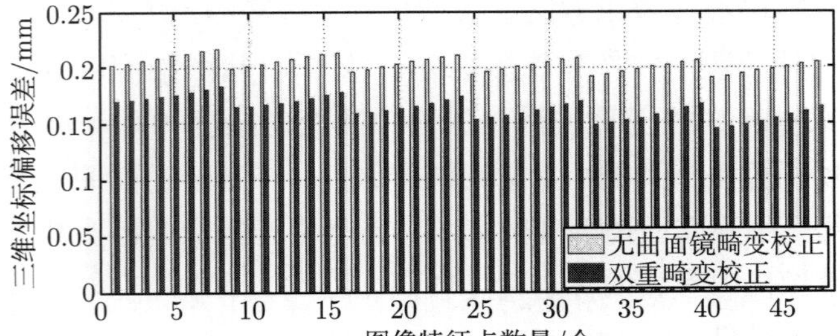

图 7.23　不同畸变校正方法下三维坐标偏移误差对比结果

出与无曲面镜畸变校正模型相比，双重畸变校正模型的测量精度较高，三维坐标偏移量变化与二维坐标偏移量变化相似。因此，双重畸变校正对全向视觉传感器测量精度的提高具有很大的帮助，具有较高的实用价值。

7.3.3　全局测量坐标统一模型

7.3.1节中的全向传感器模型可以实现管道内表面的局部测量，为实现管道内表面的全局整体测量，需要传感器在不同位置进行多次测量，将多次测量结果统一到全局坐标系中。全局测量坐标统一原理示意图如图 7.24所示。

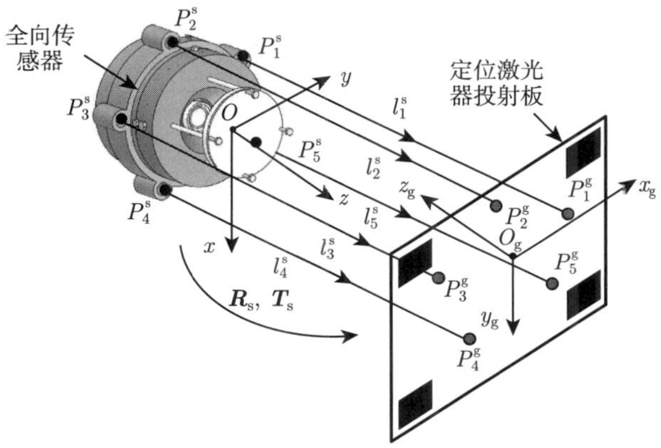

图 7.24　全局测量坐标统一原理示意图

如图 7.24所示，全向传感器上安装 5 个定位激光器 $P_1^s \sim P_5^s$，对应投射光线为 $l_1^s \sim l_5^s$，光线与定位激光器投射板相交，分别形成 5 个激光斑点 $P_1^g \sim P_5^g$。坐标系 O-xyz 为传感器局部坐标系，定义为传感器的摄像机三维坐标系。全局测量坐标系定义为坐标系 O_g-$x_g y_g z_g$。

利用定位激光实时获取的测量传感器在管道内部具有不同测量位置和姿态，对传感器坐标系下的局部管道内表面特征点三维坐标进行全局坐标统一，得到全局坐标系下的管道内表面三维特征信息

$$\boldsymbol{X}_i^g = \begin{bmatrix} \boldsymbol{R}_s & \boldsymbol{T}_s \end{bmatrix} \boldsymbol{X}_i \tag{7.26}$$

式中，$\boldsymbol{X}_i^g$ 为第 i 个测量特征点在坐标系 $O_g - x_g y_g z_g$ 中的坐标；$\boldsymbol{X}_i$ 为第 i 个测量特征点在坐标系 O-xyz 中的坐标；$\boldsymbol{R}_s, \boldsymbol{T}_s$ 分别为坐标系 O-xyz 到 O_g-$x_g y_g z_g$ 的旋转矩阵与平移矢量，即传感器的位置和姿态。

全局测量坐标统一需要求解定位激光器投射光线 $l_i^s(i = 1, \cdots, 5)$ 在局部坐标系 O-xyz 下的方程 $l_i^s(i = 1, \cdots, 5)$ 和全向传感器的 6-DOF 位姿。

7.3.4 全向传感器及全局测量坐标统一参数

由 7.3.1节和 7.3.3节描述的全向传感器模型以及全局测量坐标统一模型，所有的模型参数如表 7.3 所示，在进行实际测量之前，需要通过标定获得传感器以及全局测量坐标统一参数。

表 7.3 全向传感器和全局测量坐标统一参数

参数名称			参数符号
全向传感器	摄像机参数	有效焦距/pixel	f_x, f_y
		主点/pixel	$u_0.v_0$
		镜头畸变	k_1, k_2, p_1, p_2
	曲面镜参数	曲面镜畸变	$k_1^{\mathrm{m}}, k_2^{\mathrm{m}}, p_1^{\mathrm{m}}, p_2^{\mathrm{m}}$
		曲面镜位姿	$\boldsymbol{R}_{\mathrm{c}}, \boldsymbol{T}_{\mathrm{c}}$
	传感器外参	局部世界坐标系到传感器坐标系	$\boldsymbol{R}, \boldsymbol{T}$
	结构光投射光线方程	在传感器坐标系下	l_{i}
全局统一	定位激光器投射方程	在传感器坐标系下	$l_i^{\mathrm{s}}(i=1,\cdots,5)$
	传感器 6-DOF 位姿	在全局坐标系下	$\begin{bmatrix}\boldsymbol{R}_{\mathrm{s}} & \boldsymbol{T}_{\mathrm{s}}\end{bmatrix}$

7.4 全向传感器标定

7.4.1 局部小平面映射标定方法

由于全向视觉传感器在安装过程中必然存在安装误差，这将导致整个测量传感器由单视点折反射测量模型转变为非单视点折反射测量模型，为了简化全向视觉传感器参数的标定步骤，实现传感器的高精度标定，本节提出了一种基于局部小平面映射的折反射视觉标定算法。首先，将标定模板在曲面镜中的投影视为平面镜投影；其次，对采集到的曲面镜图像逐一进行角点提取和圆轮廓检测，获取角点、圆心和切点的位置信息；最后，利用非单视点的散焦面模型并结合张氏标定算法，计算出曲面镜法线，确定局部小平面投影方程，实现全向视觉传感器参数标定。

1. 局部小平面映射模型

为了简化全向视觉传感器的标定流程，实现单张图片的传感器参数标定，需要在单张图片中采集尽可能多的已知空间位置的图像特征信息。因此，需要对标定靶标进行重新设计，如图 7.25（a）所示，复合靶标融合了圆点靶标和棋盘靶标的优点。利用曲面镜折反射传感器对靶标图像进行采集，利用单个圆点-方格建立局部小平面。

如图 7.25（b）所示，Π 是复合靶标，Π_{ij} 是其中一个单元，称为子靶标，由一个圆和一个正方形组成，对应的 π 是 Π 在曲面镜上的映射，相应地，π_{ij} 是子靶标 Π_{ij} 在曲面镜上的映射。

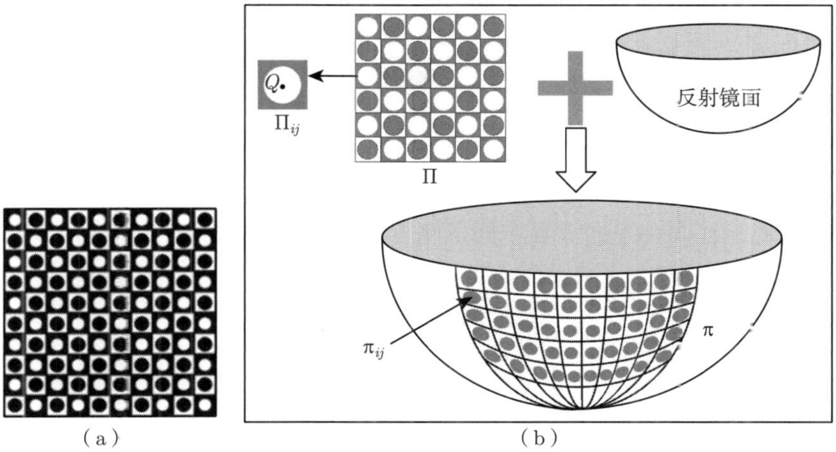

图 7.25　局部小平面映射原理

设 Q 为子靶标 Π_{ij} 中一点，其齐次图像坐标和齐次归一化图像坐标分别为 $\tilde{\boldsymbol{x}}_{ij}^{\mathrm{u}}=(x_{\mathrm{u}},y_{\mathrm{u}},1)^{\mathrm{T}}$，$\tilde{\boldsymbol{x}}_{ij}^{\mathrm{n}}=(x_{\mathrm{n}},y_{\mathrm{n}},1)^{\mathrm{T}}$，依据 5.4.1节中所述的摄像机模型，可得

$$\lambda\tilde{\boldsymbol{x}}_{ij}^{\mathrm{u}}=\boldsymbol{A}\tilde{\boldsymbol{x}}_{ij}^{\mathrm{n}},\lambda\neq 0,\boldsymbol{A}=\begin{bmatrix}f_x & 0 & u_0\\ 0 & f_y & v_0\\ 0 & 0 & 1\end{bmatrix}\tag{7.27}$$

式中，$\boldsymbol{A}$ 为摄像机内参矩阵，其含义与 5.4.1节一致。由式 (7.27)，可以将图像坐标转换为与摄像机本身无关的归一化图像坐标，后续讨论将直接采用归一化图像坐标，以便简化讨论。

由 7.2节讨论的曲面镜几何关系，设点 Q 与反射镜面相交于点 Q'，在图像平面上的投影点为 q，设 Q 的世界坐标为 $\boldsymbol{X}_{ij}^{\mathrm{t}}=(x_{ij}^{\mathrm{t}},y_{ij}^{\mathrm{t}},z_{ij}^{\mathrm{t}})^{\mathrm{T}}$，对应的摄像机坐标为 $\boldsymbol{X}_{ij}^{\mathrm{c}}=\lambda(x_{\mathrm{n}},y_{\mathrm{n}},f(x_{\mathrm{n}},y_{\mathrm{n}}))^{\mathrm{T}}$。对于靶标上的点，有 $z_{ij}^{\mathrm{t}}=0$，则靶标上点的投影方程可以表示为

$$\boldsymbol{X}_{ij}^{\mathrm{c}}=\lambda\begin{bmatrix}x_{\mathrm{n}}\\ y_{\mathrm{n}}\\ f(x_{\mathrm{n}},y_{\mathrm{n}})\end{bmatrix}=\begin{bmatrix}\boldsymbol{r}_1 & \boldsymbol{r}_2 & \boldsymbol{r}_3\end{bmatrix}\begin{bmatrix}x_{ij}^{\mathrm{t}}\\ y_{ij}^{\mathrm{t}}\\ 1\end{bmatrix}\tag{7.28}$$

式中，λ 为非零比例因子；$f(x_{\mathrm{n}},y_{\mathrm{n}})=a_0+a_1\rho_{ij}+a_2(\rho_{ij})^2+a_3(\rho_{ij})^3+a_4(\rho_{ij})^4$，$\rho=\sqrt{x_{\mathrm{n}}^2+y_{\mathrm{n}}^2}$, $a_0, a_1,..., a_4$ 为泰勒多项式系数；$\boldsymbol{r}_1$、$\boldsymbol{r}_2$ 和 $\boldsymbol{r}_3$ 分别为旋转矩阵 $\boldsymbol{R}$ 的列向量。

由于空间点 Q 为子靶标上一点，依据单个圆点–棋盘靶标上提取特征点二维信息，在归一化图像坐标系下，构建局部小平面靶标，并表示为

$$\pi_{ij}=s\boldsymbol{A}^{-1}\boldsymbol{H}\boldsymbol{\Pi}_{ij}\tag{7.29}$$

式中，s 为比例因子；$\boldsymbol{H}$ 为单应性矩阵；π_{ij} 为归一化坐标系下第 i 行 j 列子靶标平面；$\boldsymbol{\Pi}_{ij}$ 为世界坐标系中第 i 行 j 列子靶标平面。

已知子靶标在图像平面和世界坐标系中的特征点位置信息，重建后的子靶标平面可看作独立标定靶标，利用张氏标定算法进行标定，可以直接获得全向传感器中摄像机的内参数矩阵初始值。

2. 传感器外参数估计

空间中子靶标在同一平面上且不同子靶标之间的相对位置已知，由于投影位置的不同可重建曲面镜三维模型，空间中相邻子靶标之间位置关系可以表示为

$$\boldsymbol{\Pi}_{(i+1)j} = \boldsymbol{\Pi}_{ij} + \boldsymbol{t} \tag{7.30}$$

式中，$\boldsymbol{t}$ 为非零向量。

依据刚体变换关系，曲面镜上相邻子靶标之间的位置关系可以表示为

$$\pi_{ij} = \boldsymbol{R}_{ij}\pi_{(i+1)j} + \boldsymbol{T}_{ij} \tag{7.31}$$

式中，$\boldsymbol{R}_{ij}$ 为 3×3 的正交旋转矩阵，$\boldsymbol{T}_{ij}$ 为 3×1 的平移矢量。

已知世界坐标系中子靶标之间的相对位置和重构小平面之间的相对位置，可通过 PNP 算法获取局部小平面与测量靶标之间的相对位置关系，即传感器的外参数矩阵。

7.4.2 曲面镜位姿标定

用表示传感器的摄像机坐标系与曲面镜坐标系之间的转换关系，得到曲面镜在摄像机坐标系下的位置姿态信息。

如图 7.26所示，点 C 表示曲面镜底面圆心，其在图像平面 Π 上的投影为点 o，曲面镜底面经过摄像机光心在图像平面上的透视投影为一个椭圆，称为投影椭圆。一般情况下，由于安装位置差异，曲面镜底面的法线方向与摄像机光轴不重合。以摄像机光心 O 为原点，建立摄像机三维坐标系 O-xyz，其中 z 轴为摄像机的光轴. 选择 O-xyz 为传感器坐标系；以 O_m 为原点，曲面镜对称轴为 z_m 轴，建立曲面镜坐标系 O_m-$x_\mathrm{m}y_\mathrm{m}z_\mathrm{m}$，$y_\mathrm{m}$ 轴为曲面镜截面轮廓曲线的准线；以 O 为原点建立辅助坐标系 O-$x_2y_2z_2$ ，其中 $O_\mathrm{m}z_\mathrm{m}//Oz_2$，$O_\mathrm{m}y_\mathrm{m}//Oy_2$。

设点 P 为曲面镜底面上任意点，其在平面 Π 上的投影为点 p。$O_\mathrm{n}-x_\mathrm{n}y_\mathrm{n}$ 为归一化图像坐标系，设 p 的齐次坐标为 $\tilde{\boldsymbol{x}}_\mathrm{n}=(x_\mathrm{n},y_\mathrm{n},1)^\mathrm{T}$ ，则曲面镜底面的投影椭圆在 O_n-$x_\mathrm{n}y_\mathrm{n}$ 中的二次型方程表示为

$$\tilde{\boldsymbol{x}}_\mathrm{n}^\mathrm{T}\boldsymbol{Q}_\mathrm{n}\tilde{\boldsymbol{x}}_\mathrm{n} = 0 \tag{7.32}$$

式中，$\boldsymbol{Q}_\mathrm{n}=\begin{bmatrix} a & b & d \\ b & c & e \\ d & e & f \end{bmatrix}$ 为椭圆的系数矩阵。

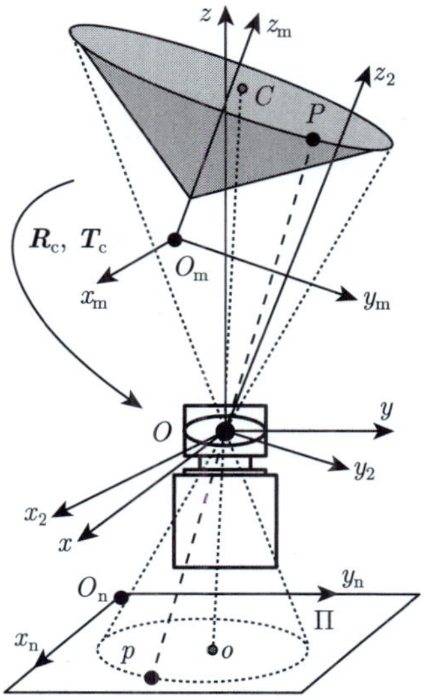

图 7.26　曲面镜位姿示意图

根据透视投影原理，点 p 在坐标系 $O\text{-}xyz$ 中的坐标为 $\boldsymbol{x}_\text{p}=(x_\text{n},y_\text{n},-1)^\text{T}$，其中归一化摄像机焦距为 1。则点 P 在坐标系 $O\text{-}xyz$ 中的坐标为 $\boldsymbol{X}_\text{p}=k\left(x_\text{n},y_\text{n},-1\right)^\text{T}$，其中 k 为比例因子。因此，点与摄像机光心形成的倾斜椭锥面镜在 $O\text{-}xyz$ 中的方程为

$$\boldsymbol{X}_\text{p}^\text{T}\boldsymbol{Q}_\text{p}\boldsymbol{X}_\text{p}=0,\ \boldsymbol{Q}_\text{p}=\begin{bmatrix} a & b & -d \\ b & c & -e \\ -d & -e & f \end{bmatrix} \tag{7.33}$$

设 $z_0=|\overline{CO}|$，曲面镜底面圆的半径为 r，圆心 C 在坐标系 $O\text{-}x_2y_2z_2$ 中的坐标为 (x_0,y_0,z_0)，则，曲面镜底面圆在坐标系 $O\text{-}x_2y_2z_2$ 中的方程可以表示为

$$\begin{cases} (x-x_0)^2+(y-y_0)^2=r^2 \\ z=z_0 \end{cases} \tag{7.34}$$

点 P 在坐标系 $O_\text{c}\text{-}x_2y_2z_2$ 中的坐标用 $\boldsymbol{X}_2$ 表示，则曲面镜底面圆在坐标系 $O_\text{c}\text{-}x_2y_2z_2$ 中的二次型方程可以表示为

$$\boldsymbol{X}_2^\text{T}\boldsymbol{Q}_2\boldsymbol{X}_2=0,\ \boldsymbol{Q}_2=\begin{bmatrix} 1 & 0 & -x_0/z_0 \\ 0 & 1 & -y_0/z_0 \\ -x_0/z_0 & -y_0/z_0 & x_0^2+y^2+r^2/z_0^2 \end{bmatrix} \tag{7.35}$$

根据图 7.26，坐标系 $O\text{-}x_2y_2z_2$ 与 $O\text{-}xyz$ 之间仅仅存在旋转关系，因此 $\boldsymbol{X}_2$ 与 $\boldsymbol{X}_\text{p}$ 之间的转换关系可以表示为

$$\boldsymbol{X}_2=\boldsymbol{R}_\text{c}\boldsymbol{X}_\text{p} \tag{7.36}$$

将式 (7.36) 代入式 (7.35)，可得

$$k\boldsymbol{R}_{\mathrm{c}}^{\mathrm{T}}\boldsymbol{Q}_2\boldsymbol{R}_{\mathrm{c}}=0 \tag{7.37}$$

式中，k 为不等于 0 的比例因子。

为了得到曲面镜反射镜的位姿信息 $\boldsymbol{R}_{\mathrm{c}}$ 和 $\boldsymbol{Q}_{\mathrm{c}}$，确定坐标系 $O\text{-}xyz$ 下曲面镜底面圆的圆心位置 C 的坐标 $\boldsymbol{X}_{\mathrm{c}}$，以及其单位法向量方向 $\boldsymbol{N}_{\mathrm{c}}$，需要将 $\boldsymbol{Q}_2$ 转换为对角阵，然后对其进行奇异值分解，得到三个特征值以及相应的特征向量。设 λ_1、λ_2、λ_3 为 $\boldsymbol{Q}_2$ 的特征值，对应的特征向量分别为 $\boldsymbol{v}_1$、$\boldsymbol{v}_2$、$\boldsymbol{v}_3$，则 $\boldsymbol{Q}_2$ 可表示为

$$\boldsymbol{Q}_2=\boldsymbol{V}\boldsymbol{\Lambda}\boldsymbol{V}^{\mathrm{T}} \tag{7.38}$$

式中，$\boldsymbol{\Lambda}=\mathrm{diag}\left\{\lambda_1,\lambda_2,\lambda_3\right\}$；$\boldsymbol{V}=(\boldsymbol{v}_1,\boldsymbol{v}_2,\boldsymbol{v}_3)$。

将式 (7.38) 代入到式 (7.37) 中，可得

$$k\boldsymbol{R}'^{\mathrm{T}}\boldsymbol{\Lambda}\boldsymbol{R}'=0 \tag{7.39}$$

式中，$\boldsymbol{R}'=\boldsymbol{V}^{\mathrm{T}}\boldsymbol{R}_{\mathrm{c}}$, 令

$$\boldsymbol{R}'=\begin{bmatrix} r_{1x} & r_{2x} & r_{3x} \\ r_{1y} & r_{2y} & r_{3y} \\ r_{1z} & r_{2z} & r_{3z} \end{bmatrix}$$

将式 (7.38) 展开，可得

$$\begin{cases} \lambda_1\left(r_{1x}^2-r_{2x}^2\right)+\lambda_2\left(r_{1y}^2-r_{2y}^2\right)+\lambda_1\left(r_{1z}^2-r_{2z}^2\right)=0 \\ \lambda_1 r_{1x}r_{2x}+\lambda_2 r_{1y}r_{2y}+\lambda_3 r_{1z}r_{2z}=0 \end{cases} \tag{7.40}$$

假设 $\lambda_1\lambda_2>0, \lambda_1\lambda_3>0, |\lambda_1|\geqslant|\lambda_2|$ 。由于 $\boldsymbol{R}'$ 是正交矩阵，则由式 (7.39) 可得

$$\boldsymbol{R}'=\begin{bmatrix} g\cos\alpha & S_1 g\sin\alpha & S_2 h \\ \sin\alpha & -S_1\cos\alpha & 0 \\ S_1S_2h\cos\alpha & S_2h\sin\alpha & -S_1 g \end{bmatrix} \tag{7.41}$$

式中，α 为自由变量；S_1 和 S_2 为未确定符号；$g=\sqrt{\dfrac{\lambda_2-\lambda_3}{\lambda_1-\lambda_3}}$；$h=\sqrt{\dfrac{\lambda_1-\lambda_2}{\lambda_1-\lambda_3}}$。

将式 (7.41) 代入式 (7.40) 中，得到

$$\begin{cases} k=\lambda_2 \\ x_0/z_0=-S_2\sqrt{(\lambda_1-\lambda_2)(\lambda_2-\lambda_3)}\cos\alpha/\lambda_2 \\ y_0/z_0=-S_1S_2\sqrt{(\lambda_1-\lambda_2)(\lambda_2-\lambda_3)}\sin\alpha/\lambda_2 \\ r^2/z_0^2=-\lambda_1\lambda_3/\lambda_2^2 \end{cases} \tag{7.42}$$

由于 z_{m} 轴与底面圆所在平面单位法向量方向相同，结合式 (7.41) 和式 (7.42)，曲面镜底面圆圆心坐标 $\boldsymbol{X}_{\mathrm{c}}$ 和单位法向量 $\boldsymbol{N}_{\mathrm{c}}$ 可以计算得到

$$\begin{cases} z_0 = S_3 \dfrac{\lambda_2 r}{\sqrt{-\lambda_1 \lambda_3}} \\ \boldsymbol{X}_{\mathrm{c}} = z_0 \boldsymbol{V} \boldsymbol{R}' \left[x_0/z_0 \quad y_0/z_0 \quad 1\right]^{\mathrm{T}} = z_0 \boldsymbol{V} \left[S_2 \dfrac{\lambda_3}{\lambda_2} \sqrt{\dfrac{\lambda_1 - \lambda_2}{\lambda_1 - \lambda_3}} \quad 0 \quad S_1 \dfrac{\lambda_1}{\lambda_2} \sqrt{\dfrac{\lambda_2 - \lambda_3}{\lambda_1 - \lambda_3}}\right]^{\mathrm{T}} \\ \boldsymbol{N}_{\mathrm{c}} = \boldsymbol{V} \boldsymbol{R}' \left[0 \quad 0 \quad 1\right]^{\mathrm{T}} = \boldsymbol{V} \left[S_2 \sqrt{\dfrac{\lambda_1 - \lambda_2}{\lambda_1 - \lambda_3}} \quad 0 \quad -S_1 \sqrt{\dfrac{\lambda_2 - \lambda_3}{\lambda_1 - \lambda_3}}\right]^{\mathrm{T}} \end{cases} \tag{7.43}$$

式中，S_3 为未确定符号。

由于平面本身具有两面性，令 $\boldsymbol{N}_{\mathrm{c}}$ 为面向摄像机的方向，由于曲面镜底面圆心在摄像机上方位置，则有

$$\begin{cases} \boldsymbol{N}_{\mathrm{c}} \cdot \begin{pmatrix} 0 & 0 & 1 \end{pmatrix}^{\mathrm{T}} > 0 \\ \boldsymbol{X}_{\mathrm{c}} \cdot \begin{pmatrix} 0 & 0 & 1 \end{pmatrix}^{\mathrm{T}} > 0 \end{cases} \tag{7.44}$$

由此，便可确定式 (7.41) 中各个符号的值。虽然曲面镜底面圆所在平面的法向量与曲面镜体的法向量相同，但是曲面镜体本身所在坐标系原点并不与摄像机光心重合，因此，曲面镜体本身坐标系与摄像机坐标系还存在平移变换关系，依据几何关系，平移变换关系可以表示为

$$\boldsymbol{T}_{\mathrm{c}} = \boldsymbol{X}_{\mathrm{c}} - \boldsymbol{R}_{\mathrm{c}} \left(0, 0, z_0\right)^{\mathrm{T}} \tag{7.45}$$

依据曲面镜位姿标定原理，对测量传感器中曲面镜相对于摄像机之间的相对位置进行标定，曲面镜位姿标定过程如图 7.27所示。将曲面镜固定至全向传感器中，利用摄像机采集曲面镜图像，对该图像进行预处理，使用 Canny 算子对图像进行边缘检测，分别提取出锥面镜底圆轮廓，利用最小二乘方法拟合椭圆，得到方程为

$$F(x, y) = 1.25\times10^{-5} x^2 + 1.24 \times 10^{-5} y^2 - 0.0096x - 0.0054y + 1.41$$

结合已经得到的摄像机图像平面上的椭圆轮廓信息，依据曲面镜位姿标定原理，并结合曲面镜结构参数和摄像机标定过程中得到的摄像机内参数，得到曲面镜的位姿参数旋转矩阵和平移矩阵为

$$\boldsymbol{R}_{\mathrm{c}} = \begin{bmatrix} 0.557 & 0.829 & 0.035 \\ 0.830 & -0.555 & -0.046 \\ -0.018 & 0.055 & -0.998 \end{bmatrix}; \quad \boldsymbol{T}_{\mathrm{c}} = \begin{bmatrix} -11.074 & -0.029 & 33.233 \end{bmatrix}^{\mathrm{T}}$$

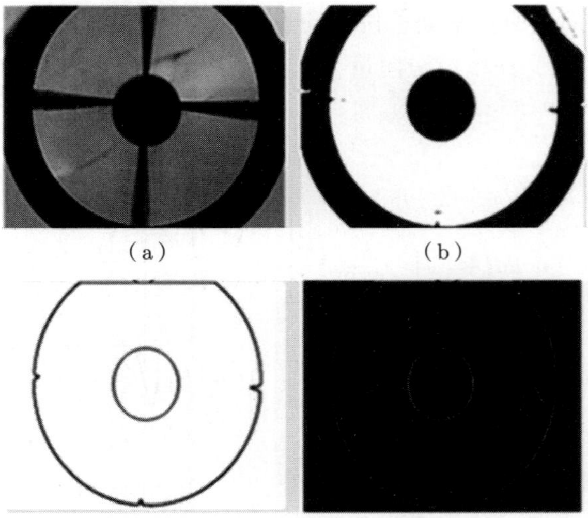

（a）　　　　　　　　　（b）

（c）　　　　　　　　　（d）

图 7.27　曲面镜位姿标定过程

7.4.3　点阵结构光标定

由于管道内表面存在局部强反光现象，视觉传感器主要依靠点阵结构光向管道内表面投射的光斑构建特征信息，测量管道内壁三维形貌信息。因此，在全向视觉传感器中，点阵结构光位置的精确度对整个管道内壁三维形貌的测量起到至关重要的作用，图 7.28为点阵结构光投射装置标定示意图，点 P 为激光器投射光线 $l_{\rm i}$ 与标定靶标平面的交点，所有的坐标系定义与几何关系和图 7.12完全相同，选择摄像机坐标系为传感器测量坐标系，将投射到标定靶标上形成的点 P 称为标定控制点。

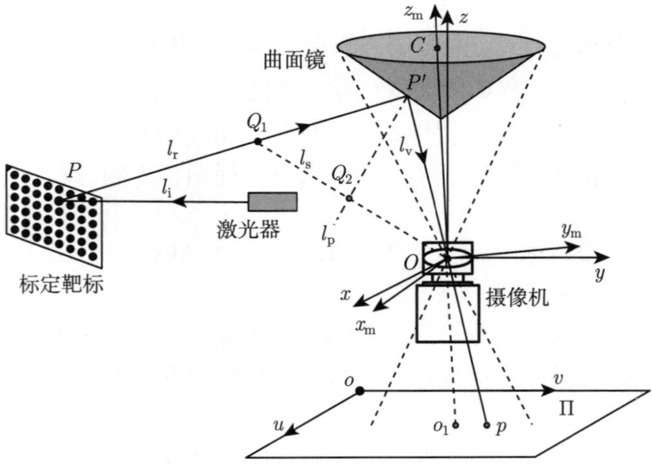

图 7.28　点阵结构光投射装置标定示意图

点结构光标定的主要任务是确定激光器投射光线 $l_{\rm i}$ 在传感器坐标系 O-xyz 中的方程，为实现这一任务，需要提前完成摄像机参数标定和曲面镜参数标定。摄像机参数标定方法采用双重畸变校正标定方法，曲面镜位姿标定采用 7.4.2节描述的方法。在完成摄像机参数标定及曲面镜参数标定基础上，点阵结构光标定的步骤如算法 7.2 所述。

算法 7.2：点阵结构光标定

1. 根据算法 7.1 中的步骤 1~3 所描述的方法，由提取出的激光点高精度图像坐标，获得反射光线 l_{r} 在传感器坐标系 O-xyz 下的方程 l_{r}。
2. 根据摄像机成像模型，由标定靶标上特征点的局部世界坐标以及对应的图像坐标，在标定摄像机参数及曲面镜参数的基础上，由 PNP 方法，计算靶标平面在传感器坐标系 O-xyz 下的方程 π_{t}。
3. 根据 l_{r} 与 π_{t} 的交点，确定标定控制点 P 在坐标系 O-xyz 中的三维坐标为
$$\boldsymbol{X} = l_{\mathrm{r}} \cap \pi_{\mathrm{t}} \tag{7.46}$$
4. 自由移动平面靶标到不同位置，每次移动靶标时，保证激光器投射到靶标平面上经反射到曲面镜，再经反射后在图像平面上形成较好的激光图像点。按照步骤 1~3 描述的方法，获得更多标定控制点在传感器坐标系 O-xyz 中的三维坐标。一般情况下，控制点数量为 5 即可。
5. 用步骤 4 得到的 5 个控制点拟合直线，得到激光器投射光线在传感器坐标系 O-xyz 下的方程 l_{i}。

按照算法 7.2 描述的点阵结构光标定方法，对全向点阵结构光学传感器的所有结构光进行标定后，全向传感器就可以按照算法 7.1 的步骤实现三维测量。

测量传感器内部安装有点阵结构光投射装置，作用是在无可见光照条件下，在管道内表面构建结构光斑特征，恢复管道内表面三维形貌信息，因此，在对管道内表面进行三维测量之前，为消除测量传感器结构造成的测量误差，需要对测量传感器上安装的点阵结构光投射装置的位姿进行标定。点阵结构光投射装置在标定过程中至少需要拍摄两张包含标定靶标的点结构光投射图像，而整个测量传感器中为提升传感器整体的测量效率，安装了 10 个点阵结构光投射装置，因此，在实验过程中至少需要采集 20 张包含标定靶标的点结构光投射图像。

为了简化点阵结构光投射装置的标定流程，将测量传感器置于矩形方盒内，并将标定靶标固定至矩形方盒的四个平面上，一次拍摄任务可同时采集包含 4 个靶标和 10 个点阵结构光斑的图像，整体标定流程最少仅需采集两张图片，即可对测量传感器中多个点阵结构光投射装置同时进行标定，为了提高点阵结构光位置的标定精度，采集了五张图像对点阵结构光传感器位置进行标定，图 7.29显示了点阵结构光投射装置标定时使用的图像。

将全向视觉传感器置于矩形方盒内，并在传感器视场内放置四个平面靶标，然后对图片进行分块处理，提取采集图像中激光点和靶标点的二维像素坐标。利用提取到的光

斑和靶标的二维坐标信息，结合点阵结构光投射装置位姿标定算法，可以得到在摄像机坐标系下的 10 个点阵结构光投射装置的空间位置，10 个点阵结构光投射装置产生的投射光线 ($l_1 \sim l_{10}$) 在摄像机坐标系下的详细位姿信息如表 7.4所示。点阵结构光投射装置标定结果的三维显示如图 7.30所示。

图 7.29　点阵结构光投射装置标定时使用的图像

表 7.4　投射光线在摄像机坐标系下的详细位姿信息

投射光线	公式: $(x-x_0)/a=(y-y_0)/b=(z-z_0)/c$					
	x_0	y_0	z_0	a	b	c
l_1	27.474	49.912	55.069	−0.471	0.880	−0.055
l_2	−18.130	−39.062	55.235	0.915	−0.400	0.044
l_3	11.057	26.293	55.568	0.999	0.015	0.035
l_4	14.476	10.177	56.425	0.804	0.593.	0.001
l_5	29.550	3.065	57.283	0.155	0.987	−0.036
l_6	45.637	1.899	57.905	−0.292	0.955	−0.054
l_7	54.597	14.878	57.628	−0.678	0.233	−0.044
l_8	59.033	27.377	57.214	0.999	0.014	0.036
l_9	57.068	42.065	56.474	0.786	0.617	0.004
l_{10}	43.378	50.002	55.628	0.363	0.931	−0.034

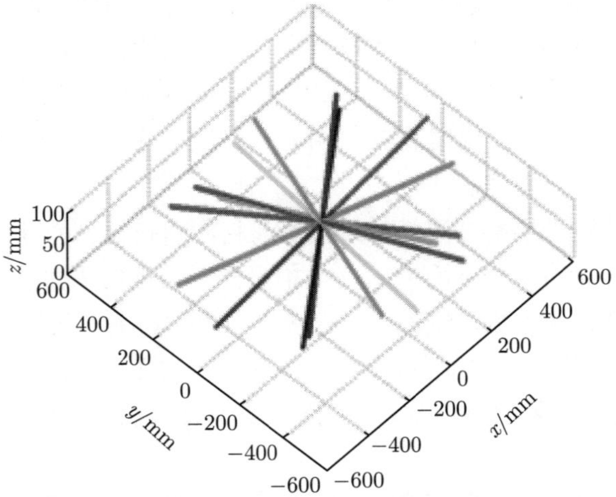

图 7.30　点阵结构光投射装置标定结果的三维显示

7.5　全局测量坐标统一方法

7.5.1　定位激光器标定

在对管道内测量传感器进行全局测量坐标统一之前，需要对全局坐标统一过程中使用的定位激光器投射光线在传感器坐标系中进行标定。定位激光器安装在全向传感器上，与摄像机之间的相对位置保持不变，定位激光器标定原理示意图如图 7.31所示。坐标系 O_{w}-$x_{\mathrm{w}}y_{\mathrm{w}}z_{\mathrm{w}}$ 为定义在标定靶标上的世界坐标系；传感器的测量坐标系 O-xyz 与摄像机坐标系一致。本节以一个定位激光器为例，分析定位激光器投射光线的标定。点 P 为激光器投射光线 l_{i} 在标定靶标平面上形成的光斑，光线 l_{i} 在靶标平面反射，形成反射光线 l_{r}，经过摄像机光心 O，在图像平面上的投影为点 p。

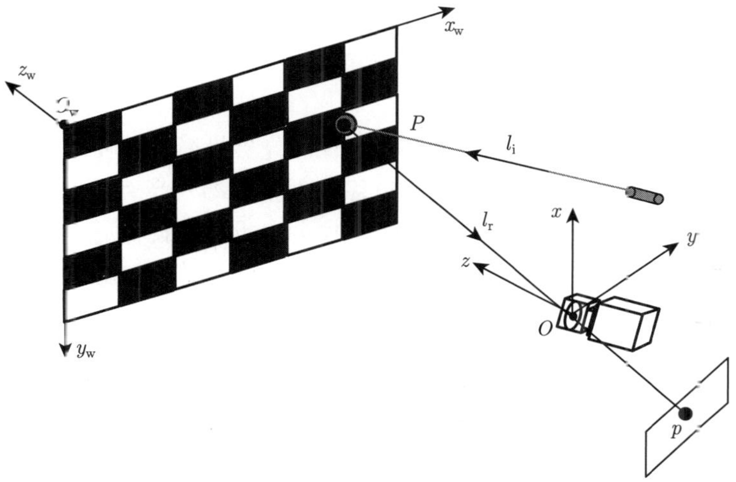

图 7.31　定位激光器标定原理示意图

点 P 在坐标系 O_{w}-$x_{\mathrm{w}}y_{\mathrm{w}}z_{\mathrm{w}}$ 中用 $\boldsymbol{X}_{\mathrm{w}}$ 表示，在坐标系 O-xyz 中用 $\boldsymbol{X}$ 表示。点 p 的坐标用 $\boldsymbol{x}$ 表示，为简化问题，以下讨论不考虑摄像机镜头畸变（实际应用时，需要先对拍摄图像进行畸变校正）。定位激光器投射光线的标定流程如算法 7.3 所述。

算法 7.3: 定位激光器投射光线标定

1. 利用定位激光器将结构光斑投射至标定靶标平面，在保证光斑成像良好的前提下，自由摆放标定靶标至少 3 次，摄像机拍摄对应的标定靶标图像，用 I_i 表示。
2. 利用标定图像 I_i，提取标定特征的图像坐标，并与特征点的世界坐标对应，根据特征点标定摄像机内部参数以及不同位置的摄像机外部参数，利用不同位置的外部参数与靶标平面上的标定特征点，确定每个位置的靶标平面在坐标系 O-xyz 下的方程 π_i^{t}。
3. 通过图像处理算法，提取出采集图像 I_i 中投射结构光斑在图像平面的二维坐

标 $\boldsymbol{x}_i$，基于摄像机的透视投影原理，由摄像机内部参数可得到点 p 在传感器坐标系 $O\text{-}xyz$ 中的坐标 $\boldsymbol{X}_i^{\mathrm{p}}$；反射光线 l_i^{r} 同时通过点 p 和点 O，则可以获得 l_i^{r} 在坐标系 $O\text{-}xyz$ 中的直线方程

$$l_i^{\mathrm{r}}: \frac{\boldsymbol{X}-\boldsymbol{X}_i^{\mathrm{p}}}{\boldsymbol{X}_i^{\mathrm{p}}}=0$$

4. 确定点 P 在坐标系 $O\text{-}xyz$ 中的坐标 $\boldsymbol{X}_i=l_i^{\mathrm{r}}\cap\pi_i^{\mathrm{t}}$；由 $\boldsymbol{X}_i$ 拟合直线得到定位激光器投射光线在坐标系 $O\text{-}xyz$ 中的方程 l_i^{i}。

需要注意的是标定摄像机内参数的目的是消除投射结构光斑和靶标特征点在二维图像坐标上由于镜头畸变而产生的偏移，标定摄像机外参数的目的是获取靶标平面与摄像机坐标系之间的相对位置关系。采用算法 7.3 所述方法对其余定位激光器投射光线的方程进行标定。

在进行位姿估计仿真实验之前，需要对定位激光器投射装置在测量传感器局部坐标系中的空间位置进行标定，即通过采集多张图片中投射结构光斑的二维坐标信息，解算定位激光器在局部测量坐标系中的空间位置，拟合出投射装置在局部测量坐标系下的直线方程。实验中，摄像机的分辨率为 1624×1236 像素，图 7.32展示了采集的部分包含靶标和结构光斑的图像。

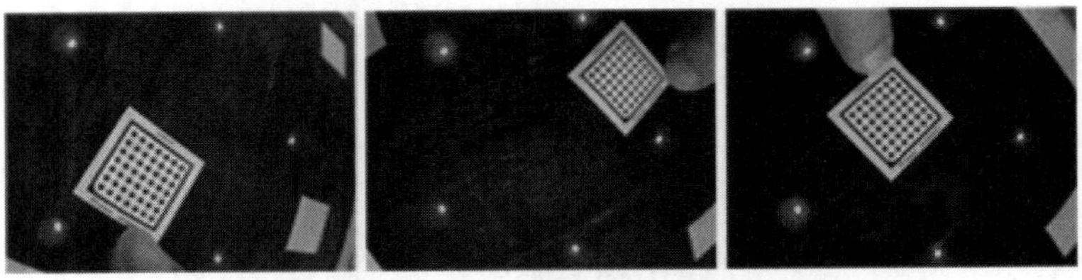

图 7.32　部分包含靶标和结构光斑的图像

根据算法 7.3 的步骤，对投射装置在局部坐标系下的空间位姿方程进行解算，由于激光器投射光线方程为 4 自由度的三维直线方程，因此，投射装置投射光线方程采用初始三维点和方向向量来表示其空间位置，如表 7.5所示。图 7.33则展示了在局部测量坐标系下的定位激光器位姿标定结果。

表 7.5　定位激光器位姿标定结果

定位激光	公式: $(x-x_0)/a=(y-y_0)/b=(z-z_0)/c$					
	x_0	y_0	z_0	a	b	c
l_1^{s}	9.84	39.09	77.37	5.67×10^{-4}	0.32	1.40
l_2^{s}	-28.57	23.71	60.14	-9.05×10^{-3}	0.89	13.37
l_3^{s}	36.29	6.51	94.55	-0.12	-0.28	-7.31
l_4^{s}	-26.64	-19.44	66.42	-0.25	2.27×10^{-2}	12.94
l_5^{s}	11.45	-29.13	86.58	8.93×10^{-2}	-0.39	0.63

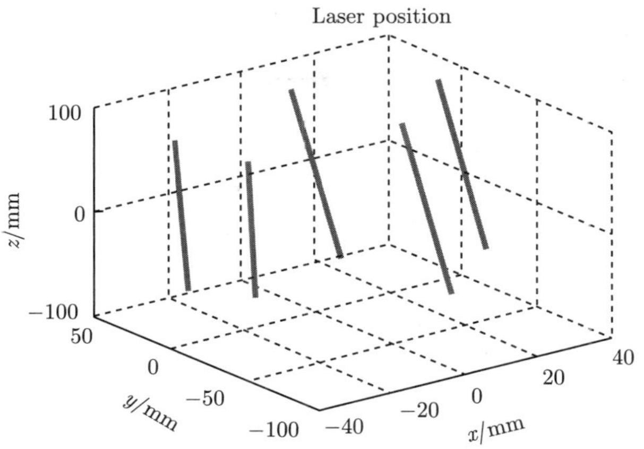

图 7.33　定位激光器位姿标定结果

7.5.2 传感器在全局坐标系下的 6-DOF 位姿参数获取

移动机器人可以实现在长直管道内部径向行走或驱动测量传感器进行轴向旋转，而要实现管道内表面在全局坐标系下的精确三维测量，需要在移动机器人的每一次测量过程中，对移动机器人搭载全向传感器的位姿进行测量。本节基于管道内测量传感器实时位姿获取，实现局部测量坐标系到全局测量坐标系的转换。

图 7.34为全局坐标统一的原理示意图，图中的全局坐标系 O_g-$x_gy_gz_g$ 与传感器坐标系 O-xyz 与图 7.24中的定义完全一致；P_i^s 为安装在传感器上的定位激光器，对应的投射光线为 l_i^s，l_i^s 与投射板的交点为点 P_i^g。

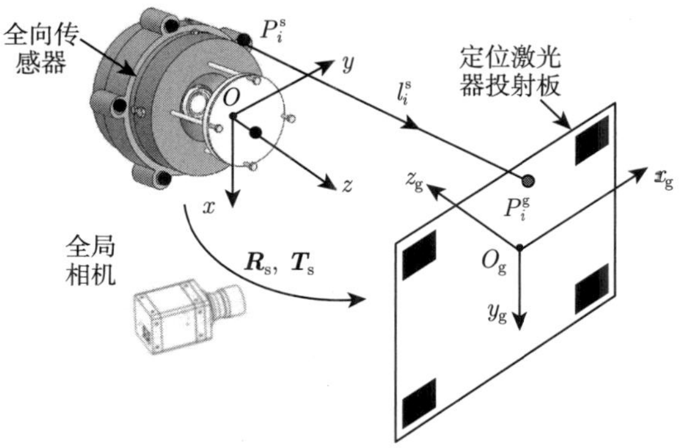

图 7.34　全局坐标统一的原理示意图

投射板等效于一个标定平面靶标，在其外围设有固定的标定特征，如图中所示的 4 个矩形区域，在坐标系 O_g-$x_gy_gz_g$ 中的坐标已知。全向传感器在管道内不同位置进行测量时，保证至少有 3 个定位激光器能够投射到投射板上，投射板的安装位置与定位激光器投射光线不能完全垂直。

设点 P_i^{g} 在坐标系 $O\text{-}xyz$ 中的坐标为 $\boldsymbol{X}_i=(x_i,y_i,z_i)^{\mathrm{T}}$，在坐标系 $O_{\mathrm{g}}\text{-}x_{\mathrm{g}}y_{\mathrm{g}}z_{\mathrm{g}}$ 中的坐标为 $\boldsymbol{X}_i^{\mathrm{g}}=(x_i^{\mathrm{g}},y_i^{\mathrm{g}},z_i^{\mathrm{g}})^{\mathrm{T}}$，两坐标系之间的转换关系可以表示为

$$\boldsymbol{X}_i=\boldsymbol{R}_{\mathrm{s}}^{-1}\boldsymbol{X}_i^{\mathrm{g}}-\boldsymbol{R}_{\mathrm{s}}^{-1}\boldsymbol{T}_{\mathrm{s}}=\boldsymbol{R}_{\mathrm{g}}\boldsymbol{X}_i^{\mathrm{g}}+\boldsymbol{T}_{\mathrm{g}} \tag{7.47}$$

式中，$\boldsymbol{R}_{\mathrm{s}}$ 为 3×3 的旋转矩阵；$\boldsymbol{T}_{\mathrm{s}}$ 为 3×1 的平移矢量。

令 $\boldsymbol{R}_{\mathrm{g}}=\begin{bmatrix}r_{11}&r_{12}&r_{13}\\r_{21}&r_{22}&r_{23}\\r_{31}&r_{32}&r_{33}\end{bmatrix}$，$\boldsymbol{T}_{\mathrm{g}}=\begin{bmatrix}t_1&t_2&t_3\end{bmatrix}^{\mathrm{T}}$。已知旋转矩阵 $\boldsymbol{R}_{\mathrm{s}}$ 为单位正交矩阵，则存在三个隐含的约束关系，可表示为

$$\begin{cases}{r_{11}}^2+{r_{21}}^2+{r_{31}}^2=1\\{r_{12}}^2+{r_{22}}^2+{r_{32}}^2=1\\r_{11}r_{12}+r_{21}r_{22}+r_{31}r_{32}=0\end{cases} \tag{7.48}$$

当全向传感器在管道内某个位置进行测量时，传感器上的定位激光器发出投射光线 l_i^{s} 投射到投射板上，通过全局相机拍摄包含投射点 P_i^{g} 在内的投射板图像，采用 7.5.1 节所述的激光器标定方法，可得到 P_i^{g} 的全局坐标为 $\boldsymbol{X}_i^{\mathrm{g}}=(x_i^{\mathrm{g}},y_i^{\mathrm{g}},0)^{\mathrm{T}}$。$l_i^{\mathrm{s}}$ 在传感器坐标系 $O\text{-}xyz$ 中的直线方程 l_i^{s} 由算法 7.3 所述方法标定得到，可表示为

$$\boldsymbol{X}_i=\boldsymbol{X}_{i0}+k_i\boldsymbol{e}_i \tag{7.49}$$

式中，$\boldsymbol{X}_{i0}=(x_{i0},y_{i0},z_{i0})^{\mathrm{T}}$ 为光线 l_i^{s} 上的已知点；k_i 为未知比例因子；$\boldsymbol{e}_i=(e_{i1},e_{i2},e_{i2})^{\mathrm{T}}$ 为 l_i^{s} 的单位方向向量。

联立式 (7.47) 和式 (7.49)，可得

$$\begin{cases}r_{11}x_i+r_{12}y_i+t_1=x_{i0}+k_i\boldsymbol{e}_{i1}\\r_{21}x_i+r_{22}y_i+t_2=y_{i0}+k_i\boldsymbol{e}_{i2}\\r_{31}x_i+r_{32}y_i+t_3=z_{i0}+k_i\boldsymbol{e}_{i3}\end{cases} \tag{7.50}$$

从式 (7.50) 中可以看出，如果 $i=3$，即全局坐标统一过程中使用 3 个点结构光投射装置，方程组中存在 10 个未知变量，而 3 个结构光投射装置仅可提供 9 个方程，结合式 (7.48)，理论上可以求解方程组中所有未知数。然而，该方程组为高次方程组，无法求得唯一解，必须增加定位激光器的数量，然后通过非线性优化方法得到最优解。求解非线性方程组，即估计局部测量坐标系与全局坐标系之间的变换，使得代入方程组之后得到的残差最小，定位激光器数量为 5 时，优化方程则可以表示为

$$
\begin{cases}
F_1 = r_{11}x_i + r_{12}y_i + t_1 - x_{i0} - k_i e_{i1} \\
F_2 = r_{21}x_i + r_{22}y_i + t_2 - y_{i0} - k_i e_{i2} \\
F_3 = r_{31}x_i + r_{32}y_i + t_3 - z_{i0} - k_i e_{i3} \\
\vdots \\
F_{13} = {r_{11}}^2 + {r_{21}}^2 + {r_{31}}^2 - 1 \\
F_{14} = {r_{12}}^2 + {r_{22}}^2 + {r_{32}}^2 - 1 \\
F_{15} = r_{11}r_{12} + r_{21}r_{22} + r_{31}r_{32}
\end{cases} \tag{7.51}
$$

建立最优化目标函数，表示为

$$\min \|F_i\|_2 \tag{7.52}$$

最后，求解得到优化后的旋转矩阵的列向量 $\boldsymbol{r}_1$、$\boldsymbol{r}_2$ 以及平移矢量 $\boldsymbol{T} = (t_1 \quad t_2 \quad t_3)^{\mathrm{T}}$，依据旋转矩阵的单位正交性质，旋转矩阵列矢量 $\boldsymbol{r}_3$ 可以表示为

$$\boldsymbol{r}_3 = \boldsymbol{r}_1 \times \boldsymbol{r}_2 \tag{7.53}$$

7.6　全向传感器标定及全局坐标统一的整体流程

全向传感器标定是其构成测量系统的关键环节，涉及全向传感器标定和定位激光器标定，其中全向传感器标定不仅仅是摄像机参数的标定，还涉及传感器外参数和曲面镜畸变参数的标定以及自身结构参数的标定 (曲面镜位置标定、点阵结构光标定)，这些标定是管道内局部三维测量奠定基础。为了获取管道内表面全局三维形貌数据，需要通过定位激光器标定、特征提取以及 6-DOF 位姿获取建立全局坐标统一模型，获取传感器每一次测量后的 6-DOF 位姿结果，与局部三维数据匹配融合，完成管道内表面三维形貌测量。

本节在前几节讨论的基础上，归纳总结出传感器标定及全局坐标统一的整体流程，如图 7.35所示。

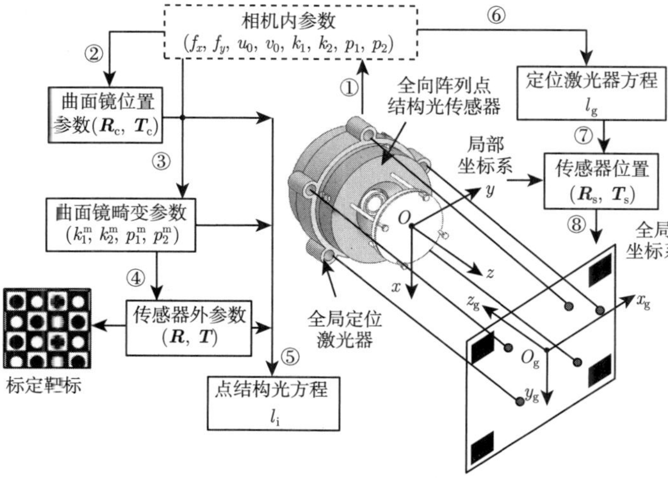

图 7.35　全向传感器标定及全局坐标统一整体流程示意图

图 7.35中展示了整个测量系统测量过程中需要标定的具体参数和流程，见算法 7.4。

算法 7.4：全向传感器标定及全局坐标统一的整体流程

1. 根据张氏标定算法，采集多张靶标图像，求解得到摄像机内参数，用 $\boldsymbol{A}$ 表示，包括摄像机焦距 (f_x, f_y)，主点中心坐标 (u_0, v_0)，镜头轴向畸变参数 (k_1, k_2) 和周向畸变参数 (p_1, p_2)，将摄像机坐标系作为局部坐标系。
2. 利用摄像机内参数 $\boldsymbol{A}$，结合提取的曲面镜边缘信息，得到摄像机与曲面镜之间的相对位置矩阵，即曲面镜位置参数 $(\boldsymbol{R}_\mathrm{c}, \boldsymbol{T}_\mathrm{c})$。
3. 利用摄像机内参数 $\boldsymbol{A}$ 和曲面镜位置参数 $(\boldsymbol{R}_\mathrm{c}, \boldsymbol{T}_\mathrm{c})$，采用极坐标转换原理计算曲面镜畸变系数：径向畸变系数 $(k_1^\mathrm{m}, k_2^\mathrm{m})$ 和切向畸变系数 $(p_1^\mathrm{m}, p_2^\mathrm{m})$。
4. 利用曲面镜位置参数 $(\boldsymbol{R}_\mathrm{c}, \boldsymbol{T}_\mathrm{c})$ 和曲面镜畸变系数，计算二维靶标在局部坐标系下的空间位置坐标，得到局部坐标系与测量靶标之间的位置关系，即传感器外参数 $(\boldsymbol{R}, \boldsymbol{T})$，进而获得标定靶标平面在传感器坐标系下的方程。
5. 利用传感器外参数 $(\boldsymbol{R}, \boldsymbol{T})$ 和曲面镜位置参数 $(\boldsymbol{R}_\mathrm{c}, \boldsymbol{T}_\mathrm{c})$，计算局部坐标系下反射光线与二维靶标之间的交点，求解点阵结构光在局部坐标系下的方程 l_i，然后求取局部坐标系下反射光线与点阵结构光的交点，即为局部坐标系下三维坐标 $\boldsymbol{X}_i$。
6. 利用摄像机内参数 $\boldsymbol{A}$，采用反射光线与靶标平面的交点求解光斑在相机坐标系下的三维坐标，计算得到定位激光器在局部坐标系下的方程 l_i^s。
7. 利用定位激光器方程 l_i^s，采用结构光视觉测量原理，得到全局坐标系与局部坐标系之间的相对位置关系，即传感器 6-DOF 位姿 $(\boldsymbol{R}_\mathrm{g}, \boldsymbol{T}_\mathrm{g})$。
8. 利用传感器 6-DOF 位姿 $(\boldsymbol{R}_\mathrm{g}, \boldsymbol{T}_\mathrm{g})$ 和局部坐标系中的三维坐标 $\boldsymbol{X}_i$，计算得到全局坐标系下的三维坐标 $\boldsymbol{X}_i^\mathrm{g}$。

7.7 管道内表面视觉测量

7.7.1 管道内表面视觉测量难点分析

针对管道内表面视觉测量，以全向结构光视觉测量技术为手段，以直径 100mm 以上的长管道作为测量对象，探讨管道内表面测量的整体系统方案。当前的视觉测量技术主要存在测量系统体积大及测量范围有限等缺点，难以直接应用于管道内表面的视觉测量。管道视觉测量主要存在以下几个亟待解决的关键问题：

（1）管道内表面缺乏明显特征信息。管道内表面测量环境黑暗，使用可见光照明易导致局部强反光，使得管道内图像结构特征过度曝光，因此，获取具有高分辨率的特征图像是管道内表面视觉测量的前提条件。

（2）视觉测量系统结构小型化。管道内表面测量属于受限空间测量范畴，视场范围受限，现有的视觉传感器不易实现小型化结构设计、灵活性差、测量精度较低，因此，设计合理的具有小型化结构的视觉传感器是管道内表面测量的基础。

（3）管道内表面高质量图像采集。由于单个视觉传感器的整体测量范围有限，只能采集在传感器视场范围内的管道内表面图像信息，因此，实现长管道内表面图像的持续采集是一个亟待解决的技术难题。

（4）管道内表面三维全局测量。视觉传感器的三维测量数据基于自身的测量坐标系，测量坐标系会随传感器位置变化而变化，因此，如何实现自身测量坐标的全局统一是管道内表面三维全局测量的一个技术难点。

由此可见，需要设计出合理的管道内表面视觉测量系统，解决管道内特征信息的高分辨率持续采集、系统结构设计小型化、全局测量坐标统一等一系列关键技术难题，才可实现高精度的管道内表面视觉测量。管道内表面视觉测量系统组成及功能需求框图如图 7.36 所示。

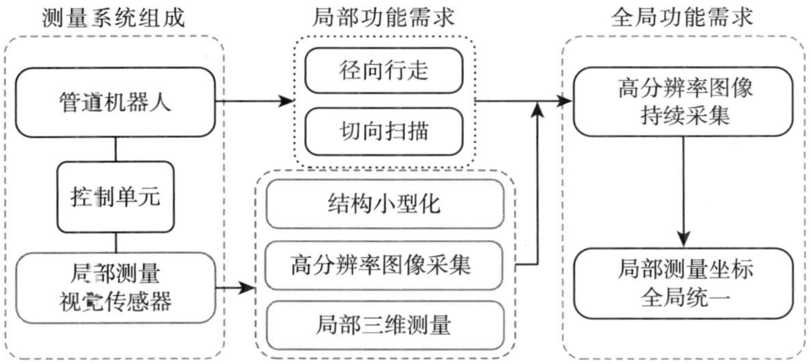

图 7.36 管道内表面视觉测量系统组成及功能需求框图

7.7.2 测量系统的功能模块

结合管道内表面视觉测量的发展趋势，综合运用全向折反射成像技术、结构光视觉测量技术、镜像双目视觉技术和移动机器人技术，设计小型化管道内表面视觉测量系统，系统需要具备以下四个基本功能：

（1）针对高分辨率特征图像采集，利用投射结构光 (点阵模式或者线阵结构光模式) 对管道内表面结构特征进行重构，避免了管道内壁局部强反光导致的图像采集分辨率较低的问题，可以高效地获取管道内表面三维信息。

（2）针对测量系统结构小型化，一种方案是利用单相机和不同镜面结构构建全向视觉传感器，另一种方案是集成小型化镜像双目传感器，简化局部测量视觉传感器结构，在扩大测量视场的同时减小局部视觉传感器结构体积。

（3）针对高分辨率图像的持续获取，利用管道机器人搭载局部视觉传感器进行径向行走和切向扫描，实现整个管道内表面形貌图像的持续采集。

（4）针对全局测量坐标统一，利用多点阵结构光实时获取全向视觉传感器运动位姿，实现局部坐标与全局坐标之间的相互转换，完成管道内表面三维形貌的全局测量。

因此，基于视觉测量系统的四个功能需求，管道内表面视觉测量系统的整体实现示意图如图 7.37所示，局部测量视觉传感器模块和管道机器人功能模块是管道内表面视觉测量系统的难点部分，需要对其实现功能、工作原理、测量模型、功能模块等方面进行详细的分析和阐述。需要注意的是，在测量过程中，局部测量视觉传感器和管道机器人之间的交互辅助设计需要依据实际情况进行调整，以保证管道内表面三维测量的精度。

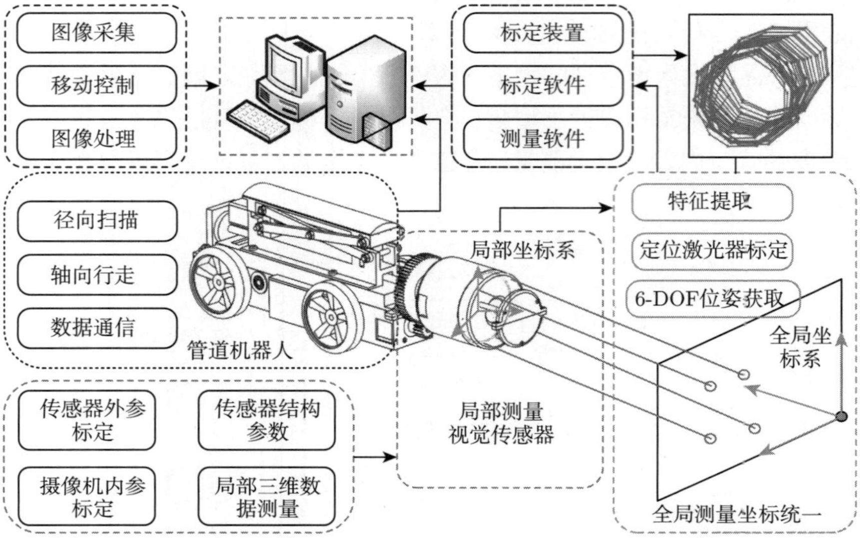

图 7.37　管道内表面视觉测量系统实现示意图

7.7.3　管道内表面三维测量实验

为了确保基于全向结构光的管道内表面测量的有效性和可行性，采用移动机器人搭载全向视觉传感器的移动视觉测量装置进行实验，在实验中对内径为 150mm 的管道内表面进行三维测量实验，整体实验设计如图 7.38所示，在管道切向方向上，利用移动机器人切向扫描单元，以 1° 为步长旋转全向视觉传感器，对管道内表面横断面图像进行采集，然后以 1cm 为步长利用移动机器人径向移动单元对管道内表面径向方向上的图像进行采集，对管道内表面三维信息进行重构。在径向扫描实验过程中，以管道内径作为测量真值，分析论文针对管道内表面三维形貌重建算法的有效性和可行性，而在轴向行走实验中，以移动机器人控制指令作为固定真值，对管道内表面三维测量结果进行分析。

1. 径向扫描实验

图 7.39中展示了移动机器人搭载全向视场测量传感器径向扫描采集的图像，由于测量传感器作为整体进行旋转，因此，测量传感器中摄像机与投射点结构光装置之间的相对位置固定不变，采集图像始终如一，点结构光斑的位置只会因为移动机器人在一定

过程中的轴向偏移而产生微小变化。利用定位结构光实时获取测量传感器在管道内部运动位姿，如图 7.40所示，值得注意的是，每一次旋转扫描均需进行测量传感器位姿的解算，以便将管道内壁局部三维坐标统一至全局测量坐标系中。

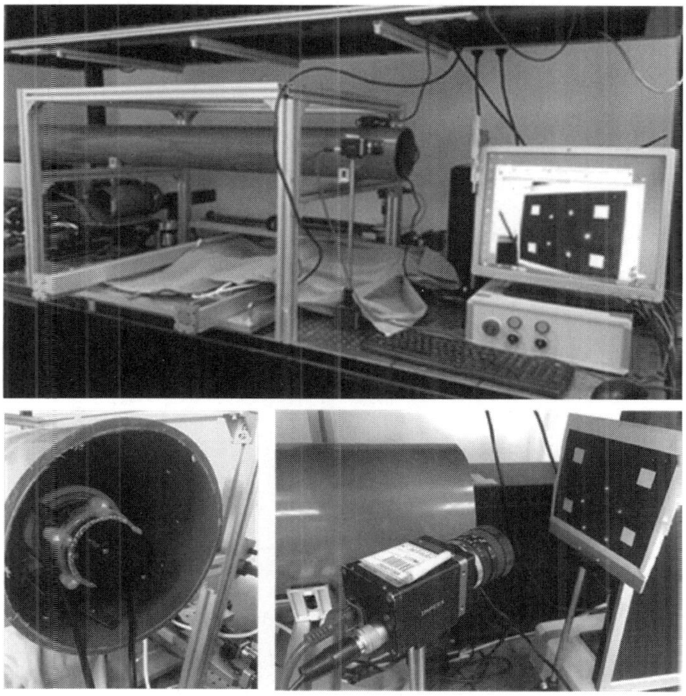

图 7.38　整体实验设计

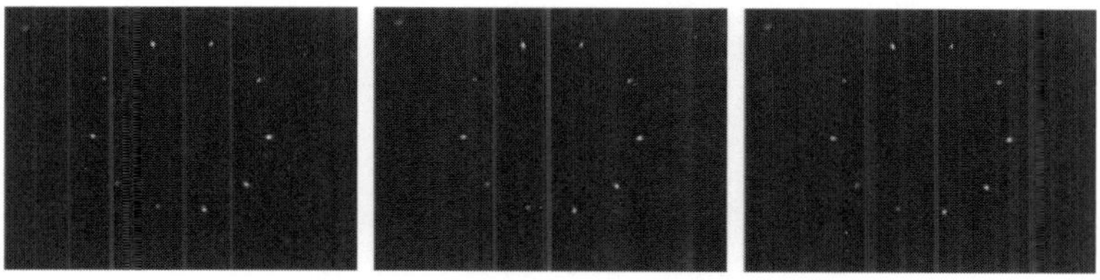

图 7.39　径向扫描采集的图像

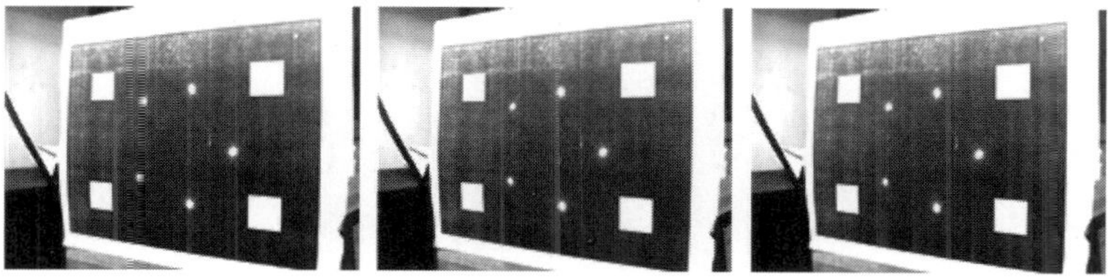

图 7.40　传感器位姿图像

依据管道内表面三维测量原理，并结合解算得到的摄像机、曲面镜以及点结构光投射装置的相对位姿，可以得到全局测量坐标系下的管道内表面的三维图像坐标，如

图 7.41所示。从图 7.41中可以看出管道内表面的基本轮廓，由于移动机器人在旋转扫描过程中会产生振荡，使得定位激光获取的测量传感器的位置产生偏移，多次扫描后的测量结果不在一个平面上，z 轴方向上的测量值会产生微小偏移。为了进一步验证测量结果的精确性，以管道内径作为真值对测量结果进行分析，将测量得到的全局三维坐标进行椭圆拟合，结果如图 7.42所示，对拟合所得椭圆直径与管道内径以及每一个测量所得三维点与椭圆中心点之间的距离与管道半径之间的差值进行比较，可分析管道内表面径向扫描实验中的测量精度。

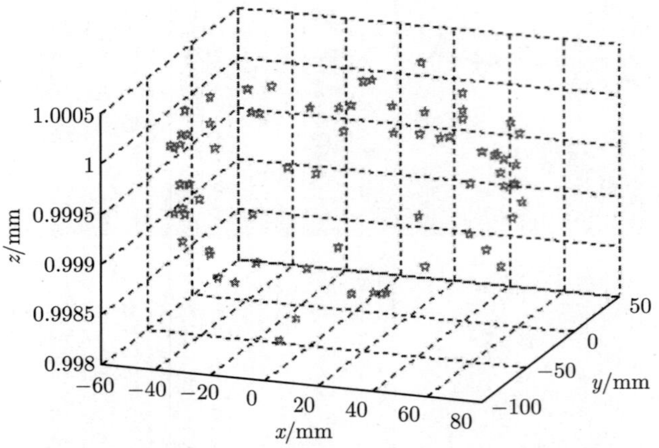

图 7.41　全局测量坐标系下的管道内表面的三维图像坐标

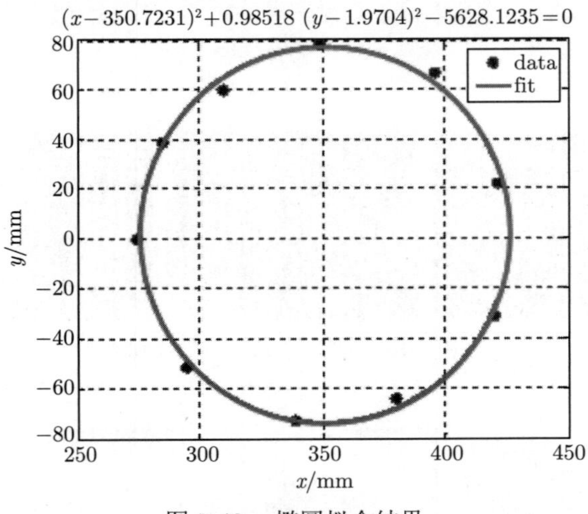

图 7.42　椭圆拟合结果

2. 轴向行走实验

在轴向行走实验过程中，移动机器人搭载全向视觉传感器在管道内部以固定步长轴向行走，并利用定位结构光实时测量传感器在管道内壁的 6-DOF 位姿，以上位机发送的移动机器人控制指令作为测量真值，对管道内表面形貌恢复算法的有效性进行验证。

移动机器人轴向行走采集的光斑图像如图 7.43所示，图 7.44是机器人搭载测量传感器在管道内部的位姿图像。

图 7.43　移动机器人轴向行走采集的光斑图像

图 7.44　传感器位姿图像

提取采集图像中光斑的二维坐标信息，结合管道内表面三维形貌测量模型，解算出全局坐标系下的管道内表面的三维坐标信息，如图 7.45 所示，从图中可以看出移动机器人在管道内部的行走轨迹，由于移动机器人在管道内部自由行走，上位机发送运动指令，但在运动过程中不会始终呈标准直线在管道内部径向行走，实际行走过程中会产生一定的位置偏移，而偏移的产生除了旋转轴晃动导致局部测量三维坐标的变化，还会影响定位结构光的定位精度。图 7.46 分析了整体测量精度随 z 轴上测量值的变化趋势。由于测量距离的变化，点结构光斑的提取精度的微小偏移会导致较大的全局测量误差，从而导致在轴向行走实验过程中全局测量误差相对较大。

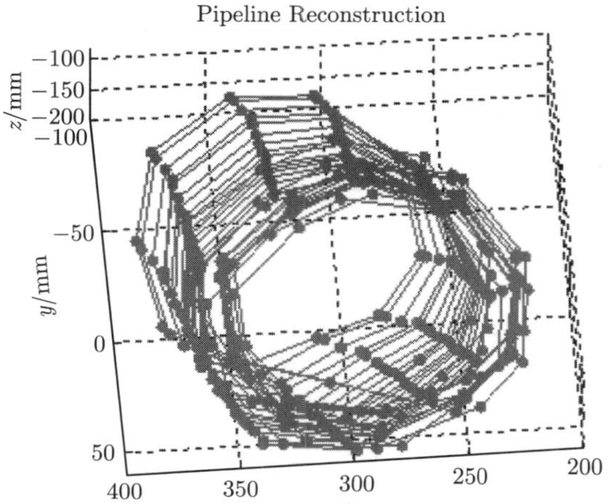

图 7.45　全局测量坐标系下的管道内表面的三维坐标信息

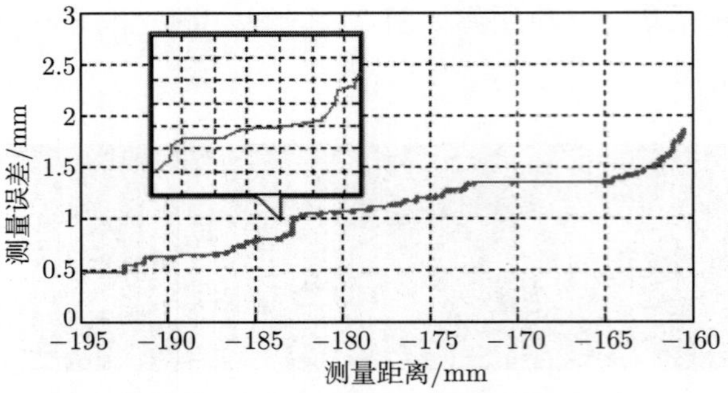

图 7.46　测量误差随测量距离的变化趋势

小结

本章针对管道内表面测量需求，分析全向阵列点结构光传感器的设计方法，建立了曲面镜全向传感器视觉测量模型，对传感器的标定方法及全局统一方法进行了详细阐述。最后结合管道内表面的测量，进行了实验验证。

参考文献

[1] AI D, ZHU H. Adhesive curing effect of bonded piezoelectric transducer on electromechanical impedance-based concrete structural damage detection[J]. Structural Health Monitoring, 2023, 22(4): 2214-2230.

[2] DURAI M, HSU Y M, CHANG H. In-Line Inspection of Pipeline Defects Detection Using Ring-Type Laser[J]. World Journal of Engineering and Technology, 2021, 9(3): 589-603.

[3] MONTOYA M, MONTELONGO Y, JIANG N, et al. Free-Form Laser Profilometry for Pipeline Inspection and 3D Cylindrical Reconstructions[J]. IEEE Sensors Journal, 2022, 22(1): 297-303.

[4] LI H, WANG Y, ZHANG X. Research Progress on an Intelligent X-ray Backscattering Non-destructive Testing Robot for the Internal Inspection of Petroleum Pipelines[C]//2019 IEEE Nuclear Science Symposium and Medical Imaging Conference (NSS/MIC). IEEE, 2019.

[5] LIU M, CHEN Y, XIE J, et al. LF-YOLO: A Lighter and Faster YOLO for Weld Defect Detection of X-Ray Image[J]. IEEE Sensors Journal, 2023, 23(7): 7430-7439.

[6] LI X, CHEN D, SUN Z, et al. Infrared thermography for inspecting of pipeline specimen[C]//JIN W, LI Y. Fourth Seminar on Novel Optoelectronic Detection Technology and Application. SPIE, 2018.

[7] MORELLI D, MARANI R, D'ACCARDI E, et al. A Convolution Residual Network for Heating-Invariant Defect Segmentation in Composite Materials Inspected by Lock-in Thermography[J]. IEEE Transactions on Instrumentation and Measurement, 2021, 70: 1-14.

[8] XIE J, ZHANG Y, HE Z, et al. Automated leakage detection method of pipeline networks under complicated backgrounds by combining infrared thermography and Faster R-CNN technique[J]. Process Safety and Environmental Protection, 2023, 174: 39-52.

[9] KAHNAMOUEI J T, MOALLEM M. A comprehensive review of in-pipe robots[J]. Ocean Engineering, 2023, 277: 114260.

[10] WALEED D, MUSTAFA S H, MUKHOPADHYAY S, et al. An In-Pipe Leak Detection Robot With a Neural-Network-Based Leak Verification System[J]. IEEE Sensors Journal, 2019, 19(3): 1153-1165.

[11] TANG Y, SONG H, YU Y, et al. Dynamic Simulation Analysis and Experiment of Large-caliber Self-propelled Pipeline Crawler Based on ADAMS[J]. Journal of Physics: Conference Series, 2021, 2095(1): 012049.

[12] CUI J, WANG Y, LI A, et al. Design and analysis of tracked robot with differential mechanism[C]//2018 13th IEEE Conference on Industrial Electronics and Applications (ICIEA). IEEE, 2018.

[13] CAI M, DONG M. A Novel Pipeline Inspection Robot with Two Angle-Changeable Crawler Drive Modules[C]//2018 IEEE 8th Annual International Conference on CYBER Technology

in Automation, Control, and Intelligent Systems (CYBER). IEEE, 2018.

[14] BOGDAN P A, WHEADON J, KLEIN F B, et al. Magnetic Tracked Robot for Internal Pipe Inspection[C]//2021 European Conference on Mobile Robots (ECMR). IEEE, 2021.

[15] MOSHAYEDI A J, FARD S S, LIAO L, et al. Design and Development of Pipe Inspection Robot Meant for Resizable Pipe Lines[J]. International Journal of Robotics and Control, 2019, 2(1): 25.

[16] WU Z, WU Y, HE S, et al. Hierarchical fuzzy control based on spatial posture for a supporttracked type in-pipe robot[J]. Transactions of the Canadian Society for Mechanical Engineering, 2020, 44(1): 133-147.

[17] JIE Z, MAN L, YI-HUA D, et al. Structure Design of Spiral Driven Adaptive Pipeline Robot Under Complex Conditions[C]//2018 2nd IEEE Advanced Information Management, Communicates,Electronic and Automation Control Conference (IMCEC). IEEE, 2018.

[18] TU Q, LIU Q, REN T, et al. Obstacle crossing and traction performance of active and passive screw pipeline robots[J]. Journal of Mechanical Science and Technology, 2019, 33(5): 2417-2427.

[19] CANNY J. A computational approach to edge detection[J]. IEEE Transactions on Pattern Analysis and Machine Intelligence, 1986, 8(6): 679-698.

[20] TRUJILLO-PINO A, KRISSIAN K, ALEMÁN-FLORES M, et al. Accurate subpixel edge location based on partial area effect[J]. Image and Vision Computing, 2013, 31(1): 72-90.

[21] AKINLAR C, TOPAL C. EDCircles: A real-time circle detector with a false detection control[J]. Pattern Recognition, 2013, 46(3): 725-740.

[22] AKINLAR C, TOPAL C. Edpf: a Real-Time parameter-Free Edge Segment Detector with a False Detection Control[J]. International Journal of Pattern Recognition and Artificial Intelligence, 2012, 26(1): 21-22.

[23] DESOLNEUX A, MOISAN L, MOREL J M. Edge detection by Helmholtz principle[J]. Journal of Mathematical Imaging and Vision, 2001, 14(3): 271-284.

[24] DESOLNEUX A, MOISAN L, MOREL J M. Meaningful alignments[J]. International Journal of Computer Vision, 2000, 40(1): 7-23.

[25] CHEN Q, WU H, WADA T. Camera Calibration with Two Arbitrary Coplanar Circles[C]// European Conference Computer Vision - ECCV 2004. Berlin, Heidelberg: Springer Berlin Heidelberg, 2004: 521-532.

[26] HARRIS C, STEPHENS M. A Combined Corner and Edge Detector[C]//Proceeding 4th Alvey Vision Conference. Manchester, London: University of Manchester, 1988: 147-151.

[27] 张广军. 视觉测量 [M]. 北京: 科学出版社, 2008.

[28] STEGER C. An unbiased detector of curvilinear structures[J]. IEEE Transactions on Pattern Analysis and Machine Intelligence, 1998, 20(2): 113-125.

[29] ZHAO C, YANG J, ZHOU F, et al. A robust laser stripe extraction method for structured-light vision sensing[J]. Sensors, 2020, 20(16): 4544.

[30] CHEN L C, ZHU Y, PAPANDREOU G, et al. Encoder-Decoder with Atrous Separable Convolution for Semantic Image Segmentation[C]//FERRARI V, HEBERT M, SMINCHISESCU C, et al. Computer Vision - ECCV 2018. Cham: Springer International Publishing, 2018: 833-851.

[31] 郁道银, 谈恒英. 工程光学 [M]. 北京: 机械工业出版社, 2015.

[32] 景文博, 高雪峰, 黄炳坤, 等. 圆柱物体内壁的锥面折反射全景图像展开 [J]. 光学学报, 2021, 41(3): 89-98.

[33] ZHANG Z. A flexible new technique for camera calibration[J]. IEEE Transactions on Pattern Analysis and Machine Intelligence, 2000, 22(11): 1330-1334.

[34] 杨琤, 周富强. 镜像式单摄像机双目视觉传感器的结构设计 [J]. 机械工程学报, 2011, 47(22): 7-12.

[35] WENG J Y, COHEN P, HERNIOU M. Camera calibration with distortion models and accuracy evaluation[J]. IEEE Transactions on Pattern Analysis and Machine Intelligence, 1992, 14(10): 965-980.

[36] ZHOU F, WANG Y, CUI Y, et al. Camera calibration approach using circle-square-combined target[J]. Chinese Optics Letters, 2012, 10(2): 4.

[37] ZHOU F, WANG Y, PENG B, et al. A novel way of understanding for calibrating stereo vision sensor constructed by a single camera and mirrors[J]. Measurement, 2013, 46(3): 1147-1160.

[38] SWAMINATHAN R, GROSSBERG M D, NAYAR S K. Non-single Viewpoint Catadioptric Cameras: Geometry and Analysis[J]. International Journal of Computer Vision, 2006, 66(3): 211-229.